U0906262

【第二十六辑】

主　编：廖大伟

副主编：戴鞍钢　易惠莉

编辑部主任：陆兴龙

上海社会科学院出版社
SHANGHAI ACADEMY OF SOCIAL SCIENCES PRESS

目 录

孙中山研究

政治外交

经 济 社 会

社 会 生 活

考证与述评

学 者 园 地

书　讯

史 料 辑 录

孙中山研究

孙中山的铁路计划与日本

——从铁路技术人员的视点出发

武上真理子 （瞿艳丹　译）

1913年2月14日夜，在挤满车站的数万人的欢呼声中，孙中山一行抵达东京新桥站[①]。可以说，在他一生16次访日经历中，这是最为盛大且最充满喜悦的一次。其后大约一月的旅期，有大半用于同朝野各界人士的应酬交往。不过，在当时孙中山的心中，并不仅仅只有对这些支持中国革命运动的人们的感谢之情。将振兴实业定为共和国建国后下一个目标的孙中山，为确保各种事业所需资金，还要与日本财界人士进行种种协议[②]。新生的中华民国应当发起的事业，涉及铁路、矿山、土木、电气、航运、造船等多种方面。孙中山的方针是明确的。他在回应《实业之世界》的记者采访中称："第一，中国大陆必须发展铁道事业。我本次来日目的，是作为铁路总监视察日本的铁道事业，我信赖日本的实业家，欲图实业振兴，并期待中国大陆能够开通四

---

① 《孙逸仙氏入京，新桥站的大欢迎》，《东京朝日新闻》1913年2月15日朝刊，第5页。据该报称，将孙中山一行从长崎接到东京的列车里连接着专用"私家车"。再见《孙逸仙氏到来，铁道院款待》，《东京朝日新闻》，1913年2月14日朝刊，第3页。

② 有关孙中山与涩泽荣一努力设立的中日合资企业——中国兴业公司，以及该社的后续，李廷江在《日本财界与辛亥革命》（中国社会科学出版社1994年版）第8章中有详细论及。

通八达的铁路。”①

孙中山是否达成了上述目的？本文以新发现的铁道相关杂志的记载为线索，试图探明来日期间孙中山与铁道事业相关人士，特别是铁道技术者的交流状况。此外，还将对当时日本铁道技术者们对中国铁路开发计划有何期待等作若干考察。

一、对筹划全国铁路全权的欢迎

（一）日本帝国铁道协会举办午餐会

2 月 20 日，帝国铁道协会在筑地精养轩（东京市京桥区采女町今银座）迎接孙中山一行，与东亚铁道研究会共同举办欢迎午餐会②。帝国铁道协会是全国官私铁道事业相关者，“以资铁道之改良进步，兼图会员亲睦”为目的而结成的业界团体③。1899 年设立以来，维持 2 000 名左右的会员数；1912 年 3 月末，会员数合计2 360 名，会长是寺内正毅，名誉会员里有大隈重信、桂太郎、后藤新平等，都是与铁道事业关联甚深的政界名流④。副会

① 玉利绍堂：《与孙逸仙氏谈话》，《实业之世界》1913 年第 10 卷第 6 号，第 43 页。孙中山的发言由戴季陶翻译。在采访中，玉利向孙中山提出组织“日华青年同志会”的构想，请求赞同。对这种高扬亚洲主义的计划，孙中山提倡通过中日合作来实现东洋和平，并明确了必须通过发展中国实业的立场。应当注意两者论点的微妙“错位”。本条报道由安井三吉先生提供，在此谨致谢忱。

② 《铁道协会午餐会》，《东京朝日新闻》1913 年 2 月 21 日朝刊，第 2 页。

③ 有关帝国铁道协会设立的经过，可参考中村尚史：《帝国铁道协会的成立——日本铁道业的发展与业界团体》，九州大学《经济学研究》第 70 卷第 4、5 合刊（2004 年 4 月）。同会由大阪铁道协会（1898 年 3 月设立）与同年秋东京设立的“帝国铁道协会”合并而成立（1899 年 8 月）。中村以“旧”“新”区别合并前后的“帝国铁道协会”，协会史上以东京的“旧”协会设立日（1898 年 11 月 28 日）为创始日。

④ 《第九回总会议事速记录，明治四十四年度事务报告》，《帝国铁道协会会报》第 13 卷第 3 号（1912 年 6 月 25 日）第 14 页。帝国铁道协会编：《明治四十四年十一月现在，帝国铁道协会会员氏名录》（会报第 12 卷第 6 号），1911 年，附录，复刻版：《明治后期产业发达史资料》第 345 卷，龙溪书舍，1997 年。

长以下，理事、评议员中有代表技术系、事务系、经营系的人们就任，可以说日本铁道业界的“门面”全集中于此。东亚铁道研究会是以“研究东亚铁道普及之方法”为目的、1905年设立的私立团体①。设立时的7名高层领导中有5位是工学博士，显然是技术系人员活动的中心②。理事长古市公威(1854—1934)是1888年日本最早取得工学博士学位的人，日俄战争时期作为京釜铁道总裁，拥有日本初次在海外开通经营铁道的业绩。不过，其名虽冠以“东亚”，但研究会主要关心的是“清国铁道经营问题”，设立次年即往天津、上海派遣常驻会员，致力于收集当地情报③。

被这些人招待的孙中山，作为中华民国筹划全国铁路全权代表，又说了什么？过去的研究中，孙中山被上述古市询问铁道建设资金取得计划时，答曰“用〔中国铁路总〕公司名义，由政府担保借外资”，不过详情不明④。事实上，当时孙中山的“演说”长达两个半小时，其要旨载于《帝国铁道协会会报》与《铁道时报》两种杂志上⑤。

---

① 《东亚铁道研究会规约》，《东亚铁道研究会创立一件》，JACAR(亚洲历史数据中心)Ref: B04010942900(外务省外交史料馆)。研究会设置于帝国铁道协会内。日本交通协会编：《百年史》，日本交通协会，1998年，第36页。

② 设立时的高层领导如下：理事长，古市公威(工学博士)；理事，原口要、渡边嘉一、野村龙太郎、平井晴二郎(以上，工学博士)、小川资源(铁道技师)、图师民嘉(铁道官僚)。《东亚铁道研究会创立申报》，前引《东亚铁道研究会创立一件》。

③ 《东亚铁道研究会理事小川资源外一名派往天津上海一事》，前引《东亚铁道研究会创立一件》。小川资源被派往天津，本间英一郎被派往上海，调查内陆地区铁道路线，并探讨铺设新路线的可能性。有关小川资源，下一章还将论及。

④ 《在日本铁道协会欢迎会的谈话》(1913年2月20日)，尚明轩主编：《孙中山全集》第8卷，人民出版社2015年版，第273页。《孙中山先生日本游记》，《民谊》1913年第6号原载。

⑤ 《孙文君欢迎午餐会》，《帝国铁道协会会报》1913年第14卷第2号，第199—204页。《铁道协会的孙氏招待会，孙氏有关中华民国铁道铺设计划的演说》，《铁道时报》1913年第15卷第702号，第8—10页。同时，孙中山演说的大要，于午餐会的第三天(2月22日)很快发表在《时事新报》(东京)上，内容与《铁道新报》记载大略(转下页)

《帝国铁道协会会报》是发给协会会员的机关杂志,与作为"一般读者自然不必说,铁道职员、铁道股东、铁道商人等也必读的铁道专门杂志"[①]。流传更广的《铁道时报》,性质稍有不同,不过关于欢迎孙中山午餐会的记载并没有太大差别[②]。

刊载于两杂志的文章是将孙中山演说的中文翻译成日语,经过了译者(应该是戴季陶)与记者的双重变形。因此,严格来说,虽然不能视为孙中山自己的言辞,但有关中国铁道建设的必要性与将来的可能性,还是很容易看出孙中山演讲洋溢的热情。也可以确认其要点是一直以来所云"用〔中国铁路总〕公司名义,由政府担保借外资"。但不得不指出,孙中山对于中国铁道建设之关键的引入外资的方法,其自身的言行还是稍欠一贯性。

演说中的孙中山,列出了可以想到的四种导入外资的方法:(1) 通过外国人的事业承包方式(在条约内规定所有权与营业权的回收期限);(2) 由中外共同出资的新公司设立方式;(3) 本国资本限定方式;(4) 外资借款方式((3)原本就不可被称作导入外资的方法,是不可能实现的方案,被当场否定,因此实际上只提出了三种方案)。当中孙中山最推崇(4),为了避免政府借款很可能引起的政治问题,他提倡应当以其主宰的铁路总公司作为借款的名义人。方案(1)虽然最佳,但因国民感情不会允许,故而不可能实施。在法律尚未完备的中国,设立公司是否能获得必要的信用,这一点存有疑问,故而方案(2)也未被推荐。事实上,孙中山在前一

(接上页)相同,只是缺少出席者一览等信息。《孙氏的演说,中华民国铁道铺设计划》,《时事新报》(东京)1913 年 2 月 22 日。

① 老川庆喜:《〈铁道时报〉解题》,复刻版《铁道时报》第 9 卷,八朔社 1998 年版,第 4 页。此外,伴随 1899 年"新"帝国铁道协会的成立,发给会员的《铁道时报》由该会收购,支援其出版。

② 文末附上《帝国铁道协会会报》记事全文的中文翻译,可供参照。

年秋天就任筹划全国铁路全权后不久,便力推方案(1)[1],而之后改变为支持方案(4),也可以看出对这半年来所面对的国内反对意见作出的考虑结果。

然而对(2)案怀疑的姿态,也殊不可解。如李廷江所指明的,旅日期间的孙中山设立中日合资的投资公司——中国兴业公司,是因与以涩泽荣一为首的日本财界人士反复谈判而来的结果[2]。这日午餐会结束后,孙中山出席了中国兴业公司第一届发起人大会,次日与涩泽荣一就合办公司一事交换意见,对定款草案进行深入探讨[3]。午餐会出席者一览中,也可以看到后来成为该公司大股东的大仓喜八郎之名。此时的大仓是如何理解孙中山的话的?不仅大仓,聚集在这一场合的其他人对孙中山的铁道铺设计划有何评价?这也是很大的疑问。因此接下来,笔者将对出席午餐会的日本人略作分析。

出席午餐会的日本人(见表1):根据《帝国铁道协会会报》及《铁道时报》的记载,除白岩龙平和山田纯三郎两位来宾之外,招待方的28人全部是帝国铁道协会会员,当中25名是评议员之上的领导。其中可注意者,是标记作(评议员)的岩原谦三、大仓喜八郎、草乡清四郎、菅原恒览4人,他们是作为1911年10月15日据改正定款而新设的"特别会员"(法人)代表者而被选

① 《孙文入京与其政见及影响,附孙文铁道经营案》,《支那铁道关系杂件,杂部 1.孙逸仙铁道关系,自大正元年九月》JACAR. Ref: B04010910200(外务省外交史料馆);《中国之铁路计画与社会主义》(译文)(1912年10月10日),前引《孙中山全集》第2卷,第80页。后者原文可见 *The China Press* 所收之"Sun Yat—sen on Railways and Socialism in China",但据《孙中山全集》注释,并未发现原文。

② 有关设立中国兴业公司的交涉,可参照前引李廷江:《日本财界与辛亥革命》,第270—294页。

③ 同上书,第277页。之后,确定公司的构想是在孙中山旅日期间的3月7日,而正式设立是在8月11日,也就是在确定第二次革命的趋势之后。

出的评议员[①]。该协会之前仅接受个人会员,从此“为了对与铁道关系密切的公私法人当中车辆制造公司、土木承包公司、船舶公司、运送公司及专门贩卖铁道材料的公司进行调查,劝诱其入会”[②],而大幅转变了方向。改正定款的直接目的是为了获得更多的法人会费,而结果是迎来了以铁道为投资对象的实业家成为主要会员或领导。当然,实业家与技术者、政治家、官僚的区分并无明确标准,且领导当中,称为技术者兼实业家的也不在少数。不过与技术系的人们相比,企业经营者当然对事业的财务问题更为关心。日本土木工学界第一人的古市,在孙中山演说之前,已经表示“中国以本国资本铺设铁道可有困难,愿闻孙先生高见”[③]。该背景下,应当看出协会当时实业家比重不断增加的状况。

孙中山的演说论点集中于经济方面,也可以看出是为呼应此类听众的需求。对技术者集团的演说,只提出了“铺设由东向西、抵达天山南北之铁道”的第一目标,而有关该计划并未详细说明,难免有不足之感。不过至少在当时的场合下,强调建设连结沿海部与内陆部的铁道,促进“物产输出之便”,可以获得莫大的财富,这种财富胜过“满洲”,尤为重要[④]。考虑到这是经第三者之手撰写的《大要》,无法否认实际演说中有关计划路线的详细叙述在书写时被省略的可能性,然而这样更能说明听众想从孙中山那里“听到什么”。

---

① 《本会纪事,临时总会》,《帝国铁道协会会报》,1911 年第 12 卷第 6 号,第 1—3 页。《本会纪事,第七十一回理事会》,《帝国铁道协会会报》,1912 年第 13 卷第 1 号,第 3—4 页。12 月 26 日第 71 届理事会中,推选出岩原、大仓、草乡、菅原等 8 名法人代表评议员。

② 《本会纪事,第六十九回理事会》,前引《帝国铁道协会会报》第 13 卷第 1 号,第 1 页。

③ 前引《铁道协会的孙氏招待会》,《铁道时报》第 15 卷第 702 号,第 8 页。

④ 孙中山已经在各种场合陈述过自己的计划路线。可参考前引《孙文入京与其政见及影响,附孙文铁道经营案》《中国之铁路计划于社会主义》(译文)等。

表 1 帝国铁道协会、东亚铁道研究会主办"孙文君欢迎午餐会"日本人出席者名单

姓名*	生卒年	学历学位	帝国铁道协会*1	东亚铁道研究会*2	东亚兴业*3	中国兴业公司*4	类别
井上角五郎	1860—1938	庆应义塾	理事 评议员				实业家 政治家
岩原谦三	1863—1936	东京商船学校	评议员				实业家
石川石代△	不明	工学士	正会员				技术者
原口要	1851—1927	瑞萨莱尔理工学院 工学博士	理事 评议员	理事	顾问身份		技术者
速水太郎	1862—1936	京都府英学校	理事 评议员				实业家
大仓喜八郎	1837—1928	私塾	评议员		500 股	700 股	实业家
大屋权平	1861—1924	东京帝国大学理学部 工学博士	评议员	会员			技术者
渡边嘉一	1858—1932	工部大学校土木科、格拉斯哥大学工学博士	理事 评议员	理事			技术者 实业家
玉木弁太郎	1860—1923	工部大学校电气工学科 工学博士	评议员				技术者
橘協△	不明	东京帝国大学理学部土木 工学科 理学士	正会员				技术者

（续表）

姓名*	生卒年	学历学位	帝国铁道协会*1	东亚铁道研究会*2	东亚兴业*3	中国兴业公司*4	类别
草乡清四郎	1846—1924	庆应义塾	评议员				实业家
图师民嘉	1854—1922	商法讲习所 美国留学	主计 理事 评议员	理事			官僚 （铁道经理）
中村是公	1867—1927	东京帝国大学法科大学	评议员				实业家 政治家
野村龙太郎	1859—1943	东京帝国大学理学部土木工学科 工学博士	理事 评议员	理事			技术者
杨井清八△	不明		正会员	会员			官僚 （铁道事务）
松野千胜	不明	工学士	评议员				技术者
增田礼作	1854—1917	格拉斯哥大学 工学博士	评议员	会员			技术者
古市公威	1854—1934	巴黎中央理工学院 工学博士	理事 评议员	理事长	社长 300股		技术者 官僚

（续表）

姓名*	生卒年	学历学位	帝国铁道协会*1	东亚铁道研究会*2	东亚兴业*3	中国兴业公司*4	类别
古川阪次郎	1858—1941	工部大学校土木科 工学博士	理事 评议员	会员			技术者 官僚
小林源藏	1867—1921	东京帝国大学法科大学	理事 评议员				官僚 （铁道事务）
田健治郎	1855—1930	私塾	评议员				官僚 政治家
木下淑夫	1874—1923	东京帝国大学工科大学土木工学科东京帝国大学大学院(法·经) 工学士	评议员				官僚 （铁道运输）
岛安次郎	1870—1946	东京帝国大学工科大学机械工学科 工学博士	评议员				技术者
白岩龙平*5	1870—1942	日清贸易研究所			董事 100股	100股	实业家
平井晴二郎	1856—1926	瑞萨莱尔理工学院 工学博士	副会长 理事 评议员	理事			技术者

（续表）

姓 名*	生卒年	学历学位	帝国铁道协会*1	东亚铁道研究会*2	东亚兴业*3	中国兴业公司*4	类 别
森本邦治郎	1866—1944	英吉利法律学校 （中央大学之前身）	评议员				官僚 （铁道会计）
仙石贡	1857—1931	东京帝国大学理学部土木工学科 工学博士	理 事 评议员	会 员			技术者 官僚
末延道成	1855—1932	东京帝国大学法学部 法学士	理 事 评议员			100股	实业家
菅原恒览	1859—1940	东京帝国大学工科大学土木工学科	评议员				技术者 实业家
山田纯三郎△*5	1876—1960	南京同文书院					孙文随行

注：* 姓名标注「△」的4位，是仅有《铁道时报》记载的出者。*1：帝国铁道协会编：《明治四十四年十一月现在，帝国铁道协会会员名单》（会报第12卷第6号録）；《第九回总会议事速记录》，《帝国铁道协会会报》第13卷第3号（1912年6月2日）；《第八十二回理事会》，《帝国铁道协会会报》第13卷第4号（1912年8月2日）。*2：《东亜铁道研究会创立一件》，（东亚铁道研究会创立一事）JACAR. Ref：B04010942900。*3：《东亜兴业股式会社关系雑纂》，（东亚兴业股份会社相关杂纂）分割3、JACAR. Ref：B04011207600。*4：孙文记念馆编：《孙文・日本关系人名録》（增订版），孙中山记念会，2012年，第149—150页。*5：《铁道时报》报道中视为“来宾”。

接下来的问题，一如前文所叙，是作为导入外资之方法的借款被置于设立中外合办公司之上。探索其理由的线索，在表1中“东亚兴业”一栏。东亚兴业，设立于1909年，以“为调查、设计、承接清国铁道、土木、矿山、造船、电气等各种事业，直接或间接投资该事业或提供资本”[①]为目的。单看目的前半部分，好像是开发商的感觉，不过其实态是由日本企业共同出资的对华投资联合组织，自设立之初就与外务省有深刻关联[②]。发起人以涩泽荣一为总代表，包括大仓喜八郎、大桥新太郎、山本条太郎、益田孝、古市公威、近藤廉平、白岩龙平在内，一共8人，社长是古市公威。

铁道方面，该公司签订了有关南浔铁路(江西省，南昌—九江，128.4公里)的借款合同。该铁路于1904年立案之初，在国内欲发行募集股份与征收附加盐税来获取资金，因进展不顺而告终。由于得到日本兴业银行的投资，总算在1907年开始修建第一工区(九江—德安，52.5公里)。不过1912年4月第一工区开业之际，再度限于资金困难之境。于是，为清算旧借款、提供新资金，东亚兴业缔结的南浔铁道借款合同(第一次)是在同年7月，即孙中山来日约半年以前[③]。旧借款是由中国企业大成公司(上海)对南浔

① 《东亚兴业株式会社起业目论见书及定款》,《东亚兴业株式会社关系雑纂》分割2,JACAR. Ref: B04011207500(外务省外交史料馆)。

② 有关东亚兴业设立的经过，可参考前引李廷江:《日本财界与辛亥革命》，第279、281—284页；土木学会土木图书馆委员会、土木学会土木史研究委员会编:《古市公威及其时代》，土木学会，2004年，第324—327页。李廷江书中的“东亚兴业公司股东名单”中，古市公威有200股，小田切万寿之助(横浜正金银行董事)有100股(第279页)，而据下列外交文书，两位由外务省出资，各占300股。此外，两种名单也有若干异同处。《关于东亚兴业公司设立的报告》(明治42〔1909〕年8月18日),《东亚兴业股份公司相关杂纂》分割3,JACAR. Ref: B04011207600(外务省外交史料馆)。

③ 此后，该借款还持续有第二次、第三次(1914年5月)、第四次(1922年5月)。虽然南浔铁道并不盈利，还对向其提供借款的东亚兴业的经营造成压力，但因日本外务省的意向，该事业得以存续，大藏省也给予支持。建设该铁道亦派出日本技师，但可以说没有什么值得一提的实绩。前引《古市公威及其时代》，第325—326页。有(转下页)

铁路公司取得股份而进行融资的“间接借款”,与之相对,新的借款形式是在南浔铁路公司与东亚兴业之间直接缔结的事业借款,颇近孙中山所提倡的“公司名义”。就算不是孙中山也知道,在包括古市、大仓、白岩等发起人(同时也是股东)在内的听众跟前,提倡以东亚兴业为模式的借款方式会很有效果。此外,南浔铁道的路线也相当于孙中山从前亲自编纂的《支那现势地图》(1900 年,出版于东京)中“日本经营铁道”的一部分①。出版了《支那现势地图》之后,如果孙中山留意地图上所描绘的路线的趋向,那么应该不会不注意围绕南浔铁道建设的借款与东亚兴业的存在。更何况创立中国兴业的主导者之一——涩泽荣一还是东亚兴业的发起人兼股东,当然也不会对将已有实绩的借款方案置于尚在交涉中的设立合办公司方案之上抱有意见。

此外,东亚兴业里也有与古市公威一样,担当指导责任的技术人员。那就是创立之际为争取清政府及英国方面的理解而奔走于北京的原口(1851—1927)②。原口与古市一样,在东京开成学校学习土木工学,同于 1875 年被选拔为文部省派遣的海外留学第一期生。并于 1888 年同时取得工学博士,两人都可以说是日本土木工学界草创时期的代表人物,但古市留学法国,专攻河川、港湾等

(接上页)关南浔铁道施工的经过,可参考马里千等编著:《中国铁路建筑编年简史(1881—1981)》,中国铁道出版社 1983 年版,第 24、189 页。但该书认为南浔铁道于 1908 年冬施工,正确的应当是 1907 年 1 月(开工仪式在 1906 年 12 月 12 日,东亚同文会调查编纂部:《第一回支那年鉴》,1912 年,第 587 页)。

① “日本经营铁道”与 1900 年日本外务省强迫清政府给予铁路修筑权而确定的“南清铁道”路线基本一致。其中,连结福建省沿海地区与汉口的“干线铁路”的一部分(南昌—九江)也与南浔铁道路线重合。有关《支那现势地图》的编纂与出版,参考武上真理子:《孙中山与地理学:以〈支那现势地图〉为中心》,刘碧蓉编:《传承与创新:纪念国父孙中山先生 150 岁诞辰》,上册,台北“国父纪念馆”,2016 年。

② 其时担任驻中国特命全权大使的伊集院彦吉在发给外务大臣小村寿太郎的报告书中,高度评价原口的工作,并提议“应以顾问或其他适当之名义间接借其力量”之宗旨。《有关原口博士渡清之事》,前引《东亚兴业株式会社关系杂纂》分割 3。

水利事业,与铁路关系较迟;与之相对,原口留学美国,回国后就一直走在铁道技术人员的路途中。譬如建设中国铁道,他不仅在1906年应张之洞之邀赴中国,担任建设粤汉铁路及川汉铁路的最高顾问,还积极试图招募日本人技师和技工。当时恰好受到高涨的回收铁路利权运动之影响,原口未能实现所期待的构建中日技术合作关系及其成果,而回到了日本,不过他与中国的关系还会继续下去。辛亥革命以后,他担任孙中山的外国人顾问之一①。因此,孙中山来日本之前确实已对原口寄予希望。而应当注意的是,他原本就是被南京临时政府委托调查铁道相关事业,事实上也被当作财政顾问②。若是国家规模的铁路事业,取得、运用资金就等于掌握了成功的关键,这一点中国亦应如此。但在当时的中国,本国资本与海外借款混杂林立,为确保安定的资金,无疑更将精通技术的财政顾问视为首要目标③。原口承担了如此重要的责任,而

① 曾担任袁世凯顾问、居于北京的记者的莫里循对孙中山的日本人顾问所起到的作用有所关注,也曾提及原口。但误称原口曾在哈佛留学。《致达·狄·布拉姆函[北京]1912年2月16日》(澳)骆惠敏编,刘桂梁等译:《清末民初政情内幕:《泰晤士报》驻北京记者袁世凯政治顾问乔·厄·莫理循书信集》,上卷1895—1912,知识出版社1986年版,第880—881页。

② 《清国革命动乱之际,应孙逸仙之邀请,就铁道事业调查、原口博士赴清一事》,JACAR. Ref: B04010977000(外务省外交史料馆);李廷江:《临时大总统孙中山与日本人顾问》,《孙文研究》第27号,(2000年1月),第2页。又及,李廷江指出的孙中山铁道顾问"乔治·布郎生·雷米[亚]"即George Bronson Rea(1869—1936:后来成为发表了孙中山所著《实业计划》英文原稿的 *The Far Eastern Review* 主宰者,辛亥革命以来就支持孙中山的铁道计划)。

③ 事实上,日本外务省与军部也希望原口就日本在中国取得铁路利权作出贡献。譬如日本海军再次提倡前述"南清铁道"之计划,强调"利用受南京政府招聘的原口要之提案"的必要。《清国事变档案》卷56上《湖北事变通报,福建方面,秘中之秘,25万日元相关(8)》,JACAR. Ref: C080410 91800(防衛省防衛研究所)。李廷江详细分析了1911年年末至次年年初日本财政界设立"中华国立中央银行"的过程,探明原口与其时担任孙中山财政顾问的阪谷芳郎(1863—1941)所担任的重要职责。前引李廷江:《日本财界与辛亥革命》,第196—238页。如李廷江所述,原口的确也积极参与该计划,(转下页)

孙中山不会没有意识到原口亲自出席午餐会。

总而言之,出席午餐会的铁路事业相关人员主要关心的是资金问题,不难看出孙中山的演说内容正是留意到了这一点,切合了听众的需求。主办方为响应其热情,在午餐会之后召开的帝国铁道协会临时评议会上,一致推举孙中山为名誉会员,成为"推举外国人为帝国铁道协会名誉会员之嚆矢"①。但本文末所附《帝国铁道协会会报》所载记事中,并未有推荐名誉会员一事,可以视为该报发行的当时(1913 年 4 月 25 日)袁世凯与孙中山之对立日益激化的影响②。

(二)视察中央停车场

孙中山在午餐会上大致成功结束了他的演讲,但对期待他访日"主要目的是为资参考中国未来铁路计划,而视察吾国铁路,欲叩问朝野铁道界名士之意见"③的人们来说,面对连日忙于社交活动的孙中山,还是有些偏离预期之感。不过,时间也的确很短,孙中山完成的"主要目的",在《铁道时报》中还有一则记载,那便是 2 月 25 日,视察正在建设中的东京站中央停车场。因为杂志照片相

(接上页)注 26 所示外交文书亦有记载表明,1912 年 1 月,原口来中国原本的目的,就是对设立中央银行进行交涉。虽然将中央银行设立的构想具体化的是大藏官僚出身、曾担任大藏大臣的阪谷,但原口灵活运用一直以来担任中国铁道顾问的经验及人脉,也扮演了中介者或交涉者的角色。这在东亚兴业的情况下亦可同一视之。在 1912 年 1 月,至少表面上是"工学博士原口氏今番应孙逸仙之邀请,就铁道事业调查一事赴清",应当注意阪谷与原口这两位财政顾问针对各自特性,而有不同的行动。

① 前引《铁道协会的孙氏招待会》,《铁道时报》第 15 卷第 702 号,第 10 页。有关推荐孙中山为名誉会员,前引《铁道协会午餐会》,《东京朝日新闻》1913 年 2 月 21 日亦有报道。

② 1913 年 7 月 23 日,袁世凯正式解除孙中山全权筹办全国铁路的任命,不过同年 3 月 31 日,临时大总统令中已对中国铁路总公司加强了政府的介入。《法律第二号中国铁路总公司条例》,《政府公报》第 324 号,中华民国 2(1913)年 4 月 1 日。

③ 《孙逸仙氏一行与吾铁道》,《铁道时报》第 15 卷第 703 号(1913 年 3 月 8 日),第 5 页。

当模糊,所以结合所附解说文字,来介绍这张孙中山与现场技师们的合影。

《铁道时报》“孙氏巡视中央停车场”记事:“近来访日的孙逸仙氏,廿五日上午巡视了建设中的中央停车场。孙氏先于帝国饭店向铁道院来访的冈野技师询问停车场竣工后的设备、运转方法等大体情况。之后去往铁道院内的市街线建筑事务所,冈田所长以下众人出迎。听取金井技师就图纸说明停车场的设计构造,约略花费四十分钟。最后亲临现场,热心视察,时而发问。问及停车场大厅建筑材料有几成是进口,答曰六成是国内制造,颇为感动。孙氏极重细节,还询问该所使用的真大理石与仿品之间价格之差,以及仿品颜色、花纹的样子略有问题,等等,又很亲切地评论说,比美国华盛顿停车场好像还要大一点。因时间紧迫,未及视察万世桥停车场。在铁道院,孙氏获赠当日中央停车场的图纸及说明书。下方为当时的纪念照片。前排中央为孙逸仙。左端马君武。后排左起为冈田所长、冈野技师、金井技师、上野技师、小笠原技工等诸人。”①

通过对以上记事中登场的技术人员的简介,或可理解本篇报道是很贵重的资料,因其传达了访日期间孙中山与现场一线铁路技术人员的直接交流②。

冈田所长:冈田竹五郎(1867—1945)。1890 年毕业于东京帝国大学工科大学土木工学科,后从事治水工程。1897 年转向铁道技师,负责东京站及东京市区高架线的建设工程。

冈野技师:冈野升(1876—1949)。东京帝国大学工科大学土木工学科毕业(1899 年)。最初进入民营日本铁道工作,1906 年因

① 《铁道时报》第 15 卷第 703 号(1913 年 3 月 8 日),第 4 页。

② 三人略历主要出自铁道史学会编:《铁道史人物事典》,日本经济评论社 2013 年版;高桥裕、藤井肇男:《近代日本土木人物事典——构筑国土的人们》,鹿岛出版会 2013 年版。

图 1 孙中山巡视中央停车场

铁道国有化而成为铁道作业局技师。拥有留学欧美的经验,被认为是正适合对孙中山说明中央新停车场概要的人物。

金井技师:金井彦三郎(1867—1932)。初为内务省卫生局笔记员,就学攻玉社①,毕业于土木科(1888 年)。最初从事桥梁工程,后转入铁道省,监督东京站的建设。1914 年 12 月东京站开业时的身份是"东京停车场工程监督主任技师"。

虽说东京站是"日本国的国家玄关"②,但仅从视察建筑现场一事就认为孙中山理解了日本整体的铁道系统,显属过度评价。不过在很有限的时间内,他不仅听取了技术人员的事前讲解,还亲临新火车站的建筑现场,自然可知他的高昂的热情与心情。与之

① 攻玉社,前身为 1863 年成立于江户(现日本东京)的兰学塾,学科包含航海、测量术等。1872 年,新学制改革下,正式建校,开设有日本最早的航海测量练习所,是日本历史古老的工程学校。

② 《祝贺东京站开通》,《铁道时报》第 16 卷第 796 号(1914 年 12 月 18 日),第 17 页。

相对,技术人员们也为革命家孙中山热心倾听他们的说明、接连询问具体的问题,而感到惊讶与亲切。或许,孙中山凝视中央停车场图纸的身影,与作为铁道院总裁而推进该巨大建设计划的后藤新平(1857—1929)的形象重合在一起。后藤"对铁路照例是展开天马行空的构想,对工程中技师的设计也改为三四倍,大得惊人,但现在看来,很多地方都很合适"[①]。孙中山与后藤年轻时都学医,虽未接受专门的工程学教育,但都将铁道事业占据国家经营之主轴(虽然后藤的殖民地经营事业也占了很大比重),描绘了远大的铁道建设计划蓝图。实现了后藤被同时代人们揶揄为"天马行空"之计划的技术人员,对孙中山提倡的"二十万清里铁道铺设论"[②],应该能感到其与后藤的构想有相同之处吧。不过这里提到后藤,也止于类推。上述诸人,以及当时日本铁道技术人员对孙中山的铁道计划作何评价?不仅只有笔者想具体知道这一点。但遗憾的是,暂未发现相关明确史料[③]。

硬要举例的话,那就来看下面粤汉铁道连江口停车场(英德县)通车仪式上附于纪念照的一段文字吧,或可略窥一端(该路线建设者中就有日本人技师山本新次郎)。

此段文字为"中华民国元年的铁道开通式":"欲以六十亿外债

---

① 平田健(述):《国有之后的铁道》,清水启次郎编《交通今昔物语》,工友社 1933 年版,第 33 页。东京站开业时在广袤荒芜的旷野中,立起硕大的建筑,但 20 年后,人们就觉得狭窄了。孙中山与后藤的关系以 1900 年 10 月在台湾会见为开端,虽说不算紧密,但一直延续到孙中山去世。孙文纪念馆编:《孙文·日本关系人名录》,日本孙文纪念馆,2012 年,第 60—61 页。

② 前引《孙文入京与其政见及影响　附孙文铁道经营案》。"清里"即清代的里程单位,一清里约为 0.57 公里,有别于日本明治以来所用里程单位之"里"(约为 3.9 公里)。

③ 《铁道时报》虽载有题为《孙逸仙的铁道政策》的谈话记录(第 14 卷第 633 号,1912 年 6 月 1 日),但谈话者高木陆郎(1880—1959)是三井物产旧社员,当时担任汉冶萍煤铁厂矿公司日本商务代表,很难说能代表技术人员的看法。高木还是中国兴业公司的出资者(100 股),之后担任该社后身的中日实业股份公司副总裁。

十年内铺设二十万里(清里——笔者注)铁道的孙逸仙,计划颇为突飞猛进,近乎所谓痴人说梦,然而今后中国铁道事业无疑会大大勃兴,我国国民对孙氏的铁道计划实际会变成怎样的状况,应当认真留意。同时,也希望为了任何时候都有可能去的中国、为了日本,而有许多能够工作的人。"①

这是非常尖锐的评论,但也可以看清他们将实行计划视为包括孙中山案在内的中国铁道事业的第一要义,并显示了参与其中的意愿。

二、中国的铁道建设与日本技术人员

日本的技术人员对中国铁路表示出积极的关心,是19世纪末的事。不得不说其直接契机,乃为日本在甲午战争中的胜利。然而他们在中国能迅速展开活动的想法,还是操之过急。在1899年,中国铁道总延长大约是7 500清里(包括施工中及计划中的路线),当中清政府所有的路线只有254清里,此外全在欧美列强支配下②。与之相对,日本则甘于这样的状况:"只听说对中国铁道仅提供少数枕木,此外都连招聘了一位铁道技师都不知道。更何况本来就没有像得到铺设特许、提供资本、担当工程之类的事。"③

---

① 《铁道时报》第14卷第680号(1912年9月28日),第5页。文中"二十万哩"应该是"二十万清里"。前者约32万公里,后者约11.5万公里,《铁道时报》还有好几处将孙中山铁道计划写作"二十万哩"。

② 《清国铁道总览》,《铁道时报》第1卷第32号(1899年11月25日)。各国情况:俄国1530清里,英国2 654清里,美国600清里,德国420清里,法国420清里,比利时700清里,英·意250清里,英·德635清里。这些路线多为单一企业或联合企业从清政府处取得铺设权,虽然不是各国政府直接"支配"各铁道,但可以确定的是,由本国资本出资、经营的铁道,对在中国全盘扩大影响力起到了很大的作用。

③ 铁道协会会员、默堂生:《应从事清国铁道》,《铁道时报》第1卷第11号(1899年4月25日)。以下引文出处亦同。

同作者还主张，“我国土地偏狭，今后铁道铺设的地域也有限。十年乃至二十年后，几乎无有铺设的余地。相反清国土地广阔，富源饶多，如果我国铁道从业人员能大大施展其技能，舍清国不复有他处”，与日本试图从政治、经济、军事各方面进军中国大陆的国策一致。日本外务省对驻中国的各位领事，也下达训令，命积极推荐日本铁道技术人员参与正在进行的铁道建设事业[①]。也就是说，日本铁道技术人员从接受政府支持、在外国人那边工作开始，是在中国活动的第一步。

这样，不难将派遣至中国的技术者视为仅仅为实施国策而作出奉献的棋子。由前述原口之例也可看出，他们的活动与外务省、军部的动向密切相关。但另外一方面，也不应忽视当时另一种论调，即提倡“今日主张在清韩铺设铁道者，与其说出于国家或政治意义的考虑，更多是重在盈利性与商业性”，将在海外开拓铁道的方针着眼于“首在盈利”[②]。这篇文章展示了从事作为社会资本及经营主体的铁道事业的人们的观点。以中国为目标的铁道技术者集团，实际上被置于怎样的立场，又怀着怎样的动机进入这项事业？

明治时期，在日本构筑铁道网被定位成殖产兴业之关键。众所周知，以官营铁道建设为首的各种事业，均由国家主导推进。为尽快完成建设事业而采取的雇佣外国人体制，因为他们的高薪而造成了财政危机，日本技术人员的培养也成为吃紧的课题。据对

---

① 《清国各地方铁道事业勃兴之际、本帮铁道技师推荐、同国各向领事下发训令一件：附，原铁道技师小川资源赴清一事》，外务省记录(3－8－4－19)，外交史料馆藏。训令于 1899 年 12 月 18 日发给上海总领事代理及牛庄、天津、芝罘、苏州、杭州、汉口、重庆各地领事。有关派遣技术人员去中国的概要，可参考前引《古市公威及其时代》，第 318—320 页。

② 铁道协会会员，R. K 生：《开拓海外铁道之方针》，《铁道时报》第 1 卷第 17 号(1899 年 6 月 25 日)。一如引文所示，文章作者认为，问题在于中国、韩国开拓铁道的方针。

日本铁道创业过程作出广泛且详细分析的中村尚史称，1870 年代的官营铁道以留学生及国内教育机关出身者的阶层化为特征，成功形成了土木技术者集团①。他们以高超的技术能力与坚固的组织能力为武器，承担了 1880 年代之后的铁道建设事业。不过，这一所谓的官制技术者集团，有时也因铁道行政方针的改变而经历组织改编的洗礼②。简言之，在日本的技术者集团立足根基的动摇，起到了将他们推向海外的作用。

譬如，曾担任共同主办欢迎孙中山午餐会的东亚铁道研究会理事的小川资源(1852—1910)，在第一次铁路热(1887—1889)勃兴之时，因民营铁道造成了官营铁道事业缩小及经营恶化的结果，而成为辞官的技术人员之一③。1899 年 12 月至 1900 年 5 月、1902 年 9 月至 1903 年 2 月，他进行了两次"南清铁道路线调查"，在第二次调查之际，与盛宣怀就中国铁道事业现状及未来交换意见，并就同行 10 名技师由美国资本的美华启兴公司(American China Development Co.)雇佣一事进行具体交涉④。在结束第二次调查后，他说："日本铁道已大致发展到绝境，技术人员又很多，该怎么办呢。恰好近处有中国这样的国家，就去看看吧。"⑤此可以视为他为打破自身困境、尝试在中国一展宏图而吐露的率直心

① 中村尚史：《日本铁道业的形成——1869—1894》，日本经济评论社，1998 年，第 51—59 页。

② 同①，第 170—176 页，第 204—209 页。

③ 同①，第 205 页。小川自开成学校毕业后，成为工部省测量司技术一等见习，以"质问并传习生"的身份，在英国爱丁堡大学留学 3 年(1872—1875)。有"日本铁道之父"之称的井上胜(1843—1910)因强烈反对保障民营铁道经营自由及权利、大幅承认议会介入铁道政策的铁道铺设法，而辞去铁道厅长官之职。差不多同一时期，小川也辞去了官职。有关小川的略历，参考前书，第 53 页。据日本交通协会铁道先人录编辑部编《铁道先人录》，日本停车场株式会社出版事业部 1972 年版，第 69—70 页。

④ 《支那铁道关系杂件，调查书之部，第一卷 14. 小川资源南清铁道线路报告，自明治三十六〔1902〕年三月》，JACAR. Ref: B04010903500(外务省外交史料馆)。

⑤ 《访问小川资源》，《铁道时报》第 5 卷第 191 号(1903 年 5 月 16 日)，第 4 页。

情。小川说这番话是在1903年,恰好是日本准备日俄战争而控制国内投资铁道事业的时期,同时也是日本在朝鲜半岛尽早开通京釜铁道的压力很大的时候。待日俄战争后,铁道实现国有化,日本技术人员的压力益发进入“绝境”。

基于1906年公布的铁道国有法而进行的收购私有铁道,以及随后开创的帝国铁道厅(后来的铁道院),可以说是日本明治时代铁道事业的总结性事业[①]。对技术者集团而言,确立全国干线铁道网由国家一元管理的体制,虽然是值得欢迎的事,但现实未必能给他们开辟明朗的未来。首先,帝国铁道厅增加民营铁道路线与车辆,承担了大多数的职员,对剩余人员加以整理,缺乏人才高效运营已扩大的铁道网,这也成为新生国有铁道的大问题。其次,新的铁道行政部门也需要考虑如何扩充整理既有铁道网,并希望提出长期、综合的构想。而这一问题与其说是从技术层面,不如说是从经济、军事的侧面到国家政策层面而展开的讨论。为顺应新时代的要求,有意识地解决人员革新的问题,1908年12月,后藤新平出任第一代铁道院总裁。

如前所述,后藤是公认的推进大规模铁道政策的人物。除建设东京站之外,有名的广轨(标准轨道)改筑计划也是拥有满铁总裁之实绩的后藤倾注全力的“梦想”。因此,他并不会随便天马行空地增加技术人员。后藤以就任铁道院总裁之机,采取了积极选用法科出身者为干部的方针[②],革新了从前“谈到铁道,就是技术人员,特别是土木专业出身者”的风气。且看具体的采用人数,过去每年不过采用1—2名法科专业人士,1907年7名,1908年5名,1909年12名,同时也注重提高人才质量。与之相对,出身土木

---

① 前引《古市公威及其时代》,第313页。

② 《关于铁道院帝国大学毕业生的专业》,《铁道时报》第15卷第714号(1913年5月24日)。以下引文亦出自此文。

专业的人,最多的是1907年16名、1908年14名,而1909年剧减为3名,以后勉强确保与法科专业者采用相同的人数。此外,他还改变了院内的势力分布,如录用后的法科专业者也比工科专业者晋升更快,院内的势力从技术官转向了事务官;工科当中,与主流的土木专业者相对,机械科和电气科出身者的比重也有所加大。要之,可以说"铁道逐渐远离建设时代,进入营业时代之证据"显然。

即便如此,像把全国干线铁路改为广轨的巨大工程,如果当真实施,一定会增加技术者集团活跃的机会。但桂太郎首相与后藤新平铁道院总裁主导决定的改筑案,却受到了优先建设地方路线、重组财务的立宪政友会的阻挠。1911年8月,第二次桂太郎内阁下台,该计划被搁置。到1912年12月,第三次组阁的桂内阁仍由后藤就任铁道院总裁,原以为会重启计划,但仅两个月,一切又成幻影。以日本第一次护宪运动为契机的大正政变,在桂内阁全体辞职下闭幕。1913年2月20日,恰好是欢迎孙中山的午餐会当天。次日上午,后藤在铁道院发表《告别演讲》①。可想而知,期待与桂首相合作的孙中山,在获知桂首相辞职之事后是如何的沮丧。随之而来的铁道院总裁更迭也为该院带来动荡,并与人事大变革密切相关。

接替桂内阁的山本权兵卫领导的新内阁紧急展开行政整理,床次竹二郎新总裁仅对铁道院就坚决执行了大约1 300名以上的人员整理②。无奈退职的人们向国内私营轻便铁道(指低规格、低价开设的铁道,在铁道国有化之后,作为地方路线而广泛铺设)寻

---

① 《后藤总裁的告别演说》,《东京朝日新闻》1913年2月22日,第3页。

② 《失业者该怎么办》,《铁道时报》第15卷第715号(1913年5月31日),第1页。以下引文亦出自此文。山本内阁的行政整理期待重建财政,涉及所有官厅人事、会计。铁道国有化以来已经历了四次大规模人员整理的铁道院再次进行改革,尤其引人注目。浅田江村:《行政整理之成败》,《太阳》第19卷第8号(1913年6月),第22—29页;黑面冠者:《改革后的床次铁道院总裁及其幕僚》,前引第150—159页。

求再就职的机会，并要求政府给予支持。另一方面，遂开始主张“援助邻国中国发展铁道，打开招聘日本人的路途，亦为失业者救济之一法”。这样一来，广轨改筑计划亦无从说起。如果是关心中国铁道事业的技术人员，就应该留心在那里采用标准轨道①，而连作为“铁道家”的前途也被逼到绝路，那么能否去中国，就成为关乎他们生死的问题。

同年 5 月末，3 个月前刚成为帝国铁道协会副会长、招待孙中山午餐会的平井晴二郎(1856—1926)，辞去铁道院副总裁之职，就任中华民国交通部顾问②。连古市、原口等同时代的日本铁道界重镇，都无法抵抗从建设转换为整理的时代浪潮。带着技术人员来到北京的平井，还希望进一步招聘日本技术人员，但在中国铁道建设的资金提供者与国家掌握人员配置或材料选定之实权的环境里，“徒手空拳”③的日本人顾问能得到的并不多。就这样，日本官、军、民一起要求取得中国铁道铺设权及提供借款的呼声愈来愈高④。

---

① 在派往中国的技术者的报告书中，散见有谈及采用标准轨道。譬如原口：《清国铁路梗概》，《帝国铁道协会会报》第 12 卷第 4 号(1911 年 7 月 25 日)，第 20—21 页；山本新次郎：《有关粤汉铁道》，《帝国铁道协会会报》第 13 卷第 6 号(1912 年 11 月 25 日)，第 634—635 页。

② 《支那改革借款一件(别册)本邦人招聘一》外务省记录(1-7-1-11-4)，外交史料馆所藏；《两博士送迎会》，《铁道时报》第 15 卷第 716 号(1913 年 6 月 7 日)，第 26 页。“Dr. Hirai Accept Chinese Post,” *The Railway Times*, Vol. ⅩⅤ, No. Ⅵ, (June 1913), pp.1-2.平井保持了铁道院副总裁的身份，但因同职由野村龙太郎担任，事实上则是卸任。平井的任务是对中华民国的铁道计划进行总体的建议，任期 3 年(事实上至 1925 年回国为止，一直担任着这一任务)，年薪 3 000 镑。

③ 《北京土产》，《铁道时报》第 15 卷第 742 号(1913 年 12 月 4 日)，第 7 页。该报道是平井随员村上彰一的谈话。据村上称，平井在北京并无特别工作，而是为了将来统合列强诸国分别投资建设的铁道，对各铁道的历史进行研究。

④ 前引村上谈话之外，还有《利权获得竞争舞台》，《铁道时报》第 15 卷第 728 号(1913 年 8 月 30 日)，第 1 页；《不可拱手旁观》，《铁道时报》第 15 卷第 734 号(1913 年 10 月 11 日)，第 1 页。

但是，这些议论中已没有孙中山的名字。众所周知，午餐会约一个月后，孙中山归国，因在二次革命中败给袁世凯，筹划全国铁路全权之职亦遭解除。在此，请重新把视线回到午餐会现场，我想指出的是，正因为当时出席的日本人大多数已经预知日本铁道行政大转换，所以对他们来说，参与中国铁道事业更是迫切紧要的问题。

三、结　　语

本文主要从日本铁道技术人员的观点来探讨 1913 年 2 月孙中山赴日所具有的意义，并尝试从更长的时间轴出发，对令他们关心中国铁道事业的历史性要因进行分析。为了综合把握日本铁道技术者在中国的活动，也不能忽视"台湾总督府铁道""南满洲铁道"等日本殖民地铁道经营的影响。当然，亦有必要将与别国技术人员的合作、对抗之面相纳入视野。无论如何，本文不过是局部解明了他们投向中国的目光，而笔者认为，聚焦帝国铁道协会与东亚铁道研究会动向，多少也可以探明当时技术者集团直面的问题与国家政策之选择复杂纠缠的面相。

若论孙中山与日本铁道技术人员的关系，对以建设中国全国铁道网为目标的他而言，最应重视的自然是中国的铁道技术者。事实上，访日时的孙中山还是中华全国铁路协会(1912 年 6 月成立)的名誉会长①。该协会发起人当中，有人率领着集中在此的技

① 孙中山 1912 年 7 月 29 日就任中华民国铁道协会会长，8 月 29 日被推举为中华全国铁路协会名誉会长。前者由南京临时政府交通部于右任等人创设，一时解散后，又在上海重建，请孙中山担任会长。后者由冯元鼎、詹天佑、朱启钤等 11 人发起，同年 6 月得到北京政府交通部的认可，创设于北京。比较孙中山在两协会的演说内容，后者发表的演说具体谈及事业的内容，值得瞩目。《在上海中华民国铁道协会欢迎会的演说(1912 年 7 月 22 日)》，前引《孙中山全集》第 7 卷，第 85—87 页；《在北京全国铁道〔路〕协会欢迎会的演说(1912 年 8 月 29 日)》，同前书，第 98—100 页；《在北京中华民国铁道协会欢迎会的演说(1912 年 9 月 2 日)》，同前书，第 112—114 页。

术人员，那便是有"中国铁道之父"之称的詹天佑(1861—1919)。意外的是，他与本文论及的原口、平井晴二郎，作为工程师的出身非常接近。詹天佑是清廷派遣"留美学童"第一期学生，原口与平井是日本文部省派遣的第一届海外留学生，他们都在美国学习铁道工学。1878—1881 年，詹天佑在耶鲁大学雪菲尔德工学院(Yale University, Sheffield Scientific School)学习，而原口和平井求学于瑞萨莱尔理工学院(Rensselaer Polytechnic Institute)，是在 1875—1878 年，时期也非常接近。此外还可以确定，詹天佑的同期生、后辈中，有 5 位也在瑞萨莱尔理工学院学习过①。既然是同时有志走上承担国家建设之一环的铁道技术者之路，又有共同的知识背景，那么彼此沟通也一定不难，但此时却很难看到他们之间与中国铁道未来计划之制定及具体事业之进行有密切联系的痕迹。况且二次革命后，孙中山的铁道计划已然胎死腹中，到底也很难想象他们之间有过密切交换意见的事情。然而，以他们所拥有的经验与见识及孙中山决定的计划，很显然是以美国铁路系统为原型，该系统承担了国家统合的任务，构筑了连接北美大陆资源出产地与沿海地区之间的铁路网络②。由此也可知，在 20 世纪初期的中国，并非完全不存在一种可能性，即计划立案者与执行者跨越国境、协同合作。即使在现实中，这样的机会并没有到来，而正因为是到了现代，孙中山的铁道计划才得以重新登上舞台，对这未完成的工程进行展望，是否也应重新探讨？

---

① Edward J. M. Rhoads, *Stepping Forth into the World: The Chinese Educational Mission to the United States*, 1872—1881, Hong Kong University Press, 2011, pp.115—119, 128；钱纲，胡劲草：《大清留美幼童记》(增订本)，香港中华书局 2009 年版，108—111，第 296—347 页。

② 有关孙中山铁道计划的原型应留意扩充于美国全境的铁道网，可参考武上真理子：《地图所见近代中国之现在与未来——以〈支那现势地图〉为例》，村上卫编：《近现代中国社会经济制度的重建》，京都大学人文科学研究所 2016 年版，第 348—350 页。

[附记]

本稿为日本科学研究费基盘研究(C),(研究课题编号26370758)成果的一部分。

附 《孙文君欢迎午餐会》,《帝国铁道协会会报》第14卷第2号(1913年4月25日),第199—204页。

大正二年二月二十日下午一点,本会与东亚铁道研究会于东京市京桥区采女町精养轩招待今番来游之孙文君一行,共同举行午餐会。同时,当日还招待了在东京的胡瑛君一行,以及支那公使汪大燮君及其他馆员。主人一方的平井副会长与其他在京理事及评议员们出席。当天下午一点,食堂开席,有各种点心、套餐,平井副会长起立,感谢孙文一行的到来,并举杯祝福其身体健康。对此,孙文亦起立致谢,为本会举杯,祝福大家健康。餐后,在另一室内,古市理事向孙文请教其对眼下支那铁道政策所怀之高见。孙文欣然而起,陈述意见大致如左。

孙文君演讲大要:说来,有关我国的铁道铺设,有四大困难。第一,乃一直以来之条约。现在的铺设权因条约之故由外国人独占,如今,若想铺设新铁道,要排除从前因条约而产生的各种障碍,则极为困难。第二,乃为经济。目下支那贫弱交加,仅以本国资本铺设本国铁道,是为不可能之难事。第三,乃为人材。支那学问尚未普遍发达,如今骤然要铺设二十万里(支那里程)以上的大铁道,必觉人才颇为缺乏。第四,乃人民之思想。因支那人素来思想幼稚守旧之故,四十年前已然铺设之铁道在此后却因人民反对而遭破坏,以此实情来看,若人民思想可更发达,则现今中国铁道或比日本更为发达亦未可知。然如今日之状况,支那人会因守旧之思想自为其祸。然而,今番革命,不仅为政治,还为思想带来极大变动,今日大多数人民在其思想上已对铁道之普及甚为切望。因此,余尽力从事之铁道事业,不仅符合国家之需要,还顺应人心之必要。故此，余今欢迎外国资本，希望完成中华民国铁道之大业。若利用外国资本，人才问题自然亦得解决。同时，想必条约问题亦可迎刃而解。有关此等实行方法，有诸种方法如下。

一、制定条约：铁道铺设全部委任外人，规定条约年限，并明确权利义务，投资者并非永久拥有铁道。而中华民国在规定期限内因资本返还情况，亦可立即自由回收铁道。二、民国人与外国人共同出资、组织公司一事。三、仅用本国资本一事。四、借取外资铺设一事。便是这四条。虽然第一条方法乃余最赞成且最主张者，但因今日民国人民思想之反对，其实行颇为困难。第二条方法亦因国民尚未对铁道有相关法律，且一般公司或一般商业等相关立法亦不完备，故而内外共同出资、建立公司，仅仅这一点，便难以博得信赖。第三条方法，仅用本国资本，到底不可能实现。即便勉强为之，亦难期完备。故而，除第四条方法，即借取外债铺设之外，别无他法。而且，支那政府素来以政府名义借取外资，甚少有引起动摇政府之事，故而余就其方法更欲考察在政府之外组织公司一事。即以今日铁路总公司为代表，以其公司名义引进外资，政府为其担保。而横贯全国之巨大干线由铁路总公司、即引进外资之新公司铺设，各地方支线由各地方组织公司，自行铺设。此外，有关铁路经营之政策，第一是以铺设由东向西、抵达天山南北之铁道为目的。盖新疆蒙古等西域之地土地肥沃，物产丰饶胜于满洲。故应对此地首先予以物产输出之便。今日世界富国虽以美国为第一，但今后美国之发展未必能如从前。与之相反，支那未开发之地，前途乃多希望。应可笃信者，开通铁道之便，可得远胜今日千百倍之财富。

日本乃支那之邻国。若支那铁道便利发达、物产进出口日益增加，则日本对华国际贸易亦得日益发达。故而，余计划中华民国铁道，固然是希望中华民国自身强大，而另一方面，亦为东洋全体发达之计。但如前所述，今日支那于人才、资本颇多缺乏，甚为遗憾。期盼今后可得贵国上下之援助。而今日承蒙出席本会的古市〔东亚铁道研究会〕理事长、并平井〔帝国铁道协会〕副会长诸位恳切相询，得于此聊述余之中华民国铁道铺设计划之大意，亦极感愉快。

演讲结束，更有清谈之时。过午后四点，乃期他日再会，临别分袂。当日出席者如下。

主宾　孙文君

马君武君　何天炯君　戴天仇君　袁华①选君

宋嘉树君　胡瑛君　王守善②君　周③惠慈君

卜择君　汪大燮君　许士熊君　刘崇杰君

郭左淇君　井上角五郎君　岩原谦三君　原口要君

速水太郎君　大仓喜八郎君　大屋权平君　渡边嘉一君

玉木弁太郎君　草乡清四郎君　图师民嘉君　中村是公君

野村龙太郎君　松野千胜君　增田礼作君　古市公威君

古川阪次郎君　小林源藏君　田健治郎君　木下淑夫君

岛安次郎君　白岩龙平君　平井晴二郎君

森本邦治郎君　仙石贡君　末延道成君　菅原恒览君

其后，有电报云孙文君一行结束视察我邦、平安归国。且有日期作四月七日、致本会之信如下。

敬启者：文等此次观光贵国，备受各界热诚欢迎，足以证明贵国人士确系以爱同种同文之国为心，以保全亚洲为务。凡我亚洲人士，无不应④馨香崇拜，并期极力实行，以副贵国人士之望。文

① 原文作“萃”，《铁道时报》第15卷第702号作“华”。

② 原文作“惠”，《铁道时报》第15卷第702号作“愚”。

③ 原文作“同”，《铁道时报》第15卷第702号作“周”。

④ 原文阙“应”字。据“致梅屋庄吉函(1913年4月5日)”作补，《孙中山全集》第4卷，人民出版社2015年版，第309页。致铁道协会书信日期为4月7日，致梅屋书信为4月5日，而内容与寄出人名一致。

等当尽全力以贵国人士好意布诸国民,俾两国日增亲密,匪特两国之幸,实世界平和之幸也。专此肃函,敬谢招待之厚意,并祝前途幸福。

铁道协会御中

孙文、马君武、何天炯、戴天仇、袁华选、宋嘉树同顿首

(武上真理子,日本人间研究机构区域研究推进中心研究员、日本京都大学人文科学研究所客座副教授;
译者瞿艳丹,日本京都大学文学研究科博士后期课程研究生)

廉泉与孙中山的交往

杨绍固　李中耀

廉泉是清末民初的著名文人，有人把他视作满清遗老，也有人认为"他是位新旧学问皆通、思想开明而爱国的人"[①]。他不仅与思想保守的旧派文人梁启超、郑孝胥、袁克文、陈三立、柯劭忞、孙道毅等人关系密切，也与当时军阀袁世凯、吴佩孚、王揖唐有不少交往，还与革命党人孙中山、秋瑾、汪精卫、吴禄贞等人关系深厚，与新派文人徐自华、吕碧城、凌淑华、林白水等人交情不浅。实际上在清末民初的特殊时代，廉泉是一个新旧交织，承上启下的历史人物，但对他的事迹和思想的研究却不多。廉泉的族叔廉建中编订了《南湖居士年谱》[②]。王宏对廉建中编订的年谱进一步完善，撰写了论文《廉泉年谱初稿》[③]。郭长海在广泛采摭近代报刊有关廉泉资料的基础上撰写了论文《〈廉泉年谱初稿〉拾补》[④]。孙志军的博士论文《现代旧体诗的文化认同与写作空间》（华东师范大学 2004 年博士论文）在

① 陈德禾：《秋瑾评传》，河南教育出版社，1986 年版，第 31 页。

② 廉建中：《南湖居士年谱》，上海图书馆历史文献研究所编：《历史文献》第 9 辑，上海古籍出版社 2005 年版，第 326—334 页。

③ 王宏：《廉泉年谱初稿》，《近代中国》第 20 辑，上海社会科学院出版社 2010 年出版，第 382—427 页。

④ 郭长海：《廉泉年谱初稿》，《近代中国》第 25 辑，上海社会科学院出版社 2015 年出版，第 333—353 页。

统计旧体诗文献时对廉泉的《南湖集》有所提及，但未展开论述。本文使用廉泉所著的《南湖集》《梦还集》和其编纂的友人书籍、来往书信等资料考察其与孙中山的交往，从中探究其互动过程中的行为与思想轨迹，以期抛砖引玉，有更多学者参与这一研究。

一、廉泉其人及廉、孙交往的基础

廉泉(1868—1932)，江苏无锡人，字惠卿，号南湖，又号岫云、小万柳居士。于光绪二十年(1894 年)中举人，次年会试时参加康有为、梁启超组织的“公车上书”，光绪二十二年任户部主事，二十三年升户部郎中。他精于古体诗歌的创作，因名句“夕阳穿树补花红”，人称廉夕阳，于书画、金石收藏颇丰，并以此交游于王公贵人之间。他还是最早创作新诗的诗人之一，其著《新三字经》半文半白，字句齐整、押韵，尚未尽脱旧体诗的痕迹[①]。光绪三十年冬，因不满清廷统治，辞职后携家属南归于上海小万柳堂。为了实现其实业救国的理想，光绪三十二年，他在上海与俞复、丁宝书合资创办文明书局，编印新式教材，出版文艺方面的译著，还资助俞复、侯鸿鉴等人在无锡创办竢实学堂、三等学堂和竞志女学。民国 3 年(1914 年)赴日本，在东京开设扇庄，向日本文化界介绍中国书画，与日本文化名流品评书法与绘画，探讨金石收藏，诗文酬唱，创作于这一时期的诗歌编为《南湖东游草》。民国 6 年从日本回国，曾任故宫保管委员等职。民国 9 年(1920 年)他因开办交易所失败而负债累累，晚年生活十分窘困。

廉泉 19 岁与安徽桐城女子吴芝瑛结婚。吴芝瑛，字紫英，别号万柳夫人，父亲曾在山东做过多年的知县，伯父吴汝纶是晚清桐

① 广东省珠江文化研究会组编；黄伟宗、司徒尚纪主编：《中国珠江文化史》下，广东教育出版社 2010 年版，第 1612 页。

城派古文大家，民主主义教育家。由于家庭影响，廉妻自幼受到了良好的封建教育，不仅诗文创作水平很高，书法更是著名，其诗、文、书法被誉为“三绝”。廉妻经常在上海报刊的“文苑”栏里刊有诗文佳作，被称为“爱国才女”[①]。夫妻俱闻名当时，汪辟疆《光宣诗坛点将录》将廉泉比作地微星，将其妻比作地慧星[②]。廉妻随夫定居北京，几年时间便以才艺名动公卿，同时她也接触到了不少具有反封建新思想的书籍，便劝夫辞职。在京期间，廉妻与秋瑾因丈夫是同事关系而相识，因意气相投而结为盟姐妹，两人经常在一起交流思想，切磋诗文。廉泉家里，藏有大量新旧图书，秋瑾在那里经常读到当时的各种新书报，增加了对国内外大事的了解，与几年来耳闻目睹的现实，与自己多年来萦绕于心的一些苦闷问题加以联系，感到茅塞顿开，眼界大为扩大了……家世、教育和环境的影响，婚姻上的厄运，民族危机的严重，时代潮流的激荡，终于使秋瑾从一个封建仕宦之家的闺秀，成长为决心救国救民的志士仁人[③]。陈去病曾记当时情况：“文采昭曜，盛极一时，见者咸以为瑚珊玉树之齐辉并美也。”她们还组办进步妇女“谈话会”，不定期聚会，品评时政，探求真理[④]。1904 年，秋瑾去日本留学的旅费多赖廉妻资助。

廉泉与其妻性格相投，伉俪情深。两人都性情豪爽，轻财重义，乐于助人。廉泉与革命党人的交往起初多因其妻影响，后随交往日多而了解加深，思想也逐渐转向革命。在北京时，除了秋瑾，他还结识了徐锡麟、吴禄贞、李煜瀛等革命党人，并与其中一些人成为好友，后又因之结识了孙中山。他为革命党人做了不少好事，也因此

---

① 高拜石：《新编古春风楼琐记》(6)，作家出版社 2004 年版，第 100 页。

② 陈文新主编：《中国文学编年史》晚清卷，湖南人民出版社，2006 年版，第 344—345 页。

③ 郑云山、陈德禾：《秋瑾评传》，河南教育出版社，1986 年版，第 32 页。

④ 周继烈：《吴芝瑛之书》，齐鲁书社编：《藏书家》第 8 辑，齐鲁书社 2003 年版，第 103 页。

引起了清政府一些官员的不满。秋瑾遇害后,廉泉协助其妻将秋瑾埋葬于杭州西泠桥畔,并请其好友著名画家吴观岱画了《西泠寒食图》,还为秋瑾在就义处建了"风雨亭"。其后廉泉夫妇在自己的别墅杭州小万柳堂内建"悲秋阁",以示思念和哀悼。1909 年,汪精卫等人因刺杀摄政王载沣未果而被清廷逮捕,廉泉以其私人交情游说载沣,汪最终未被处死。宣统三年,安徽新军协统顾忠琛因受马炮营起义失败的牵连而逃到上海,廉泉将他隐藏在文明书局内。

尽管廉泉是个以创作古体诗著名的文人,但也与具有革命思想的南社文人往来密切,他和徐自华有书信来往,和吕碧城有诗歌唱和,其诗集中有多首写给凌淑华的题画诗。他与旧派文人的交往更多的是诗歌创作上的切磋,和新派文人的交往更多的是思想情感上的认同。新派文人的影响是他思想情趣变化的重要原因,这为他与孙中山的交往奠定了思想基础。

二、廉泉寄给孙中山的诗

作为传统文人,廉泉的近体诗创作在清末民初的文坛颇具影响力。著名文学家、画家凌叔华曾说:"廉泉待我们很好,他也与志摩一样是个可爱的诗人,也在这时物故了。"①

廉泉与孙中山的交往开始于什么时候,笔者在目力所及的史料中无从考证,但在研读廉泉著作时发现三首他寄给孙中山的诗:

再题道衍为中山王所作山水卷后并简孙中山二首

其　一

云烟入梦湿征袍,客馆疏灯气自豪。
今日江山太无赖,可能一水限孙曹。

---

① 中国社会科学院近代史研究所中华民国史研究室编:《胡适来往书信选》,社会科学文献出版社 2013 年版,第 463 页。

其 二

长风激浪蹴天浮，落日孤鸿何处舟。
后五百年看奇画，钟山王气已全收。[①]

该诗写于1918年1—8月间廉泉在日本时，9月他返回上海曹家渡的小万柳堂[②]。1918年5月孙中山被桂系军阀胁迫辞去护法军政府大元帅职务，5月东渡日本，8月回到上海法租界。[③]

这是两首和当时政治形势的感受相联系的题画诗。道衍是著名僧人，也是明成祖朱棣的得力谋士，在靖难之役中发挥了重大作用，这幅画是他为被封中山王的徐达画的。第一首诗从孙中山和徐达封爵都有“中山”两字将两人联系起来，两者都有气吞天下、统一全国的豪气。第二首前两句写画面的风景：夕阳西下，风高浪急的长江一直流向天边，落日的孤鸿不知在何处栖息，一叶扁舟不知在何处停泊。这两句契合当时孙中山的处境，革命没有了依托，前方的路该怎么走？后两句写心情，500年后再看这幅画，正是朱棣、道衍等人发动的靖难之役改变了南京的王气，而孙中山现在所做的就是改变王气的革命事业。

该图与题诗后来由日本记者内藤湖南交给孙中山，甄凯在《日本学人湖南赠给孙中山的诗及其他》一文中认为这两首诗是内藤的创作[④]，李坚也有此看法[⑤]。笔者不认同这两位学者的观点。这幅题诗画应是廉泉所作并托内藤转交孙中山的，应为题诗用了“简”字而不是“赠”字，如是“赠孙中山”则有可能是内藤购买后赠送的。此外，甄文中所列内藤作品《题家书后四首》《题小室翠云秋江屏风二首》也都是廉泉在1918年作于日本的诗，前者收入《南湖

① 廉泉：《南湖集》卷二，中华书局1924年版，第24页。
② 王宏：《廉泉年谱初稿》，《近代中国》第20辑，第382—427页。
③ 魏宏运：《孙中山年谱》，天津人民出版社1979年版，第62—64页。
④ 潘佛章主编：《诗词集刊》，广州师范学报编辑室1982年版，第36页。
⑤ 段云章：《孙文与日本史事编年》，广东人民出版社2011年版，第573页。

集》卷二第23页，后者收入《南湖集》卷二第25页。有可能廉此时还没有孙中山的联系方式，而又得知时为《大阪朝日新闻》报社记者的内藤将访问孙中山，特意让其转交。廉泉在日本时与内藤有联系，《南湖集》卷一第17页有诗《八月三日过京都，内藤、狩野、松本三博士招饮于市楼西村，矶野二君自大阪来会，九叠鸥韵陈谢即以话别》，卷二第18页有诗《简内藤湖南博士乞题芝瑛字卷二首》，由此可见两人之关系。

简中山先生

凭将双手护乾坤，一寸心如万骑屯。
镜里头颅频自看，山中棋局与谁论。
八公草木原非敌，九日茱萸共置樽。
见说韩梁夫妇好，西风桴鼓望归辕[①]。

该诗作于1922年，具体月日不详，该年作者开始旅居北京潭柘寺[②]。1922年的孙中山既要对付陈炯明的反叛，又要组织军队北伐，还要改组国民党[③]。

该诗说孙中山力挽狂澜，排除重重困难，指挥军队北伐，中国未来的局势还不好定论，希望孙中山夫妇精诚合作，取得最后胜利。该诗说明廉泉非常关注时局发展和孙中山的革命情况，也表达了他对革命的支持。

以上两次寄诗，从现有文献只发现廉泉的单方行为，未发现孙中山有回复，也说明廉泉和孙中山有沟通渠道。那么，廉、孙有什么样的沟通渠道呢？

笔者发现两人的交际圈有重合的交集，这个交集很可能就是沟通两者的桥梁。这个交集中的中国人有秋瑾、吴禄贞、徐锡麟、

① 廉泉：《南湖集》，中华书局1924年版，卷四第5页。
② 王宏：《廉泉年谱初稿》，《近代中国》第20辑，第382—427页。
③ 魏宏运：《孙中山年谱》，天津人民出版社1979年版，第74—79页。

汪精卫、杨了公、钮永建、吴稚晖、蔡元培等。这些人当中,秋瑾、吴禄贞、徐锡麟在辛亥革命前已经牺牲,但正是秋、吴的影响和介绍,廉的思想更倾向于革命,也因此结识了更多革命党人。汪精卫、杨了公、蔡元培 3 人曾中过科举,在满清政府有过仕履。钮永建、吴稚晖则被清政府派往日本留过学,吴还担任过廉泉孩子的家庭教师。吴稚晖与孙中山私交颇厚,曾与孙同室而居并榻而眠四载,民国成立后,他与蔡元培、汪精卫在上海发起“进德会”,并吸收廉泉为该会会员①。1914 年 4 月—1919 年 12 月廉泉多数时间在日本神户和东京活动,而孙中山 1914—1915 年 4 月多数时间在日本东京,两人在相同的活动地域,如有都熟识的人则有可能发生交往。出现在两人共同交际圈的日本人除上文提到的内藤湖南,还有犬养毅,《南湖东游草》中有多首写给犬养毅的诗,而此翁和孙中山的关系也非同一般,孙中山组织惠州起义,他曾代购军火,曾为孙中山与黄兴的合作起过中介作用。②

三、关于良弼祠的纷争

爱新觉罗·良弼是被剥夺皇室身份的努尔哈赤后代,在清末光绪新政时期的军事改革和辛亥革命的政局上,是个重要人物③。他出生于成都,早年生活清苦,通过自身努力考入京师同文馆学习日语,后留学日本学习军事。良弼留学期间撰写了《参谋要略》一书,得到军界的认同。归国后在军队任职,忠于清政府,勤于职守。良弼在留学期间与孙道毅、吴禄贞成为好友。后来通过孙道毅跟

① 张昌华:《一个坏透了的好人》,《人物》2008 年第 6 期,第 16—17 页。

② 何东、杨先村材:《中国革命史人物词典》,北京出版社 1991 年版,第 62 页。

③ [日] 阿部由美子:《爱新觉罗·良弼:王朝末期精英的悲剧》,中国社会科学院近代中研究所政治史研究室、杭州师大浙江省民国浙江史研究中心编:《政治精英与近代中国》,中国社会科学出版社 2013 年版,第 266 页。

廉泉、吴芝瑛夫妻夫妇交好,管廉泉夫妻叫大哥大嫂,可见他们之间的交谊非常深。1912 年 1 月 26 日,良弼到肃亲王府商议政事,在回家时遇到同盟会会员彭家珍预谋好的炸弹袭击而受重伤,于 29 日在医院去世。良弼死后其家境非常凄惨:其妻赵氏已于 1911 年正月病死,为官清廉的他没有积蓄,良弼的岳母和 3 个女儿生活非常困苦。廉泉夫妻扶助她们,为良弼家人做了很多贡献。

中华民国北京政府成立后,政府开始"平反"辛亥革命时为维护满清朝政府而丧命的官员,四川总督赵尔丰、云南统领孔繁琴等都得了表彰,其家属也得到了抚恤。因为刺杀良弼的彭家珍在民国成立时被誉为英雄,北洋政府担心表彰良弼会受到舆论批判,此事一直被搁置。

1922 年良弼去世 11 周年的忌日,廉泉在《顺天时报》呼吁建立良弼祠堂,为此他积极奔走募资,还写信寄给各方面人士,其中包括孙中山。由于廉泉的影响力,良弼祠建立那天,参加者不仅有满清遗老,很多民国政界、军界的重要人物都到场祝贺,有时任大总统徐世昌,还有王士珍、张绍曾、曹锐、汪大燮等名人;前任大总统黎元洪虽未到场,但赠送了匾额。

孙中山收到廉泉的信后,没有响应他的倡议,但还是回了一封信,其内容如下:

南湖先生大鉴:

来函藉悉独以宏愿为良弼建祠,笃念故人,足征深厚。惟以题楹相委,未敢安承。在昔帝王,颠倒英雄,常以表一姓之忠,为便私图之计。今则所争者为人权,所战者为公理;人权既贵,则人权之敌应排;公理既明,则公理之仇难恕。在先生情深故旧,不妨麦饭之思;而在文素昧平生,岂敢雌黄之紊!况今帝毒未清,人心待正,未收聂政之骨,先表武庚之顽。则亦虑惶惑易生,是非滋乱也。看宝刀之血在,痛及先民;临楮墨而心伤,难忘我见。用方雅命,希即鉴原。

此复,借询时绥!

一月十七日①

从文字方面来理解,这封信对廉泉很是客气,首先称赞了廉对朋友的义,然后孙中山以自己的身份为出发点对廉的要求予以拒绝:反革命者良弼杀害了不少革命党人,作为革命领袖很难对其进行表彰。文中的"宝刀之血在,痛及先民"应有两个意思:其一指满清政府杀害革命者的刀血迹未干,对革命先烈的牺牲很是痛心;其二指秋瑾的名作《宝刀歌》,先民指秋瑾,这里含有批评廉泉忘记了秋瑾的牺牲,在大是大非的问题上立场模糊,以个人情感而不顾民族大义的意思。

这封信实际上是孙中山的秘书谭延闿代写的。据黄兴的学生阎幼甫回忆说:孙中山接到廉泉请他为良弼祠题楹联的信后,大为愤怒,对谭(延闿)说:"反革命想拉我和他们做配享,真是做梦!我们革命为民权为公理,许多同志牺牲了,还没有来得及表扬,却要我为反革命题联,他们的无知妄想,深感痛恨!你代我拟一封回信,教训教训他们吧!"②谭随即写了这封信。

廉泉将这封拒绝信收录于他为良弼编印的《天荒地老录》里。对于廉泉的行为,有人认为是无耻,并将其列为亡清遗臣③;也有人认为廉泉狂妄④;还有人认为这是廉泉贪图得到名人书信⑤。日本学者阿部由美子认为:或者是廉泉对孙中山的忘恩感觉不满,

① 中国社会科学院近代史所:《孙中山全集》第7卷,1923.1—1923.6,中华书局2011年版,第35页。

② 阎幼甫:《谭延闽的生平》,中国人民政治协商会议湖南省委员会:《湖南文史资料选辑》第10辑,湖南人民出版社1978年版,第147页。

③ 曾祥进:《北伐与平叛》1921.10—1924.1,1996年版,第217页。

④ 钟离蒙、杨凤麟主编:《中国现代哲学史资料汇编续集》(第8册),辽宁大学哲学系,1984年,第10页。

⑤ 吴应林:《孙中山拒绝挽良弼》,《民间对联故事》2003年第3期,第4—5页。

而特意收录拒绝书信；或者是廉泉希望通过良弼的平反，呼吁清算辛亥后南北之间历史观的和解，但孙文认为革命未成，对于此类事完全没有关心①。笔者认为阿部由美子的分析很恰当，廉泉的行为既有批评孙中山忘恩的意思，也有呼吁满汉和解的意图。

四、孙中山家宴的座上宾

在为良弼索楹联事件9个月后，廉泉和孙中山会面了。这是唯一有关两人会面见诸史料的记录。据《上海公共租界工部局档案》②：

> 1922年11月15日，孙中山举行家宴，欢迎徐固卿、杨度以及廉泉（字惠卿），他们在（1922年）十一月月十五日出席孙家的宴会。宴会为徐固卿而举行，因徐由杨度陪同在保定府完成使命后刚回来。

当时孙中山的府邸在上海法租界莫利爱路29号，府邸的一切活动都受到法租界当局的严密监视。从笔者所见史料来看，当天孙中山在宴会上所请的3个人关系并不密切。廉泉和徐固卿没有交集，在其诗文集中也未见两人有往来。廉泉和杨度因为袁世凯的关系很可能早就认识，廉泉和袁世凯是儿女亲家，杨度曾是袁世凯的得力幕僚，在南北和谈中发挥了重要作用，袁世凯倒台后他又倾向于革命。廉、杨的关系并不密切，在廉的诗文集中也未见两人有往来。那么，杨度陪同徐固卿到保定完成了什么任务？这个任务和廉泉又有什么关系？如果徐固卿、杨度的任务和廉泉没有关系的话，孙中山为什么又要请他赴宴呢？

---

① ［日］阿部由美子：《爱新觉罗·良弼：王朝末期精英的悲剧》，中国社会科学院近代中研究所政治史研究室、杭州师大浙江省民国浙江史研究中心编：《政治精英与近代中国》，中国社会科学出版社2013年版，第266页。

② 上海市档案馆编：《辛亥革命与上海》，中西书局2011年版，第341页。

笔者从徐固卿和杨度的史料中发现了一个线索:“1922 年 6 月 16 日陈炯明叛变,孙中山返沪。徐(固卿)赴北方各省联络,筹划反直。”①“1922 年,陈炯明叛乱,杨度受孙中山委托,通过夏寿田游说曹锟(夏寿田此时是曹的秘书),制止吴佩孚援助陈炯明,帮助孙中山度过了危机。”②保定是直系军阀的一个重要驻地,看来杨度陪同徐固卿到保定的目的是游说直系军阀不要帮助陈炯明。而廉泉又与直系军阀的头目吴佩孚(字子玉)关系密切,1919—1922 年的 3 年间,廉泉的诗集中写给吴的诗有 6 首:《雪夜得吴子玉书赋答》(1919 年)《题子玉〈蓬莱诗稿〉》(1919 年)《与子玉将军饮于东兴楼,夜阑,通过帽儿胡同观道衍山水卷及高宗玉玺,别后数日子玉拜巡阅之命,列宿赞元,殆有先兆铃红一叶,媵以三绝句,聊发一笑》(1920 年)《病中检理尘箧得又铮、子玉所贻诗稿,感往昔,不知衰涕之何从也,用熊宾立韵作长句二首寄王逸塘日本》(1920 年)《寄子玉长辛店》(1920)《寄吴子玉将军郑州》(1920)《寄吴子玉天津》(1922)③。从这几首诗的诗题来看,尽管吴佩孚驻地不定,有时在北京、有时在天津、有时在长辛店、有时在郑州,廉泉为生计也行踪不定,有时在日本、有时在北京、有时在上海,但是他们有办法取得联系,可见两人之关系不浅。笔者由此认为孙中山请廉泉赴宴也和吴佩孚有关,孙想利用廉、吴的私人关系为革命的军事目的服务,或者廉为这一目的进行过努力,或者已完成这一目的。

由此看来,至少孙中山认为廉泉不是一个狂妄、无耻的满清遗臣,而是一个能为革命事业服务的人,他不仅此前曾帮助过革命党人,而且在革命党有需要时能招之即来,至少是一个可以团结和争取的对象。

---

① 王俯民:《民国军人志》,中国广播电视出版社 1992 年版,第 442 页。

② 萨沙编:《民国秘史》,印刷工业出版社 201 年版,第 89 页。

③ 王宏:《廉泉年谱初稿》,《近代中国第二十辑》,第 382—427 页。

五、孙中山对廉泉的影响

廉泉与孙中山的经历有相似之处：廉参加过公车上书，要求清政府进行改革，而孙中山曾上书给李鸿章，提出改革纲领，以求民富国强；廉努力发展实业和教育，创办文明书局，资助友人办学，而孙中山让出临时大总统后，要专心铁路建设，期以实业与商务重建国家；廉在日本卖过书画，结识了不少日本的知识界和政商界人士，而孙在日本从事革命活动多年，有不少日本各界的朋友；廉仗义疏财，朋友不分满汉，以其行为实践了民族和解，而孙中山在辛亥革命后，对三民主义进行了新的阐释，去除"反满"，指出民族主义即是"以本国现有民族构成大中华民族，实现民族的国家"。他们都关心民族的前途、国家的发展，但能力大小不同。廉泉以个人努力为主，为个人利益奋斗的成分多，但也为革命党人贡献不小，而孙中山以党团运动为主，争取个人利益成分很小。两人有私交，但不密切，却也能为国家利益而合作。总体来说，作为当时中国精神领袖的孙中山对廉泉的影响是巨大的。下面的三首诗是廉泉闻听孙中山消息而写的感怀诗，从中可以感受到他对孙中山的敬重和关心：

中山先生有东坡海外之谣，诗以哭之

杀气连云惨不春，还疑消息未全真。
前纷后起言犹在，百折千迴志未伸。
落日中原依此老，收身上策是何人？
也知早死庸非福，极目南天一怆神。

闻中山先生病起喜而有作

九域分崩兆已开，白衣苍狗漫相猜。
一丘狐貉皆庸物，万劫河山属党魁。
成败论人宁有当，英雄阅世总堪哀。
夕阳茄鼓公还在，只望天心厌乱来。

以上二诗来自《南湖集》[1],第一首说孙中山一人系于天下,身关国家前途,对于他去世消息的谣传,诗人既不全信,又很担忧。第二首说明中山先生革命尚未成功,自身仍在努力,望他早日病好。

虽然廉、孙在良弼祠事件中意见不同,但并未影响到他们关系的基本面,否则就不会有上文提到的1922年11月廉泉出席孙中山的家宴一事。孙中山去世后廉泉还写诗追悼:

哭中山先生

精神所寄无生死,天真休疑渐不公。
赤县黄图关世运,青天白日哭英雄。
相逢衮衮谁堪嗣,欲换滔滔力已穷。
后有万年光响在,盖棺论定古来同[2]。

这首诗当写于孙中山去世后不久,他为振兴中华的梦想奋斗多年,虽推翻了腐朽的清王朝,但未能完成国民革命任务而"壮志未酬身先死"。诗中说中山先生是他的精神寄托,他的革命精神是永存的,他的去世是整个国家的损失,国民党人都在痛苦,谁又能替代他的领袖地位呢?他的功绩留待后世评说吧。

军阀的混战,穷困淹蹇的晚年,精神领袖的去世,廉泉感到无望和空虚,他说:"国难临头,我生靡乐,酷当奈何!"[3]深受佛教影响的廉泉最终第二次出家为僧,民国20年冬在北平翊教寺去世。

结　语

廉泉和孙中山都以经世为追求,都对国家、民族的前途充满深

① 廉泉:《南湖集》卷4,中华书局1924年版,第21页。
② 廉泉:《梦还集》,京华书局1931年版,第2页。
③ 郑逸梅:《郑逸梅选集》第5卷,黑龙江人民出版社2001年版,第640页。

切忧虑,但两人旨归不同:廉兼具儒家士大夫的道德品质和资本家的价值追求,孙则以资产阶级革命为强国之目的。两人的个性和经历决定了对某些具体事务的分歧,即便两人为良弼祠题楹联持不同见解,亦未见有任何指责和不恭,更多的是理解和尊重。廉泉的一生大起大落,由满清高级官吏到隐居闹市,由家财万贯到穷困潦倒,由著名诗人到出家为僧,他曾有一般人感受不到的荣誉,也曾有普通人难以感受到的痛苦和辛酸。过去学者多关注廉妻与秋瑾的交往,而廉泉与革命党人的交往多作为吴、秋交往的一部分来研究,廉、孙的交往不被学者关注。笔者认为研究廉、孙的交往对研究辛亥革命有一定的帮助。

(杨绍固,新疆大学人文学院博士研究生,
和田师范专科学校语言学院副教授;
李中耀,新疆大学中国古代文学教授、博士生导师)

孙中山的“犹太观”以及与在华犹太人的交往

王　健

中华民族伟大的革命先行者孙中山先生，毕其一生致力于民族复兴与国家建设，同时也非常关心其他弱小民族的振兴与发展。犹太民族作为一个对世界文明作出巨大贡献，同时又遭受近2 000年离散流浪悲苦的东方民族，无时无刻不引起孙中山的关注和同情。特别是当近代犹太民族主义，即锡安主义运动兴起之后，孙中山立即给予了声援，认为这一民族复兴运动理应在国际上赢得一个光荣的地位。与此同时，孙中山在其革命生涯中，也赢得了多位在华犹太友人的支持和帮助，并与他们建立了深厚的友谊。

一、孙中山的“犹太观”

虽然中国历史上曾经有过犹太人居住在开封等地，但直到19世纪中叶，中国人对“犹太”这个民族的认识仍然是十分模糊的。据迈克·波拉克的不完全统计，从古代直到19世纪中，汉语中用来称呼犹太人和犹太教的词汇就有20个之多：术忽、竹忽、主鹤、主吾、术忽特、朱呼得、诸呼得、犹太、攸特、刀筋教、挑筋教、蓝帽回回、回回古教、一赐乐业教、天竺教、天教、希伯来、摩西教、翰脱、教筋教①。据考证,“犹太”一词在中国首次出现于德国传教士郭实腊(又译郭士立)于1833—1838年编印的《东西洋考每月统记传》,此书中第一次出现了“犹太国”一词②。此后,1836年出版的《耶稣降世之传》出现了“犹太民”;1840年出版的汉译《圣经》出现了“犹太人”;中国士大夫编著的《瀛环志略》以及太平天国颁布的官书也都沿袭了“犹太”这一译名,于是中国人开始逐渐知道了犹太人。

随着中国民族民主运动的兴起,一些中国政治家、报人和外交官开始对犹太民族和犹太文明产生了浓厚兴趣。他们在这个问题上的研究和评论往往带有政治色彩,试图从犹太民族的曲折经历中吸取有益的借鉴,以促进中华民族的自强和振兴。如清末著名改革派领导人梁启超就把“犹太人”看作是落后的“中国人”的反照,认为犹太民族精神正是自己所倡导的“新民”即集体的民族主义精神的最好例证,这种精神也是中国进步和发展必不可少的。他在访问美国了解了犹太人在美国的影响力后写道:“犹太人如此强大的原因是因为他们十分团结,从这方面讲,没有其他种族可与犹太人相比:犹太人几千年来无国可归,还有着强大的权力,同时又保持了自己的种族特性,相反许多古老民族却没能像犹太人那样生存下来。”③也有些人提出要以犹太民族为鉴,力求救亡图存。如陈天华在1903年撰写的鼓词《猛回头》中的一段即为:“怕只怕,做犹太,没有家乡。”④康有为在1909年游历至耶路撒冷时,目睹

---

① 迈可·波拉克(Michael Pollak)编:《罗文达中犹研究文献目录》(The Sino-Judaic Bibliographies of Rudolf Loewenthal),美国辛辛那提希伯来联盟学院和加州帕罗奥托中犹研究会合作出版,1988年,第5—7页。

② 费成康:《传教士安的什么心?——谈“犹太”译名最早出典》,《社会科学报》1994年12月8日。

③ 梁启超:《新大陆游记》,《新民丛报》专辑(1903)12卷,第49—52页;《新大陆游记》单行本,湖南人民出版社1981年版,第39—40页。

④ 刘晴波:《陈天华集》,湖南人民出版社1958年版。

犹太人在“哭墙”群声痛哭的场面后，触景生情地写下了长诗，叹道:“遗种八百万，飘荡土地魂。有家而无国，处处逐辱艰。”大声疾呼，中国必须以犹太人亡国史为鉴，奋起救亡:“犹是中国人，临睨旧乡国。睊睊啼被席，耿耿伤我神，愿告爱国者，犹太是何人。”①

孙中山先生对犹太民族和犹太文明也非常关注。1924 年，孙中山在广州国立高等师范学校礼堂演讲“三民主义”时曾两次提及犹太民族。1 月 27 日，在第一讲中的“民族主义”中讲道:“犹太国已经亡了许久，但……犹太人至今还是存在。大家都知道现在的犹太人散在各国的极多，世界上极有名的学问家像马克思、像爱因斯坦，都是犹太人。再像现在英美各国的资本势力，也是被犹太人操纵。犹太民族的天质是很聪明的，加以宗教之信仰，故虽流离迁徙于各国，犹能维持其民族于长久。”2 月 10 日，在第三讲中的“民族主义”中，孙中山又讲道:“但是世界之民族之被人征服的，不只是中国人，犹太人也是亡国。犹太人在耶稣未生之前，已经被征服了。及耶稣传教的时候，他的门徒当他是革命，把耶稣当作革命的首领，所以当时称他为犹太人之王。耶稣门徒的父母，曾有对耶稣说，‘若是我主成功，我的大儿子便坐在主的左边，二儿子便坐在主的右边。’俨然以中国所谓左右丞相来相比拟。所以犹太人亡了国之后，耶稣的门徒以为耶稣是革命。当时耶稣传教，或者是含有政治革命未可知。但是他的十二位门徒中，就有一个以为耶稣的政治革命已经失败了，就出卖他的老师。不知耶稣的革命，是宗教革命，所以称其国为天国。故自耶稣以后，犹太的国虽然亡国，犹太的民族至今存在。”②

由此可见，孙中山对犹太民族和犹太文明有比较深刻的认识，

---

① 康有为:《万木草堂诗集·南兰室诗集》，上海人民出版社 1996 年版。

② 广东省社会科学院研究室:《孙中山全集》，人民出版社 1981 年版，第 620、649 页。

除了对他们近 2 000 年流散失国的悲惨境遇深表痛惜和同情外,对犹太民族在历史上对人类文明所做的巨大贡献给予了高度评价,如列举了世界著名思想家和科学家马克思、爱因斯坦等人的名字。同时,孙中山对犹太人在世界上的现有地位也比较了解,认为英美各国的资本势力被犹太人操纵。特别是孙中山始终相信犹太民族和犹太文明的强大生命力,指出“犹太的民族至今存在”,“虽流离迁徙于各国,犹能维持其民族于长久”。也正因为这样,当世界范围的犹太民族主义运动,即锡安主义运动兴起之后,特别是当中国境内的犹太人开展锡安主义运动,并寻求中国政府和人民支持时,孙中山立即给予有力的鼓励和回应。

二、孙中山与锡安主义运动

1897 年 8 月 29 日,第一届世界锡安主义者代表大会在瑞士巴塞尔举行。这是自犹太人被驱散到全球各地以来所召开的第一次世界性犹太人会议。大会通过决议,明确表示将致力于在巴勒斯坦建立一个公认的、有法律保障的犹太民族家园。大会成立了世界锡安主义组织。巴塞尔大会标志着锡安主义运动已成为全球性的有组织有纲领的民族主义运动。此后,锡安主义思想迅速传播到世界各地的犹太社团中。1903 年,上海犹太人成立了“上海锡安主义协会”,由 N.E.B.埃兹拉担任秘书长,它是东亚最早成立的锡安主义组织①。1904 年 4 月 22 日,英文月刊《以色列信使报》创办,由埃兹拉兼任主编。同年 7 月,正式成为上海锡安主义协会的机关报②。当 1917 年英国发表支持犹太人在巴勒斯坦建立“民

① 《犹太百科全书》第 16 卷(Encyclopedia Judaica, Vol.16),耶路撒冷 1973 年版,第 1127 页。

② 《以色列信使报》(Israel's Messenger),1904 年 7 月 29 日。

族家园"的《贝尔福宣言》后,上海锡安主义协会以《以色列信使报》作为主要阵地发动宣传攻势,埃兹拉更是以该报主编的名义致信中国及亚洲许多国家的政府和知名人士,向他们介绍《贝尔福宣言》精神,呼吁他们支持锡安主义运动。他的大胆行动得到了意想不到的成功,中国、日本和暹罗(今泰国)三国政府正式表示同情锡安主义运动。当时中国政府的外交部次长陈箓于1918年12月4日致信上海锡安主义协会主席伊利·嘉道理,代表中国政府表示尊重《贝尔福宣言》的精神。该信原文为:"本国政府对于贵会之此种愿望与英国政府取一致之态度。"①

上海锡安主义者取得的最为辉煌的成就是得到了孙中山对他们这一运动的支持。1920年4月24日,孙中山给《以色列信使报》主编埃兹拉的回信,信的全文如下:

埃兹拉先生阁下:

我怀着极大兴趣拜读了您的来信和《以色列信使报》。我希望您能确信,我对这场运动——当代最伟大的运动之一满怀同情之心。所有爱好民主的人士,对于复兴你们伟大而历史悠久的民族,必须会给予帮助和支持。这一民族对世界文明做出了如此重大的贡献,理应在国际上赢得一个光荣的地位。

孙逸仙

1920年4月24日于上海②

这封信不仅在当时,而且时至今日仍被认为是锡安主义运动赢得东亚民族支持的重大胜利之一,大大地激励了世界各地犹太人,特别是中国境内犹太人为实现锡安主义运动目标而努力奋斗。

---

① 锡安主义中央档案馆(Central Zionist Archives):文献Z4/2039号,耶路撒冷。

② 根据英文原信译出。可参阅《孙中山全集》,中华书局1985年版,第256—257页。英文原信见《以色列信使报》(Israel's Messenger),1920年6月4日。

《以色列信使报》刊文指出:"我们相信全世界犹太人都可从此信中看到中国愿意给予我们全力支持的最新讯号。……中国领导人的最新声明,激励我们充满热情和勇气地去完成我们所面临的极为艰巨的任务。"①后来,这封信件于 1929 年 7 月,由上海锡安主义协会转交到耶路撒冷的希伯来大学国家图书馆予以永久保存②。

1925 年 3 月得知孙中山逝世消息,埃兹拉马上代表上海锡安主义协会发去唁函:"本会全体会员惊闻中山先生逝世,怆悼莫名。孙公一生为自由平等努力奋斗,是专制之劲敌,作共和之元勋,一朝撒手,万古流芳。其对于犹太教民族运动赞助之力,属望之殷,诚令吾人感不能忘。一九二〇年四月二十四日,孙公曾致力书本会机关报之主笔,以示其对于本会坚强之观感,尤足以永铭心版。孙公之函曰'凡德漠格腊西主义之爱护者,对于伟大古国如贵国者之光复运动,莫不以至诚赞助,热烈欢迎。良以贵国于世界文化曾多贡献,在国际间应享受尊贵地位也。'吾人聆孙公上述之遗言,益加爱戴,今闻噩耗,于哀痛之余敬此奉唁,幸垂察焉。"③

1929 年,孙中山先生灵柩重新安葬仪式在南京中山陵举行,上海锡安主义协会主席托依格夫人和秘书长埃兹拉应当时国民政府的邀请参加了这一仪式。《以色列信使报》为此专门发表了纪念文章,称赞孙中山是"一个有先见之明的伟人","孙博士将被新犹太国视为乐见犹太民族复兴和有权在国际大家庭中赢得一光荣地位的传道者铭记永远"④。

1947 年 7 月 4 日,时任南京政府立法院长孙科也复信上海锡安主义修正派领导人 J.汉瑟,表示完全赞同其父孙中山先生对锡

---

① 《以色列信使报》(Israel's Messenger)1920 年 6 月 4 日。

② 《以色列信使报》(Israel's Messenger)1929 年 9 月 6 日。

③ 桑兵主编:《各方致孙中山函电汇编》第 10 卷,社会科学文献出版社 2012 年版,第 407 页。

④ 《以色列信使报》(Israel's Messenger)1929 年 6 月 7 日。

安主义运动的支持,称"已故孙逸仙博士对这一运动的同情和支持已结出硕果,作为一个热爱民主的人,我完全赞同我已故父亲的观点"①。另有一些材料显示,孙夫人宋庆龄也对锡安主义运动表示过自己的同情之意。她曾对 J.汉瑟说:"我支持你们反对英国殖民主义的斗争。"②

在孙中山先生同情和支持锡安主义运动的同时,中国境内和世界各地的犹太人对孙中山毕生以求的中国民族主义运动也给予了充分的理解和支持。他们经常在报纸杂志和集会上发表文章和讲话,认为"锡安主义运动与中国民族主义运动都是为了实现崇高的理想和正义而展开的。要将正义的事业进行到底需要有理想和实际行动。中国和新犹太国所坚信的理想是值得努力奋斗的"③。不少犹太人还积极参加了孙中山领导的民族民主革命,并在长期斗争中与孙中山先生结下了深厚的情谊。

三、孙中山与在华犹太友人

在孙中山的长期革命生涯中,多位在华犹太友人对孙中山的革命事业和中国民族主义运动的发展,给予了大力的支持和帮助。这些犹太友人包括越飞、鲍罗庭、科亨、哈同、索克思等。这些思想和物质帮助,在一定程度上影响了孙中山的革命事业乃至思想的发展。

越飞,全名阿道尔夫·阿勃拉姆·越飞,苏俄早期外交家,犹太人。1921 年 7 月—1923 年 7 月出任苏俄驻华特命全权代表。

① 本—伊莉埃泽(J.Ben-Eliezer):《上海失去,耶路撒冷重获》(Shanghai Lost, Jerusalem Regained),以色列 1985 年版,第 348—349 页。

② 潘光、王健:《一个半世纪以来的上海犹太人》,社会科学文献出版社 2002 年版,第 149 页。

③ 《以色列信使报》(Israel's Messenger)1928 年 12 月 7 日。

到中国后，曾数次与北京政府举行会谈，讨论恢复外交关系事宜，但收效甚微。其间，遂转而秘密地与孙中山进行联络。在 1922 年 8—12 月，曾 4 次写信给孙中山，并派其夫人赴上海跟孙中山联系。越飞向孙中山介绍了苏俄国内外的情况和他与北京政府所进行的谈判及其所遇到的困难，孙中山则向越飞谈及他对中国革命的看法，还请越飞转达他致苏俄请求援助的书信。两人还互派马林与张继等人进行联系，为他们直接会面创造条件。1923 年 1 月 16 日，越飞以南下养病之名离京赴上海与孙中山举行会谈。双方经过坦诚交换意见，数度会谈后，于 1 月 26 日用英文在《大陆报》发表了《孙中山先生与苏俄特命全权大使越飞联合宣言》，即著名的《孙文越飞宣言》。宣言的发表，标志着孙中山联俄政策的正式确立，而越飞的到来，则为孙中山的三大政策特别是联俄政策的形成、提供了理论基础。

鲍罗廷，原名米哈伊尔·马尔科维奇·格鲁津贝格，1884 年出生在旧维帖布斯克州的一个贫苦犹太人家庭。1900 年参加犹太社会民主主义总同盟(崩得)，1903 年加入布尔什维克党，1923 年被任命为共产国际驻中国代表，苏俄派驻国民党代表，来华支援中国革命。孙中山很欣赏鲍罗廷的组织才干和清醒的头脑，认为他是自己的"拉斐德"(美国首任总统华盛顿的法国顾问[①])。鲍罗廷协助孙中山完成的第一件大事是改组国民党和召开国民党"一大"。1924 年 1 月，他被国民党"一大"正式批准任命为国民党中央执行委员会和南方政府的总政治顾问。他根据共产国际的指示，在帮助国民党制订"一大"主要文献和在改组国民党的过程中发挥了重要作用，对于孙中山把旧三民主义发展为新三民主义也起了很大的推动作用。鲍罗廷协助孙中山完成的第二件大事是创

---

① 肖效钦等:《中国革命史上的外国人物》，中央党史出版社 1992 年版，第 293 页。

建黄埔军校,具体负责筹划开办和选定教职员工的工作。1924 年 11 月,鲍罗廷以顾问身份随同孙中山北上,直至孙中山病逝。鲍罗廷的妻子后来回忆道:“孙中山与鲍罗廷的友谊与共同工作一直持续到这位伟大的中国革命者的最后时刻。当孙中山因胃癌和肝癌病卧北京,生命垂危之际,宋庆龄和鲍罗廷一直守护在他的病榻之旁,孙把遗嘱和致苏联书交给了鲍罗廷。”①

莫里斯·科亨,汉名马坤,是英籍加拿大犹太人,1890 年出生在一个波兰犹太人家庭,由于沙皇迫害而随父母逃往英国。在加拿大期间,科恩与当地中国劳工建立了深厚的感情。1912 年,他结识了同盟会会员马三,并从马三的口中得悉孙中山领导的民族民主革命,并在孙中山北美宣传革命主张的激情影响下,加入北美反清秘密组织同盟会,并发誓:“要把我的一生贡献给孙中山的事业和中国人民的解放事业。”②此后,他除了积极为孙中山传递信息外,还为军事事务而奔忙。他帮助孙中山派遣到加拿大组织海外华人军团的代表招募士兵,进行训练。1922 年,他来到中国,后加入中国国民党,并于 1922—1925 年担任孙中山先生的副官和卫士,形影不离,忠心耿耿。1923 年孙中山与宋庆龄于广州蒙难周年纪念时,他在永丰舰上护卫。后受孙中山委托专赴加拿大及美国招募第一次世界大战后的退伍军官,希望能由此帮助建立现代化军队③。1924 年 1 月国民党“一大”召开,孙中山步出会场时,他又跟随在后;6 月,黄埔军校开学,孙中山在检阅军校学生时,科亨站在孙中山后面警卫;7 月,孙中山、宋庆龄、鲍罗廷等参加追悼苏联高等军事顾问高和罗将军逝世大会,他肃立在孙中山的身边;11 月,孙中山离开广东北上,科亨又随行至上海。到上海后,因被派

---

① 陈廷一:《孙中山大传》,团结出版社 2001 年版,第 554—555 页。

② 丹尼尔·莱威著:《双枪马坤》,于洪波等译,黑龙江人民出版社 1999 年版,第 109 页。

③ China Year Book 1928, pp.1320 - 1321.

往国外购买物资,没有随行到北京。1925 年 3 月,当他听到孙中山病逝北京的噩耗,立即搭乘轮船赶至上海,转抵北京,在孙中山灵前哭泣致哀。孙中山在临终前也很关怀这位跟随他多年的老友,曾遗命升任科亨为将军①。孙中山逝世后,他还为其他一些国民党官员担任过警卫工作,因他善用两支短枪,所以人们称他为"双枪科亨"。

塞拉斯·阿隆·哈同,1851 年生于巴格达,1874 年随大批犹太人来到上海,凭借自己的工作勤勉、头脑灵活,特别是深谙经商门道,逐渐由底层的"司阍"(看门人)逐渐发展成为旧上海最大的房地产商之一。同时,他还以高超的技巧周旋于中国各派政治力量之间,不仅与清政府结亲拜房,"亲如一家",而且与北洋政府和各地地方军阀也互通信息,频繁往来,同时,他还是反清革命党人的支持者,常常暗中联络,囊资相助。尤其值得一提的是,哈同对孙中山的革命活动的支持始终如一。早在 1903 年秋,哈同得知孙中山准备出游檀香山,但苦于旅费短缺时,便马上通过黄宗仰出资相助②。1911 年辛亥革命胜利后,孙中山于同年 12 月 25 日,由欧洲返回上海,哈同即派黄宗仰为代表去吴淞码头迎接,并邀请孙中山去其私宅爱俪园会见汇聚于园中的黄兴、伍廷芳、陈其美等人。次日,哈同又假借爱俪园举行盛宴欢迎孙中山先生。哈同夫妇还送给孙中山 3 万大洋,虽然是杯水车薪,但却体现了哈同对孙中山革命事业的支持③。孙中山担任临时大总统后,曾邀请哈同夫妇去南京小住,而哈同夫妇也接受了孙中山的邀请,体现了彼此的亲密关系。回上海后,哈同写信给孙中山,表达了感激之情。现存于翠亨孙中山故居纪念馆的哈同 1912 年 1 月 18 日给孙中山的信全

① 李君如:《细说孙中山》,河南人民出版社 2001 年版,第 333 页。
② 徐铸成:《哈同外传》,上海文艺出版社 1983 年版,第 106 页。
③ 鲁川:《上海大班:哈同传》,四川人民出版社 1997 年版,第 290 页。

文如下：

总统阁下：

请允许我代表我自己及夫人感谢您在上个星期一的邀请及在南京热情的款待。此行我们非常愉快，也相应地感谢您的好意。

等您家人到上海时，请赏脸由我们在我们这里欢迎他们。我们有宽敞的地方给他们住宿。哈同太太一定会尽力使他们感到舒适。我们的房子也随时供您使用，如果您能惠顾来访，我们将感到十分荣幸。

关于以南京的不动产抵押贷款的事，我发现这里的银行家目前不愿意考虑这种打算。我会把这件事放在心上，等有适当的机会出现。

致以良好的祝愿。

哈同　谨识

1912 年 1 月 18 日①

从此信中，我们还可以看到，哈同与孙中山不仅关系亲密，而且还代为国民政府和革命党人理财筹资。孙中山卸任临时大总统后，哈同仍然一如既往地支持他的革命事业，不仅邀请他来上海爱俪园小住，而且还将孙中山所住过地方命名为仙药窝。孙中山离开上海时，哈同夫妇又设宴饯行，并合影留念。另据孙中山另一副官马湘回忆，当孙中山南下护法时，财政匮乏，哈同得知后，遂向好友曹亚伯表示：中国已经大乱，非孙中山先生莫能为力，若中国衰亡，我在上海亦不能立足，现孙中山先生财政有困难，我极愿助一臂之力。次日，哈同夫妇宴请孙中山夫妇，马湘也随行护卫。当时哈同表示愿意向孙中山提供南下经费。孙中山则希望以贷款形式

---

① 邓丽兰编著：《临时大总统和他的支持者——孙中山英文藏档透视》，中国文史出版社 1996 年版，第 98—99 页。

处理这笔款项,但哈同一定要向孙中山捐款。一两日后,哈同便托曹亚伯带去5麻袋现钞[①]。

索克斯,原名乔治·伊弗雷姆·索科尔斯基,美籍波兰犹太人。他1917年毕业于哥伦比亚大学,与胡适同学。凭借这层关系,他1918年来华后,曾出任直隶警察厅厅长顾问,后来又在新闻界谋职业。1921年1月,他与上海总商会董事汤之节共同创办了《商报》。这份报纸以经济新闻为主,每天向读者传送600多个商会的信息,使读者"时刻感知全国各地工商业发展的脉搏"[②]。此外,他还为多家国内外报纸提供新闻稿件,成为当时报道中国新闻的最著名的西方记者。同时,他也是上海犹太社区的积极分子和锡安主义运动的支持者。1922年10月,他和出生于牙买加的中国女子罗莎琳·潘在上海拉希尔犹太会堂举行了婚礼。新娘的男方代表,就是孙中山的私人秘书陈友仁[③]。而这位曾在英国受过教育,能讲英、汉两种语言的夫人,通过与宋美龄的交往而成为宋氏家族的朋友。所有这些,使得索克斯与中国当时一些政治和文化名人关系十分密切。美国胡佛研究所档案馆所收藏的档案资料显示,与索克斯通信的人中,就包括孙中山,他对孙中山领导的中国民族民主革命表示了支持。后来成为孙中山侍卫副官的莫里斯·科亨1922年刚到上海时,也是通过他找到了孙中山的。索克斯回忆道:那天科亨来拜访他,要求见孙中山,问他是否能安排认识陈友仁。于是,经过他的努力,科亨终于见到了当时正在上海莫利哀路8号的孙中山先生,并成了孙的副官和警卫。[④]

---

① 邓丽兰编著:《临时大总统和他的支持者——孙中山英文藏档透视》,中国文史出版社1996年版,第99页。

② 《北华捷报》(North China Herald)1921年1月29日。

③ 《以色列信使报》(Israel's Messenger)1922年11月3日。

④ 丹尼尔·莱威著:《双枪马坤》,于洪波等译,黑龙江人民出版社1999年版,第180—181页。

孙中山与犹太友人之间的这种深厚友情，不仅反映了犹太民族对中国民族民主革命的理解和支持，同时，也是对孙中山一贯同情和支持犹太民族和锡安主义运动的回馈，以及对孙中山伟大人格、思想和精神的折服。科亨真挚地说过："我还没有见过一个有血性的人在同孙逸仙博士有所接触，听了他的演讲，受到他的教导之后，而不愿意随他去革命的。孙逸仙博士常对我说，他革命的目的首先是要使中国成为一个受世界各国尊敬的国家；建立一个民有、民治、民享的政府；他还要使人人都有饭吃，使劳动者能享受自己劳动的成果；使儿童受教育。这是何等的抱负！"[1]

（王健：上海社会科学院历史研究所研究员）

① 李君如：《细说孙中山》，河南人民出版社2001年版，第335页。

孙中山与张静江的关系

李学功　祝玉芳

梳理孙中山先生革命生涯中的人物联系网络，浙江系是一个相当重要的方面。其中孙中山与张静江的初识与交往最富故事性，也最具传奇色彩。孙中山与张静江两人相识之初，一个是奔走于反清斗争一线的革命党领袖，一个是有着富可敌国身价的富家公子，这种身份背景的巨大差异，注定了两人交往的传奇性、故事性。张静江被孙中山誉为"革命奇人""革命圣人"，凸显张静江地位的特殊和孙、张关系的不同一般，而这个不一般恰在于它是超越私谊、私交的。

一、张静江生平履历

张静江(1877—1950)，谱名增澄，又名人杰，字静江，别署饮光，晚号卧禅，浙江吴兴(今湖州)南浔镇人①。

张静江出生时，张家已是赫赫有名的浙盐巨头，为浔商巨

① 杨恺龄：《革命奇人张静江》，第117页，《中国历史研究》第2辑，书目文献出版社1986年版。

富——“四象”[①]之一。张静江自幼“体弱艰步”[②],“成年即患骨痛症及目疾”,“不良于行”[③]。张静江于清末海外经商期间结识孙中山,后加入同盟会,倾其所营资产并动员亲属大力资助孙中山所领导的资产阶级革命事业。孙中山先生感其高义,以“革命奇人”“革命圣人”[④]相誉,亲笔书赠“丹心侠骨”。不唯如此,张静江还是蒋介石个人政治前程发展拐点的关键支持者,甚或可以说,是造成蒋领袖地位的造峰者[⑤]。张静江曾先后担任国民党第一届中央执行委员、二至六届中央监察委员、中央执行委员会主席等职,历任广州、武汉、南京国民政府常务委员、建设委员会主席、浙江省政府主席。出任国民政府建设委员会主席期间,创办(南京)首都电厂,接办长兴煤矿,创办淮南煤矿公司、淮南铁路公司、江南汽车公司;兴办水利,倡导农村模范灌溉实验。主政浙江担任省政府主席期间,发行地方债券,筹集建设资金,筹办自来水公司,筹办杭州电厂,建

---

① 按,以“象”“牛”“狗”,乃至“虎”“羊”名状富商之家,晚清之时颇流行于江浙,而尤以浙江湖州南浔古镇所传民谚为胜。关于“象、牛、狗”的资产评判标准,较权威的说法约略有三:(1) 刘大钧、李植泉《吴兴农村经济》谓,100 万以上为象,50 万以上不超过百万为牛,30 万以上不超过 50 万为狗。参见是书第 124 页,上海文瑞印书馆 1939 年;(2) 据民国时期曾担任南浔中学校长的林黎元先生的看法,资产 500 万以上为象,100 万以上为牛,10 万以上为狗。参见林黎元《南浔史略(初稿)》(未刊本),卷五;(3) 原南浔“八牛”之一周家的周子美教授(供职华东师范大学)则谓:100 万以上为象,30 万—50 万为牛,5 万—30 万为狗。参见周子美《南浔镇志稿》,《华东师范大学图书馆藏稀见方志丛刊》,北京图书馆出版社 2005 年版。

② 姚琮:《张人杰先生家传》,参见中国国民党中央委员会党史委员会编:《张静江先生文集》(附录),第 351 页,1982 年。

③ 张久香:《二兄行述》,参见中国国民党中央委员会党史委员会编:《张静江先生文集》(附录),第 353 页,1982 年;另见冯自由:《革命逸史》(上),新星出版社 2009 年版,第 330 页。

④ 冯自由:《革命逸史》(上),新星出版社 2009 年版,第 332 页。

⑤ 按,张静江曾言:“总理(指孙中山)为生成之领袖,介石则当造成其为领袖。”参见何干之:《中国民主革命时期的资产阶级》,《何干之文集》(第 3 卷),北京出版社 1993 年版,第 419 页。

立全省电话网,礼聘中国"铁路先锋"杜镇远主持修建杭江铁路[①],组织兴建杭长线、杭平线、杭徽线等公路;1929 年在杭州举办西湖博览会,提倡国货,奖励实业,振兴文化。张氏后陷政治和人事倾轧,20 世纪 30 年代逐渐淡出政坛。抗战爆发后携眷避居汉口、香港,后移居美国,1950 年 9 月在纽约病逝。

二、海上奇遇,孙、张结缘

作为民国史、国民党历史上颇具影响的人物,张静江的一生充满传奇色彩。张静江与孙中山先生的相识即是一例。翻检资料,发现有关孙、张两人海上相遇相识的故事,版本颇多,且坊间讹传亦以此为盛。不妨胪列以观:

首先,关于孙、张两人相识的时间,就有 1902 年、1905 年、1906 年、1909 年等几种说法流传[②]。其中较为权威和可信的说法是同盟会元老冯自由提出的 1905 年说[③],以及张家后人张南琛与

---

① 宓汝成:《杜镇远与杭江铁路》,《宓汝成集》,中国社会科学出版社 2008 年版。

② 1902 年说,参见朱汉国、杨群主编:《中华民国史》第 7 册,郭大钧主编:《传二》四川人民出版社 2006 年版,第 251 页。谓:"1902 年 5 月,张静江以候补道员,随新任驻法公使孙宝琦赴巴黎任使馆商务随员。在出使法国的轮船上,张遇到了孙中山,两人一见如故。"1905 年说,参见冯自由《革命逸史》(上),新星出版社 2009 年版,第 330 页;王云五主编、杨恺龄撰编:《民国张静江先生人杰年谱》,台湾商务印书馆 1981 年版,第 7 页。1906 年说,参见周兴梁:《孙中山与张静江之约》,香港《华侨日报》1986 年 10 月 22 日,杨效农主编:《台港澳和海外中文报刊刊载孙中山生平史料及台报纪念特刊选集》,新华社《参考消息》编辑部 1986 年版,第 66 页;张南琛、宋路霞《张静江、张石铭家族——一个传奇家族的历史纪实》,重庆出版社 2006 年版,第 98 页。1909 年说,参见苏殿远:《民国奇人张静江》(《纵横》1999 年第 11 期)谓:"1909 年仲夏之际,张静江由巴黎返国后,偶在广州停足……珠江码头……孙中山慷慨激昂的演说,震动了张静江那颗赤子之心。……当夜,他通过种种关系,找到了住在'江东宾馆'的孙中山,表达对孙中山的敬仰、崇拜之情。"

③ 冯自由:《革命逸史》(上),新星出版社 2009 年版,第 330 页。

家族史专家宋路霞在两人合著中提出的1906年说[①]。

其次,孙、张两人如何相识,以及两人之间约定的"ABCDE"助款方式也有着不同的说法。如有谓孙中山主动与张识交者,有谓张静江主动与孙识交者。

谓孙中山主动与张识交者,甚而采取了极富文学性的语言描述。如:

> 这天,张静江正享受着清新海风的吹拂,突然有人轻轻地拍了一下他的背。张静江警觉起来,回过头来问:"干什么?"只见那人中等身材,穿深色风衣,戴绅士帽,微笑着说:"阁下可是江苏候补道、驻法商务参赞张静江先生?"张静江看到这个人极为面善,便说:"正是在下,阁下尊姓大名?"那人说:"在下孙文,久仰张先生大名。"张静江大吃一惊,竟然在这里碰上朝廷通缉的"钦犯"——孙中山[②]。

谓张静江主动与孙中山先生识交者。这方面的权威说法有三:一是《胡汉民回忆录》;二是冯自由的《〈新世纪〉主人张静江》;三是何香凝1956年撰写的《对中山先生的片段回忆》。为免读者寻检之劳,兹择要分别引录如下。

《胡汉民回忆录》记载:

> 总理(按,孙中山)答道:他(按,张静江)是一个很奇怪很豪爽的一个人,我有一次到欧洲去,在船上碰到了他,我们通候了一下,他就问我:'你是主张革命的孙某吗?'我说:'我是孙某'。他听了很高兴,就很爽直的说:'你是主张革命的,我也是很赞成革命的,我老实告诉你吧:我在法国做生意,赚了几万块钱,你如果发动革命,我目前马上可以拿五万元来帮助

---

① 张南琛、宋路霞:《张静江、张石铭家族——一个传奇家族的历史纪实》,重庆出版社2006年版,第98—99页。

② 邢逸群、杨远大:《为革命"埋单":民国大佬张静江传奇一生》,《党史纵横》2012年第4期。

你,打电报的时候依着 ABCDE 的次序,A 字要一万元,B 字二万元,E 字要五万元,这就算是你打电报给我要钱和要多少钱的密码呢!'我觉得这个人很豪爽信实……我(按,胡汉民)依照先生(按,孙中山)的话打了一个 A 字去,这个 A 字的号码灵验得很,不数日果然有一万元好像凭空一样汇过来了①。

冯自由《〈新世纪〉主人张静江》谓:

乙巳(一九〇五年)……是岁某月静江乘法轮赴某地,闻总理适与同舟,乃趋谒总理,自道姓名,谓总理曰:"君非实行革命之孙某乎?闻名久矣,余亦深信非革命不能救中国。近数年在法经商,获资数万,甚欲为君之助,君如有需,请随时电知,余当悉力以应。"总理大喜,乃与之互约通电暗号,约定电文 ABCDE 之次序:A 为一万元,B 为二万元,C 为三万元,D 为四万元,E 为五万元。事后总理犹未敢深信初次相识之静江能有求必应也。丙午(一九〇六年)冬间总理自南洋至东京,以经济困乏,束手无策,一日语黄克强曰:"吾昔在法轮中邂逅一张姓友人,其人系供职巴黎清使馆,而兼营古董业者,尝告余至急需款时,可随时致彼一电,彼必尽力相助,今姑发电一试。"克强闻为使馆人员,颇滋疑虑。及总理按址去电,数日后即有三万佛郎从法汇到,一时东京同盟会本部为之顿呈活气②。

何香凝《对中山先生的片段回忆》载:

记得孙先生有一次赴欧途中,在船上结识了法国华侨张静江,孙先生与他谈及革命。正像很多华侨一样,张静江也十分同情革命。他当时在法国巴黎开古董店。分别之时,他与孙中山先生约好:"以后革命事业如果需要款项,可以随时打

---

① 胡汉民:《胡汉民回忆录》,东方出版社 2013 年版,第 62 页。

② 冯自由:《革命逸史》(上),新星出版社 2009 年版,第 330 页。

电报给我,但是碍于当时国外环境,这些事进行宜于秘密,你如需要款项,不用写明数目,只写 A B C D E 就可以代替一万,二万,三万,四万,五万了。"初时,孙先生对这个表示是半信半疑的,但是回来之后,有一次急需用款,就叫仲恺打电报给法国张静江等华侨,当时还不敢存奢望,只写了一个 B 字,法国华侨就立刻汇了五万元回来,对革命事业帮助很大①。

此外,台湾商务印书馆出版的《民国张静江先生人杰年谱》亦谓:

(1905 年)八月,先生回国。冬返法,国父离西贡赴欧洲,遂与先生唔于赴法轮中,交谈甚洽,先生慨允助革命,约汇款电码。罗家伦主编国父年谱上册,民元前七年,记当时情形曰:

"时人杰乘轮赴法,闻先生同舟,遂趋谒,自道姓名,谓先生曰:'君非实行革命之孙君乎,闻名久矣。余亦深信非革命不能救中国。近数年在法经商,获资数万,甚欲为君之助,君如有需,请随时电知,余当悉力以应。'先生乃与之互约通电暗号,约定 ABCDE 之次序:A 为一万元,B 为两万元,C 为三万元,D 为四万元,E 为五万元。后先生从事革命每遇困难,辄得其巨资相助。"②

上述相关资料,可供梳理、解读的信息概有:

(1) 上引四条史料,其中三位(胡汉民、何香凝、冯自由)都是孙中山先生的革命战友、同盟会元老、辛亥元勋,所忆虽细微处有别,但孙、张两人交往的基本事实清楚,脉络一致,当可信据。

(2) 孙、张两人相识的空间地点问题。笔者蒐览相关资料,发

① 何香凝:《对中山先生的片段回忆》,《人民日报》1956 年 10 月 29 日。

② 王云五主编、杨恺龄撰编:《民国张静江先生人杰年谱》,台湾商务印书馆 1981 年版,第 7 页。

现尚有奇文谓孙、张相识是在广州的江东宾馆，且时间迟至1909年[①]。其实，只要悉心查阅相关史料，孙、张两人的相识之地，本是一个不成其为问题的问题，即，孙中山与张静江二人初识的空间定格——海轮是矣。

(3) 孙中山、张静江二人初识的时间——1905年。依据：一是冯自由的专篇回忆文章。冯自由不仅是同盟会元老、国民党史专家，而且是张静江1907年在香港补行加入同盟会手续的经办人[②]；二是王云五主编、杨恺龄撰编的《民国张静江先生人杰年谱》(简称《年谱》)。据《年谱》记载，1905年冬，张静江返法，孙中山先生适值"离西贡赴欧洲"，两人遂"晤于赴法轮中"，于是有了传为美谈的"ABCDE"助款革命之佳话[③]。另，翻检张南琛与宋路霞合著之《张静江、张石铭家族》，对于孙中山先生与张静江的初识时间，作者其实并未把话说死，在是书第65页谈及孙、张两人相识时间，作者在所主1906年说之外，又选择了"1905年至1906年间"，孙、张两人"邂逅相遇"[④]，这样一个时间相对宽泛的说法。凡此，不难看出，孙、张两人初识于1905年，是颇可信据的。

(4) 孙、张两人的初识与交往，其大致的脉络应该是：先有张静江在海轮上主动与孙中山的认识和交流，后方有孙中山与张静江的进一步联络与认知。这方面，无论是胡汉民、冯自由、何香凝等的回忆文章，还是张静江《年谱》所载，均详实记录了两人相识后的进一步交往情形，并且这种交往伴随着反清革命斗争的发展而逐渐加深和升华。

据张静江家族后人的讲述，张静江"五行"缺"水"，这从张静江

① 苏殿远：《民国奇人张静江》，《纵横》1999年第11期。

② 冯自由：《革命逸史》(上)，新星出版社2009年版，第331页。

③ 同②。

④ 张南琛、宋路霞：《张静江、张石铭家族——一个传奇家族的历史纪实》，重庆出版社2006年版，第65页。

取名“增澄”,取字“静江”可见一斑。有意味的是,在张静江的一生中,“水”似乎成了张静江人生际遇的重要元素。张静江的出生地是在江南水乡古镇——“水晶晶”的南浔;张静江与孙中山的结缘是在海上;民国时期张静江主政浙江时主办的大型博览会——西湖博览会亦在西子湖畔。此正是:如水名字行四海,海上奇遇传佳话。

三、接受新思想,加入同盟会

由上引孙中山与张静江相识交往的有关史料,可以看出孙、张两人的交往始于张静江以其资产大力资助革命。张静江之所以有如此大气度和大眼界,一是得益于其相对开放的家风家教之熏陶,使得他乐于并勇于接受新事物。据其六弟张久香回忆:“二兄幼时,性殊顽劣,而智异常童。……虽不良于行,仍精骑术(按,张静江年少时于自行车颇善骑行),每于故乡南浔狭巷小街驰骋自如,见者无不惊叹,以为奇技。”①二是缘于张静江经商海外期间形成的世界眼光和敢为天下先的进步思想。据《年谱》等有关资料记载,张静江早岁因进京期间结识晚清重臣李鸿藻之子李石曾(煜瀛),通过李石曾的运作,1902 年与李石曾一起以驻法公使孙宝琦随员的身份前往法国。1903 年张静江在父亲的支持下,在巴黎开办通运公司,专营茶叶、丝绸、瓷器和古董字画。此时的张静江,正值人生春华之龄,一如章开沅先生所说:“他(按,张静江)本来可以在清末新政体制内青云直上,成为一颗耀眼的明星。然而他却出于对祖国和人民的诚挚感情,迅速接受欧洲新思潮的影响。”②在

① 张久香:《二兄行述》,参见中国国民党中央委员会党史委员会编《张静江先生文集》(附录),1982 年,第 353 页。

② 章开沅:《〈张静江传〉序言》,张建智《张静江传》,湖北人民出版社 2004 年版,第 1 页。

法期间，张静江结识了又一位民国奇人——吴稚晖。彼时的他们由痛恨清廷腐败，转而笃信无政府主义，进而产生反清思想；更由于张静江与孙中山的结缘，从而开始了加入同盟会，以实际行动参加革命、支持革命的人生新旅程。

张静江加入同盟会的时间，当在1906年。据《年谱》记载，1906年3月，张静江返国途经新加坡时，加入中国同盟会，但未办理入会手续。8月，张静江“返抵巴黎，介绍李煜瀛（按，李石曾）加入同盟会”。1907年7月，张静江暂住香港期间，“胡汉民、冯自由请其补办入会手续”①。

1906年，张静江、李石曾、吴稚晖在巴黎创办世界社，1907年出版《新世纪》（周刊），张静江负责经费，吴稚晖负责编辑，李石曾、蔡元培、褚民谊等负责撰稿，鼓吹革命排满，介绍普鲁东、巴枯宁、克鲁泡特金等的无政府主义学说；同年，在上海设立世界社办事机构，同时发行《世界》画报，首期刊行1万册，向国内宣传介绍欧美文化。②

历史常常是由一连串不经意的故事串绕衍变成为跌宕起伏的时代大戏。正是因为张静江身上所具有的积极追求进步的思想底色，我们才能理解其以一介清廷驻法公使随员身份，何以成为孙中山先生反清革命的同路人，从而最终完成了从一介富家公子、商人到资产阶级革命家的人生转变。

四、资助孙中山，创立民国

说到张静江对孙中山革命事业特别是辛亥革命的重要贡献，

---

① 王云五主编、杨恺龄撰编：《民国张静江先生人杰年谱》，台北：商务印书馆1981年版，第8—10页。

② 同①，第8—9页。

人们常常援引孙中山先生的赞语:“自同盟会成立后……出资最勇而多者张静江也,倾其巴黎之店所得六七万元,尽以助饷。”①《张静江先生事略》亦谓:张静江“尽人皆知之事实,为输财助党人起义”②。据《年谱》记载,1907年,“同盟会经费枯竭,筹款无着,困难万分,胡展堂(按,胡汉民)建议试电先生(按,张静江)求援,国父从之,即按第一电码致先生巴黎,先生立即汇款万元资助”③。孙中山先生接到张静江雪中炭助之款,特作书致谢,并报告军事用度。张静江复书剖白自己资助革命之心迹,谓:

> 余深信君必实行革命,故愿助君成此大业,君我即成同志,彼此默契;实无报告事实之必要,若因报告事实而为敌人所知,殊于事实进行有所不利,君能努力猛进,即胜于长信多多④。

孙、张两人一次偶然的海上相遇,看似萍水相逢、波澜不惊,但却深刻影响、奠基了张静江此后的人生事业方向。张静江对孙中山,可谓一见如故,一生追随。而张静江“ABCDE”助款资助革命行为的持续发酵,也深深感动了孙中山,在孙中山的眼中,张静江的形象也变得愈益清晰而凸显:“革命奇人”“革命圣人”⑤,是孙中山先生对张静江“毁家襄助革命”的由衷礼赞。

事实也确乎如此,张静江在巴黎的通运公司“虽然赚了很多钱,但利润既没有用于公司扩张,也没有让公司员工捞到好处,张静江把他的时间和金钱都用在了中国革命上。为了支持孙中

① 参见孙中山《自传》,周谷城《民国丛书》(第2编)第90册,第14页;并见王云五主编、杨恺龄撰编:《民国张静江先生人杰年谱》,台湾商务印书馆1981年版,第7页。

② 狄膺:《张静江先生事略》,中国国民党中央委员会党史委员会编:《张静江文集》(附录),1882年版,第3页。

③ 王云五主编、杨恺龄撰编:《民国张静江先生人杰年谱》,台北:商务印书馆1981年版,第9页。

④ 同③。

⑤ 冯自由:《革命逸史》(上),新星出版社2009年版,第332页。

山……张静江心里念的已经不再是生意经”①。据不完全统计，张静江在辛亥革命前后对革命的捐资助款，即达110万两白银，张氏家族其他成员捐款亦在20万两白银上下②。不仅如此，张静江还将其舅父、南浔“四象”之一的庞青城（元澂）推荐介绍给孙中山。庞青城加入同盟会后，几次捐巨款资助革命党人。对此，有学者谓，张氏家族的这些捐款数字，意味着其在国民革命中确乎意义非凡。“虽然国民革命迟早会成功，但是，在当时如果没有张氏家族的财政支持，孙中山先生面临的困难是可想而知的。”③

1911年10月，武昌首义，辛亥革命爆发，张静江与吴稚晖相约返国。张静江在上海的寓所成为陈其美（英士）、戴季陶（传贤）等革命党人秘密聚会的所在。据为张静江管理账务达30年的李力经先生回忆，上海光复之役，陈其美率军攻打上海江南制造局，张静江负责后勤供应，为筹措各种军需，两天两夜未合眼。李力经先生曾看见有一木箱的沪军都督府公债票，当时曾有人劝张，可将这批公债票向国民政府索款，但张不同意，说是他在辛亥革命前就为革命用去许多钱，从未去要过，这些公债票是陈英士（其美）在上海起义时的一部分垫款，就更不必去计较了。于是，关照李力经烧掉算了，时值1932年春，系由李力经亲自办理④。

1911年12月，孙中山先生回国，革命党高层集会，商讨即将成立的中华民国临时政府采行总统制还是内阁制。会上宋教仁、黄兴等力主内阁制反对总统制，孙中山先生以为不可，主张新政府

---

① 〔法〕罗拉：《卢芹斋传》，中国文联出版社2015年版，第58页。

② 参见张南琛、宋路霞：《张静江、张石铭家族——一个传奇家族的历史纪实》，重庆出版社2006年版，第102页；另据林志宏：《中国之政党》估计，张静江给孙中山的捐款总共不下250万美元。参见〔法〕罗拉《卢芹斋传》，中国文联出版社2015年版，第58页。

③ 同②。

④ 同②，第100页。

应实行总统制。面对“两制”之争，张静江率先表达了对孙中山先生主张的支持性意见：“善！先生（按，孙中山）而外，无第二人能为此言者，吾等惟有尊先生之意而行耳。”[①]由于张静江对辛亥革命的特殊贡献（按，同盟会中部总会在上海成立时，张静江亦曾捐资以助），以及对同盟会诸多重量级人物的无私资助，由他出面首先表态支持孙中山先生总统制的政治主张，易于平息同盟会内部纷争，结果是“案（众）皆翕然”[②]，同意实行总统制，并推举孙中山先生为临时大总统。

孙中山先生就任临时大总统后，“民国肇建，总理初拟提出静江为南京政府财政部长，静江坚拒不就”[③]。这种不居功自傲，“只尽义务而不问权利，三十余年如一日”[④]，功成而身退的高风亮节，与那些敛财索官的“开国元勋”大异其趣。尽管张静江坚辞不就高官之任，但面对临时政府建立后依然困难的财政局面，作为孙中山的战友和忠实追随者，张静江仍是鼎力支持，积极筹款。不仅如此，据《年谱》记载，张静江还备资襄助革命党人彭家珍北上，刺杀了反对清帝退位的重臣良弼[⑤]。由此可见，张静江在促成清帝退位的过程中亦起了重要作用。

五、追随孙中山，护国护法

1913 年 3 月 20 日，袁世凯派人在上海火车站刺杀宋教仁。宋教仁被刺案警醒了处于涣散状态的国民党人。5 月，徐淮地区

① 胡汉民：《胡汉民回忆录》，东方出版社 2013 年版，第 48 页。

② 同①。

③ 冯自由：《革命逸史》（上），新星出版社 2009 年版，第 331 页。

④ 同③，第 332 页。

⑤ 王云五主编、杨恺龄撰编：《民国张静江先生人杰年谱》，台北：商务印书馆 1981 年版，第 12 页。

盐枭徐宝山被袁世凯招抚,任第二军军长,驻防扬州,此人"性犷悍,嗜古董",张静江深虑其会成为"讨袁之巨大阻力",于是他毅然设计:

(由革命党人黄复生)密(秘)制炸药,纳入通运公司预制之古董箱中,先摹拟徐所派来沪觅购古董之亲信艾某笔迹,致书于徐曰:觅得一古铜器确为三代古物,所值不赀,先遣人呈阅,如中意然后议价等语,另挽同志某挈往扬州,薄暮先将古物箱送交副官处,徐于二十四日晨甫起身,亟于欣赏古物,将钥匙投入,即砰然一声,血花四溅,徐已惨呼毙命,一时国人莫不称快①。

1913 年 7 月,"二次革命"爆发。张静江积极支持陈其美就任讨袁军总司令,并出资助饷。同时与部分浙省议员致函浙江都督朱瑞,揭露袁世凯称帝阴谋,促请浙江宣布独立。"二次革命"失败后,在沪的革命党人"秘密往来于先生(按,张静江)家,多获先生资助生活,或馈赠旅费,出走日本"②。由于袁世凯的通缉,绝大部分革命党人亡命海外。孙中山痛定思痛总结经验教训,着手进行"三次革命"的准备。为纯洁组织,1913 年 9 月,孙中山重组中华革命党,拟定入党誓约,要求入党者需服从孙先生,并加按指模。但是在进行这项工作时,孙中山与黄兴等人发生了分歧,结果导致组织分化。在这困难的时刻,正在上海的张静江坚决维护孙中山先生的领导地位,毅然选择追随孙中山先生继续革命,张静江与蒋介石同为国内加入中华革命党之最早者③。1914 年 7 月,中华革命党在日本东京正式举行成立大会,孙中山先生被推举为总理,张静江

① 王云五主编、杨恺龄撰编:《民国张静江先生人杰年谱》,台北:商务印书馆 1981 年版,第 14 页。

② 同①,第 13 页。

③ 同①,第 14 页。

被“委为财政部长，惟以不能赴日本，由廖仲恺代理职务”①。在此期间，张静江埋首为革命党理财，“时出奇计，投资得利，以供党费”②。

1916 年 6 月，袁世凯在举国一片讨伐声中忧惧而死。袁世凯虽死，但北洋军阀政府拒绝恢复《临时约法》。1917 年，孙中山到广州成立护法军政府，发动护法运动。张静江受孙中山先生重托，肩负筹款大任。“据 1917 年 1 月 31 日张静江通电各地的报告说，借款的总数已达日金 174 万、英洋 111 万，另借日本人久原房之助私人款日金 80 余万、犬冢信太郎 15 万、山田纯三郎 5 万，还有国内借款若干。后来，不仅他在巴黎的开元茶叶店卖掉了，在上海马思南路的 6 幢花园洋房也卖掉了，全都成了革命的经费。”③1920 年，张静江与虞洽卿等在上海创办证券物品交易所，这是近代中国第一个证券交易所。张静江利用证券市场这个新的融资平台，继续为孙中山的革命事业筹措经费。

正是由于张静江对孙中山所领导的资产阶级革命事业作出的突出贡献，1924 年 1 月，中国国民党第一次全国代表大会在广州召开时，尽管张静江因病未能与会，但仍被孙中山亲自提名为大会主席团成员，并以排名第 3 的位置，当选中央执行委员(按，国民党“一大”选出的中央执行委员，共计 24 人)。据史料记载，早在国民党“一大”召开前，孙中山曾致张静江两封亲笔信，表达对张静江身体状况的关心和政治上的期许。兹引录如下。需予说明的是，因

① 王云五主编、杨恺龄撰编：《民国张静江先生人杰年谱》，台北：商务印书馆 1981 年版，第 15 页。

② 狄膺：《张静江先生事略》，中国国民党中央委员会党史委员会编《张静江文集》(附录)，1882 年，第 5 页。

③ 张南琛、宋路霞：《张静江、张石铭家族——一个传奇家族的历史纪实》，重庆出版社 2006 年版，第 101—102 页。

两通信札其中一封的时间存疑，故在引录时一并加以讨论。①

(1) 孙中山致张静江函(1923 年 1 月 8 日)：

静江我兄鉴：接示得悉电医有效，甚为喜慰。前闻该医说，兄所服止痛药，恐日久成毒，切宜戒除，以免深中，虽偶有痛，稍为忍之，较胜于服药百倍。盖所谓止痛者，不过蒙迷脑筋，使不知觉耳，实痛犹在也。云云。今彼所施之电术，既属有效，则当惟彼之言是听，勿服止痛药，勿请他医，专由彼施治。彼言三礼拜当见效，三个月可痊愈。吾信其判断为有把握，望兄一心信之。与之时机，以得尽其所长，而排除三十年旧疾，俾贵体恢复常态而再出为国尽力，此岂为兄一人之幸？实为吾党之大幸也。深为拭目望之。并候

时祺(祉)不一

孙文　十二年正月八日

(2) 孙中山致张静江函(1924 年 6 月 15 日)：

静江兄鉴：内子回粤，称兄病近来反剧行动更不自由，殊用为念。兹有医生李其芳，新由德国回来，医学甚深。据称近日德国发明新法，用药注射，可愈此病。彼曾亲见一病十二年不能行动者不过一月便已医愈。今请李君前来诊视兄病，设法医治，如能于一、两月内全(痊)愈，则请兄与李君一齐来粤为荷。至于医金药费，由此间担任，兄不必再给也。弟与李医生详谈半日，深信其法为合理而妥善，想必能奏奇效，望兄亦深信而一试之，幸甚。此致即候时祉，并祝

速愈速愈。

孙文

按，中国第二历史档案馆编选刊发第 2 通信函时，因原函未署时间，故发表时将时间暂定为 1924 年 6 月 15 日。其依据是："台

① 中国第二历史档案馆：《孙中山致张静江亲笔信》，《历史档案》1985 年第 4 期。

湾1965年11月12日‘各界纪念国父百年诞辰筹备委员会学术论著编纂委员会’主编并出版的《国父年谱》(下册)第1030页有该函中‘内子回粤……可愈此病’引文,该函的称谓语及‘可愈此病’句后的内容均缺,并将该函系于1924年6月15日”①。

寻检相关资料,《民国张静江先生人杰年谱》恰巧收录了孙中山致张静江的第二通信札,且称是“录其原函”②。据《年谱》记载,张静江1923年2月在沪养病,“时先生骨痛增剧,行动艰难,国父特介绍留德李其芳医生诊治”③。《年谱》并随附孙中山信函全文。依《年谱》所记,孙中山致张静江第二通信札的时间当为1923年。

笔者注意到,余齐昭曾撰《孙中山与李其芳关系史料辨析》《孙中山介绍李其芳为张静江治病函时间考》两文,力主孙中山致张静江的第二通信札写于1924年④。余文中有两点值得关注和讨论:

一是提出“李其芳首次会见孙中山的时间是1924年4月中旬无疑”⑤;

二是提出广州《现象报》“在1924年4月19日的第一版刊登题为《大元帅眷念故人》一文”,言及孙中山关心张静江病况,派德国医学博士李其芳赴沪诊视。该报并全文刊载孙中山致张静江原函。余文据此判断“孙中山介绍李其芳为张静江治病函应写于

① 参见中国第二历史档案馆《孙中山致张静江亲笔信》注①,《历史档案》1985年第4期。

② 王云五主编、杨恺龄撰编:《民国张静江先生人杰年谱》,台北:商务印书馆1981年版,第16页。

③ 同②。

④ 余齐昭:《孙中山介绍李其芳为张静江治病函时间考》(《孙中山文史图片考释》,广东省地图出版社1999年版,第246—247页)、《孙中山与李其芳关系史料辨析》(《黄埔军校研究》第7辑,广东人民出版社2012年版,第250—254页)。

⑤ 余齐昭:《孙中山与李其芳关系史料辨析》,《黄埔军校研究》第7辑,广东人民出版社2012年版,第250—254页。

1924 年 4 月 11 日至 18 日之间"①。

先讨论余文第一点看法,如果余文所说为确,则孙、张第二通信札的时间自无须置喙。笔者经查《孙文与陈炯明史事编年》,其中明确载录:1923 年夏,"孙文派李其芳赴香港,与过港之德国远东协会总干事林德商谈继续实行德国与陈炯明曾商谈之合作条件"②。不唯如此,据李其芳自述:"民十二(按,1923 年)回国,途经香港,遇李烈钧,因随入粤……入总理室,余出陈德国前任总理米全爱力士致陈炯明函一道,总理大悦。"③如此,李其芳与孙中山先生的首次相识并非余文所说的 1924 年,而应是在 1923 年孙、李即已相见、相识。

再看余文第二点看法,广州《现象报》1924 年披露的孙中山致张静江信札,这应是余文持据"1924 年"说法最坚实的资料。乍一看,该条史料似无悬疑,但若细究和反推,则问题多多。所疑一,孙中山致张静江函乃系私人信札,且涉及的是张静江病情及孙中山期盼战友病体痊愈"来粤"之热切心情的表达等私密内容。很难设想,孙中山在致张静江信函的同时又誊录一份发往报馆,或预先爆料信札内容以博视听。此与情理颇不合。所疑二,1924 年国民党"一大"后的孙中山,彼时党内地位巩固,虽然其仍望张静江来粤襄助,但相较国民党"一大"召开前的 1923 年,孙中山亟须张静江这样的党内元老到粤力挺改组,并转圜化解党内难题而言,孙中山对张静江"排除旧疾,恢复常态","来粤"要求的迫切度已相对缓解,这从《民国张静江先生人杰年谱》1924 年的内容仅书录国民党"一

---

① 余齐昭:《孙中山介绍李其芳为张静江治病函时间考》,《孙中山文史图片考释》,广东省地图出版社 1999 年版,第 246—247 页。

② 段云章、沈晓敏:《孙文与陈炯明史事编年》,广东人民出版社 2012 年版,第 722 页。

③ 参见李云汉《从容共到清党》,中国学术著作奖助委员会,1973 年,第 208 页;黄季陆《孙中山先生与德国》,《中华学报》1980 年第 7 卷第 2 期。

大”召开之事可见一斑。

联系到孙中山当时正倾力于国民党改组这个大背景，而当时国民党元老中有许多人对此抱持观望态度，孙中山急需得到党内同仁、元老的理解和支持，如能迅速医治好一贯追随、支持孙中山革命事业的张静江骨痛之症，并使之迅抵广州，则无疑是对孙中山最大的慰藉和支持。因此之故，孙中山期盼张静江病体速愈的心情与对张静江政治上的更大期许叠加在一起，于是才有了 1923 年间孙中山先后 2 封信札的发出。1923 年 1 月，孙中山召集国民党改组会议，并任命张静江等 21 人为国民党本部参议，当是这份期许在行动上的反映。据《宋庆龄年谱》记载，1923 年 2 月 15 日孙中山离沪回粤，宋庆龄仍留上海陪伴母亲，至 5 月 2 日方从上海抵达广州①。考虑到李其芳与孙中山同年夏月晤见的时间节点等因素，合理的推断应该是，孙中山致张静江第二通信札应写于 1923 年夏秋之月的某个时间段。《现象报》应是在翌年(1924 年)4 月才得到该信，并发表。另《蒋介石年谱(1887—1926)》亦载，1923 年 3 月 26 日，张静江曾致信蒋介石，一方面促蒋“早日抵粤，于大局大有裨益”，一方面陈情自身“本拟面谒先生(按，孙中山)，继因体忽疲弱不能如愿”云云②。《蒋介石年谱(1887—1926)》并载，1924 年国民党“一大”临近召开前，孙中山仍未放弃请张静江南下与会的想法。1923 年 12 月 30 日，孙中山致电蒋，“非至粤面谈不可，并希约静江、季陶两兄同来，因有要务欲与商酌也”③。只是张静江最终因病体难支，不克出席国民党“一大”。

---

① 盛永华：《宋庆龄年谱(1893—1981)》(上)，广东人民出版社 2006 年版，第 212—213 页。

② 中国第二历史档案馆编：《蒋介石年谱(1887—1926)》，九州出版社 2012 年版，第 108 页。

③ 同②，第 128 页。

六、北上诀别，英雄泪掬

1924 年 10 月，冯玉祥发动北京政变，结束直系军阀对中央政权的控制，同时电邀孙中山北上共商国是。为推动国民会议的召开，11 月 10 日，孙中山发表《北上宣言》，决定抱病北上。孙中山北上途中，积劳成疾，病势加重。1925 年 2 月，张静江得知孙中山在北京病重的消息，遂“抱病北上探视，相见执手流涕，并主张国父试服中药，认为中医药治疗或可盼望出现奇迹”[①]。2 月 18 日中午，根据张静江的建议，孙中山由协和医院移居铁狮子胡同行馆，由张静江、胡适等推荐中医陆仲安诊治[②]，但已无力回天。3 月 11 日，孙中山在已准备好的遗嘱上签字，张静江与吴稚晖、汪精卫、宋子文、戴季陶、何香凝等 12 人作为孙中山遗嘱的见证人也在遗嘱上签名。3 月 12 日，一代伟人孙中山逝世。4 月 2 日，孙中山灵柩移至北京西山碧云寺安放，张静江亲笔书写了长幅挽联：“功高华盛顿，识迈马克斯，行易知难，并有名言传海内；骨瘗紫金山，灵栖碧云寺，地维天柱，永留浩气在人间。”[③]4 月 4 日，国民党中央执行委员会推定张静江、林森、于右任、戴季陶、叶楚伧等 12 人为葬事筹备委员。此后，张静江着手参与办理南京中山陵的选址、设计方案等事项，事必躬亲，不辞辛劳。1926 年 3 月 12 日，孙中山逝世周年纪念，孙中山先生葬事筹备处在南京举行陵墓奠基典礼，典礼现场发放了石印孙中山手书《礼运・大同》篇，上附有张静江题写

---

① 王云五主编、杨恺龄撰编：《民国张静江先生人杰年谱》，台北：商务印书馆 1981 年版，第 17—18 页。

② 鄢增华：《孙中山最后的日子》，《人生从 60 岁开始：〈老年博览〉2013 年度精选》，东方出版社 2014 年版，第 81 页。

③ 何大章：《宋庆龄与孙中山》，中国文史出版社 2015 年版，第 134 页。

的“孙先生遗墨　十五年三月十二日陵墓奠基纪念　张人杰敬题”[①]。孙中山与张静江当年义结海上，谱写的一段人生奇缘、革命传奇佳话至此落幕。

章开沅先生谈及张静江的人生经历时，曾慨言：“我常认为，辛亥革命不是极少数人的事业，它是一个数以万计的新兴知识分子群体共同发动和推进的社会运动。……当年许多仁人志士具有强烈的时代紧迫感与历史责任感，自觉地肩负祖国的安危，以天下为己任。他们离乡背井，远走异国，不顾个人安危，为社会的进步和祖国的独立作出极大的牺牲与贡献。但是随着时间的流逝，由于种种原因，并不是所有的仁人志士都受到人们应有的重视，有些当年曾是星光灿烂的风云人物，甚至会被后世逐渐淡忘。张静江就是这样一个应受重视而反被忽略的人物。……尽管在若干重大历史转折关头，张静江在政治抉择上存在着这样那样的缺陷与历史的局限，但人非圣贤。”[②]诚哉斯言！今天，当我们纪念孙中山先生诞辰150周年的时候，重新梳理曾经与中山先生一起创立民国的辛亥志士——张静江及其与中山先生的友谊往事，并以此为切入点，重新审视曾经激荡人心的20世纪百年史……凡此诸端，值得后来者思考、认识与总结。

（李学功，湖州师范学院历史学教授；
祝玉芳，湖州师范学院图书馆副研究馆员）

---

① 何大章：《宋庆龄与孙中山》，中国文史出版社2015年版，第144页。

② 章开沅：《〈张静江传〉序言》，张建智：《张静江传》，湖北人民出版社2004年版，第1页。

1913年孙中山两次访问神户

——图像叙述的史话

蒋海波

绪　言

1913年2—3月,孙中山以筹办全国铁路全权的身份,出访日本。在结束了东京的日程后,3月9日到达京都,10日访问奈良,晚间到达大阪;11—12日参观访问大阪的工厂、港口、报社,出席了华侨、日本企业家、基督教青年会等团体举行的各种欢迎宴请活动;13日上午10点从大阪出发,坐阪神铁道的专用车厢,于11点到达神户,开始了他为期两天的神户之旅。这是他第14次来到这个港口城市。到达神户后,孙中山一行先到下榻的东方宾馆安顿行装,小憩片刻,随后就赴中华会馆,出席由神户华侨举办的欢迎午宴,出席者达1 500人。下午,出席由基督教青年会(YMCA)举办的讲演会,孙中山作了简短讲演后,再次赴中华会馆,出席在那里由国民党神户交通部举行的欢迎宴会。第二天14日早晨,孙中山一行参观神户华侨同文学校,在观看了学生们的早操之后,孙中山发表简短讲话,鼓励学生要为新生的中华民国的建设贡献力量。随后,一行驱车前往川崎造船所。

本稿将以位于神户的川崎造船所、航行于基隆——神户航线的日本邮船公司的信浓丸、神户的著名旅店常盘花坛别庄为经,以聚集在神户的日本政界财界、志士、新闻记者、华侨的活动为纬,穿插以图片资料，立体地再现1913年2—3月间，孙中山在神户的历史现场，为孙中山与日本、神户关系的历史研究做一些补充[①]。

一、川崎造船所

川崎造船所位于神户凑川入海口，现在是川崎重工业株式会社的所在地。关于这次访问视察，《神户新闻》刊载了报道和照片，对孙中山一行的动向，有比较详细的报道[②]。

> 此日上午，孙氏一行预定来访的川崎造船所本部门口，交叉着悬挂日华两国国旗，经理室被改装成临时休息室，装饰一新。上午11点20分，孙中山一行到达该社。川崎副社长、四本营业部长等出迎。进入休息室后，互相握手致意。造船所特意准备了记念品，向孙氏赠送同所建造战舰及兵库分工场制作品的图册两本。尔后由川崎副社长引导，参观了同社楼上的造船制图室，依次视察了厂房内工作部门操作状态。孙逸仙氏多年巡游过欧米各地，参观对造船作业，本次应是第一回。川崎氏说明一一，孙氏热心倾听，巡览了每个部门。特别是对目下建造中的二万八千吨军舰榛名、一万一千吨邮船鹿岛及水雷艇等，表现了极大的关心。仔细凝视其构造，对有威力的各种制船机械及机工灵活的动作等感叹不已。过了大约两小时间，厂内巡视完毕后再次来到休息室，宾主约十数名一起举杯香槟酒。川崎副社长发表了致词：孙逸仙氏阁下本次来访以来，日夜不停，应酬各处的欢迎，几无寸暇。虽然如此繁忙，今天特意应弊社之恳请，亲自巡

---

① 本稿1—2节的日文稿，曾在《孙文研究》(第48キ49合并号，2011年8月，23—34页)上发表。收入本稿时作了大幅度修改。

② 《神户新闻》1913年3月15日。

览,诚为本造船所的光荣。全场职工一万二千余人不胜欣喜。弊社受贵国之爱顾,不仅曾屡屡承接军舰水雷艇等订货,而且最近还承接了炮舰永翔号的制作任务。还有江西省铁道的客车其实也是本社制作的。将来贵国与我国日益加深亲善。希望与弊社的关系更进一步地加深。在此敬祝贵国万岁,并祝阁下健康。

以下是通过当天晚到的戴天仇口译的孙氏简单的答谢辞:本日视察了贵造船所的各个部门,对其规模之大,进步之显著,惊叹不已。同时目睹我东方在这一事业上的有如此发展,也是予之欣喜不已之处。希望将来贵社社运日益隆昌,为东方平和作出更多贡献。

宾主再次举起香槟干杯后,由川崎副社长和其他有关人员送行。一行分乘三辆自动车于下午一时,向爆竹声轰鸣的舞子进发。

担任向导的川崎副社长就是川崎芳太郎(1868? —1920),是创业者川崎正藏(1837—1912)的女婿。当时社长松方幸次郎(1866—1950)因当选为众议院议员,要出席帝国议会,不在神户①。四本营业部长是指四本万二,他曾在承接中国订货的军舰完成后,多次随船赴中国交货。在上面提到的那些军舰中,炮舰"永翔"是"永丰"的姐妹船(sister boat),在制式上与"永丰"相同,由清政府订货,川崎造船所建造,1911 年 3 月 30 日下水,1913 年 1 月 7 日,从神户港出发,在长崎与三菱造船所建造的"永丰"汇合,1 月 15 日,一起进入吴淞港,1 月 20 日,向中华民国政府交接②。川崎造船所为中国建造的军舰,"永翔"是最后一艘,它还

---

① 神户新闻社编《火轮の海——松方幸次郎とその时代(上)》,神户新闻社 1989 年版,第 145—146 页。

② 横山宏章著《中国砲舰〈中山舰〉の生涯》,汲古书院 2002 年版,第 28 页。

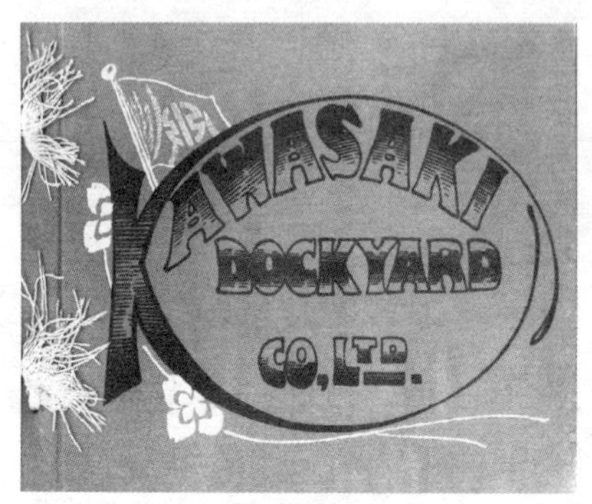

图 1　川崎造船所

是后来改名为“中山舰”的“永丰”号炮舰的姐妹艇，两者的制式完全一样。

川崎造船所赠给孙中山的图片集，应该是介绍川崎造船所制品的图片集《KAWASAKI DOCKYARD CO., LTD》(图片 1)。据笔者所知，上海孙中山故居纪念馆收藏此书①，在日本，孙文记念馆收藏。该图片集是在孙中山访问前的 1913 年年初刊行的。图片集实物经过大约一世纪的岁月，依然保持着它的精美度。

上述川崎芳太郎副社长提到“弊社受贵国之爱顾，不仅曾屡屡承接军舰水雷艇等订货，而且最近还承接了炮舰永翔号的制作任务。还有江西省铁道的客车其实也是本社制作的”，在孙中山来访的数年前，川崎造船所承接了许多中国订货舰船的建造业务。其概要如表 1②。

在建造的这些军舰(炮舰 11 艘、水雷艇 4 艘)中，订货者有“南京省”的，或许是两江总督府。水雷艇与日本海军的二等水雷艇同型，但炮舰是川崎造船所独自设计的③。“永翔号”是川崎造船所为中国建造的炮舰中排水量最大的，与“楚”字号系列的炮舰一样，主要装备有主炮 2 门(口径：4.7″)、副炮 2 门(12 pdr)、机枪 4 门

① 上海孙中山故居管理处、日本孙文研究会合编：《上海孙中山故居藏书目录》，汲古书院 1993 年版，第 149 页。

② 笔者根据川崎重工业株式会社编：《川崎重工业株式会社社史(别册)年表·诸表》，同社史编纂室 1959 年版，第 160—208 页，“舰船建造实绩”编制。

③ 前揭《川崎重工业株式会社社史(别册)年表·诸表》，第 215 页。

表 1　川崎造船所承接中国订货的舰船

编号	船名	种类	订货者	排水	长	幅	深	吃水	马力	起工日	进水日	交接日
36	流星	巡逻艇	上海海关	—	185′—0″	28′—6″	16′—2″	9′—6″	1,499	—	1902.6.7	1902.9.13
250	江元	炮　舰	南京省	565	170′—0″	28′—0″	13′—6″	13′—6″	1,487	1904.6.23	1904.11.16	1905.6.3
256	湖鸭	水雷艇	湖北省	89	40.10 m	4.94 m	2.05 m	1.03 m	1,375	1906.2.25	1906.10.19	1907.5.31
257	湖鹗	水雷艇	湖北省	89	40.10 m	4.94 m	2.05 m	1.03 m	1,484	1906.2.28	1906.10.19	1907.5.31
270	湖燕	水雷艇	湖北省	89	40.10 m	4.94 m	2.05 m	1.03 m	1,391	1907.5.15	1907.11.17	1908.3.16
271	湖隼	水雷艇	湖北省	89	40.10 m	4.94 m	2.05 m	1.03 m	1,376	1907.5.15	1907.11.17	1908.3.16
272	楚泰	炮　舰	湖北省	750	190′—0″	29′—6″	14′—0″	8′—0″	1,232	1905.10.7	1906.5.29	1906.8.25
273	楚同	炮　舰	湖北省	750	190′—0″	29′—6″	14′—0″	8′—0″	1,728	1905.11.5	1906.6.12	1906.9.24
274	楚有	炮　舰	湖北省	750	190′—0″	29′—6″	14′—0″	8′—0″	1,770	1906.2.6	1906.7.31	1906.10.22
275	楚谦	炮　舰	湖北省	750	190′—0″	29′—6″	14′—0″	8′—0″	1,554	1906.9.15	1907.2.21	1907.10.15
276	楚豫	炮　舰	湖北省	750	190′—0″	29′—6″	14′—0″	8′—0″	1,830	1906.9.27	1907.4.1	1907.11.16
277	楚观	炮　舰	湖北省	750	190′—0″	29′—6″	14′—0″	8′—0″	1,594	1907.2.26	1907.8.14	1907.12.30
288	江亨	炮　舰	南京省	565	170′—0″	28′—0″	13′—6″	7′—0″	1,326	1906.12.5	1907.6.25	1907.11.19
289	江利	炮　舰	南京省	565	170′—0″	28′—0″	13′—6″	7′—0″	1,511	1907.4.6	1907.9.18	1907.12.31
290	江贞	炮　舰	南京省	565	170′—0″	28′—0″	13′—6″	7′—0″	1,346	1907.4.20	1907.10.30	1908.1.19
300	永和	游　艇	大藏省	26	62′—0″	9′—3″	4′—0″	2′—3.5″	—	1907.7.6	1908.5.20	1908.5.27
315	飞云	快　艇	大连海关	46	56′—0″	11′—6″	6′—6″	4′—6″	154	—	1909.7.13	1909.9.21
344	永翔	炮　舰	清国政府	780	250′—0″	29′—6″	14′—9″	8′—0″	1,438	—	1911.3.30	1913.1.7

(Maxim)等[①]。除了军舰以外,川崎造船所也制造民生用品。该社为天津水道局制造的水泵,也刊载在《KAWASAKI DOCKYARD CO.,LTD》里。

川崎造船所由被后人称作为"造船王"的川崎正藏创立。鹿児岛出身的川崎正藏27岁时,在大阪从事海运业。36岁时,乘坐的船触礁沉没,开始对修理船舶和造船发生兴趣。42岁时(1879年),在东京筑地隅田川边上借下官有地,开设了"川崎筑地造船所"。1881年,从工部省买下"官营兵库造船局";1887年11月,在神户的兵库地区的凑川入海口,开设了个人经营的"川崎造船所"[②]。1896年10月,川崎造船所改组成株式会社,川崎正藏的至交、同乡先辈松方正义的三男松方幸次郎任第一代社长,川崎正藏任顾问,川崎芳太郎就任副社长。1901年7月,松方为了与上海海关签订造船合同,赴上海。以后多次往来于香港、上海、马尼拉等地。1902年6月,作为该社最初的出口船,上海海关的灯台巡逻艇"流星号"(No.36、709吨、外国订货第1艘大型船)下水。9月,交接[③]。以后,如上述一览表所示,川崎造船所为中国制造了不少军舰。1939年12月,该社改称川崎重工业株式会社,成为代表日本重工业的骨干企业,直到现在。其英文社名"Kawasaki"为世界所认知。

二、《孙中山先生东游纪念写真帖》

这张在川崎造船所码头拍摄的照片(图2)后来被《孙中山先

---

① 前引《川崎重工业株式会社社史(别册)年表·诸表》,第220页,"舰艇兵装一览"。

② 三岛康雄《造船王川崎正藏の生涯》,同文馆,1993年版,第368—387页,"年表"。

③ 前引《川崎重工业株式会社社史(别册)年表·诸表》,第164—165页。

生东游纪念写真帖》(品川仁三郎·西岛函南编,日华新报社,1913年5月,以下略称《写真帖》)转载。《写真帖》是一本详细记录孙中山访日,特别是访问神户的图片集,其画质比《神户新闻》上刊登的更加鲜明。关于本次视察访问,《写真帖》有以下相当详细的记述(第10—11页),收录其全文如下,可以看出,这是上述《神户新闻》的报道的汉译文。

图2　孙中山先生在川崎造船所码头

3月14日上午10点,孙先生带同属员驱自动车赴中山手通三丁目同文学校。稍事休息之后,於楼上讲堂对学生为训示的演说,演说毕为纪念摄影,上午11点辞去。再驱自动车抵川崎造船所,盖孙先生为考察造船事业起见者。副社长川崎芳太郎、四本营业部长等迎接。延客厅,先由副社长赠呈该厂建造船舰及兵库分工厂制造各品之写真帖二册,之后川崎副社长先导,自楼上造船制图室,顺次视察厂内工作部作业状态。其中对于现在建造中之兵舰榛名(二万八千吨)邮船鹿岛(一万一千吨)及水雷艇等,孙先生最热心凝视其构造，且亲观有威力各种制船机及工人动作之敏活，感叹如不能措者。各部巡视毕，再入客厅共举香槟。川崎副社长述欢迎词：

"孙中山先生阁下，本日特辱蒙驾临敝社，洵为敝社光荣，而从业者一万二千余人所欣佩不措也。敝社与贵国有关系为日匪浅，屡荷蒙眷顾，制造贵国舰艇者不尠。且最近既了炮舰永翔号之受授，又江西铁路客车亦实系敝社所制造。将来敝国与贵国益加亲善，敝社与贵国之关系因此更加一段之亲密，不胜切祷之至也。兹敬祝贵国之万岁并颂祷阁下之健康。"

川崎副社长颂词毕，由孙先生述谢词曰：

本日始视察贵厂、惊叹其规模之宏大与进步之显著。今日於我东洋得目睹斯业之发展、诚为余辈所欣喜不能措也。庶几将来社运益隆昌、为东洋平和、又有事之际、均寄与多大之贡献。是为至祷云云。

孙先生谢词毕、再举香槟之杯。万岁声里辞去造船厂，旋向舞子吴锦堂邸。

这部图片集是设在神户的日华新报社发行的，全文用汉文写成。担任同社编辑事务的是当时兼任神户裁判所日中翻译，毕业于日清贸易研究所、精通汉文的西岛函南(1870—1923)。该报社根据神户日中贸易的隆盛情况，为了促进日中贸易，由西岛翻译·编纂的有关日本商务、法律的汉文书籍，受到华侨和有关人士的欢迎。《写真帖》是一册发挥西岛本领的作品，关于其刊行过程和宗旨，有以下的记述：

中华民国首勋孙中山先生今次来游我国。惟中山先生不独为中华民国四万万国民所钦仰而已，实为世界之伟人也。兹值先生东渡，我朝野之人士洵能披沥赤诚，异常欢迎以尽善邻之至情。吾人目睹此盛状，不胜额手庆贺之至。而先生亦勉应酬，每天自各界受邀请者数次，或演说世界大势，或劝诱日华联盟，殆无暇晷，而意气颇旺盛，精神益健刚，绝不露疲劳之容，曷胜钦仰。本馆有见于兹，相商朝野有识，特发行孙中山先生东游纪念帖，以欲永远纪念巨人来朝，且致仰慕之忱。抑我日华新报，创刊以来十载于兹，专以资两国之国交兼为两国商务场中之管键为任。幸荷蒙江湖之眷爱，社务日益兴旺，感激不尽也。是书之发行，聊表野人献芹之微意耳。大方诸君请谅察吾人之微衷，以纪事不妥当，勿咎其意，即幸甚。大正二年五月二十日。

作为孙中山的图片集，这部作品大概是最早发行的孙中山图片集吧(图 3)。限于当时的印刷技术，报道文与照片分别编排在不同页面上。上述文章没有句点，但作为汉文，可以毫无滞碍地阅读。该图片集以孙中山肖像照为首，共收录了孙中山在日本各地访问的照片，其中东京 3 枚、横浜 1 枚、大阪 3 枚、神户 8 枚。另外，还刊登了与孙中山访问没有直接关系的照片(神户 3 枚、大阪 1 枚)。

图 3 《写真帖》

这些没有直接关系照片，其中在神户的 3 枚(《写真帖》写真 16)是川崎造船所建造的军舰“平户”与火车头的照片，这些在文字说明中都有正确的记载(《写真帖》写真 3)。但是、大阪的 1 枚(《写真帖》写真 10)，照片里并没有孙中山或其随行人员。将这张照片说成是“欢迎写真”显然是错误的(《写真帖》写真 4)。据笔者的考证，其实，这张照片不是孙中山访问大阪时的欢迎照，而是 1913 年 3 月 2 日，孙中山访问大阪的 10 天前，国民党大阪分部的

图 4 孙中山先生访问大阪时的欢迎照

成立大会时的记念照①(图 4)。

现在,除了孙文记念馆以外,日本国立国会图书馆也收藏这部《写真帖》,在该馆的近代数码实况画廊里公开(http://dl.ndl.go.jp/info:ndljp/pid/966124),有条件的读者可以在互联网上直接阅览,下载。

三、信浓丸

孙中山与神户的关系不仅是这次正式访问。与这次风光的访问相比,在 5 个月后发生的事,更具有戏剧性。打个比方,如果说

① 蒋海波:《大阪国民党分部成立大会纪念摄影》,《关西华文时报》2003 年 11 月 1 日。

早春的日本访问时孙中山受到准国宾待遇,就像在天国旅行一样的话,那么,8 月的流亡日本,则完全像跨越地狱的旅行[①]。

1913 年 3 月 22 日,从熊本赴长崎途中,孙中山接到了宋教仁遭暗杀的信息。在长崎的访问日程结束后,立刻回国。宋教仁是国民党的干事长,在同年 1—2 月的举行的中国最初的国政选举中,国民党在众、参两院选举中分别获得了约 45.13%和 44.89%的议席[②],成为第一党。这样,国民党就极有可能成为组阁的核心。3 月 20 日,在全国游说途中的宋教仁在上海车站遭枪击。22 日去世。3 月 25 日,回到上海的孙中山主张武力抗袁,但事件的司法判断尚未明确的时候,党内意见不一致,举兵一事被搁置。

但是,4 月在国会召开期间,袁世凯政府以盐税为担保,与英法德俄日五国银行团签署了借入 2 500 万英镑的"善后借款",逼迫国会承认。对此,国民党议员和南方的国民党系的主要都督都表示反对。袁世凯政府罢免了他们,开始镇压。7 月 12 日,江西省都督李烈钧举兵讨袁,宣布"独立","二次革命"爆发。但是在袁世凯政府军的绝对优势面前,"独立"被各个击破,孙中山等人不得不又开始了流亡生活。

同年,8 月 2 日夜晚,孙中山等从上海坐上德国船"约克"号,准备赴香港。3 日,船停靠福州马尾港。孙中山在这里接到了日本驻福州领事馆书记生饭田和武官多贺宗之传来的消息[③],广东战局不利,在香港上陆已经不可能。当晚,孙中山与胡汉民、侍从

---

① 陈德仁、安井三吉:《孙文と神户》,神户新闻出版社センター,1985 年版,第 171 页。

② 王建朗、黄克武:《两岸新编中国近代史》,社会科学文献出版社 2016 年版,第 56 页。

③ 多贺宗之〈孙文の亡命——孙逸仙福州亡命の隐れたる事实〉,久保田文次编:《萱野长知·孙文关系史料集》,高知市民图书馆,2001 年,第 343—347 页。

两人一起,秘密转乘停泊在马尾港的大阪商船公司货船“抚顺丸”[①]。4日上午10点出发,5日早晨6点到达基隆。再次转乘停泊在基隆港的日本邮船公司的“信浓丸”,下午4点起锚,经门司向神户进发,开始了他为期2年9个月的流亡日本的生涯。这一段传奇式的经过,除了多贺宗之的回忆录以外,从日本驻福州领事馆副领事(后任代理领事)土谷久米藏向外务省发出的报告中也证实了其中原委[②]。

牧野外务大臣

遵照贵电旨意,昨日派遣馆员赴停泊在马尾的德国船,将事情经过传达给孙逸仙。他的目的是赴广东,当告知他该地形势不妙。最终决定换乘于今日(4日)上午10点起锚之抚顺丸赴基隆。一行中有胡汉民。孙表示,因不能赴广东方面,只得寻找住在神户东方宾馆的友人宋嘉樹。

土谷副领事

大正2年8月4日下午5时15分福州发 10时50分本省到达。

离开基隆后的孙中山在信浓丸船上立刻向神户运送业者三上丰夷发出电报,表达了逗留日本的意思,并希望他帮助登陆。日本政府当初对孙中山的登陆表示为难,经过犬养毅、头山满的运动,最后采取了默认和保护的态度。而另一方面,萱野长知、寺尾亨、古岛一雄、岛田经一、菊池良一等先后赶赴神户,与松方幸次郎、三

① 1908年5月,大阪铁工所制造,总吨数1 812吨,重量吨数1 889吨,长77.7米,幅11.0米,深7.0米,吃水4.9米,主力轮机马力1 209匹。乘客定员,一等10名,二等16名,三等246名。大阪商船所属,1911年4月,就航高雄—上海航线,1912年4月,就航高雄—天津航线。1914年9月,就航台湾东岸航线。1929年11月30日,在台湾北部触礁,沉没。野间恒,山田迪生编:《日本の客船①1868—1945》,海人社1991年版,第116页。

② 亚洲历史资料中心,Ref.B03050070100(第22—23画面)。

上丰夷以及国民党神户交通部副部长王敬祥、杨寿彭等人商议，为孙中山的上陆做了准备。但是，当时的孙中山是中国政府发出悬赏令的要犯，而在中国国内国民党议员不是被逮捕就是被杀害的紧急形势下，要保护好孙中山不被刺客暗杀，安全登陆和避难，就必须慎重行事。在几方面的合作下，一出“偷出孙中山”的戏就在神户上演了①。它的舞台就是停泊在神户海面的“信浓丸”和川崎造船所的码头，以及位于诹访山麓的常盘花坛别荘。

信浓丸原来是服役于日本邮船公司西雅图航线的货客船，于1900 年 4 月，由英国戴维・威廉・亨德松公司(David and William Henderson and Co.)建造。总吨数 6 388 吨、载货重量 6 740 吨、全长 135.635 m(垂线间长)、型幅 14.996 m、船客定员 238 名(1 等 26 名、2 等 20 名、3 等 192 名)。也可以作为临时巡洋舰，有 15 栂安式速射砲 1 门、12 斤安式速射砲 3 门，还有莫尔斯信号的无线电报设备。日俄战争时，作为军用船被临时征用，隶属吴镇守府，作为巡洋舰在对马海峡担任警戒，其外表仍然是商船，因此隐蔽性很强。1905 年 5 月 27 日深夜，发现了秘密驶向对马海峡的俄国巴尔奇克舰队，马上发出“发现敌舰”的电报，为日本海军的胜利作出过贡献(图 5)。信浓丸 1951 年解体，是一艘没有受到过战争创伤的强运船②。

日俄战争后，信浓丸解除征用，恢复在西雅图航线服役，后又转为神户——基隆航线服役。乘上信浓丸的孙中山能够利用无线

---

① 久保田文次编：《萱野长知・孙文关系史料集》，高知市民图书馆 2001 年版，第 102—104 页。关于避难的 1 周，除了前揭陈德仁、安井三吉：《孙文と神户》第 161—174 页、陈德仁《辛亥革命と神户》(孙中山記念馆，1986 年，第 24—43 页)以外，武上真理子〈服部一三〉、安井三吉〈三上丰夷〉分别对当时的兵库县知事服部一三、海运业者三上丰夷所发挥的作用的论文发表在《孙文研究》2007 年第 42 号，第 3—16、17—29 页上。

② 山高五郎著：《图说日の丸船队史话》，至诚堂，1981 年，第 106—108 页。

图 5　信浓丸

电报,与经营海运业的三上丰夷[①]及时取得联系。在他秘密登陆神户这一幕的背后,信浓丸与三上丰夷之间,电报的存在是至关重要的。

四、乘着夜色上岸

关于孙中山在神户上岸一事,当事者之一的萱野长知在回顾录里详细地记录其经纬。抄录如下。

余至神户时,信浓丸已经进入港湾。几个便衣警察和新

① 松浦章根据新闻广告指出,三上合资会社在 1910 年 10 月时,拥有"定期汽船"香取丸,运行神户—基隆航线(《近代日本中国台湾航路の研究》,清文堂,2005 年,第 145 页)。据前揭山高:《图说日の丸船队史话》(141—142 页),香取丸于 1913 年 9 月 11 日,由三菱长崎造船所制造,服役于日本邮船公司的欧洲航线。

闻记者好像都在鬼鬼祟祟地打听孙氏。无论是船长也好事务长也好,都一律回答,没有这样的乘客。余避开人们的目光,与船长相见,出示了无线电信,恳求一定要见面。船长说道,原来如此,先生正在急切地等着呢。来,往这边走。一边说一边注意周围的情况。你就是土佐的萱野君吧?船长边问边将余带着进了船长室。好像是进他人房间一样,探视了房间里边的情况后才进去了。

房间深处,孙氏一下子站起来了,微笑着紧握余手,沉默……船长对我们行了个注目礼,喀喳一下把门关上,离开了房间。

那天晚上九点左右,天空漆黑一团,黑暗中一艘奇怪的小蒸汽船,悄悄地靠近了信浓丸的舷梯。旋即向着兵库川崎造船所的海面疾驶而去。

连黑白也分不清,就在黑暗中手拉着手,攀上了造船所岸壁。三个人,谁也不出声,饶过工场的厂房,机器,铁渣堆,左拐右绕,终于走出了造船所的边门。

在前头的是川崎造船所的松方幸次郎君,跟在后面的就是孙中山先生与本人。松方氏因为是走自己经营的工场,所以当然知晓路径,而孙氏与本人,就像盲人在跑马拉松似的,跌跌撞撞,真是吃够了苦头。事后和孙氏一起谈起此事还大笑一场呢。

出了川崎造船所的边门后就紧赶慢走。当然是走那些无人通行的小路,渐渐地开始登上诹访山。不久我们就被带到了矿泉浴场上面的山腹部,在那里只有一家新造的两层楼的小别墅。

这个住处是当天傍晚,急促之间,由三上和松方氏安排好的。大概谁也不会想到孙氏在这神户的山顶上摆下阵势。就连善于到处打听、无缝不入的新闻记者也不会知道在这黑暗

里的一幕吧。(中略)

从东京带着头山、犬养、寺尾翁等人旨意的古岛一雄、岛田经一、菊池良一等同志也纷纷来到神户。在孙氏潜居的处所正下方的一家叫“一力”的料亭里摆开阵势,与东京的同志相策应,为孙氏的前途出谋划策。

余则与平时一样,住宿在西村旅馆,以此为根据地,前往“一力亭”,悄悄地与孙氏的潜居之家取得连络。数日后,在神户站向流亡日本的胡汉民、廖仲恺氏传达了孙氏的旨意,一起来到西村旅馆,第二天早晨,乘天还没亮之际,让他们与孙氏密会,后来又有宋嘉树氏等一些同志来集会,等待着最终秘密转移东京的时机到来。

根据萱野的回忆,9日夜9点左右,准备好的小汽艇在悄悄地靠近了信浓丸的舷梯,把孙中山他们接上了小汽艇,直接驶向川崎造船所的码头,然后在那儿上岸。川崎造船所社长松方幸次郎带着孙中山与萱野长知两人,在通过厂区后,出边门,“紧赶慢走”,来到了位于诹访山麓的潜居之处常盘花坛别荘。对于这一幕的秘密程度,萱野长知得意地回顾道“就连善于到处打听、无缝不入的新闻记者们也不会知道在这黑暗里的一幕吧”。

但是,日本警察是知道内情的。兵库县知事向外务大臣牧野显伸的报告则从另外一个侧面反映,日本官方在事先已经知道这一计划①。

牧野外务大臣

孙逸仙由从者二名相伴,于本日上午7点乘信浓丸平安到达港口。首先在和田海面,乘检疫所的船,由神户市内海运业者(三上丰夷)先去确认本人的意向。因孙不愿与任何新闻记者及支那人等面会,所以决定暂时让他潜伏在船长室,他答

① 亚洲历史资料中心,Ref.B03050069600(第51画面)。

应了。众多访问者以为既然已经检疫完毕，那么就会乘小汽艇上岸。为了严密警戒身边安全，三上预定于本夜悄悄地与他同伴上陆。在这以后的安排则按照电训所示，计划依次实施中。

兵库县知事

大正 2 年 8 月 9 日下午 1 点 35 分三宫发出、2 点 30 分本省到达

也就是说，三上答应向兵库县知事服部一三报告孙中山的意图，也报告了决定在晚上悄悄地上岸。但是没有说是用谁的船，甚至还说是自己与孙中山一起上岸，其实他好像并没有与孙中山一起上岸。

五、新闻记者是知情的

而且，新闻记者也是知道孙中山行踪的。8 月 8 日早晨 9 时，信浓丸进入了门司港。关西的各家报纸就派遣记者或通信员，登上了停泊中的信浓丸，对孙中山的所在进行确认。对于蜂拥而至的记者，船长郡宽四郎回答说孙中山已经上岸了，想蒙混过关，但是，正好孙中山走进船长室的一幕被记者目击，实在没办法，只好临时举行了一场记者会见。但是对于在神户的预定日程，孙中山避开了明确回答。

3 小时后的 12 点，信浓丸起锚，离开门司港，一部分记者并不下船，而是继续留在船上，继续试着采访孙中山。虽然他们的报道记录了孙中山在信浓丸上的状况，但是为了分散等候在神户的，当然也包括刺客在内的读者的注意，他们的报道文的内容是虚虚实实。我们来比较一下 8 月 9 日，关西的 4 份报纸的内容吧。

《神户又新日报》(二版)以《孙氏来朝与我官宪》为题，除了报道孙中山乘坐信浓丸来到神户以外，还报道了对兵库县知事、内务

部长、警察部长的采访结果。

> 观察兵库县厅的态度,其表面极为冷静。八日,接到外务省关于孙氏上陆的报告后,服部知事突然于当晚与从避暑地有马温泉回到神户的小岛内务部长、新妻警察部长等秘密商议。而新妻警察部长按照县的方针,发表谈话,对孙氏上陆也许会采取监禁但不会拒绝其上陆。但是根据各方面的信息来看,孙氏的首级是悬挂着几万悬赏的。这样的话就不能保证没有行凶施暴之人了。因此首先要警戒此类人物,必要时得多派点警察。其他事情等他上陆后再说,眼下什么也没定。云云。

《神户新闻》(二版)以《流落之人孙逸仙——今晓将出现在神户码头》为题,报道了孙中山来到神户:

> 孙氏从乘船前开始就隐蔽了姓名,在船舱里深居不出。因此,许多船员乘客都不知道孙氏的所在之处,甚至有人说他并没有乘船,各种猜测百出不尽。本报门司特电中已经记载,他化名"王国贤",乘上了该船。这虽然是确报,但现在他的所在尚不明确。就这样,今日拂晓六时过后,那位被作为话题的革命健儿孙逸仙,他那流落之人的身影即将出现在我们神户港码头。

《大阪朝日新闻》(二版)以"迎接孙逸仙氏"为题,报道了孙中山的谈话:

> 孙氏也因为船已到了日本之后,大概非常安心的样子吧。为了拂去忧闷的心情,露出了微笑,与记者握手,互至敬意。对记者的来访表示了深厚的谢意,并且回答了提问。曰:正如你们大概已经知道的那样,本次来到贵国并非有计划的,对于自己来说,既然不是有严密计划的旅行,所以也不愿对民国的现状及将来等发表谈话,希望能谅解。特别是贵国人士是世界上最好的,也是最了解中国国民的。所以我的许多友人

也为这次来访日本做了许多努力，在我尚未到达东京时的现在，已经开始为我寻找到东京后的住处。至于有谣传说我要到美国去，这事现在尚未决定。而且又有谣传说我此行在船中与黄兴交换了无线电信等，这也不是事实。又有传说黄兴已经在舞子的吴锦堂别邸潜伏，这也是我所不知的事。至于说黎元洪遭杀害之说，全是报纸的误报。云云。

《大阪每日新闻》(一版)以“孙逸仙来了”为题，刊登了以下的报道：

孙逸仙氏假称王国贤，按照预定，将于8日上午8点，从基隆入门司港。在信浓丸上，没有一个侍从者，只有行李跟随他。在入港之前，他按照有关方面的内部指示，虽然颇为隐密其行踪，但还是延请记者到船长室，曰：

贵国是我所最热爱之国，贵国人是我最亲密之友。本次特地秘密赴日，还将赴东京，与贵国有志者，敞开胸襟，商议如何共同经营亚细亚大陆。至于当前的问题，我不想多说。事情已经很明白了，关于今后该如何对应，不依赖贵国人之力，还能依赖谁呢。关于赴美国一事，尚未决定。至于一时卜居之处，也未确定是在神户还是在东京。中国国民党已土崩瓦解，毕竟已不足以担当时局，然贵国的国民党却能抵抗为政者的压迫，正是名同实异。特别是谈到所谓共和，真使人茫然自失。

语毕感慨万千，眼含泪水。孙氏乘坐的信浓丸驶向神户。

8月9日早晨，“信浓丸”在神户海面的和田岬。记者们纷纷乘上小汽艇，登上信浓丸，想采访孙中山，船长郡宽四郎声称孙中山等在早晨检疫之际，已经和两三个中国人一起下了船，现在已经潜伏到别处去了，等等，想以此来蒙混过去。但是绕不过记者们的韧劲，而且孙中山的身影也被发现了，最终只好在船上举行了简短的记者会见。关于这次会见，各家报纸都在第二天，也就是孙中山上岸后的10日，一齐报道了。

《神户又新日报》分别在几个版面，编辑了一组孙中山上岸的特辑报道，报道了其中的详细内幕。其中第二版的报道《迎接孙逸仙氏——微笑打招呼，乘夜阴上岸》一文，除了报道孙中山与记者打招呼以外，对其上岸时间(夜9点)也作了正确的报道，但是没有报道孙中山的潜居之处。

记者通过寺尾博士和其他人士的介绍，要求与孙氏会见，但失败后的孙氏与新闻记者会见，在内心深处是非常痛苦的。既然记者特意来访，虽然内心不愿回答提问，但记者最终还是被带到了上一层的甲板上，在此处与孙氏会见。孙氏身着灰色西服，面带微笑，不堪失意之脸色，犹可依稀隐现两眸之泪痕，孤影萧然伫立之身影，感慨万千地与记者握手，叙述了久阔之情。通过萱野氏的口译，对记者说："诸君特意来访，若有失礼之处，请原谅。"打了招呼以后，记者们向他表达了敬意，并问候其健康状况。为了对应该受到同情的失意宾客不至于失礼，记者避开了关于支那政局的谈话。

图6　目击场面的素描

5点以后，寺尾博士与野添、古岛两位议员也陆续下船，只留下萱野、菊池两氏。当天夜晚9点，悄悄地搭上小汽船，其踪影消失在暗淡的夜色里。

当时记者目击的场面是一幅署名壶公的素描(图6)。在11日第5版刊登的这幅素描上的说明是这样写的："写生册　赴信浓丸看望孙氏的寺尾博士，野添、古岛两位议员一行肃然离开，移至小汽艇。黄昏的海面，谈烟笼罩，四周的光景一片寂寞(9日下午5点20分，壶公)。"

《神户新闻》以"孙逸仙氏到来——

所在之处不明,深潜藏船内,会见仅五分钟,入夜后上陆”为题,刊登了一组特辑报道:

出迎的各位　早晨6点之前,虽然船早已到达和田岬海面,不知是何缘故,就是没见到小蒸汽船准备起锚,出来迎接的各位也现出了等得不耐烦的疲倦神色。7点30分左右,小蒸汽船才渐渐向海面驶去。乘船的有京阪神记者团的各位、大阪高等工业学校的支那留学生、同文学校的学生、支那国民党员,以及前些天到达东方宾馆的流亡者宋嘉树。

汽艇的包围　信浓丸船两侧已经有许多小汽艇靠在边上,杨寿彭、王敬祥、黄伯祥(祥应为群,引者注)等支那国民党支部的各位,以及议员古岛一雄、萱野长知等所谓浪人组的各位头面人物也在场。

潜伏在船内　既有称孙已经离开信浓丸的,也有称其实是考虑到万一危险,深藏在船内的,等等,各种说法都有。但其隐藏在船内该是一个不争事实。本县警察部派了几名便衣巡查,警戒不怠。当然,无论内外之人,一律不准接近该船室。

终于出船舱　就在清晨,虽然记者确信孙氏确实还潜居在船内是事实,但还是在云里雾中彷徨。到下午四点,在寺尾、古岛、野添、萱野、三轮诸氏的斡旋下,对孙氏的行踪,以绝对严守秘密为条件,答应与记者会见。孙氏不愿离开船舱太远,所以记者们就接踵登上楼上的甲板。寺尾博士首先简述了关于保护孙氏的政府与民间志士的想法最近渐渐地汇合的经过,然后就静静地等待孙逸仙出现。

孙氏的片言只语　孙氏出来了,身穿灰蓝色的西服的孙氏,行鞠躬礼。前大总统的结局也令人惋惜,本来丰润的脸颊,稍微瘦了点,鬓发也加了一些微白,颜容憔悴,眼眸多恨,浑身是天涯沦落人的氛围。记者上前向他问候久阔之别。孙氏莞尔一笑,因为疲劳的缘故吧,会见只是一瞬而已。相对无语,欲语无言。仰天之人,俯地之人,只是默默吞泪,何其悲乎?其间虽仅得片言只语,亦含无限幽韵。孙氏曰:“上海出发以来,历经几多困难。所幸心身都很健强,稍微有点头疼,是神经衰弱的结果吧。确信只要能在山紫水明之乡休养悠游一下的话,就不会有多大影响。是否赴美,尚未决定。当初是打算赴香港的。在日本的先辈诸氏恳切劝说下赴日本。日本曾是多次游历之处,是有着各种回想的乐园,从香港经台湾来到日本,打算在神户附近静养几天。南风不争,一度趑趄,苍天绝不会永久无情。”语毕恻然。萱野氏与孙氏一起留在船上,其余人士均返回岸上。时间已经将近五点了,烟幕一抹笼罩樯头,时刻已近黄昏,海湾的夕阳余晖,寂寞哀伤。

入夜后上岸 度过船内闷热的一天,孙氏按照预定计划,等到天色全黑,海波停息,凉风徐来,轻拂衣袂。晚上7点,为迎接孙氏一行,赴信浓丸的某某,在郡船长以下数名的簇拥下,与从者两名一起,悄悄地从舷梯下船,坐上了小汽艇。汽笛隆隆,劈波斩浪,堂堂正正地在美利坚码头上岸。今日天涯沦落客,为了避人耳目,寄身一叶轻舟。在水上警察署的巡逻艇三艘前后护卫下,向海关方向附近的弁天浜驶去。在人不知之际上岸,大概是7点30分。一边注意左右前后,一边上了车,渐渐地消失在市内东方。同伴的到底是谁,其最终目标是何处,本社对此均已知悉,但是现在暂不公开。据闻,数日间逗留某所,静养以后再徐图今后之方策。

综上所述,对于孙中山在船上举行了短暂的与记者会见的场面,各报都作了详细的报道。但是在谈到孙中山的去向时,各报都作了很巧妙地隐蔽。有的甚至虚虚实实,《神户新闻》甚至报道了与孙中山无关的船长下船的消息。或者干脆明确地说,即使知道孙中山的潜居之处,也暂时不报道,目的就是为了避开刺客,保护孙中山的安全。而当时的情景,只有一张照片,留在了8月10日

图 7 《大阪朝日新闻》第一版上的孙中山

的《大阪朝日新闻》第一版上(图 7)。

但是,当这些报道刊登出来时,孙中山早已上岸,在位于神户诹访山麓的常盘花坛别荘里,潜居下来了。8 月 16 日拂晓,孙中山一行告别了常盘花坛别荘,来到码头,乘上小汽艇,登上了“襟裳丸”,驶向横滨。

六、常盘花坛别荘

那么,孙中山到底潜居在哪儿呢?关于这个问题,孙中山逗留神户期间,曾经在船上采访过孙中山的各家报纸上,为了防备刺客,都没有在报道文里透露其中蛛丝马迹。曾经报道过孙中山潜居在松方邸或川崎邸的谣言的《神户又新日报》在孙中山离开神户 4 天后的报道中,刊登了能够确定该场所的照片和文章。照片旁边的说明是这样写的“亡命客孙逸仙氏之潜伏之家,诹访山的东方常盘花坛别荘(右边为正门,左边为边门)”(图 8)。这是一张哪儿都能看到的日式居家的门口。要想确定这栋房屋的所在之处,对于生活在当代的我们来说,是极其困难的。而对当时的当地人来说,也许立刻就能在脑海里浮现的场所吧。在该报编辑者的随想栏“砚海”上发表的编辑随笔上①,这位不署名的编辑透露:常盘花坛别荘在当时,是被川崎造船所包租下来,作为接待海军将校的专用招待所。

图 8　东方常盘花坛别荘

> 孙逸仙暂时隐居之处诹访山常盘别荘,现在是三年合同,被川崎造船所包租下来的,它就成了造船所为了接待监督军舰制造的海军军人的临时招待所。实际上到孙逸仙入住前的 8 日为止,海军将校还住在那儿呢。孙逸仙住在松方邸或是川崎邸等风说,都是因为与此有关,但都错了。至于为了让孙

① 《神户又新日报》1913 年 8 月 19 日(三)。

逸仙入住该别庄，是否特意请已经住在那儿的海军军人退出？这并不清楚。不管怎么说，作为常盘别庄，它确实是一栋有潇洒情调的建筑。毫无疑问，在它的后方，还有通向山崖的秘密通道。有这样小心的安排，到底是不一样，各方面都注意到了。作为魔窟建造的别庄成了隐藏支那革命党头目孙逸仙的潜居之家，这是谁也梦想不到的吧。秘密通道成为革命志士的保命通道，这也是一段奇妙的因缘。就在写下这些文字的时候，孙逸仙无事入京的电话打来了。雨也下了，双重的喜庆，也该好好庆贺了。

原来为了给监督军舰制造来到神户的海军军人提供住宿，川崎造船所将常盘花坛别庄包租了 3 年。这成了隐藏孙中山的好场所，也是社长松方幸次郎的决断。松方幸次郎的宅邸就在离这个场所不远的山本通四丁目，这样，孙中山潜居在松方邸的谣言，也就不是无穴之风了。在这篇随笔中，编辑还提到“在它的后方，还有通向山崖的秘密通道”。原来是为客人提供离开这种风流场所的秘密通道，以便掩人耳目。这就是被称为“魔窟”的由来。

常盘花坛是大阪人前田又吉(1829—1893)创业的[①]。前田壮年时，失去家产，来到兵库，开了一家露天小吃店。女儿嫁给了料亭岚花坛的主人后，得到亲家的帮助，先开了一家小餐馆；1873 年，租赁温泉地，并得到了三田藩主九鬼隆义的投资，在诹访山开张了常盘花坛；1883 年，常盘花坛增设了东、西、中三店，又在位于海滨的宇治川边(现在湊町 1 丁目)开设了料理旅馆常盘花坛，它成为神户一流的料亭[②]。当时的政财界，以及来到神户的宾客也

① 京都ホテル编：《京都ホテル100 年ものがたり》(非卖品，1988 年，第 179—184 页)。

② 村田诚治：《神户开港三十年史(乾)》(开港纪念会，1898 年，404 页)。

图 9 神户市在常盘花坛主办欢迎孙中山宴会

常在湊町的常盘花坛举行宴会。1913 年 3 月 14 日夜，神户市主办的欢迎孙中山宴会也是在常盘花坛举行的(图 9)。

上述《神户又新日报》照片说明的“诹访山的东方”，也许是东常盘吧。能够确认常盘花坛别庄的位置关系的画像，现在只看到 1882 年刊行的风俗画集《豪商神兵湊の魁》(图 10)[①]。这里描写的诹访山的情景与现在不同，但可以确认其位置关系。这一带有福亭、温泉汤本、藤见亭、常盘东店、自在庵、福原常盘店、西川亭、中村亭、春海楼、常盘中店等料亭酒肆，异常热闹。明治大正期刊行的观光明信片上，也保留了作为温泉街的诹访山温泉热闹的场面(图 11)。常盘花坛在太平洋战争之前的 1941 年 7 月 26 日(一说 8 月 6 日)停业，它的繁华史结束了。

① 垣贯与祐编辑兼出版人，明治 15(1882)年，熊谷久荣堂。

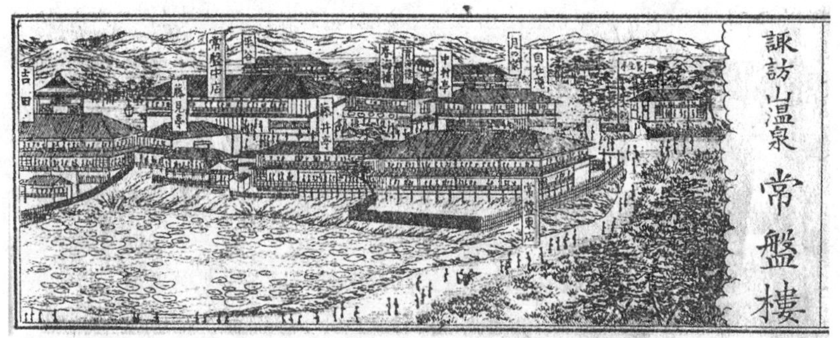

图 10 《神户又新日报》上的常盘楼

图 11 诹访山温泉热闹场面

结　语

现在，还是没法确定当年的常盘花坛别庄的位置。经历过水害、战灾、地震，加上市街区的开发，如果没有决定性的资料发现，要确定其位置将越来越难了。但是毫无疑问，它曾在诹访山神社的附近。诹访山神社从很久以前就有许多中国人参拜。光绪年间(1874—1908 年),中国人称颂这座神社的匾额现在也悬挂在墙壁上。神社的东侧,有一块空地,可以眺望市区。1874 年 12 月 9 日,为了观测进行通过太阳表面,法国天文学观测队和日本人清水诚在这里设立观测点。为了纪念这次活动,建立了纪念碑,这块平地在当地就被称为金星台。

2013 年 8 月 9 日,为了纪念孙中山潜居神户 100 周年,由公益财团法人孙中山记念会提议,在神户市和当地居民的协作下,建立了“孙文先生潜居之地”的纪念碑(图 12)。它与建在中华同文学校外墙上的“孙中山先生来访之地”,以及孙文记念馆内的“天下为公”纪念牌一起,构成了一道探访缅怀孙中山事迹的风景线,迎接来访的宾客。

图 12　“孙文先生潜居之地”纪念碑

(蒋海波,日本神户孙文记念馆主任研究员)

1920年代日本报刊对孙中山的评论

——以《东京〈朝日新闻〉》为中心的分析

村田省一

导　言

日本《朝日新闻》和孙中山结下了不解之缘。在《朝日新闻》中，有很多和孙中山与他的革命运动有关的人士，比如参与二次革命、护国战争而写下相关报道的山中峰太郎、参与护国战争之后多次采访孙中山的太田宇之助，还有作为头山满的亲信在神户与头山一起迎接孙中山最后一次访日的藤本尚则等。

另一方面，《朝日新闻》并不一直拥护孙中山。1919年，孙中山离开广东军政府时，向《朝日新闻》投稿批评日本的对华政策。对此《朝日新闻》发表了反驳，内藤湖南也在《朝日新闻》上批评孙中山是过去之人等事情[①]。以后，在1922年陈炯明叛乱时，《朝日新闻》上有"孙中山的前程存在着困难"等评论，孙中山面临困难时期《朝日新闻》对他也有严峻的评论。

孙中山在广东政府维持领导者的地位时，《朝日新闻》有对他

---

① 《难以期待中日亲善，孙中山先生说》(《日支亲善望み难し　孙文氏语る》)《大阪〈朝日新闻〉》1919年6月21日早报；《告诉日本的官民》(《日本朝野に愬ふ》)，《大阪〈朝日新闻〉》1919年6月23日早报；《回答孙逸仙先生》(《孙逸仙氏に答ふ》)，《大阪〈朝日新闻〉》1919年6月24日早报；《浅薄的孙先生看法》(《浅薄なる孙氏の意见》)，《大阪〈朝日新闻〉》1919年6月26日早报。

肯定的评价,但《朝日新闻》只是在符合中国的民意、自治的政治脉络上评价孙中山,而对他的武力统一政策不一定拥护。孙中山的政策和《朝日新闻》论调之间是有分歧的。

本文对1920年代前期《朝日新闻》,特别是"东京《朝日新闻》"如何评论中国的前途,以及孙中山的位置等问题作一些探讨。总而言之,当时《朝日新闻》对中国的评论有如下特点。首先,对热衷埋头于政治纷争的政治家作出较低的评价。其次,对联省自治运动高度期待。另外,它们还对民众和民间各种社团予以期待。相反,对列强各国管理中国的华盛顿体制表示怀疑。观察这些倾向时,应该考虑当时日本的大正民本主义运动(《朝日新闻》也高度参与这一运动)。

孙中山在革命中坚持使用武力的政策,与期待和平收拾中国局面的《朝日新闻》论调之间有分歧;而且,对以"21条"要求为代表的日本对华政策,孙中山曾多次批评,在这些问题上孙中山和《朝日新闻》之间也有矛盾。

另一方面,孙中山是主张以民众为政治基础的为数不多的政治家。1924年他在日本讲"中国国民独力创办民国。如果中国国民达成真正的团结,他们实现外国人无法想象的大业"的话时,对《朝日新闻》来说,是比较容易接受的。实际上,《朝日新闻》响应这篇演讲,发表了"如果孙中山的民众政治家势力和段祺瑞的声望合力的话,中国的混乱应该结束"的论述。虽然历史发展与此不同,但这个评论表明《朝日新闻》将孙中山当作民众政治家来评价,期待他的影响力导致和平解决中国局势。

这里先简单地介绍一下"东京《朝日新闻》"(简称"东朝")。明治时代早期,大阪《朝日新闻》社收买了自由党的"めさまし新闻",改名成"东京《朝日新闻》"。根据《〈朝日新闻〉社史》,因为原来"大阪《朝日新闻》"(简称"大朝")和"东京《朝日新闻》"是不同的报纸,所以明治时代两家报社之间的沟通不多。虽然他们都是"《朝日新闻》”，但他们很少互相转载对方的报道，社论也是分别撰写的。到大正时代后期他们的关系才加深[①]。《〈朝日新闻〉社史》没有说明关系加深的具体转机，当时正值“白虹”案（“大朝”的报道被视为不敬日本天皇，受到了严厉的攻击，日本政府也审核封禁“大朝”），因此“大朝”的编辑体制有大幅度的变化。

1923 年“东朝”自称发行量为 41 万份，在东京的报纸中次于《报知新闻》《时事新报》《国民新闻》《东京日日新闻》[②]。

一、1920 年代前期《朝日新闻》的中国观

首先从已有研究来看 1920 年代初期的“大朝”对中国的一个论调。

后藤孝夫说：“中国工商业者的发展和新思想的深入人心，即民族资本的抬头和民族意识的成长，由这两条光明导致近代的统一中国，日本也可以跟新中国合作。这是当时《朝日新闻》的希望。”[③]

1920 年初期是五四运动和新文化运动发展，以及各种社团开始活跃的时期。上述的研究是对“大朝”的考察。那么关于“东朝”的倾向怎么样？从 1920 年代初期到 1925 年孙中山去世，“东朝”对中国观点基本上跟“大朝”一样，他们都主张抑制列强对中干涉；另一方面他们希望中国新知识人士和社团重建中国。

“东朝”对晚年孙中山的评价也是在这个倾向上延长的，认为

---

① 《朝日新闻》社百年史编修委员会编：《〈朝日新闻〉社史，明治编》，《朝日新闻》社 1990 年版，第 200 页。

② 《朝日新闻》社百年史编修委员会编：《〈朝日新闻〉社史，大正・昭和战前编》，《朝日新闻》社 1991 年版，第 240 页。

③ 后藤孝夫：《辛亥革命から满洲事变へ大阪〈朝日新闻〉と近代中国》，みすず书房 1987 年版，第 191 页。

孙中山的主张、政治活动符合民意时,他们就肯定孙中山。

二、华盛顿会议时期"东朝"的中国观

首先通过大西齐①:《看中国的核心　反对对中干涉论》(《支那の核心を观よ　对支干涉论を排す》)(1921年8月23日—9月3日连载),来考察一下华盛顿会议时期"东朝"的中国观。以下,如果没有补充说明的话,列举的报道是都从"东朝"引用的。

> 中国政治的腐败堕落不是由革命,是由不理解革命的守旧官僚维持政权。如果中国国民多少有点觉醒的话,不担心中央集权专制不倒台②。
>
> 对华国际管理欠缺唯一前提的列强之间协调,它是有言无行的纸上谈兵③。
>
> 解救中国的腐败崩溃,非从各省自治到联省自治运动开始不可④。
>
> 尊重中国民众的趋向,正视他们的觉醒,驳回外国的对中干涉论,对中国的自力改造之路在可能的范围内采取同情和宽容的态度,这是日本的责任和义务⑤。

---

① 大西齐(1889—1947),福冈县人。1911年上海东亚同文书院毕业后进入大阪《朝日新闻》社,然后当"东朝"的大阪交通部员在东京打工作。1917年当上海特派员,1919年当北京特派员,之后通过"东朝"中国部员,1925年当"东朝"中国部长。1930年当"东朝"论说委员,1945年当《朝日新闻》论说委员室主干。参照中村义等编:《近代日中关系人名辞典》,东京堂出版,2010年,第134页;《〈朝日新闻〉社史,明治编》,第571页。

② 大西齐:《看中国的核心,反对对中干涉论》,《东京〈朝日新闻〉》1921年8月28日晚报。

③ 同②,1921年8月30日晚报。

④ 同②,1921年8月31日晚报。

⑤ 同②,1921年9月1日晚报。

从这篇连载文章来看,它的主题是批评列强的对华共同管理论。大西齐否定列强和北京政府之间的共同对华管理路线。他希望由中国国民的觉醒,各省自治,到联省自治来让中国自己改造,他认为包括日本在内的列强各国不应该妨碍中国的自治。

另一方面,在"东朝"上也有相反的,肯定对华国际管理的论调①。当时的"东朝"有复数的中国观。"东朝"也有对孙中山的复数评价。

1921年年末,在"东朝"上有一个论述,主张华盛顿会议中的列强对华影响有一定意义,另一方面希望中国自力再生。但到1922年中国的混乱还没解决,"东朝"的论说再希望"觉醒的中国青年"打开局面,否定列强的干涉。

> 当初中国国民期待华盛顿会议太多,反倒对会议的进展失望得多。但关于中国的四大原则的决定、四国协定的成立,应该带来改善中国内政和国际关系的希望。进一步说,我们应该记得华盛顿会议提倡让中国人士痛感革新政治、统一国内的必要性,我们还应该记得会议的结果让中国人士认识他们应该自力解决所有的国家事情②。
>
> 今天的中国局势混乱状态,前途不明,我们反倒希望觉醒的中国青年完成真的统一安定。为了培养这样的趋势,我们还希望迄中国局势发生根本变化,列强不应干涉中国。③

从以上论述可以看到,从1921—1922年,"东朝"拥有一个认为希望中国的民众和青年自力革新的情绪,包括日本的列强不应

---

① 比如《中国改造与国际干涉》(《支那改造と国际干涉》),《东京〈朝日新闻〉》1921年11月4日早报。

② 《今年的中国(中)民国第十年》(《今年の支那(中)(民国第十年)》),《东京〈朝日新闻〉1921年12月29日早报。

③ 《依然旧式的中国政争,列强不应干涉》(《依然旧式な支那の政争(列国は超然たれ)》),《东京〈朝日新闻〉》1922年3月30日早报。

该干涉论。

三、对孙中山的统一中国政策的评价

20世纪20年代初期,“东朝”对孙中山是如何评价的?当时,孙中山于1920年11月从上海到广东重返军政府,次年改造军政府成立正式政府,自己就任非常大总统。首先看太田宇之助①的报道:

> 本人访问孙中山先生等政界重要人士听他们的讲话,又接触其他势力,从此来看军政府各机关的质量超过了本人的预测。
>
> 不用说,现在的军政府几乎在孙先生的独裁领导下。虽然好像广东市民对孙中山不一定做出高的评价……但他们对实现广东人统治广东的理想的新省政府、以广东人为领导人的新军政府还没有糟糕的评价,所以广东的军政府地位比较安定。
>
> 其实组织正式政府是不太重要的。所以虽然陈炯明等赞成大总统选举,但主张选举不是急事,应该优先丰富政治内

---

① 太田宇之助(1891—1986),兵库县人。在上早稻田大学时参加护国战争,1917年进入“大朝”。北京任职后从1919—1923年当上海特派员。其时多次采访孙中山。因为他是孙中山的前部下,还拥有《朝日新闻》的背景,所以孙中山对他比较信赖。1923年进入“东朝”,1925年1月当北京特派员。这年3月对孙中山去世进行了独家报道。1928年济南事件时,他发出对国民政府考虑的论述。从1929—1932年当上海支局长。1934年当东亚问题调查会中国主任。1937年3月出版《新中国的诞生》(《新支那の诞生》),主张中日经济合作。1939年当“东朝”论说委员。1940年当日本军的“支那派遣军”总司令部特聘人员,拥护汪伪政权。1943年任汪伪政权的顾问。第二次世界大战后将自己的住宅提供中国留学生作宿舍(现在的太田记念馆)。参照《近代日中关系史人名辞典》,第128页;太田宇之助:《孙中山与本人,一个老记者的回忆》(《孙文と私——老记者の回想》),《中央公论》1975年12月。

容，延期选举。

依靠武力统一中国是行不通的，所以广东省首先试图实现最近潮流的各省自治，然后联省统一。为了完成这个目的，广东省率先致力表示自治的模范，军政府支援省，又使用民党擅长的宣传手法试图促进各省内部的革命趋势。在民党中的稳健派主张因为中国的统一不是一天能完成的，所以他们应该慎重地巩固基础。他们很认真地从事广东省的改革事业。陈炯明是其代表①。

孙中山和他的一派认为以武力支援广西，但如陈炯明主张，不用攻击而等待广西人的觉醒的政策好像更合适……由此来看，军政府主张分省自治是适时的②。

虽然以前太田参加护国战争的上海起义，可是他对广东的正式政府、孙中山就任大总统持微妙的观点。他关注的是在广东军政府中的各省自治、分省自治的运动。后来太田强调孙中山也支持各省的自治。但在太田以外的记者的报道中，则对孙中山的性急统一政策表示了担忧。

勃兰特先生对最近的中国谈论……"虽然尊敬中国的主权，但应该让它在国际保护之下，而且采取行政财政的中央集权制，在传统的专制主义原则下建设政府"。……他是过去的"中国通"，而他不知现在的中国。……上海英文报纸《Mercury》评论如下："今天的中国是在各省自治的趋势下的。如果北京政府和外国合作支持这个趋势采取联邦制的话，中国的局势可能解决。"这样的论说很合适。……孙中山先生也于就任誓言中说："唯有使各省人民完成自治，自定省宪法，自

① 太田宇之助：《看新式广东》(《新广东を观る》)，《东京〈朝日新闻〉》1921年4月5日早报。

② 同①，1921年4月6日早报。

选省长。中央分权于各省,各省分权于各县,庶几既分离之民国,复以自治主义相结合,以归统一。"这是至理名言①。

孙中山先生希望就任大总统,却是让陈炯明一派感到不愉快。……虽然孙先生据广东一省,徒然拥有大总统的名号,可是西南各省不服从。……除了舍名取实,实现依照民情的政治以外,孙先生的地位却是濒临危机②。

接下来,看"知识生"(应该是知识真治③)的报道。知识指出孙中山与联省自治派之间有矛盾,另一方面他对联省自治做出较高的评价,而且他重视的是民间实业家、实力派人士,对引起民众反感的官僚评价较低。

云南、贵州、湖南三省发表了关于联省自治的看法,既所谓的自治商权会。从此来看,各省不喜欢孙中山先生的总统独裁,而且害怕他。……孙先生答应黄毓成先生的联省政府看法,其中孙先生说他们首先承认了广东政府。黄先生的提议是如果广东政府容许协商制与各省平等主义,他们推戴广东政府的说法,对此孙先生将议论的前提置换成结论。他们两者难以互相妥协④。

---

① 太田宇之助:《更新对华政策的机会》(《对支政策更新の机》),《东京〈朝日新闻〉》1921年5月21日早报。

② 《孙先生就任大总统(广东政局如何)》(《孙氏大总统就任(广东政局如何)》),《东京〈朝日新闻〉》1921年4月13日早报。

③ 知识真治(1894前后—1955),鹿儿岛县人,东亚同文书院毕业。1916年前后进《朝日新闻》社。1921年5月到1922年10月当广东特派员。1922—1925年当上海特派员。从1925年在东京《朝日新闻》社。后来当同社论说委员、董事。1944年7月随着《朝日新闻》由日本军香港总督部委托主办《香港日报》,10月就任社长。参照《本社25年勤续社员表彰祝贺会》,《朝日新闻》东京版1941年2月25日早报;《朝日新闻》东京版讣报栏,1955年8月14日晚报;《朝日新闻》社社史编修室编:《朝日新聞の九十年》,《朝日新闻》社,1969年,第417—418页"年表"。

④ 知识生:《问题的子弹》(《问题の弹丸》),《东京〈朝日新闻〉》1921年7月2日早报。

> 民党的孙先生不顾众多反对实行总统选举的意见，所以他难以同意联省协商制。或者孙先生可能将自己命运打赌争夺时局。在此危机可能隐藏，帮助中央政府而希望他们统一中国只是梦想而已。总之应该贯彻各省分权，然后除了渐渐地进行统一以外无路可行。……依靠官僚或者与他们勾结只会引起民众的反感。……最好的是与中国的实业家、其他实力派人士配合搞事业①。

这些记者的报道共同论调是，期待联省自治的多。当时“东朝”的记者们以联省自治为原则对孙中山作出评价。不过，“东朝”还有对联省自治的实现有怀疑的报道。但是，希望以民众为中心的政治的看法是一致的。

> 湖南省以省自治的领先自居，其实湖南省内的统一程度很差，赵总司令的命令只达到省城内部，其他地方呈现各县自治的局势。……本人怀疑联省自治的实现是否能够从根本上可以解决中国时局。……本人祝愿联省自治的成功，还要向日本政府当局者要求不要采取偏于拥护中国中央政府的政策，也要向中国政客要求舍弃自己的利己心，为了民众实行革新政局②。

四、陈炯明事件后的孙中山论

下面考察一下1922年6月的陈炯明事件爆发后“东朝”对孙中山的评议论。早就1921年，“东朝”指出了孙中山与陈炯明之间

---

① 知识生：《问题的子弹》(《问题の弹丸》)，《东京〈朝日新闻〉》1921年7月3日早报。

② 《中国政局的转换趋势》(《支那政局の转换趋势》)，《东京〈朝日新闻〉》1921年6月24日早报。

的矛盾[1]。1922 年 6 月陈炯明事件刚一爆发,“东朝”就发出了对孙中山前途困难的评论。

> 孙中山先生作为一位梦想家好像结束了命运。……从大局来看,以后孙先生的势力就不会引人瞩目了[2]。
>
> 孙中山的固执、自大、狭隘等缺点让有力的民党人士从他身边离开,残留在他身边的人士大概只剩下小人了,从此孙先生一错再错。结果他到现在只能甘于接受破坏者的评价。……他向广东市内开炮,可能是革命家孙中山向自己开的致哀礼炮[3]。

不过孙中山落脚上海后,太田宇之助刊载对孙中山重新评价的报道。可是这些报道以民意、联省自治、社团为中心。他发出如果孙中山依靠这些力量来行动的话,他可以对统一中国做出贡献的评论。

> 结果陈炯明派缺乏团结,孙中山派或者也许可能夺回广东。但是从大局来看,哪个势力胜利都不会造成多大的影响。如果北京国会开会,不依照民意的国会决议没什么多大的意义。今天的人民已经忽视旧国会,旧国会只是政客们之间的问题。从民国 6 年政客互相争夺,而人民的思想达成长足进步的状况来看,就好像日本一样于人民和政客之间的思想差距拉大一样[4]。
>
> 有人表示以孙先生离粤是他的没落,他的政治生命被认

---

① 《两广战争与中国政局》(《两广战争と支那政局》),《东京〈朝日新闻〉》1921 年 6 月 29 日早报。

② 《离去广东的孙中山先生》(《广东を去った孙文氏》),《东京〈朝日新闻〉》1922 年 6 月 17 日早报。

③ 知识生:《孙大总统离去广东(下)》(《孙大总统の广东落ち(下)》),《东京〈朝日新闻〉》1922 年 7 月 9 日早报。

④ 太田宇之助:《中国时局趋势(下)》(《支那時局の倾向(下)》),《东京〈朝日新闻〉》1922 年 7 月 18 日早报。

为是已经告终。……一般来看,孙先生虽然失败于广东,但不意味着他的政治生命告终,为了完成统一中国还需要他的力量①。

预测今后孙中山派的动向……联合所有的北方各派,向民国6年国会、民国8年国会妥协,将包括广东非常国会补足议员的所有孙中山派国会议员容纳于国会,在国会中扩大孙中山派的势力,……举行总统选举,推选孙中山为正式总统,推选曹锟为副总统。……但如果多数民意以旧时代的议员拟定的宪法不符合现在时局,不少省不服从的话,该如何解决呢?②

无论如何,孙先生制定有实现可能性的方针,因为他依然在政界活动,所以我们应该赞成他的动向。如果他反省一下而采取亲善协同的态度,认真地听西南各省的联省自治主张,努力使它们团结起来的话,就可以推进统一中国了③。

五、从孙中山重返广东到大亚洲主义演讲时期

从《孙中山·越飞宣言》以后,“东朝”的对孙中山政治活动评论不太多,有的报道是从宣言等转载下来的。比如说,《中国国民党宣言　社会主义的纲领》(《中国国民党宣言　社会主义的な政綱》,1923年1月3日早报)是从宣言中转载下来的。《孙中山·越飞两位声明　对俄中问题一致看法》(《孫ヨ両氏声明　露支问

① 太田宇之助:《其后的孙先生(上)》(《其后の孙文氏(上)》),《东京〈朝日新闻〉》1922年9月7日早报。

② 太田宇之助:《其后的孙先生(中)》,《东京〈朝日新闻〉》1922年9月11日早报。

③ 太田宇之助:《其后的孙先生(下)》,《东京〈朝日新闻〉》1922年9月12日早报。

题に対する意见一致》,1923 年 1 月 28 日早报)是从《China Press》转载下来的。《国民党大会结束　新政府建设计划延期》(《国民党大会終了　新政府建设案お流れ》,1924 年 2 月 2 日早报)简洁地报道了国民政府成立的延期。《孙中山先生的劳农政府计划》(《孙文氏の劳农政府计划说》,1924 年 4 月 1 日早报)是从《The Chicago Tribune》转载下来的。《广东的共产化及其未来》(《广东の赤化とその将来》,1924 年 3 月 12 日早报)将孙中山实行国共合作的理由予以报道,为了解救中国人民,在民生主义与共产主义之间接受了共产主义,或者为了打破现状实行国共合作,难以判断。

另一方面,"东朝"还报道孙中山的政策离开联省自治还很遥远,而主张中国政治应该依靠民众和各种社团。

> 最近由唐绍仪、章太炎等的运动联省自治论再盛行,但本人不能相信孙中山也会舍弃原来的主张而赞成联省自治。……今后的中国政治,无名的民众将会控制,如上的人士只是招牌。而且总商会、银行公会、各省教育会、农会等社团势力将推动时局。我们不要看漏这样的趋势①。

1924 年孙中山最后一次访日时,"东朝"当然重新关注孙中山②。虽然在神户主办《大亚洲主义演讲会》的是"大朝","大朝"比"东朝"更仔细地报道《大亚洲主义演讲会》,但"东朝"也刊载了孙中山在长崎讲解中国国民团结起来的重要性的讲话。以此来看"东朝",还是将孙中山看作依靠民众的政治家,"大朝"则对孙中山做出"民众政治家"的评价。这个看法,"东朝"也应该共有。

> (孙中山说)跟中国国民自力建设民国一样,我相信,中国

---

① 一记者:《中国的时局与人们》(《支那の時局と人》),《东京〈朝日新闻〉》1923 年 7 月 10 日晚报。

② 1924 年,孙中山的访日的消息报道出来后,"东朝"对孙中山的动向用照片逐一报道。

国民真的团结起来的话，他们可以完成外国人想象不出的大业。我断言今天的中国在超过外国人所的预测的坚固的基础下①。

如果孙先生的民众政治家势力、足以将造成天下大乱的北方军阀控制的段祺瑞的信望一致配合的话、民国13年的大乱由两位的握手就会终结。孙先生的最大的，其他人士追赶不上的特点是，他是中国国民拥护的指导者②。

小　　结

1920年4月，从中国全国学生联合会向美国银行团代表Thomas W. Lamont发的信函中，学生联合会表明如下。

今天中国有北京政府和广东军政府，其实我们没有真的政府。最腐败的官僚和军阀掌握两个政府，他们的行动相反国民的要求，妨碍社会的前进，侵犯一般国民的自由。……为了内外和平我们决心自己再建依照民主的原理的政府③。

其中，全国学生联合会批评当时的军阀政治，还表示由新式知识人士和社团试图重建中国的决意。在本文中看到，“东朝”对中国看法也是希望新式知识人士和社团、实业界等民间新力量重建中国的，而且对孙中山，作为适应中国趋势的民众政治家，期待他的活动。

---

① 《孙中山先生闪耀地表明主张》(《所信に辉いて孙文氏语る》)，《东京〈朝日新闻〉》1924年11月24日早报。

② 《向访问神户的孙中山先生希望》(《孙文氏に望む　神戸寄港を迎へて》)，《大阪〈朝日新闻〉》1924年11月25日早报。

③ 原文于《North China Herald》1920年4月10日。明石岩雄：《新四国借款团に关する一考察 ワシントン会议にいたる列強と中国民族运动の对抗》，《日本史研究》1979年第203届，第11—12页。

辛亥革命以后的孙中山后半生时期,是日本的大正民本主义运动的时期。在大正民本主义运动中,由新式中间层、劳动团体、其他各种社团展开广泛的政治社会运动[①]。《朝日新闻》作为这个时期的代表言论机关,看着这样的日本情况,也很关注中国时局、孙中山的动向。它的报道和评论,对我们从多方面理解孙中山晚年的思想和政治活动具有一些意义。

(村田省一:日本神户孙文纪念馆研究员)

① 成田龙一:《大正デモクラシー》,岩波书店,2007年。

孙中山与哈同

——革命伟人人际交往的另一种图景

张　虹　苏智良*

孙中山——中国近代民主革命的伟大先行者。欧司·爱·哈同[①](Silas Aaron Hardoon),上海的犹太富商。在辛亥革命前后风云变幻的政治时局中,哈同曾对孙中山的革命事业给予过资助。以往人们更多地从哈同与不同政治派别的结交中论及孙中山与哈同的关系,对于两者的交往整个过程,尤其是交往背后的原因缺乏完整系统的探究[②],本文试就此作一阐述。

---

* 本文为上海高校高峰高原学科建设计划(上海师范大学中国史学科)资助成果。

① 潘光、王健所著:《犹太人与中国——近代以来两个古老文明的交往和友谊》,对哈同的名字还有另一种翻译,为塞拉斯·阿隆·哈同,大多数的研究还是沿用了欧司·爱·哈同的翻译。

② 对于孙中山和哈同的交往,具有代表性的研究有:潘光、王健著:《犹太人与中国——近代以来两个古老文明的交往和友谊》,"上海犹太人与中国政治"一节;邓丽兰编著:《临时大总统和他的支持者——孙中山英文藏档透视》一书的"孙中山与哈同夫妇"一节。在一些传记文学中也有所记述:如徐铸成著:《哈同外传》,夏伯铭著:《上海旧事之哈同夫妇》等。但传记文学的史料真实性需要做进一步考证。此外,在孙中山的研究中,如王耿雄著:《孙中山革命史事详录》《孙中山与上海》亦有部分记述。综观目前国内学界对于孙中山和哈同交往的研究,主要是置于犹太人与中国政界不同政治派别互动的背景之下,缺乏对孙中山和哈同交往作为一个个案完整专门的探讨,尤其是对两人交往背后的原因缺乏相应的探究。

一、因缘际会爱俪园

武昌起义后,革命事业陷入群龙无首的复杂局面。1911 年 12 月 25 日,孙中山“身当其冲”,为建立临时政府,从海外来到上海。《申报》对此作了报道:“孙中山于初六日(1911 年 12 月 25 日——笔者注)上午九点三刻抵埠,由公共租界三马路外滩登岸。抵沪后由黄宗仰、谢蘅窗、陈根香向宁波轮船公司商借江利轮,于初五日开至吴淞欢迎。翌晨,随英公司船进口停泊浦东码头,即由三君接上江利轮驶至三马路海关码头。上岸时中西人士手提快镜摄影,并脱帽致敬者甚多。孙中山即乘汽车至哈同花园中膳,一时车马盈门,甚为热闹,黄兴、伍秩庸与各省都督均往见,颇形欢洽。”①12 月 25 日,孙中山抵沪到达哈同花园午膳,是孙中山和哈同的首次谋面。

哈同花园是哈同夫妇的私家园林。哈同是 20 世纪初上海滩的犹太富商,“地皮大王”。一个外籍的侨民为何会敞开自己的家门迎接一位革命党人?而孙中山作为颇有威望的革命党首领又为何想要结识这位犹太富商呢?

武昌首义之时,孙中山尚在国外,得到革命胜利的消息,孙中山的选择是留在国外为革命尽力。“乃以此时吾当尽力于革命事业者,不在疆场之上,而在樽俎之间,所得效力更大也。”②1911 年 12 月 26 日,孙中山在接见《民立报》记者发表谈话,也曾提到:“武昌举义以来,即由美旅欧,奔走于外交、财政二事。”③在孙中山看来,对于革命至关重要的,除了军事上的胜利,还有外交的支持和

① 《中国光复史》,《申报》1911 年 12 月 26 日。

② 中山大学历史系孙中山研究室等编:《孙中山全集》第 6 卷(1919.12—1922.12),中华书局 1985 年版,第 244 页。

③ 王耿雄:《孙中山革命史事详录》,天津人民出版社 1986 年版,第 64 页。

财政的援助。

武昌起义之前，革命党人的活动一直缺乏稳定的财源支撑。武昌起义之后，尤其是孙中山决定“避易就难”，赶赴上海，组建临时政府，财政的困境更是成为亟待解决的问题。在归国的船上，孙中山就已开始谋划此事。1911 年 11 月 24 日，孙中山致电邓泽如“今日下午‘地湾夏’邮船出星加坡，乞兄明日到星，登船面商。秘勿扬”①，并在与邓泽如的谈话中提到“中国今日非五万万不能建设裕如”②。1911 年 12 月 30 日，就在被推选为临时大总统的第二天，孙中山迫不及待地给邓泽如等去电：“邓泽如，陆弼臣、谭扬兄同鉴：现为组织中央政府，需款甚巨。委任阁下等向南洋侨商征集大款，国债票日间付上。”③可见，孙中山对于即将建立的临时政府急需资金支持的迫切心态。南洋侨商的捐款长期以来都是革命党人重要的经费来源，但侨商毕竟远在海外，资金募集需要时间和人力的耗费。相比而言，工商业发达的上海临近南京，又有较多实力雄厚的商人和资本家，显然是南京临时政府不可多得的财源。犹太富商哈同在当时的上海是首屈一指的富豪，又与上海的华人各界结交甚广，在孙中山看来，与他相交或许能在经济资助和联络上海商界上助一臂之力。

除此之外，哈同的身份及其在租界的影响也是孙中山所看重的。1873 年，青年哈同来到上海，凭借手脚勤快、头脑灵活，在商界迅速崭露头角。为得到英国政府的庇护，1896 年哈同在英国驻沪领事署登记为英国国王臣民，取得英国国籍④。哈同在 1892—

① 广东省社会科学院历史研究所、中国社会科学院近代史研究所中华民国史研究室、中山大学历史系孙中山研究室等编：《孙中山全集》第 1 卷，中华书局 1981 年版，第 567 页。

② 同①，第 567 页。

③ 同①，第 576 页。

④ 刘士铁：《哈同史料的两点析疑》，《上海地方志》1989 年第 6 期。

1901年和1900—1903年分别担任了法租界公董局董事和公共租界工部局董事，并兼任英国驻华法庭陪审员，成为上海历史上同时担任法租界和公共租界董事这一殊荣的唯一一人[①]，可谓名重一时，具有相当的威望。孙中山一直谋求英美等国支持中国革命，在租界具有相当影响力的哈同愿与孙中山结识，从某种程度上表明了一位外国侨商对于中国革命的态度，想必这也是孙中山所求之不得的。

而身为外国侨民的哈同，虽是犹太人，但是他与其他的塞法迪犹太人不同，他从不拒绝并且十分热衷与中国社会的交往，迎娶了中国太太罗迦陵后，更是为哈同与中国人的往来架设了便利的桥梁。在取得巨大财富的同时，哈同也希望取得应有的地位和利益的保护。一方面他积极投入赈灾和创办学校等慈善、教育事业，另一方面则通过广泛结交中国各界人士来实现。姬觉弥在《哈同先生轶事状》中写道："先生性好客，尤乐与吾华士夫游，每七日休沐，必供具，招诸名流谈宴。"辛亥革命爆发后，局势的急速变化，是哈同所始料未及的。就在一年前，哈同夫人罗迦陵还在姬觉弥的安排下进京觐见清廷皇室，而如今局势的发展已经是天翻地覆，哈同必须跟上这一形势，在其中寻找自己利益新的庇护者和代言人。当孙中山来到上海，上海的媒体早已将他此行的目的及所肩负的责任披露无疑。以《申报》为例，早在起义军攻克南京前，《申报》就已刊载了《苏军都督程致各都督电》[②]和《上海陈都督通电》，程德全和陈其美均"恳请孙中山先生回国组织临时政府"[③]。1911年11月21日发表的《译电》更是清晰表达了孙中山此行的目的："前泰晤士报特别访事考尔康近著论登报，谓彼承民党领袖许可，宣布

① 潘光、王健：《犹太人与中国——近代以来两个古老文明的交往和友谊》，时事出版社2010年版，第119—120页。

② 《公电》，《申报》1911年11月16日。

③ 《扫穴擒犁之大规划》，《申报》1911年11月23日。

该党要事。孙逸仙博士不日将抵上海,办理各事。其第一事则建设军政府,由美将郝末里指导一切云。”[1]如此高调的报道,不仅是革命志士,即便是普通的社会公众也都了解孙中山的重要身份和他此行所肩负的重要使命,哈同自然也不例外。在他看来,孙中山正是他要寻找的合适人选。

孙中山与哈同从各自的利益出发,有相互结交的意愿,但两人在此之前从未谋面,谁又成了两人相识的牵线人呢?他就是被称为“革命和尚”,同时又是哈同花园的第一任管家——乌目山僧黄宗仰。

黄宗仰,出生于常熟,其母笃信佛教,受其母影响,16 岁剃发为僧。黄宗仰在研读释家内典的同时,也擅长琴棋书画、园林艺术等。哈同夫妇游览金山寺时,与监院黄宗仰相识,赏识其才华,邀请其主持私家花园的设计修建工作。1900 年黄宗仰来到上海,受哈同夫妇资助重用,成为哈同花园的第一任管家。这一时期,哈同夫妇对黄宗仰十分器重,不仅将哈同花园的建造全权交给黄宗仰,而且,对于黄宗仰创办爱国学社、大字翻刻《大藏经》给予大力资助。特别是《苏报》案中,黄宗仰也被列入黑名单,在上海存身不住,不得不逃亡日本横滨,临行之际,罗迦陵馈赠旅费 1 000 元[2]。

也正是这次东渡日本让黄宗仰结识了孙中山。冯自由《革命逸史》曾有如下记载:“时孙总理方自越南莅横滨未久,寓山下町某号。山僧素仰总理德望,亟诣高野方拜谒(其时总理自署高野长雄),总理一见如故,雅相持重,特辟楼下一室以居之。”[3]在日本时,黄宗仰和孙中山就私交甚笃,曾偕同登函根冠岳峰,孙中山离开日本去檀香山,黄宗仰赠与 200 元旅费并以诗作《饯中山》为其

① 《译电》,《申报》1911 年 11 月 21 日。

② 夏伯铭:《上海旧事之哈同夫妇》,上海远东出版社 2008 年版,第 66 页。

③ 冯自由:《革命逸史》(中),金城出版社 2014 年版,第 440 页。

送行。孙中山离开日本后,不久黄宗仰也随即回沪,但两人的情谊并未就此中断,仍然保持着频繁的书信往来。

黄宗仰"受罗夫人香花供奉,几于无言不从"①,再加上黄宗仰与孙中山的同道情谊,在孙中山来沪时,"山僧亦至吴淞,登轮执手话旧,兼代达哈同欢迎意旨"②。

哈同的主动邀请,黄宗仰的从中引荐,孙中山的欣然接受,促成了哈同与孙中山的第一次会面。

孙中山来沪的第二天,黄兴、陈其美又在哈同花园公宴款待孙中山,并邀在沪各省代表作陪。席次,黄、陈密商举孙逸仙为大总统,分头向各代表示意。席间还讨论了临时政府组织方案。宋教仁主张以内阁制为大纲,孙中山对此持异议,僵持不下,决定席散后,至孙寓再谈③。

在这次孙中山的上海之行中,哈同夫妇对于孙中山是否有实际的资助,留下的记载较少,只有夏伯铭所著的《上海旧事之哈同夫妇》中提到:"当时革命军财政匮乏,前线得不到支持,许多人本来把希望寄托在孙中山身上,后来得知他是两手空空来上海,未免有点失望。哈同夫妇在黄宗仰的劝说下,慷慨解囊,送给孙中山3万大洋。"④

二、民国初建的短暂言欢

1912年1月1日,孙中山在南京就任临时大总统。就职后不久,1月8日孙中山就邀请哈同夫妇前往南京小住。1月18日,哈

① 冯自由:《革命逸史》(中),金城出版社2014年版,第439页。

② 同①,第441页。

③ 王耿雄:《孙中山史事详录(1911—1913)》,天津人民出版社1986年版,第67页。

④ 夏伯铭:《上海旧事之哈同夫妇》,上海远东出版社2008年版,第117页。

同回到上海后,即致信孙中山表达了谢意:

总统阁下:

请允许我代表我自己及夫人感谢您在上个星期一的邀请及在南京热情的款待。此行我们非常愉快,也相应地感谢您的好意。

等您家人到上海时,请赏脸由我们在我们这里欢迎他们,我们有宽敞的地方给他们住宿。哈同太太一定会尽力使他们感到舒适。我们的房子也随时供您使用,如果您能惠顾来访,我们将感到十分荣幸。

关于以南京的不动产抵押贷款的事,我们发现这里的银行家目前不愿意考虑这种打算。我会把这件事放在心上,等有适当的机会出现。

致以良好的祝愿。

哈同谨识

1912 年 1 月 18 日[①]

从信的内容来看,孙中山此次请哈同前往南京,一方面是对之前上海之行哈同款待的回请,同时还有一个十分重要的目的,就是希望通过哈同联络上海的银行家,以南京的不动产抵押获得临时政府运作所需的资金。南京临时政府建立伊始,就受到财政问题的严重困扰,如何在短时期内获得大量现金,孙中山曾试图通过轮船招商局等企业财产的抵押借款于国际。从信中我们可以知道,孙中山还曾考虑通过抵押向上海的银行家获得借款。哈同对孙中山的邀请也给予了积极回应,表示希望能在孙中山及其家人来上海之时尽地主之谊。对于不动产抵押的事,我们没有找到相应的史料来窥见哈同与上海银行家互动联系的情况,只能从信上看出

① 桑兵主编,谷小水编:《各方致孙中山函电汇编》第 4 卷,社会科学文献出版社 2012 年版,第 210 页。

孙中山的想法并没有获得上海银行家的支持。但同时哈同也表明了自己的诚意，表示“会把这件事放在心上，等有适当的机会出现”。

孙中山就任临时大总统的初期，孙中山与哈同的关系你来我往，十分热络。哈同不仅言语中表达了对孙中山的友好，而且用行动兑现了之前的邀约。1912 年 2 月 20 日，孙中山夫人卢慕贞偕女前往南京，“十九日抵上海，沪都督陈其美派员迎接孙夫人等，住于沧州别墅，下午孙科迎其母妹等迁寓于哈同花园。是日抵南京与先生团聚”①。沧州别墅离哈同花园不远，应该是哈同得知了卢夫人来沪的消息，邀请他们住进哈同花园的。

1912 年 4 月 1 日孙中山在南京履行解职仪式后，4 月 3 日即从南京来沪。1912 年 4 月 6 日，孙中山“偕同公子及三女公子乘坐汽车至沪南制造局考察……统一党章太炎、程雪樱、雄秉□、宋渔夫、张季直五君，於午时三时假哈同花园，欢迎孙先生，并函邀唐少川等相继演说”②。会后，哈同宴请了孙中山和他的长女孙娫、孙婉，秘书宋霭龄，并合影留念。③

孙中山来沪后居住在哪里？王耿雄先生曾考证孙中山住在宋嘉树家里，而在有关哈同传记的书籍里有着另外一种说法，认为“孙中山卸任总统来上海后曾在哈同花园的‘侍秋吟馆’暂住一段时间，居住期间，他向黄宗仰提议，将居住过的房舍提名为‘仙药窝’(其意是：这里曾是孙逸仙携救国救民之药的藏身窝)，得到哈同夫妇赞同。孙中山向哈同夫妇提议在园内通向马路的西走廊尽头挂上书有‘欧风东渐’的横匾，以表示园主愿西欧的科学文化和

① 王耿雄：《孙中山史事详录(1911—1913)》，天津人民出版社 1986 年版，第 192 页。

② 《孙中山先生旅沪记》《申报》，1912 年 4 月 7 日。

③ 夏伯铭：《上海旧事之哈同夫妇》，上海远东出版社 2008 年版，第 118 页。

先进思想逐渐传播到东方,使其发扬光大。"[①]此后,在《上海旧事之哈同夫妇》《上海大班——哈同外传》等传记中也延续着这一说法。此外,上海文史资料选辑第69辑中也曾有记载:"1912年4月4日辞去临时大总统从南京返回上海时,曾到此(哈同花园——笔者注)暂住。孙中山在哈同花园休息和居住的地方,是由黄宗仰先同哈同夫妇商量后,再与蔡元培、章太炎等人一道安排的。"[②]

王耿雄对于孙中山解职来沪后居住宋嘉树家的考证主要基于孙中山致李晓生函的时间考证,而学界对此也有不同的看法[③]。余齐昭先生在《孙中山致李晓生函时间再考》一文中认为孙中山解职来沪最先居住在哈同花园,直接的史料就是《民立报》4月3日报导,"孙总统下车后即往哈同花园暂住",而居住在宋嘉树家则是在从武汉回上海之后[④]。笔者觉得不无道理。

首先,在辛亥革命前,孙中山并没有在上海有过多的停留,与上海有着密切联系是在辛亥革命后。1911年12月25日,孙中山赴上海准备组建临时政府,首站到达的是哈同花园;第二天,黄兴和陈其美宴请孙中山是在哈同花园。1912年4月6日,统一党宴请孙中山也是在哈同花园。这与黄宗仰的从中牵线不无关系,同时,也与哈同由此和革命党人建立的密切联系有关。辛亥革命前,蔡元培、黄宗仰等创办爱国学社,由哈同夫人罗迦陵出资;上海光

① 张琼林:《洋场迷宫——上海哈同花园见闻录》,中国文史出版社1991年版,第78页。

② 蒋术:《孙中山就任临时大总统前后在上海活动纪要》,中国人民政治协商会议全国委员会文史资料研究委员会:《上海文史资料选辑》第69辑,1992年,第5页。

③ 对于孙中山致李晓生函的时间考证,由此判断孙中山解职来沪的居住地,学界有不同的看法:如余齐昭:《孙中山致李晓生函时间再考》,《广东社会科学》2005年第5期;李好:《孙中山一九一二年四月致李晓生函时间考》,《东南学术》2001年第5期;朱玖琳:《孙中山1912年至1913年在上海行馆的考释》,《民国档案》2003年第3期。

④ 余齐昭:《孙中山致李晓生函时间再考》,《广东社会科学》2005年第5期,第107页。

复之际，陈其美与李燮和的沪军都督之争，黄宗仰从中调解，出面向哈同夫妇借银60两；“苏报案”中，章太炎与哈同夫妇建立了友好亲近的关系，章太炎从日本回沪在哈同花园暂住，他和汤国梨的婚礼也在哈同花园举办①。因此，哈同花园不仅是革命党人信赖的聚集地，也是孙中山在上海联络革命党人的重要场所。孙中山解职后返回上海首先暂住在哈同花园也是情理之中。

其次，上海文史资料选辑中记载孙中山这次返回上海，住处的安排是由黄宗仰出面安排的。沈潜在《出世入世之间——黄宗仰传论》一书中记述了黄宗仰所写的《赠孙中山序》一文，称“这篇发表在1912年4月7日《大共和日报》上的文字，正是黄宗仰与解职后回到上海的孙中山晤谈聚会，感念孙中山为革命不辞劳瘁的伟人风范，不免抚今追昔的赠勉之作”。由此表明，此时黄宗仰和孙中山仍有往来②。从沈潜编写的《黄宗仰生平纪事年表》中我们也可以看出，1912年春，黄宗仰曾陪庞树柏游爱俪园。1912年5月，黄宗仰与狄楚青、淮一乘、陈彦通、方重申诸人在爱俪园听月霞法师演讲《楞严经》③。说明，此时黄宗仰也还未离开爱俪园。自然，黄宗仰在孙中山解职回沪为其安排住在哈同花园，也是有可能的。

孙中山回沪后暂住哈同花园的说法尚缺乏直接史料的印证，各大传记中轶事演绎的成分较多，但至少能说明这一阶段孙中山与哈同之间一直保持着亲密友善的关系。

1912年6月，章太炎和汤国梨在哈同花园举办婚礼，孙中山作为革命挚友与陈其美、黄兴等一起赴天演界道贺。

从就任临时大总统到辞任回到上海，孙中山和哈同在这段时

① 夏伯铭：《上海旧事之哈同夫妇》，上海远东出版社2008年版，第62、113、126页。

② 沈潜：《出世入世之间——黄宗仰传论》，上海人民出版社2008年版，第209页。

③ 同②，第360—361页。

间内始终维系着较好的友人关系。孙中山辞去临时大总统后,中国政局的变化呈现出扑朔迷离、波谲云诡的复杂局面,两人的交往也随时局的变化而展开。

三、复杂时局下的各取所需

孙中山卸任总统后,一心致力于社会革命,实现民生主义。继任大总统的袁世凯逐步显现出他独裁的一面,暗杀革命党人宋教仁,向五国银行团借款扩充军费。1913 年 7 月,孙中山在上海召开国民党会议,发动“二次革命”。1913 年 8 月“二次革命”失败,孙中山被迫乘德国“约克号”邮船离开上海,革命力量严重受挫。1915 年 12 月,袁世凯复辟帝制,蔡锷在云南成立护国军,举起反袁大旗。云南实力派唐继尧在讨袁前便派人致书孙中山,希望孙中山“登高一呼,俾群山之皆应,执言仗义,重九鼎以何殊。一切机宜,祈予随时指示,得有遵循”①。历史再次将孙中山推到风口浪尖,此后的几年间,孙中山一直为维护约法和共和事业而奔走抗争。

密切关注时局的哈同,对再次活跃于政治舞台的革命党人寄予了希望,哈同花园也再次成为革命党人活动的重要场所。1916 年 10 月,革命挚友黄兴在上海不幸病逝,12 月 24 日,孙中山与前来吊唁的友人在哈同花园相聚,并合影留念②,他自己也在哈同花园留下了一张个人的影像。

1917 年春,黎元洪和段祺瑞发生“府院之争”,张勋入京,逼迫黎元洪下台,废除约法,拥戴废帝溥仪复辟。孙中山于 1917 年 6 月 9 日通电护法。哈同也给予了帮助。6 月 23 日,孙中山在哈同

① 王耿雄:《孙中山与上海》,上海人民出版社 1991 年版,第 105 页。

② 余齐昭编著:《孙中山文史图片考释》,广东省地图出版社 1999 年版,第86 页。

花园与支持护法的前北京政府海军总长程璧光商讨大计[1]。孙中山南下前，哈同得知孙中山财政不支，曾资助过孙中山。据孙中山的副官马湘回忆："一九一七年北洋军阀段祺瑞破坏约法，先生号召国会议员及北洋海军往广州组织护法政府。国会议员及北洋舰队均纷纷表示响应，相率集中上海，伺机而动。唯当时财政支绌，且一时尚不能解决。这种情况被哈同（犹太人，上海大富翁）得悉，他遂向其好友曹亚伯说：'中国已经大乱，非孙中山先生莫能为力，若中国衰亡，我在上海亦不能立足。现孙中山先生财政有困难，我极愿助一臂之力。'曹亚伯将哈同的话转告先生（曹亚伯为归国华侨，原籍湖北，亦为老革命党员）。翌日，哈同宴请先生，先生偕同夫人前往，我随行护卫。同席者还有曹亚伯。席间哈同表示极愿帮助先生南下护法经费，先生极为嘉许，但表示拟作为借款。哈同表示捐助此款，出于他的诚意，不必作为借款。中山先生以哈同如此诚恳，便应允了。翌日曹亚伯来访，并带来五大麻袋钞票。先生命曹亚伯用电话向哈同致谢，并告知明日即离开上海。"[2]"五大麻袋钞票"究竟是多少？另据其他的相关回忆史料记载一说是"借得申钞（大洋券）20 万元"[3]；还有一说是孙中山"遣曹亚伯向上海之犹太富翁哈同私人息借 30 万元"[4]。对于哈同资助孙中山的动机，我们从哈同对曹亚伯所说的这番话可以看出，一方面，哈同十分清楚在当时北京政府军阀相争不断的局势下，孙中山起兵护法，

---

① 王耿雄：《孙中山与上海》，上海人民出版社 1991 年版，第 111 页。

② 胡湘：《跟随孙中山先生十余年的回忆》，中国人民政治协商会议全国委员会文史资料研究委员会编：《辛亥革命回忆录》第 1 集，中国文史出版社 2012 年版，第 464 页。

③ 邱庆锟：《第一、二次大元帅府经费琐闻》，李齐念主编：《广州文史资料存稿选编》第 8 辑，"经济类"，中国文史出版社 2008 年版，第 107 页。

④ 陈龙韬：《跟随孙中山先生的几点回忆》，政协广东省委员会办公厅、广东省政治文化和文史资料委员会编：《广东文史资料精编》上编第 1 卷，"民国时期政治篇"，中国文史出版社 2008 年版，第 491 页。

维护共和是民心所向;另一方面,在哈同的内心,他的确认同在纷繁复杂的时局中,只有孙中山能力挽狂澜。因此,在孙中山急需资金起兵护法的当口,他也愿意给予其资助。

第一次护法运动失败后,孙中山于 1918 年 6 月回到上海,一直到 1920 年 11 月。这段时间,孙中山居留上海的时间较长,主要以著书立说、思考革命、个人家庭生活为主,婉拒了与外界的联络。但是孙中山对 1919 年进行的南北议和还是给予了特别的关注。1919 年的南北议和,哈同花园成为重要的会谈场所。南北和谈破裂后,北京政府想重启和谈,8 月派王揖唐任北方和谈代表。王揖唐抵沪后住在哈同花园①,9 月 22 日王揖唐就和谈之事谒见孙中山②。在此之前,1919 年 6 月 23 日,段祺瑞曾致电孙中山,表示了"同舟共济,早日统一"的愿望。这封密电是:"上海哈同花园王总代表鉴:密译转孙中山、唐少川、伍秩庸、唐蓂赓先生均鉴。"③之后,开启了孙段张同盟的新局面。虽然没有发现孙中山与哈同这段时间直接往来的史料,但是哈同花园作为重要的谈判场所,成为孙中山与各方势力联络的舞台,也从一个侧面反映孙、哈之间的关系。

1920 年 11 月,孙中山再次离开上海前往广州,重组军政府,开始第二次护法运动。在此次赴广州之前,哈同与孙中山有过一次会面。据孙中山的侍从官陈龙韬回忆:"1920 年先生居沪,犹太富翁哈同以先生于广州护法军政府成立以后,已着廖仲恺将前接济海军之款 30 万元本利还清,认为先生确守信用,遂于是年的春天,宴请先生于爱俪园。酒后谓先生曰'我(哈同自称)上海有产业,银行有存款,可是没有儿女,只希望'急公好义'四字的名誉,我

① 《王揖唐抵沪记》(二),《申报》1919 年 9 月 21 日。

② 王耿雄:《孙中山与上海》,上海人民出版社 1991 年版,第 141 页。

③ 桑兵主编,谷小水编:《各方致孙中山函电汇编》第四卷(1919.1—1919.7),社会科学文献出版社 2012 年版,第 420 页。

愿意借助先生革命经费50万元,请先生赐我'急公好义'的匾额一块,我悬诸爱俪园内,使人们知道我对革命有功。但先生不要和上次一样写借券,谈利息。"孙中山对此的回答是:"'我的字任何人请我写都可以写,但是'急公好义'这四个字,我在目前还不能送给你,候将来你有了事实表现,我是乐于题赠这四个字的。至于你乐意借助革命款项,我是经手人,一定书立借券,候革命政府经济宽裕,保证本利归还,决不使你流亡海外的亡国富翁受私人丝毫损失。'厥后哈同会同徐谦、沈钧儒、黄镇磐、曹亚伯等在上海汇丰银行提取存款50万元借助给先生,作为革命费用,随后先生即将此款汇给福建漳州陈炯明使其率师返粤,驱逐陆荣廷、莫荣新桂军出广东。先生返粤后即嘱陈炯明在关余项下将此款本息偿清。"①孙中山与哈同的此次交谈,反映了孙中山对于哈同资助革命的看法。孙中山拒绝题赠"急公好义"表明他并不认同哈同借款帮助他从事革命活动是出于对革命的支持。孙中山曾在1912年4月6日"至沪南新舞台观剧后回至行邸即书就(光复沪江之举动)七字拟赠沈缦云(急公好义)四字赠潘月□(应为潘月樵——笔者注)(热心劝导)四字赠夏月珊"②,被赠与"急公好义"四字的潘月樵虽为名伶,但无论在辛亥革命上海光复还是民初捐资支持临时政府中均身先士卒。孙中山认为唯有一心为革命奔走呐喊的志士方能配得上"急公好义"的美誉。同时,从孙中山与哈同的这番交谈中,我们也可以看出孙中山坚持原则、坦荡磊落的高尚人格。孙中山不仅不会因为哈同的捐资就称其"急公好义",而且但凡涉及哈同借款帮助革命,一定是订立字据,日后偿还,并且言行一致。

第二次护法运动后,1922年8月返回上海的孙中山加强了与

① 陈龙韬:《跟随孙中山先生的几点回忆》,政协广东省委员会办公厅、广东省政治文化和文史资料委员会编:《广东文史资料精编》上编第1卷"民国时期政治篇",中国文史出版社2008年版,第491页。

② 《孙中山先生旅沪记》《申报》1912年4月7日。

苏联和中国共产党的联系,着手改组国民党。1923 年年初,陈炯明被逐出广州,孙中山又一次南下,在广州东郊设立大元帅府,就任大元帅。1924 年 11 月,冯玉祥发动北京政变,孙中山应冯玉祥之邀北上,11 月 17 日孙中山、宋庆龄由广州抵达上海,在上海逗留了 5 天后赶赴天津,在此期间就不再有孙中山与哈同往来的信息了。

从 1911 年 12 月孙中山经上海至南京就任临时大总统到 1923 年年初赴粤出任大元帅,孙中山与哈同的交往是在辛亥革命错综复杂的政治背景下展开的。纵观孙中山与哈同的结交,可以归纳如下:

其一,孙中山与哈同的交往,从革命者与资本家的关系角度来看,因利益产生的相互需要占据了主要因素。孙中山从事革命需要经费的支持,而哈同希望通过资助革命者为自己寻找利益的代言人和庇护者。两者一拍即合,在孙中山最为波澜壮阔的一段革命历程中相识相交。哈同对孙中山的资助客观上也确实为孙中山的革命事业提供了一定的帮助。

其二,孙中山开明的政治主张契合了哈同对未来中国政治领袖的期待,是孙、哈相互接近的又一重要原因。孙中山早在从海外赶赴上海的归途中,就曾致电革命军军政府,在电文中孙中山提出了对未来国家的构想:“此后社会当以工商实业为兢点,为新中国开一新局面。至于政权皆以服务视之为要领”①,并且树立了开明、民主、与国际社会广泛交往的革命领袖形象。哈同虽为外侨,但其年轻时就只身闯荡上海,凭借自身努力在上海开创了一番事业。从事业发展而言,哈同希望能有一位务实、民主的政治领袖主

① 罗家伦主编:《革命文献》第 1 辑,中央文物供应社 1958 年,第 1 页。转引自张宪文、薛恒等著:《共和肇始:南京临时政府研究》,南京大学出版社 2012 年版,第 125 页。

导中国的未来。孙中山的出现,与他的期待不谋而合。

在孙中山人际往来中,与哈同的交往并非重要,但却独特,加以梳理,希能以此展现革命伟人人际交往的另一种图景。

(张虹　上海师范大学人文与传播学院讲师,博士研究生;
苏智良　上海师范大学人文与传播学院教授)

孙中山1924年整顿军纪初探

赵　宇　邵　雍

孙中山在广东三次建立革命政权时，由于自身的军事实力不足，只好与西南地方实力派军阀妥协。这种被迫的有限的合作，在一定程度上成就了广东革命政府，反过来也给广东革命政府带来了诸多的负面影响，某些军队军纪败坏就是其中之一。

1922年6月陈炯明兵变后，孙中山命杨希闵为中央军直辖滇军总司令，刘震寰为直辖桂军第二路总司令，会同中央军直辖桂军第一路总司令沈鸿英等部会攻陈炯明。1923年1月陈炯明残部退据东江，杨希闵、刘震寰的滇、桂部队进入广州市区。刘、杨率部进入广州后生活迅速腐化。杨希闵将总部设在广州市八旗会馆内，他们抢占了市内的繁华地区，委官设卡，很快掌握了税收大权。孙中山大元帅府成立8个月，财政收入328万元，而滇军的税收却高达319万元、桂军190万元。滇、桂两军更以"黄、赌、毒"为业，仅"烟赌税"每月可得8万余元。1925年6月14日，廖仲恺与蒋介石颁发的陆军军官学校讨逆布告称："杨希闵、刘震寰二逆，依附本党，阳为服从政府，阴实包藏祸心。迩年来把持政局，鱼肉粤民，苛征暴敛，霸占财权，朋比为奸，贼民贼党，早为良知者所痛恨。"①

① 廖仲恺：《与蒋介石颁发的陆军军官学校讨逆布告》，《双清文集》上卷，人民出版社1985年版，第761页。

上梁不正下梁歪。在广东外县乃至省城广州，一些军人军纪全无，为所欲为，无法无天，简直是一群穿军装的土匪。刘、杨所部士兵军纪废弛，搜括民财，抢劫事件时有发生，以致省城治安失控，"盗匪充斥，杀人越货时有所闻"[①]。1923 年 6 月 15 日夜 9 时许，4 名军人借搜烟为名，强行闯入广州仰忠街西便 31 号搜查，掠去藤镶金钩 1 对、金戒指 1 只、毫银 21 元。警察接报后，分途查缉未获。时任广东省长的廖仲恺接广州市公安局长吴铁城报告后，于 27 日下令南海、番禺两县，分饬军警"一体协缉本案赃盗，务获究办"[②]。

1924 年春节过后，由于各路军队勒收保护费导致运费太重，广州及汕头两市出现柴荒，柴价日益飞涨。《广州民国日报》曾刊出经营西江木杉生理之义利、原兴等 14 家商号的公开信，痛陈军队设卡、拦河苛抽保护费是造成广州柴价昂贵之原因："省河近患柴荒，由于西江军队沿江驻军拦江收……以致(所缴)军费重于柴本。虽薪如桂贵，而柴商仍多裹足者，诚以供给频繁而亏折迭遭故也。"[③]北江情况也是如此，各军队云集江口者，"一遇小北江货到——无论出入口货，纷纷勒收费用；至同一部分而有暗派多人分途抽收者，有公然勒抽至再至三者。稍与之理论，非受痛击，即被将货抢夺，他不具论"。某独立旅旅部兵士，"竟藉口军用紧急，复在连江口车站张贴布告、设厂派员，硬将小北江出入口货物，每值百勒抽军费五元。商民以其例外苛抽、变本加厉，纷纷集众议决停

① 《包惠僧回忆录》，人民出版社 1983 年版，第 139 页。

② 廖仲恺：《命南海及番禺县县长查缉劫匪令》，《双清文集》上卷，人民出版社 1985 年版，第 449 页。

③ 《西江柴船又苦苛抽》，《广州民国日报》1924 年 3 月 21 日。本文所引《广州民国日报》标注版面的均转引自周兴樑：《孙中山关心民瘼力救 1924 年的广州柴荒》，2016 年第四届粤沪台三地"纪念孙中山"学术研讨会论文；未标注版面的均转引自汤锐祥编注：《护法时期孙中山轶文集》，海洋出版社 2011 年版。

办停运"[①]。省河附近沿岸河口港湾,均有军队向往来载售大小船只抽收行水,阳假护商之名,阴行强盗之实。"计由花地至黄沙河面,货物船艇须缴纳四段保护费,始能通过,以此物益贵而民益困"[②]。广州各商埠柴行、竹行致电大元帅孙中山电称:"军队、土匪设卡抽费,民不堪命,乞令取销等情。"[③]

以力救柴荒为契机,孙中山开始对军队进行整顿,以便为即将到来的北伐做好准备。众所周知,1924年国共合作出现了新局面。但当时孙中山所领导的大元帅府所掌控的军队中大多为原军阀的部队[④],因此孙中山要对其进行改造,要"变反动的兵力为革命的兵力"[⑤]。在对这些原军阀部队的改造过程中,除重新整编、往部分部队派遣革命军官以及向其宣传革命思想外,整顿纪律是其中一个重要的环节。前人对此没有太多的研究,本文试做一初探。

一、禁止军人抽捐或收保护费

禁止军人抽捐或收保护费是孙中山整顿军纪工作的一个重要的内容。

---

① 《小北江民请撤销货捐》,《广州民国日报》1924年3月25日。

② 《应严禁河面强索保捎户费》,《广州民国日报》1924年3月15日。

③ 《帅令禁抽柴捐》,《广州民国日报》1924年4月8日。

④ 1924年年初,孙中山所领导的大元帅府掌控的部队除中央直辖第一军、第二军、第三军、第七军外,还有杨希闵的滇军、谭延闿的湘军、樊锺秀的豫军、刘震寰的桂军、许崇智的粤军,参见《给杨希闵的训令》(1924年1月26日),《孙中山全集》第9卷,中华书局2011年版,第147页(本文所引《孙中山全集》各卷均为此版本,不再一一注明)。即便到了1924年年底,以黄埔军校学生为骨干编成的教导团也仅有两个,参见张宪文等著:《中华民国史》,南京大学出版社2013年版,第516页。

⑤ 《决议案》,《中国国民党历次代表大会及中央全会资料》,光明日报出版社1985年版,第41页。

民国北京政府时期,军队庞大,军阀派系林立。连年战争致使国家经济萧条,因此许多军队主要靠掠夺人民来弥补军费开支的不足。而抽捐或收保护费是军阀部队掠夺人民的主要方式之一[①]。当时孙中山领导的大元帅大本营(大元帅府)虽为革命的政府,但由于财政紧张,因此其统辖的原军阀部队依旧向当地人民抽捐或收取保护费[②]。

收取保护费主要是由某些军队及其私自设立的机关参与,主要的方式是在广东地区星罗棋布的河道上设卡拦截往来商船,以保护商人为名收取费用[③]。有时,收费的名目除保护费外,还有所谓的"领旗费",无论保护费还是领旗费,其金额少至几元,多至几十元不等[④]。抽捐主要是由成建制的部队参与,主要的方式是在其所控制的水陆要冲及其他重要地点设卡,对商旅及住户的商品及其他部分物品按照其价值抽收一定比例的费用[⑤]。参与抽捐的除成建制的部队外,还有部分商人主动或被动勾结军人承担抽捐任务,从中渔利[⑥]。抽捐的名目很多,有粪捐、筵席捐、盐斤捐、鸡

① 黄修荣:《国民革命史》,重庆出版社 1992 年版,第 5 页。

② 大元帅府自成立以来便面临财政上的困难,即便大元帅府非常重视的黄埔军校,在其开办时也是资金困难,武器奇缺。参见黄修荣著《国民革命史》,重庆出版社 1992 年版,第 92、100 页。

③ 如有军队于 1924 年年初在广东小北江一带设立机关,沿河道设卡,以保护商人为名收取保护费。参见《给广东善后委员会的指令》(1924 年 4 月 18 日),《孙中山全集》第 10 卷,第 93 页。

④ 时任两广盐运使的赵士觐于 1924 年 3 月向孙中山汇报东江商运局向往来商船勒收保护费三五十元不等,广州《民国日报》1924 年 3 月 17 日报道的沙基、涌口之江防司令、北江护商对每船经过勒收领旗费 2 元。参见《给王棠的训令》(1924 年 3 月 11 日)与《饬解散勒收机关令》(1924 年 3 月 17 日),《孙中山全集》第 9 卷,第 583、610 页。

⑤ 《给广东地方善后委员会的指令》(1924 年 4 月 11 日),《孙中山全集》第 10 卷,第 58 页。

⑥ 《给叶恭绰的训令》(1924 年 4 月 1 日),《孙中山全集》第 10 卷,第 4 页。

鸭蛋捐等[①]。抽收的费用较高,如当时有军队在连江车站设厂,“对于小北江出、入口按值百抽五,勒收军费”。如果有商民不从,则其货物会被扣留。需要指出的是,有些抽捐行为固然是基层官兵隐瞒长官,对民众谎称得到长官授权[②],有些居然得到了一些高级军官的批准。[③]

抽捐及收取保护费危害巨大。它在严重损害商民利益的同时也扰乱了大元帅府的财政税收[④],间接地影响了大元帅府其他活动的开展。需要说明的是,在一些地点的关卡本是大元帅府为保护商民的需要而设立,本不应收取任何费用,有些军队乘机收取保护费则违背了大元帅府保护商人的初衷[⑤]。因此,禁止军人抽捐或收取保护费成为孙中山这年整顿军纪的一个重要环节。

为了打击抽捐及收取保护费,孙中山及其领导的大元帅府采取积极行动,以便切实做到体恤商艰,维护财政统一。首先,无论何时接到汇报得知抽捐或收取保护费时都会立即做出反应,并表明态度。

2月下旬孙中山在大本营严厉批评滇军截取税收:“吾年前回粤系徇滇军之请,彼滇军当时曾表示服从吾命令,余方决然返粤。今财政之糟,弄至如此田地,吾彼辈将征收机关交还,竟置命令于不顾,成何事体?彼辈取之尽锱铢,用之如泥沙,而余则为丛怨之

---

① 《给杨希闵的训令》(1924年3月13日),《孙中山全集》第9卷,第594页,以及《给财政委员会的指令》(1924年4月25日),《给财政委员会的指令》(1924年4月26日《给财政委员会的指令》(1924年5月22日),《孙中山全集》第10卷,第120、126、209页。

② 《给杨希闵等的训令》(1924年3月14日),《孙中山全集》第9卷,第601页。

③ 《给杨庶堪的命令》(1924年3月13日),《孙中山全集》第9卷,第594页。

④ 《给广东地方善后委员会的指令》(1924年4月1日),《孙中山全集》第10卷,第6页。

⑤ 《给王棠的训令》(1924年3月11日),《孙中山全集》第9卷,第583页。

府,吾当有以处之。”①

3 月 5 日大元帅孙中山发出《着各军不得擅征杂捐令》谓:“军兴以来,饷需浩繁。政府为讨除国贼计,不得不借资民力;端赖稽核有方,庶免诛求无艺。刻正力谋财政统一,以后各军长官,不得擅自征收各种杂捐,紊乱纲纪。有敢犯者,军官免职治罪;奸商承办者,没收产业、严重治罪。以儆贪顽而肃法纪,决不宽贷。”②

3 月 11 日,他在接到两广盐运使赵士觐的有关东江商运局兵舰在黄埔河面附近勒收保护费的汇报后,孙中山立即命令东江商运局局长王棠采取行动禁止勒收③。

3 月 13 日得知广州市市长孙科的有关滇军部分部队在其所辖境内勒收粪捐后,孙中山立即命令滇军总司令杨希闵采取行动制止④。

3 月 14 日孙中山又训令大本营军政部长程潜、财政部长叶恭绰、广东省长杨庶堪,及各军总司令与各军长杨希闵、刘震寰、李福林、李明扬和广州市公安局长吴铁城、虎门要塞司令廖湘云等谓:“为令饬事:近闻各军人员有假托长官命令,在河面到处设立机关,征收往来船只各种捐费,巧立名目,借端苛索,非法扰民,莫此为甚。着各军总司令暨各统兵官长严行禁止,并着公安局长饬水上警察严密查办。自接到命令三日后,所有省河属河面(机关)……一律勒令取消,如敢违纪,军法从事。仰该省长、总司令、部长、司令、军长、局长迅饬所部,一体遵办,仍将办理情形呈复查考。并由省长公署录令出示晓谕,俾众周知:其余省城内外各独立军队,由军政部通行遵照。此令。”⑤

① 《粤省将以武力统一财政》,《申报》1924 年 2 月 22 日。
② 《大元帅厉行财政统一》,上海《民国日报》1924 年 3 月 11 日。
③ 《给王棠的训令》(1924 年 3 月 11 日),《孙中山全集》第 9 卷,第 583 页。
④ 《给杨希闵的训令》(1924 年 3 月 13 日),《孙中山全集》第 9 卷,第 594 页。
⑤ 《孙中山全集》第 9 卷,第 601 页。

3月15日孙中山果断下令派出“江汉、江固、宝安、新安四艘军舰,会同大元帅府特派军队扫清河道,无论何军,如有勒收保护费情事,一律拘捕严办”。①

3月中旬孙中山连日收到木柴行商的呈文,内称:“商等贩卖木柴供给民用,本少利微,经营困难。自军事发生后,军事机关随地设卡,任意抽税。计自黎洞运柴至省,船运者每船须缴费三百余元;火车自英德运省,每车又须缴费五十余元。由黎洞运往三水,每船亦须缴费三百余元。横征暴敛、商民何堪?特贴单据吁恳撤销。”孙中山批阅后马上派员核查,据报属实,并查获各种旗帜收单。3月20日孙中山在报上公布了《着各军不得擅征柴捐令》,指出:“查木柴为民生必须之品,柴商系小额资本之商,自受军队勒索,柴价飞腾,每元仅购得三十余斤,几与从前米价相等,若不从速撤销,贻害何底?况财政统一早经三令五申,似此无厌征求,不独妨碍商民,抑且藐玩政令。着各军立即转饬所部,限文到之日将后开各费一律撤销。倘敢违抗,除派队毁销机关,准将收税人就地正法外,并将各该主管长官惩戒,以肃纪纲,而重政令。特此令达,仰即遵照。并着军政部布告周知,申令禁止。此令。”②

3月26日,孙中山在大本营之军政会上,训饬参会各高级将领谓:“自今日始,其[宜]各以身率属,整饬军纪;其应行匡救制止诸务,亟须恪遵勿替。倘敢因循敷衍,纵兵殃民,则国法俱在,定不容情。”他还当场宣布了“整饬军纪”的8条命令,其中就有“实行禁止勒收保护费,解散护商队”和“实行查禁承办苛细杂税”两条③。

3月下旬,大元帅府财政委员会呈复孙中山明令禁止军队、土匪设卡抽费。为此,孙中山专门训令军政部长程潜称,财政委员会

① 《给冯肇铭的命令》(1924年3月15日),《孙中山全集》第9卷,第604页。

② 《大元帅禁擅抽柴捐》,《广州民国日报》1924年3月20日。

③ 《孙中山训饬联军将领》,长沙《大公报》1924年4月8日。

的呈复"应予照准。合行令仰该部长查照,通令各军一律禁止,以苏民困"①。

总之,无论何时接到举报,孙中山的态度都很明确,那就是立即采取行动,制止抽捐或收取保护费,解散相关机关,严格追究相关人员,以整肃军纪。为了能够更好解决问题,孙中山曾先后委托多个部门共同完成此事,参与的部门包括财政部、广东地方善后委员会、各军队、军政部。3 月下旬,军政部长程潜奉前述大元帅令后,马上向所辖各军发出命令:查自军兴以来,不法之徒"于河面藉端巧索、重扰吾民,亟应严加禁止,以肃军纪而纾商困。除通行外,合行严令布告,仰本部所属暨各独立军队,一律凛遵"②。4 月中上旬,杨希闵也不得不发出训令:"案查各属河面私设立之护商机关,及勒收之各种捐费,前奉大元帅明令通行拿禁,并限三日内一律全取消,如敢违纪军法从事等因,当经先后录令咨行遵照办理、暨布告在案。现据广州各商埠柴杉行代表何德、霍亦衡,暨增城商船代表林德华、林兴等分别具呈:'以沿河军队遍设护商机关,重重抽剥,兼以匪盗分立堂行水,扰害不堪,势将停业。恳请撤销解散、严行查办等各情'前来,是各江面私设立之机关,现尚依然存在,仍未撤销,殊属有害商民、弁髦命令。据呈前情,除分别咨饬拿禁外……请烦(官长)查明,严饬所部迅遵帅令,立即将各私设护商机关,即日解散撤销;仍再违抗,即将主要人拿解惩办。"③

同时,为了能够快速处理此类事件,孙中山告知各相关部门,如遇类似情况,自行处理。对于一些请求批准抽捐的部门,孙中山明确告知筹饷由筹饷局全权处理,各军无权处理④。

---

① 《帅令禁抽柴捐》,《广州民国日报》1924 年 4 月 8 日。

② 《严禁勒收保护费》,《广州民国日报》1924 年 3 月 26 日。

③ 《杨希闵饬属解散护商机关》,《广州民国日报》1924 年 4 月 21 日。

④ 《给杨庶堪的训令》(1924 年 3 月 19 日),《孙中山全集》第 9 卷,第 625 页。

二、规范军人乘车用船

对军人乘车用船的规范是孙中山 1924 年整顿军纪工作的又一项重要的内容。当时在大元帅府的辖区内有时会出现军人不按照规定擅自搭乘列车或随意征用列车与船舶的现象。

军人不按规定擅自搭乘列车主要有三种情况：一是军人无票乘车；二是有的军人其所属部队已经解散，但仍持用原军票搭车；三是一军人搭车包揽搭客多人，这种情况通常为搭车军人“挟持军票，任意填写人数、等级”[①]。更有甚者，有的军人还借机包揽商客并从中渔利。而且，据当时管理粤汉铁路事务的陈兴汉对孙中山的汇报，到 1924 年 1 月中旬前，军人无票乘车以及包揽商客的现象比之前出现得更加频繁了[②]。军人随意征用列车在当时也被称为滥开专车，主要是指有些军队未经允许强令铁路部门为其提供专用列车，有的军人甚至伺机擅自封用列车，如中央直辖讨贼第三军第一路游击第三梯团司令副官梁少贤，“手持该部公函并封条四张，到路声称有军柴多辆已到连江口站，须速封车派赴运省”[③]。在水面上，有些军队为了运输军械向商民借用船只，不过事毕后依旧霸占，久久不能归还[④]。

军人不按照规定擅自搭乘列车或随意征用列车与船舶造成了严重的危害。首先，致使铁路部门的收入严重下降，甚至有时入不敷出。据当时管理粤汉铁路事务的陈兴汉向孙中山的汇报，“开用专车一次，约耗费五百元”，外加“军人无票乘车，包揽客商，借端渔利”，以致铁路部门“收入车利日益短绌”。而当时该路每日收入

---

① 《给程潜的训令》(1924 年 1 月 9 日)，《孙中山全集》第 9 卷，第 36 页。

② 《给程潜的训令》(1924 年 1 月 15 日)，《孙中山全集》第 9 卷，第 67 页。

③ 《给程潜的训令》(1924 年 1 月 19 日)，《孙中山全集》第 9 卷，第 91 页。

④ 《给程潜的训令》(1924 年 6 月 19 日)，《孙中山全集》第 10 卷，第 312 页。

“平均仅得八千元，连附加军费在内，计支出之款，先后案奉帅令解缴，统计每日支出约共一万一千余元，即以是日收入全数支付，尚不敷三千元”，而且该路还“积欠煤及材料各价共三十余万元”，“现在职路员役薪水积欠数月尚未发给”①。同时，有的军人“挟持军票，用铅笔任意填写人数、等级，踞坐头、二等客位，致令搭客买票反无坐位者”，有的军队霸占民船不归还，这些行为严重侵害了民众的利益。

为了规范军人乘车用船，力争杜绝军人不按规定擅自搭乘列车或随意征用列车与船舶的现象再度发生，孙中山及其领导的大元帅府采取了积极的行动。首先，制定相关法令，并责成各军队切实奉行。早先孙中山及其领导的大元帅府制定了《军人搭车办法》，孙中山于 1924 年 1 月 9 日指令时任新宁铁路总理陈宜禧责成驻防军队，“务须切实奉行《军人搭车办法》”②。6 天后，在 1 月 15 日，孙令程潜拟定《军人乘车章程》，并将其转饬各军一体遵照③。其次，当得知类似事件发生后，孙中山及其领导的大元帅府会立即采取行动，查明并追究相关责任人。如 1924 年 1 月 19 日，在得知梁绍贤借口运输军柴封用车辆后，立即责令大元帅府军政部长程潜派出相关人员查明此事并追究相关人员④。再次，撤走在沿路车站的官兵。1924 年 4 月 25 日，孙中山通令各军将“在沿路车站各官兵一概撤退，并严禁各官兵，不得干涉行车事宜”⑤。最后，责令各军将未能及时返还的民船立即返还⑥。

军人无视政府主管部门，随意乘车用船，说到底是军人与政纪

① 《给程潜的训令》(1924 年 1 月 15 日)，《孙中山全集》第 9 卷，第 67 页。
② 《给陈宜禧的指令》(1924 年 1 月 9 日)，《孙中山全集》第 9 卷，第 38 页。
③ 《给程潜的训令》(1924 年 1 月 15 日)，《孙中山全集》第 9 卷，第 67 页。
④ 《给程潜的训令》(1924 年 1 月 19 日)，《孙中山全集》第 9 卷，第 91 页。
⑤ 《委派周自得职务令》(1924 年 4 月 25 日)，《孙中山全集》第 10 卷，第 118 页。
⑥ 《给程潜的训令》(1924 年 6 月 19 日)，《孙中山全集》第 10 卷，第 312 页。

的问题。更有甚者,大本营统帅的部队居然还有请求加委县长的,对这种军人干预地方民政的行径,大元帅孙中山明令禁革。为杜绝恶劣风气起见,1924 年 12 月 10 日,孙中山特再谕令政务厅厅长陈树人发布严禁军队干预民政令:"无论何军队请求加委县长,概不得核准,以杜干政,而维法纪。此令。"[①]

三、打击逃跑或叛逃的军人

在当时的大元帅府所掌控的军队中,有时会出现军人逃跑或叛逃到军阀部队的现象。

军人逃跑主要包括三种情况:一是军官私吞公款并携款逃跑,如:原中央直辖滇军第二军的杨少甫在担任江防司令部军需以及兼任第二军第三师军需处长期间,侵吞公款 100 余万元,并于 1923 年 11 月间趁军事吃紧之际携款逃跑;又如,中央直辖滇军第二军第六旅旅长朱泽民于 1923 年年末临阵脱逃,"潜回省垣,将该旅第七八两月薪饷及九十两月伙食共十余万元,航政局、烟酒公卖局收入七万余元,统计二十余万元席卷潜逃"。二是临阵借故脱逃的,如:中央直辖滇军第二军第十团团长季树萱于 1923 年年底在部队出发时,"临阵借病潜回省垣,私开杂赌,得规银约二十余万元,复敢蛊惑队伍,图谋叛乱"[②]。三是为带兵集体逃跑,如:1924 年 9 月 18 日夜,中央直辖福建军第五师第十八团第一营第三连连长蔡荣初诱逼该连官兵携械潜逃[③]。军人叛逃至军阀部队主要包括两种情况:第一种是军官独自叛逃到军阀的部队,如 1924 年 5 月,中央直辖滇军第三军第七师第二十七团团长欧阳洪烈临阵卷

---

① 《帅令严禁军队干政》,《广州民国日报》1923 年 12 月 11 日。

② 《给杨希闵等的训令》(1924 年 1 月 26 日),《孙中山全集》第 9 卷,第 147 页。

③ 《给各军长官的训令》(1924 年 10 月 22 日),《孙中山全集》第 11 卷,第 228 页。

款潜逃,“降附北敌”[①];第二种是军队带所部叛逃至军阀的部队,如中央直辖滇军第四师师长王汝为于 1924 年 2 月间“已率部降敌”[②]。军人逃跑及叛逃到军阀部队的现象给大元帅府及其掌控的军队带来了极大的恶劣影响。首先,由于大元帅府在财政上已经非常拮据,因此军官携款潜逃的行为直接带来了难以估量的后果,如在杨少甫携款潜逃后,中央直辖滇军第二军第三师师长杨廷培甚至感到“愧对袍泽,投河毕命”[③]。其次,军人逃跑,甚至是高级军官叛逃至军阀的部队,严重扰乱了军心,甚至有的叛逃将领还在军阀的授意下回来诱导别的军官叛逃,如原在东路讨贼军总司令许崇智手下担任中层军官的余立奎在叛逃到军阀的部队并被任命为团长后,公然回来煽动其他官兵叛逃,到 1924 年 2 月 16 日前,有部分官兵被其煽动叛逃至军阀的部队[④]。

因此,孙中山及其领导的大元帅府对逃跑及叛逃的军人采取果断而严厉的措施加以打击。首先,事发后迅速做出反应,对相关军人进行撤职查办,并迅速通缉。在得知杨少甫携款潜逃后,孙中山于 1924 年 1 月 26 日命令杨希闵等将领迅速缉拿杨少甫[⑤];欧阳洪烈团长临阵卷款潜逃被撤职后,大元帅府也“令饬军政部通行各军一律严缉,务获究办”[⑥]。其次,有时会根据掌握的情报,及时提前采取行动,如在查明原中央直辖滇军第三军参谋长禄国藩、第四师参谋长吴震“均有私通北敌情事后”,孙中山于 1924 年 1 月 3 日下令免去两人所有职务,并立即查办两人[⑦]。再次,命令各部协同

---

① 《给蒋光亮的指令》(1924 年 5 月 12 日),《孙中山全集》第 10 卷,第 188 页。

② 《着缉办王汝为令》(1924 年 2 月 6 日),《孙中山全集》第 9 卷,第 435 页。

③ 《给杨希闵等的训令》(1924 年 1 月 26 日),《孙中山全集》第 9 卷,第 147 页。

④ 《给程潜的训令》(1924 年 2 月 13 日至 16 日间),《孙中山全集》第 9 卷,第 467 页。

⑤ 《给杨希闵等的训练》(1924 年 1 月 26 日),《孙中山全集》第 9 卷,第 147 页。

⑥ 《通缉叛逆团长之明令》,《广州民国日报》1924 年 5 月 15 日。

⑦ 《免禄国藩吴震东职务令》(1924 年 1 月 3 日),《孙中山全集》第 9 卷,第 7 页。

缉捕在逃官兵[①]。最后,向各将领阐述赏罚分明的态度,告诫各将领要一意报国,杀敌立功[②]。当然,如果要是查明有人被误认为是逃兵时,也会立即还此人以清白。如当时担任东路讨贼军第八旅第十团第二营营长的葛昆山,曾被误认为差内带枪逃跑,后经查明此事为子虚乌有,孙中山及其领导的大元帅府立即还其清白,并让其官复原职[③]。

四、其他整顿军纪的措施

除上述行动外,孙中山领导的大元帅府对军队中存在的贪污、私卖军产与军械、包庇赌博等现象也给予了严厉的打击。

除前面提到的杨少甫等人侵吞公款事件外,周伯甘挪用公款也是较为严重的贪污事件。周伯甘原担任中央直辖滇军第三军警卫团团长,并兼任广三铁路局坐办。其在1924年8月9日离职后,并未将其任内收支各款正式列张移交,且后查明其曾挪用公款。对此,孙中山命令第三军军长胡思舜迅速将其交由军事法庭处理[④]。

虎门为军事要冲,但自民国以来,虎门要塞所属产业,包括房屋、田亩、荒山、空地等被历任司令长官变卖,同时也有部分被民众主动侵占,其军产"几至荡然无存"。对此,孙中山于1924年9月2日命令许崇智,"彻查点验官兵,彻查产业,追回所有军产"[⑤]。同时,针对某些官兵为谋求一己私利贩卖枪械这一情况,孙中山于1924年3月21日命令各军高级长官,如发现此类事件定要"严行

① 《给何成睿的指令》(1924年10月22日),《孙中山全集》第11卷,第231页。
② 《给杨希闵蒋光亮的训令》(1924年1月5日),《孙中山全集》第9卷,第20页。
③ 《给张开儒的指令》(1924年2月8日),《孙中山全集》第9卷,第449页。
④ 《给胡思舜的指令》(1924年9月26日),《孙中山全集》第11卷,第112页。
⑤ 《给许崇智的训令》(1924年9月2日),《孙中山全集》第11卷,第6页。

究办,以肃军纪"①。

当时在军队中,有私设赌局的现象,有些长官对其进行包庇。对此,孙中山下令严查此事,并于1924年5月8日命令广东筹饷总局督办范石生、会办韦冠英通令各军"严格约束所部,不得包庇开设"②。

五、裁汰冗兵、调整驻地、点验军队

如果说上述四个方面还只是从面上整顿军纪,属于治标层次,那么裁汰冗兵、调整驻地、点验军队则属于治本之策,对于制止军队乱象具有釜底抽薪之功效。

1924年2月12日,孙中山发出整饬军队的大元帅训令称:"自军兴以来,各兵[部队]自行扩充兵额之事所在多有,如游击别动、挺进、梯团支队以及各路司令之类,名目繁多。核其人数、枪枝,皆俱不足,其原因虽由各军因战事紧急,为一时权宜之计,然实与国家预算及军政统一有重大之妨碍。现值统一财政进行时期,凡未奉核准前列各种名目之部队统着一并裁汰,照枪枝数目归并正式编制军队,以资整饬。又在统一财政进行时期内,无论何军不得扩充军队,仰各军一体知照,切切此令。"③

5月初,孙中山鉴于前此广州市内劫车频仍,其中间有不肖军人藉端扰累,当经通令各军队机关严加取缔。5月4日长沙《大公报》"快信摘要"报道:"孙文下令各军,限十日内迁出[至]郊外。"次日该报又连续报道:"孙再下令,限各军日内尽离广州市。"一个多

① 《给各军高级长官的命令》(1924年3月21日),《孙中山全集》第9卷,第634页。

② 《给范石生韦冠英的指令》(1924年5月8日),《孙中山全集》第10卷,第179页。

③ 《帅令整理军队》,《广州民国日报》1924年2月21日。

月后市内各军虽间有迁移，而玩视法令、横行如故者仍复不少。为此，孙中山于 6 月下旬再下饬令，指出："似此弁髦法令，何以肃纪纲而保安宁，合亟重申前令，并规定各军迁驻或解散办法随令附达，限到十日内会同军政部、各军总司令、卫戍司令、公安局分别妥慎办理。倘再玩延，即着分别缴械解散，决不再事宽容。当知整军卫民之旨，该总司令有维持治安之责，并宜随时认真查禁，期保公安。特再令达，仰即遵照迅速办理、具报。"①

7 月 21 日，大元帅府又在报上公布军队点验条例令："第一条，凡大本营所辖之军队须遵照本令受军政部呈请派定之委员施行严格认真之点验，即以点得枪码实数为编制该部之基础。第二条，凡军队遵照本令实行点验，经大元帅核定编制饷额者按月发给饷项，按季给与戎装。第三条，点验日期由大元帅明令定之……第十九条，各点验委员有徇情虚冒行为致枪炮数目不实在时，治以溺职之罪。第二十条，本令由公布日施行。"②如此严密的规定，扎紧了军队建设的制度笼子，某些军官再要瞒上欺下、贪赃枉法就不那么容易了。

六、结　　论

军队是孙中山打倒军阀取得国民革命最后胜利的重要支柱。早在民国初创时孙中山就注意到了这个问题。1916 年 7 月他给侄子孙昌写信，"闻汝举兵于乡，多有扰及闾里，致父老责有怨言，"今袁世凯已死，"汝当洗戟归田，勿久为乡里之累，……见信之日，务要既将所部遣散，并将所征发于各乡之枪械器物交还原主，……

① 《中山严令各军移驻郊外》，《大公报》1924 年 6 月 22 日。

② 《大元帅公布军队点验令》，《广州民国日报》1924 年 7 月 21 日。

汝宜思之慎之,毋违叔命"[①]。可见,即便是自己的亲属,孙中山也是严加训诫,进行纪律约束。

如前所述,在1924年年初,孙中山领导的大元帅府掌控的基本上都是原军阀的部队,即便到了1924年年底,"以黄埔军校学生为骨干,以青年工人、农民为基础"编成的教导团也仅有两个[②],这在大元帅府所掌控的数万正规部队中所占比例是非常小的。1926年,国民革命军到出师北伐时已经有了8个军:第一军源自黄埔军校教导团,第二军由湘军第三与第六两个混成旅编成,第三军由滇军一部发展而成,第四军与第五军分别由粤军一部发展而成,第六军由原广州国民政府警卫军发展而成,第七军是由原桂军发展而成,第八军由原湖南陆军第四师改编而成[③]。由此可见,即便到此时,军阀的部队在整个国民革命军中仍占据了较大的比重。因此,对军阀部队的改造是至关重要的。

不过,改造原军阀的部队绝非易事。首先,这些原军阀的部队其兵员素质非常差。孙中山于1924年6月16日在陆军军官学校开学典礼的演说中指出,这些所谓要来革命的原军阀部队"内部的分子过于复杂,没有经过革命的训练",许多军人因为"生计困难,受了家室之累"才来当兵甚至"投身革命的","到了后来稍为得志,便将所服从的什么革命主义都置之九霄云外,一概不理了"[④]。而陈独秀对当时军人的描述更加形象地说明了当时军阀部队士兵的状况。陈独秀指出,当时中国的士兵由无业游民及土匪构成,其当

---

① 《孙中山集外集》,第376页。

② 张宪文等著:《中华民国史》,南京大学出版社2013年版,第516页。

③ 戚厚杰等:《国民革命军沿革实录》,第15—23页,河北人民出版社2001年版。

④ 《在陆军军官学校开学典礼的演说》(1924年6月16日),《孙中山全集》第10卷,第292页。

兵目的是为了吃粮，其素质差，成为当时中国的一大祸患①。其次，军费短缺也影响了对军阀部队的改造。如前所述，当时大元帅府的财政状况无法满足军费开支的需求，由于军费问题无法得到彻底解决，许多命令在执行时也就大打折扣。再次，大元帅府所控制区域内政局依旧不稳定，而且在这一年中还爆发了大规模的商团叛乱；广东北部的湖南为直系军阀盘踞的地区，退至广东东江地区的陈炯明又随时准备反扑②。上述因素致使前面所提及的各类违反军纪的现象频繁发生。因此，这年改造原军阀的部队的难度非常大。

但是，即便面对再困难的环境也无法动摇孙中山在这一年改造原军阀部队的决心。如前所述，早在国民党“一大”时，孙中山便提出要将反动的兵力改变为革命的兵力。此后在历次处理各类违反军纪的事件时，孙中山的态度都非常明确，皆为严厉惩罚、以儆效尤。

孙中山整饬军纪的决心是坚定的，措施是得当的。1924 年 7 月下旬，滇军总司令杨希闵、桂军总司令刘震寰、湘军总司令谭延闿联名上呈《劝捐简章》，征取及于客航、渔船，范围达于内江、外海。孙中山阅后认为此议“事涉烦苛，必多窒碍。且从前沿江军队抽收各项捐费业经通令一律止，今复更张，在政府既为反汗，在人民未必乐从，若操切行之，于劝本旨已属乖违，财政前途更滋纷扰，著而害已形……此次所请备案之处碍难准行”③，坚持与维护了此前的废除军队抽捐的决定。但有时从全局考虑，他也不得不作了某些让步。1923 年 6 月，东路讨贼军第三军军长李福林呈大本营军政部，为前在香山县勒索饷械的军官曾高升求情。李福林以“此

---

① 《中国之大患——职业兵与职业议员》，《陈独秀著作选编》第 3 卷，上海人民出版社 2011 年版，第 18 页。

② 黄修荣：《国民革命史》，重庆出版社 1992 年版，第 92 页。

③ 《粤省之战事军需捐》，《申报》1924 年 7 月 30 日。

人义勇可嘉,数年以来效忠党务,不无微劳,又核其招募健儿,亲随刘总司令震寰,转战惠博之间,刘总司令爱其勇敢,曾助以子弹五千颗为明证。倘任彼远方待罪,恐该犯员所属之部队无人主理,散处惠州,不仅流为匪徒,且恐资为敌用,未免可惜”为由,请求取消通缉,“俾该犯员得悔过自新,并且翻然来归,统回旧部,实为恩便”。大本营军政部的意见是:“查曾高升即曾高陛,前因在香山县有勒索饷械情事,经朱卓文电奉大元帅批令通缉,交部通行遵照在案,兹据该军长呈称各情,自系为时局起见,正核办间,适奉大元帅令着军政部将曾高升通缉令取销。此令。等因奉此,除分行外,希即查照,将通缉曾高升一案取销,并转饬所属,一体遵照。”①

随着国共合作的开展,孙中山逐步得到了共产党以及苏联方面的支持,加上 1924 年夏成立的黄埔军校以及这年年底成立的以黄埔军校学生为骨干的两个教导团,这些都逐步成为孙中山及其领导的大元帅府的坚强后盾。而且在这一年 7 月,中国国民党设立了中央委员会,孙中山任主席,“该会是国民党最高政治机关,代表国民党中央指导政府处理工作”。在孙中山逝世前,该会向孙中山负责,有关内政外交的一切决策须由孙中山审批才能办理②。可见,孙逐步获得了广东革命政府绝对的权力。在这些有利条件的支持下,孙中山整顿军纪的工作逐步开展。

孙中山及其领导的大元帅府在 1924 年开展的整顿军纪的工作其意义是非常大的。首先,这些措施的施行有利于维护广东当地民众的利益,也就等于向民众昭示其体恤民情的决心,这就有利于取得民众的支持。1924 年 6 月 29 日,孙中山在广州军警团授旗礼上演说时指出:“现欲国基巩固,民生乐利,使全国得享革命成

---

① 廖仲恺:《为取消曾高升通缉令致广州市公安局及各县县长令》,《双清文集》上卷,人民出版社 1985 年版,第 444—445 页。

② 黄修荣:《国民革命史》,重庆出版社 1992 年版,第 92 页。

功后之幸福,固须由全国人民奋起协助,但仍要穿军服者本其本领与人民合作,方能迅速收其效果。"[①]这就从战略全局上说明了整顿军纪与民生乐利之间的关系。其次,包括规范军人乘车用船等在内的一些措施有利于维护广东革命政府的利益,也维护了地方政府的权威。再次,一些整顿军纪措施如 9 月 6 日孙中山下令,北伐"各军出发,不得任意拉夫"[②],在孙中山离开广东后由其他革命政府的领导人继续实施,这对此后整顿军纪,争取民心也起到了示范的作用。

综上所述,整饬军纪,保卫人民,稳定广东的革命秩序,推进革命事业是孙中山的执政理念与奋斗目标。军纪的整饬有力地维护了广东革命根据地的秩序和安宁,为日后广东成为北伐战争的策源地创造了必要的条件。

(赵宇,上海师范大学人文与传播学院博士生;
邵雍,上海师范大学人文与传播学院教授)

① 《大元帅检阅军警团并举行授旗礼式》,《广州民国日报》1924 年 6 月 30 日。
② 《孙中山亦已准备北伐》,长沙《大公报》1924 年 9 月 15 日。

政 治 外 交

民初以来海关与中国江海治理机构的创设研究

姚永超

中国幅员广大，江海辽阔，但在1840年鸦片战争以前，因为闭关保守，所以对海岸和航海活动貌似监管周密严格，实则水师、海岸巡防及江海水道测绘和治理工程等均已落后于当时的西方国家。1854年江海关模式形成，尤其1859年外籍税务司制度推广到全国各通商口岸以后，随着近代海关管理机构的诞生，除承担起海务、港务等事务外，海关总税务司及各口岸海关税务司也热衷和积极推动中国近代江海治理机构的创建。例如李泰国、赫德积极建议清政府创设近代海军，后因导致阿斯本舰队事件而不了了之，但在洋务运动期间，赫德对北洋海军的军舰采购亦起了重要作用。在晚清时期，各海关税务司也不甘落后，积极推动地方口岸的江海治理。譬如，津海关税务司德璀琳倡议了海河工程局、费妥玛倡议了闽江修浚工程局、梅乐和参与了直隶水利委员会、海务巡工司戴理尔对上海浚浦局贡献良多等。

事实上在民国初期，海关总税务司安格联仍继续遵循赫德所倡导的对中国和社会“有用”的价值观，曾经在全国层面上，致力于帮助中华民国海军部海道测量局、扬子江水道讨论委员会之技术委员会和海军部海岸巡防处的创设。这三个机构成立后，对中国沿海和长江的航道测量、治安和走私巡防等，均发挥过重要的历史作用。对民初以来中国近代江海治理机构的研究,目前多集中于考察某个部门维护领海主权的历史活动,而对旧海关与该三个机构之间的复杂历史关系,迄今还无专门和深入性的研究①。本文主要利用中国近代海关及民国海军等文献史料,拟对海关协助该三个机构创设的历史背景、具体过程以及海关江海管理职能最终被削弱或取代的复杂关系等问题,做一具体复原和深入剖析。

一、海关与海军部海道测量局的创设

海洋测量与国家安全和领土完整息息相关,并且往往还是军事行动的先行步骤。随着近代英国海洋帝国的兴起,其海军部就曾是当时世界上测绘海图最大和最先进的机构之一。早在鸦片战争之前,为侦探中国海防,英国海军部海道测量局凭借先进的科学技术和装备,就已勘测中国沿海多处,对中国海道海门诸情况了如指掌②。1840 年以后,英国政府为补充海图,使其不过时效,而开始长期在中国水域派驻测量船只。除沿海地区外,英国还曾深入到长江中下游流域进行测量活动③。

不过英国海军部海道测量局对中国江海测绘工作时有中断,当然还有相当部分海岸从未彻底测量过。第二次鸦片战争以后,西方来华商轮日益增多,便要求清政府用船钞专门经费来进行航道测量和增设沿海、沿江导航设施等。在缺乏现代测绘人员、技

① 例如,刘利民:《近代中国水道测量事业的民族化进程述论——以海道测量局为中心的考察》,《晋阳学刊》2016 年第 3 期;郭渊:《论东沙观象台的建设和运行》,《军事历史研究》2015 年第 6 期;陆烨:《海界委员会与民初海权意识》,《史林》2014 年第 6 期等。

② 杨志本主编:《中华民国海军史料》,海洋出版社 1987 年版,第 931 页。

③ 中国测绘史编辑委员会:《中国测绘史》(明代至民国),测绘出版社 1995 年版,第 197、204 页。

术、经费等情况下,总理衙门便将此任务交给了海关办理。1868年海关设立船钞部,后逐渐承担起勘查航路、绘制图表等任务。据1898年起担任海务巡工司的戴理尔(William Ferdinand Tyler)回忆:"船钞部的功能日益增长,它现在由我单独负责,并且已经逐步接近了其原本预期的职能。水文工作在我们颁布了新的航海图,以及英国海军撤回了他们的测量船之后也开始推进了。"①但海关测量仍严格限于设置助航设备之港口、内河及进入通商口岸航道范围以内,对沿海及沿江测量之事,由于海关无经费而无法承担。

由上可见,清末中国海道测量业务长期为外国人把持,海军和商船所使用的海图都是由外国人绘制的,即使海关刊布的港区海图等,其沿海地形、水深、潮汐、气象等数据,也均使用外文,文化水平较低的中国引水员、航海员和渔民则无法使用。至20世纪初清末新政时,清政府逐渐意识到海道测绘是海防建设和军事航海不可缺少的一项业务,遂有创设海军部海道测量局之意。例如1901年刘坤一、张之洞等提出练兵要旨12条,其中一条为"测量绘图之法","请仿英法之总务营,日本之参谋部,于都城专设衙门,掌全国水陆兵制、饷章、地理绘图、操练法式"。至1907年又开始筹议恢复海军,设海军处暂隶陆军部。1908年6月17日,候选州同朱正元禀呈南洋大臣:"中国海疆之广,非海图无以周知地势之险易,防守之缓急。"②南洋大臣觉得海图为国家领土主权所系,中国向无精确海图,危害殆不可言,继于同年9月14日,上报总理衙门筹设海图局。总理衙门令文海军处,筹议振兴海军之际,设局制图实为先务之急。惟兹事造端宏大,亟宜详慎筹划,另需拟开办章程及如

① [英]戴乐尔著,张黎源、吉辰译:《我在中国海军三十年——戴乐尔回忆录(1889—1920)》,文汇出版社2011年版,第119页。(据海关的《新关题名录》记载,Tyler的中文名为戴理尔)

② 《南洋大臣行查呈办海图人员文》,《萃报》1908年第14期,第9—10页。

何分认经费[①]。1911年,海军处咨商临海各督抚,共同商办测海制图方案。大致规划是“择一要地,设一总理绘图处,管理测绘海图各事。其余即于南北闽粤各洋,分设厂所,由各省筹认经费,实行扩充事务。尽五年内海军舰队成立时期,一律办妥”[②]。海图事关国防和领土安全,固然重要,但机构章程、人员及经费落实事非一日之功。不久清朝被推翻,此方案未付诸实施。

1919年7月,于英国伦敦召开了首届国际海道测量大会,准备成立国际海道测量机构。中国派海军武官陈绍宽参会,赞同建立常设的国际海道测量局,主张海图应由各国自行安排测绘。与此同时,中国的领海界线也尚未确定,海上主权经常遭受外国侵犯。为确定海界,并把海道测绘和海图刊布主权接管过来,1921年7月,在海军部设海界讨论会,由海军部派司长陈恩焘、咨议许继祥主持其事,并由总统府秘书倪文德、国务院秘书林布随、外交部参事沈成鹄、税务处科长黄厚成等会同讨论。10月,海界讨论会“以领海界划事宜重要,应先设立测量局,遴派专员丈量经纬二线。提出议案,经国务会议议决照办”。海军部就此附设海道测量局,派军务司司长陈恩焘兼充局长。1922年2月,海界讨论会经过为时半年的讨论,将中国公海、私海及岛屿领海的界线范围次第议定,并拟定海道测量局的编制。海道测量局设局长、副局长各一员,下设测量、推算、潮汐、制图、总务各课,以便分工进行测绘和划界事项[③]。

因海关自清末起而负责海道测绘事宜多年,有人才、经费、技术等方面的基础,所以在海道测量局成立伊始,就曾派许继祥赴上

① 《军界新闻:设立海图局之计划》,《大同报(上海)》1908年第10卷第19期,第36页。

② 《中国纪事:海军部筹设海图局》,《国风报》1911年第2卷第2期,第92页。

③ 《海军大事记》,载杨志本主编:《中华民国海军史料》,海洋出版社1987年版,第1037、1038页。

海与海关税务司、海政局、巡工司等方面洽商训练海道测量人才及筹措军费等问题;后为了便于进行测绘业务及便与各方面联系起见,决定不在北京海军部附设机关,而是迁移上海,并改派许继祥为局长①。许继祥到上海办公后,借上海吴淞炮台湾海军学校为办公之所。1922 年 4 月,许继祥拟具各种海道测量计划,商情海关协助办理。同年 9 月,海关总税务司安格联发布对海军部海道测量局予以尽力协助的通令。准许海关绘图师副巡工司米禄司被海道测量局聘任为副局长,专管测绘技术及教练测绘学员事项,不久又改为帮办。米禄司与许继祥局长磋商后,起草了海道测量局的 5—10 年的工作规划。此外,米禄司除继续保持副巡工司及海关海政局绘图师职务外,还以海道测量师的身份,指导海道测量局的野外或室内工作,并利用大部分业余时间训练中国海军军官学习测量基础知识②。关于海道测量技术经费,由海关月拨"关余"银 1.5 万两,渐次增至年拨关平银 50 万两③。到了 1926 年 8 月,海道测量局才暂定预算总数每年 75 万元,始列入国家预算。

海道测量局的成立,是北洋政府收复海权和加强海政建设的一项重要举措。1922 年 7 月,海军部请外交部照会外交使团,中国领海嗣后未经中国政府许可,各国不得自由测绘。9 月,海道测量局筹派测量队,开始测量南京至鸡头山水道。至 1925 年年底,海道测量局已测竣长江上下游的吴淞至镇江、九江至汉口水道航路图。时任临时执政段祺瑞批准了海军总长林建章专呈,因海军少校陈志、邵钟等,督同队员,昕夕无间,勤奋从公,始克成事,特给

---

① 《国内要闻:设立海道测量局近讯》,载《交通公报》1922 年第 69 期,第 139 页。

② 海关总税务司署通令第 3339 号(第 2 辑),《为总税务司对长江水道整理委员会技术委员会及海军部海道测量局成立后海关尽力予以协助由》,1922 年 9 月 30 日,《旧中国海关总税务司署通令选编》第 2 卷,中国海关出版社 2003 年版,第 353 页。

③ 海军司令部《近代中国海军》编辑部:《近代中国海军》,海潮出版社 1994 年版,第 770 页。

予海军部二等银色奖章，以酬劳绩①。受不平等条约的束缚，清末中国许多港埠的引港事业也为外人把持。为收回引港权，培育引港人才，1922年10月，海军部还在海道测量局内附设扬子江引港传习所，海道测量局局长许继祥暂为兼任所长，这为中国政府正式训练引港人才的开始②。

1929年6月，南京政府海军部成立。是年11月，公布海道测量局暂行条例，海测局直隶于海军部，局长系少将级，设总务、测量、制图、计算等课，并置技术室主任1员，仍以米禄司充任③。海道测量局于1926年参加世界海道测量大会后，负有与世界各国测绘相统一的任务。因中国向来测绘机关分歧，各项水道、图表杂出不一，遂于1929年向海军部提出水陆地图审查条例，“现在出版之地图水道图，如参谋本部海军部认为兵要或有兵要关系者，得通行各机关各省区行政机关禁止刊行；刊行水陆图表，备供国际通用者，除系参谋本部海军部所辖测量局承办外，非经参谋本部海军部会同审定，不得制版印刷或发行”④。1930年1月27日，国民政府正式颁布了该条例。根据该条例，海关及竣江、港务各局所拟制的水道海岸图并潮汐、信号各表，应送交海道测量局审查，转呈海军部核定，以昭划一⑤。至此，中国海图的刊售权收归海道测量局主持。该时海关总税务司梅乐和致函海道测量局局长吴光宗，称海道测量局实际上依赖海关生存，海关曾给以物质援助，并以黄浦江图采用海关所测水深等数据，须注明海关测量人员姓名，海图售图款应汇交海关。吴光宗复函，重申海道测量局有完全管理中国沿

---

① 《海军总长林建章呈临时执政为海军测量巡防人员陈志等成绩昭著拟请给予奖章文》，《政府公报》，1926年2月27日。

② 杨志本主编：《中华民国海军史料》，海洋出版社1987年版，第62页。

③ 同②，第932页。

④ 《参谋本部呈国府文：拟订水陆地图审查条例》，《申报》1930年2月10日。

⑤ 同②，第436页。

海、沿江测量以及制作中国海一切海图和刊物的责任，并提醒梅乐和，海测局已不是筹建时的情况，早已与国际的海道测量机构有广泛的联系，人员训练有素，已有担负海道测量和绘图的能力和基础，严词拒绝“凡事必须与海关商讨而后实行”①。

1930 年 9 月，国民政府参谋本部又呈文海关测量有碍主权和国防，请下令将海关所办水道测量业务克日停止，移归海道测量局负责办理。10 月 31 日，海道测量局开始接收海关承办扬子江口至江阴段测量任务的“专条”“流金”两船，以及承办该段测务的经费、仪器和历年卷宗等②。嗣后海关总税务司梅乐和上书财政部，宋子文认为“遽令海关将测绘水道事务移归海道测量局办理，尚有应行考虑之处”，蒋介石最后批示缓办。海道测量局虽然并未彻底接收海关海道测量的事务，但海关总税务司梅乐和在其私密信函中感喟道：“1929 年交通部门曾想接管海关海务部门的助航设施设置工作，我予以了辩驳。去年(笔者注：1930 年)海军部海道测量局又加入了进来，企图接管海关的航道测量工作。我向财政部申陈，海军部的该主张是正确的，但现在海关有丰富的经验来胜任此工作，应该到海军当局有充裕的人才、能力和设备开展测量和绘图为止。蒋介石已表示了同意。但将来这一天肯定会到来，我只是尽量延迟海务巡工司交出自己的业务而已。”③

二、海关与扬子江技术委员会的创设

中国内河的水道整理，既不属于海关工作范围之内，也是海关

① 《中国测绘史》编辑委员会编：《中国测绘史》第 2 卷(明代至民国)，测绘出版社 1995 年版，第 361 页。

② 《海道测量局接收海关代办测量事》，《申报》1931 年 8 月 31 日。

③ Maze to Ingram, Maze's Archives of SOAS, PPMS2, Confidential Letters and Report Volume 5, no.248, 1931.1.5.

所无法承担的责任。但由于商业的利害与交通设施密不可分,所以自晚清以来,尽力支持地方有益工程,已成为总税务司署的一贯政策。在各口岸水道疏浚规划中,众多税务司在财务及政策方面居于指导地位,理所当然地成为行政管理的中坚力量。但长江水道长、适航性大,且流经地域广,涉及许多省份,沿江有重庆、万县、宜昌、汉口、芜湖、南京、镇江、上海等众多通商口岸。各关税务司在其贸易报告中一再提出长江航道整治的重要性,但各口岸海关不可能促成或做出任何规划。

进入民国之后,随着长江航运业务的繁忙,社会各界及英国商会等不断呼吁中央政府采取行动,改善航道,防治洪水。1922 年,北洋政府由内务部咨商各主管部议定,由有关部、署和沿江一些省份派员筹组“扬子江水道讨论委员会”。该年 3 月,在海关总税务司安格联的建议下,在北京正式成立了扬子江水道讨论委员会,由内政部长及税务处督办分别担任正副主委,其他代表分别由各界代表担任。总税务司也被聘为了委员,应邀参加每周在内务部举行的会议①。

在扬子江水道讨论会员会筹组过程中,中国政府拟于 1922 年秋,邀请安格联所举荐的英国著名水利工程师柏满来华,以相当长时间对长江进行详细考察后,由他提出有关水道整理事宜的报告。而在水道讨论委员会成立后采取的首要措施,就是决定设立技术委员会及其驻沪测量处,作为常设办事机构,主要从事测量水文等前期资料积累工作。扬子江技术委员会的委员,包括曾办理直隶水利委员会工作而成绩卓著的中国著名工程师、全国水利局技正杨豹灵,以及与他共事的 3 名内务部、水利局技术人员。此外,上

---

① 海关总税务司署通令第 3339 号(第 2 辑),《为总税务司对长江水道整理委员会技术委员会及海军部海道测量局成立后海关尽力予以协助由》,1922 年 9 月 30 日,《旧中国海关总税务司署通令选编》第 2 卷,中国海关出版社 2003 年版,第 354 页。

海浚浦局工程师海德生和海关海务巡工司额得志(Eldridge, G.T.B.J)也名列其中。其后,技术委员会又决定聘请美国的史笃培为测量总工程师①。

技术委员会的专家委员,需要负责搜集并慎重研究必要的数据,为此,除在长江及其毗邻湖泊建立水文观察站、设置测潮仪器、测量若干特定地区外,还需搜集各类地图与图表,审查地方水文档案,等等。从19世纪60年代起,沿江各口岸海关便开始观测水文,1900年后海关更有逐日水文测量记录,因此给技术委员会无偿地提供了大量长江水文信息档案。后来受中国政府特邀而就扬子江水道整理问题提出报告的英国水利专家柏满,曾专门致海关巡工司额得志感谢函:"多谢就所需扬子江资料如此迅速赐复,并蒙就汉口至上海决定船只吃水深度之浅滩做出说明,尤以为感。"②

技术委员会测量活动的经费,月计需洋2.64万元,遂向海关提出了拨款需求。总税务司安格联念及长江贸易利益面对的风险如此巨大,且影响深远,认为此款项出自贸易税收开支,当属合法,因此于1922年4月6日代外交部向外交使团提出预算,说其对优先偿付对外借款与债务没有任何影响,呼吁外交使团理应优于其他的开支而加以考虑。

扬子江水道讨论委员会之技术委员会,是北洋政府按长江流域治理所需而创设的首次覆盖长江全流域的水利工程专门机构。技术委员会及驻沪测量处创设伊始,便在上海、九江、汉口分驻测量队并购有测量船,开创了众多长江水利工程测量中的首例记录。譬如1922年暨技术委员会成立当年,绘制了扬子江流域全图及汉

① 扬子江技术委员会编:《扬子江技术委员会第一次报告书》,1923年,第49页。

② 柏满先生致巡工司函,1921年12月21日,《旧中国海关总税务司署通令选编》第2卷,中国海关出版社2003年版,第333页。

口至吴淞入海段的扬子江水道详图。随着技术委员会测量工作的全面展开,时人评论:“设置水尺以视水位之低昂;测量流量、流速,以较江流之比率;考精确水准之点,以计江面之坡度;察河底变迁之状,以究冲刷之浅深;其余若测量地形,若统计雨量,若采验泥沙,莫不本于科学,准诸定理。”[①]以故扬子江技术委员会经年的科学工作,为掌握长江各地水势情况、便于航道整治而创造了前提条件。

1928年5月,南京国民政府将扬子江水道讨论委员会改组为交通部扬子江水道整理委员会,委员由交通部、外交部、财政部、农矿部、工商部、建设委员会等各派1人组成,并邀请3名技术人员参加。当然首要工作,依然是从事水道测量与水文观测工作,以及个别河段疏浚工作的水下测量等。1932年5月,交通部提议扬子江水道整理委员会接管长江航路标志事,认为航路标识与国防有莫大关系,航路标识管理权操诸于外人,军事秘密难保不无泄露。总税务司梅乐和向财政部部长宋子文条陈,扬子江水道整理委员会只能搜集材料,为将来治河之计划准备,无裨于航商。最后行政院裁定,交通部依据职掌,请以长江航路标识归该部管理,固属持之有据。海军及参谋本部注意国防,赞同交通部之主张,亦复言之成理。唯财政部所举海关总税务司列举历年成绩,尚非故事铺张。现值国家多事筹款紧急之时,唯海关为完整统一之机关,若遽将此水上标识事项一部分之管理予以变更,或因此发生分裂而影响及于税收,尤不能不预为顾虑[②]。最后,国民党中央政治会议决议结果是暂行维持原案,照旧由海关办理航路标志事务。

---

① 扬子江水道整理委员会编:《扬子江整理委员会第六七期年报》“李仲公序言二”,1929年。

② 海关总税务司署机要通令第90号,《为总税务司呈复财政部长驳交通部在请求接管长江航路标志一事上之指摘并转达政府决定暂仍其旧事》,1932年11月29日,《旧中国海关总税务司署通令选编》第3卷,中国海关出版社2003年版,第205页。

三、海关与海军部海岸巡防处的创设

中国近代沿海及河口诸多地区，海匪猖獗，在各类争权夺利的帮派武装保护下，海船走私武器及鸦片肆无忌惮。虽然技术不断进步，但中国政府当局很少利用最新科学成就，来保护中国民船贸易免受天灾人祸之害。在海上陆上已普遍采用无线电报、中国及邻国气象台能为追踪并发布台风消息提供宝贵服务的条件下，建立备有无线电台并与巡逻队相连的海岸巡防站已为迫切需要。

此外，海岸巡防处的创设，还以民国初年中日渔业主权之争为契机。中国沿海渔业原不属于任何省区行政范围之内事情，在没有中央专属机构的保护下，渔业主权不断遭受外国侵扰，尤以日本侵扰中国北部沿海为甚。例如，1924 年日本军舰驶入龙口、芙蓉、日照等岛，侵害中国数百万渔业生产，剥夺吾国一万余里海权。顾维钧曾三次向日使提出严重抗议，日使仍以指定外海特权，与内海无涉，强词夺理，莫此为甚。北洋政府召开内阁会议，拟设海岸巡防处，派军舰保护主权①。

在内外环境发展需要的情况下，在海关总税务司安格联的呼吁下，海军部海岸巡防处奉大总统令，1924 年 6 月 26 日获得批准，1924 年 7 月 2 日于吴淞正式成立，归许继祥海军上校领导。全国海岸巡防处与海道测量局一样，直隶于海军总长，沿海各巡防分处的职能与警察职能类似，主要以下四项为具体职能：(1) 警卫海岸，巡逻于各海岸巡防站间，以防止海盗袭扰，防止走私，尤以私运鸦片和军火为重点；(2) 救防灾害，遇有紧急或重大

① 《中外大事记：其一，中国之部：北海部应付日本侵占海权，将设海岸巡防处》，《兴华》1924 年，第 21 卷第 26 期，第 41—42 页。

情形时,巡防分处得照会地方水上警察官署附近盐务科缉私船只或陆军军队,协同办理;(3)传报风警,为民船航运提供气象消息,就每年多次袭击中国沿海的台风及时发出警报,采取一切可能措施救助生命;(4)辅助航术,在民船、小轮船以及按内港行轮章程航行的舟艇经常航经的沿海及内陆水道各处,设置简单航标,诸如迄今向由当地及自助设置的未列名灯塔、标桩等,负责其维修①。

安格联经过考虑,认为海岸巡防处的建立与装备、巡逻,或者海岸巡防处的上述前三项的任何活动,海关不承担任何技术或行政责任。至于第四项,即提供内陆各处航标,暂由海政局代海岸巡防处承担最为便利,其经费名义由海岸巡防处支付,海关愿意每年由船钞账户给予海岸巡防处以经费补贴,此账户系按内港行轮章程航行的船舶所缴纳的船钞②。关于此处经费,大总统后又下令专文澄清:"原呈内称,所有经常之费,即在海关常税内民船船钞项下拨用一节。查海关并不征收常税,此项船钞,系海关税务司兼管五十里内常关所收民船船钞。呈内词义与该款事实微有不符,嗣后动拨此款,似应正名为各海关五十里内常关民船船钞,或简称五十里内常关民船钞,以符其实。"③

鉴于中国海岸线绵长,巡防处计划分界设防,划分东三省、直鲁、苏浙闽、粤琼4个区域,每个区域设一分处,分处辖报警台、观象台与巡防艇队。1925年2月,沈家门无线电报警台成立。1926

---

① 《法令(七月十日):临时执政令:兹制定全国海岸巡防处官制公布之此令》,《兵事杂志》1925年第136期,第2—4页。

② 海关总税务司署通令第3581号(第2辑),《为吴淞建立海岸巡防处其职能及与海关之关系并应予协助之指令事》,1925年1月8日,《旧中国海关总税务司署通令选编》第2卷,中国海关出版社2003年版,第397页。

③ 《公牍:杂项:咨海军部、交通部、税务处全国海道工防处现准贵部、海军部咨知改定名称为全国海岸巡防处已成奉指令照准等因分别咨行咨复查照文(七月十七日)》,《财政月刊》1924年第11卷第128期,第3—4页。

年 5 月,苏浙闽海岸巡防分处成立,该区之坎门、嵊山、厦门 3 个报警台也于该年组成。巡防处决定首先在毗邻香港的东沙岛修筑观象台,因民初曾有报纸舆论提议由港英殖民当局出资兴建,海军部以东沙岛设台观象,事关领土主权,进行不容或缓,坚持自行修建[①]。这个台限期施工,于次年告成,开始通报气象,这是中国人自己建造的第一个海岛上的气象机构。1926 年 7 月 26 日,在东沙岛举行了开台典礼,宣布东沙岛为军事区,划归海军管辖[②]。与此同时,随着海岸巡防处所属无线电及观象机关循序创设,专门人才需要增多,又先后设立无线电报警传习所和观象养成所,培育无线电报警及气象观察人员[③]。

1928 年 10 月间,渔船联合会禀呈,沿海岛屿不时发现盗匪掳掠,恳请浙闽海岸巡防处设法保护。于是,海岸巡防处组设护轮巡防处,先在南洋航线为各商船随船保护[④]。1929 年南京国民政府海军部重建之后,积极推广有关巡防设备。巡防舰队先后装备海鸿、海鹄、勇胜、诚胜、义胜等舰,又在舰上增设短波通讯。1930 年 4 月巡防处接收倒蹄礁灯塔,归嵊山报警台管理;并接收东沙灯塔,归东沙观象台管理。由上可见,海岸巡防处的创设,加强了中国领海的巡逻、防盗和护渔,并主持设置灯塔、浮标,在沿海岛屿和海岸建立观象台、无线电报警台等海政设施,也开设无线电报警传习所、观象养成所等培训机构,培养了大批中国海事人才。

---

① 《东沙岛之无线电》,《申报》1913 年 3 月 5 日。

② 海军司令部《近代中国海军》编辑部:《近代中国海军》,海潮出版社 1994 年版,第 771 页。

③ 杨志本主编:《中华民国海军史料》,海洋出版社 1987 年版,第 68—69 页。

④ 《批沿海岛屿渔船联合会呈为岛屿一带不时发现盗匪掳掠恳函请浙闽巡防处妥为保护当否乞示遵由》,《福建民政月刊》1928 年第 3 期,第 116—117 页。

四、海关协助创设近代江海管理机构的历史地位和意义

15 世纪大航海活动以后,世界从此进入全球化时代。进入 18 世纪下半叶,欧洲各国的经济与海外市场以及殖民地之间的联系越来越深,能够涵盖整个地球范围的海图成为必不可少的东西。在这种情况下,各国军队都陆续设置了水文部门,开始有组织地对江海水文进行测量及制作海图。最早的水文部门是法国在 1720 年设置的,随后丹麦在 1784 年,英国在 1795 年,西班牙在 1800 年也相继设置了水文部门。日本在明治维新之后的 1871 年设置了水文部门。从中国情况来看,郑和下西洋活动之后,中国越来越走向封闭保守,江海治理政策和机构越来越落后于欧洲国家。第二次鸦片战争新式海关在全国普遍创设以后,清政府在无近代海洋技术人才和专门经费保障的情况下,逐渐把海道测量、江河水利工程等委托给了有大量洋籍雇员的海关来办理。

较法国晚了 200 余年后,1922—1924 年,中国向西方国家学习,终于设置了独立自主的海道测量局、扬子江水道整理委员会、海岸巡防处等近代江海治理机构,这是中国海洋和领水主权意识觉醒的重要标志和切实行动的里程碑。民国初年的中国,乍看似内外时局纷扰混乱,而北洋政府在外争国权、内部发展等方面,仍做过不少有益的工作,海道测量局、扬子江水道整理委员会、海岸巡防处等机构就是典型事例。这些机构成立后,它们在短短几年内就做了江海航道测量、海图刊布等大量工作,并在维护渔业、护送商轮、促进航海贸易等方面,也发挥了重要作用,因此受到民间舆论的赞赏和褒扬。这些机构虽属于初创阶段,但从其建章立制、人才培养、技术传播等方面的经验和教训,为中国海洋事业的全面和深入发展来说,有着重要的历史地位和意义。

而从海关与近代海道测量局等机构的创设关系来看，西方现代江海治理机构和技术的东渐，并不是一蹴而就的，首先是经历了海关这个“中西混合”性质的机构的媒介，最后才彻底地实现了中国化。中国海关是近代在通商口岸开设的、由洋人管理的西式机构，也是中国最早现代化的文官部门。它既知晓西方的优势和先进之处，也了解中国的性格和虚弱地方，兼顾中西方的利益，是介于中国和西方之间混合机构。在晚清洋务运动开展时期，海关具有很大的扩张性，兼管了海务、港务等在内的许多现代化事业，推动了中国现代化的历史进程。但海关也知道自己的局限性，就江海事务来说，海关的影响仅限于通商口岸范围之内，所以到了民初安格联担任海关总税务司时期，他倡导和帮助中国政府创设了近代江海治理机构。

随着海关对这些近代江海治理机构的创设的促进，后来到了南京国民政府时期，中国民族主义浪潮风起云涌，这些机构便又开始逐渐收回和接管海关除征税之外的事关江海治理主权的事务，并以华洋之辨的眼光来看待海关洋员。在不平等条约无法革除的情况下，新设的江海治理机构自然不愿意让外人乃至海关的洋籍雇员染指中国海洋主权。而从海关角度来说，随着海关职能范围的日益受限和缩小，对于被迫彻底交出多年负责的海务、港务等工作，并非完全心甘情愿，于是该时的海关总税务司梅乐和找出各种借口来延迟工作的移交。从这个意义上讲，海关是在培养自己的掘墓人。但海关迟早有一天得要移交江海治理职能，这一点又是梅乐和所非常清楚的。他们必须逐渐适应一个逐渐觉醒的民族，这样才不会被完全地抛弃。

（姚永超，上海海关学院基础部副教授）

美国对华政策调整与《中美关税条约》的签订

李　亮　单冠初

从与列强一致行动到单独与中国修约、从关注北京政府到示好南京国民政府，为保证使本国处于最有利的地位，美国对华政策经历了较长时间的变化发展过程。这一变化发展的结果是，1928年7月25日率先与中国订立《整理中美两国关税关系之条约》(简称《中美关税条约》)，承认中国关税自主。但长期以来，专门论述评价《中美关税条约》的学术成果不多。代表性论文主要有：吕亚红发表在《宁波师院学报》1994年第2期的《试析〈整理中美两国关税关系之条约〉》，从美、蒋两个方面探讨了条约签订的原因和影响因素，并全面评价了条约签订的作用；仇华飞发表在《复旦学报》1996年第5期的《试论1928年中美新关税条约得失》，论述了签订中美关税条约的历史意义、价值取向及对中美经济关系的影响。由于关注的侧重点不同，以上文章对中美关税交涉的整个过程涉猎不多。比较引人注意的是，仇华飞发表在《民国档案》2002年第1期的《美国与中国关税自主》，从1927年1月凯洛格发表对华政策宣言到1928年11月美国正式承认南京政府，对南京国民政府建立前后中国同美国在关税自主上的交涉往来做了分析研究。但由于该文旨在探讨南京国民政府成立初期的美国对华关系，所以在选取时间上将华盛顿会议排除在外，同时关于1925年特别关税会议的考察也着墨不多。本文从美国对华政策调整的视角出发，力求对1919—1928年近代中美关税交涉的整个过程作出客观详细的描述和恰当的评价，以弥补这一方面研究的不足。

一

中国丧失海关自主权始于鸦片战争以后签订的不平等条约。1842年8月29日签订的中英《南京条约》首先剥夺了中国的关税自主权，中国由此进入了协定关税时期。该条约规定对英商进出口货税等“均宜秉公议定则例”[①]，但并未确定税率，也无税率应由两国协定之意。次年作为《南京条约》之补充签订的《五口通商附粘善后条款》《五口通商章程》和第一个片面协定税则《海关税则》，却规定“出口货有不能赅载者，即论价值若干，每百两抽银伍两”，进口货中，除香料、木材、钢、铁、铅、锡等类“不能赅载者”实行“值百抽十”外，绒货、杂货、钟表、钢铁器、棉布及新货，有“不能赅载者，即按价值若干，每百两抽银伍两”。1844年中美《五口贸易章程》和《海关税则》(即《望厦条约》)又规定：“倘中国日后欲将税例更变，须与合众国领事等官议允。”至此，中国关税主权便进一步沦丧，中国如要修订税率就需获得外国侵略者同意。

1919年巴黎和会期间，北洋政府曾以战胜国身份，主动且满怀希望地提出包含“关税自由权”的《中国希望条件说帖》，要求与会各国承认中国有权修改现行关税条约，并在两年后适用国际通行之税率；此间另以互享优惠待遇、对奢侈品和原料品设差别税率、必要品税率不低于12.5等条件，与各国商定新条约之税率，从而第一次把中国人民要求修改不平等条约和实行关税自主的愿望

① 王铁崖：《中外旧约章汇编》第1册，三联书店1957年版，第31—32页。

昭告于天下,结果却被列强以此议不在和会权限为由而轻描淡写地置于会程之外。

1921年11月华盛顿会议召开时,中国代表顾维钧再次提出了关税自主案,并发表了《对于中国关税问题之宣言》。当时,中方代表除在全体委员会说明中国关税问题情况外,还提出了三项建议,为便于讨论,又在分委员会提出了6条具体意见①。中国代表所提各条主要集中在关税自主权问题上,即要求列强同意中国实行1902—1903年中英、中美、中日商约所载之裁厘增税,而基本未提收回海关行政权和关税收支权问题。但是,原本就以裁厘增税作为阻止中国关税自主的帝国主义各国仍无意满足中方的要求。在多次讨论后,中、美、比、英、法、意、日、荷、葡于1922年2月通过了《九国公约》,除要求各国承诺遵守门户开放原则,不在中国谋求独占利益和特殊地位外,还规定在任何情况下,"牵涉本条约规定之适用问题,而该项适用宜付诸讨论者,有关系之缔约国应完全坦白,互相通知",即基本确定了以国际合作代替国际竞争的大国"协商"机制。会议就关税问题作出10条规定,虽然同意中国在过渡期内对普通品增征值百抽2.5的附加税,并在"特别会议"认为"不

① 三项建议是:(1)应由与会各国议定,在一定时期将关税自主权交还中国;(2)自1922年1月1日起,将中国进口税则增至切实值百抽12.5;(3)应由中国与各国从速协定一种新税制,使中国对各种进口品能自由征收适当关税,并对奢侈品与必要品有区别税率权。6条具体意见即:(1)应立即将现行值百抽五之进口税率增至切实值百抽12.5;(2)中国允于1924年1月1日裁厘,各国亦同时同意中国征收1902—1903年中英、中美、中日商约所载之进出口附加税,并允对奢侈品在12.5进口税外另征附加税;(3)本次协定后5年内应再以条约商订新关税制度,届时,中国可在值百抽2.5之最高限度内自由订定税则;(4)应立即废除现适用于陆路输出入各货之减免税制;(5)此次协定签字后届满10年,应即废止中国以往与各国就关税、子口税及其他税项所订条约之条文;(6)中国自愿声明,无意改变中国海关行政之现行制度,也无意将业经抵押外债之关税收入移作他用。"参见蔡渭洲编著:《中国海关简史》,中国展望出版社1989年版,第128—129页;武育干:《中国关税问题》,商务印书馆1938年版,第118—119页。

致有碍商务"时，对奢侈品增征"不得逾按值百抽五"的附加税，但又规定过渡办法的实施条件及关税增收的用途等，须由各国代表所组织在3个月内另行召开特别会议决定，实际上搁置了中国提出的关税自主要求。这表明，该条约仍是一个典型的协定关税条约。

由于法国借"金法郎案"拖延批准条约，特别关税会议延至1925年10月才在北京开幕。参加会议的除上述9国外又增加了瑞典、挪威、丹麦和西班牙，共13个国家。当时中国要求废除不平等条约声浪日高，尤其"五卅惨案"发生后，中国民众"不再满意于华盛顿会议所通过的议案"①，此呼声更成全国一致要求，舆论界则多主张径行宣布关税自主，反对召开关税会议。但北京段祺瑞政府却为求国库增收而决定开会，并相继批准和公布了《关税自主办法大纲》《关税定率条例》和《烟酒进口税条例》。中国代表王正廷就关税问题提出了各国声明尊重中国关税自主并允诺解除以往的中外条约对关税之束缚；中国承诺裁厘与国定税率条例同时实行，但不晚于1929年1月1日；实行国定税率前中国海关税则除照行值百抽五外，得加征临时附加税；临时附加税自签约日起3个月后开征；前四项问题应于签字日起生效等5条意见②。此案提出后，各国因在华利益的重点及利益取向等有所不同而未能协调一致，但均无诚意马上同意中国实现关税自主。日本因其主要输华商品结构与新兴的中国经济冲突极大，一旦失去特权将无法与美英等国在华竞争，故一直强烈反对中国增税，但此时为躲避中国民族独立解放运动的锋芒，却抢在美英之前表态承认中国关税自主，同时又提出了种种附加条件，如要求中国立即制定国定税则和

---

① 波赖、曹道明：《最近中国外交关系》，正中书局1935年版，第211页。

② 武育干：《中国关税问题》，商务印书馆1938年版，第125—128页；申晓云：《"济案"——"九一八"前日本挑战华会体系试探》，《江苏社会科学》2001年第6期。

税率表,且于3年内和裁厘同时颁行;过渡期内应与各国议定新约并提出互惠的协定税率;国定税则须与新条约同时实行;等等。英国在"五卅运动"和"沙基惨案"后已被中国人民视为"头号帝国主义"而备受打击,尤其看到日本激起事端后却自谋脱身,单独与中方私下解决,故强调增征附加税须由海关统一执行,并以同意中国增税来维护其对中国海关的控制。美国鉴于国际关系和战略格局的变化,其对外战略已从不承认民族主义转为更注重自身公正形象和投资环境的稳定,再加上在华没有租界,受中国反帝运动冲击不大,遂有意无意地显出超然态度或同情中国以博好感。会议初期,美国曾以裁厘为条件同意将税率提到最高12.5%。其驻华公使马克谟(J.V.A.MacMurray,即马慕瑞)还表示:"无论何国,苟强提其不合理主张,使此会陷于破裂,则届时美国或取单独行动,亦未可知。"①11月19日,经荷兰和瑞典代表调停,会议通过了关于中国关税自主问题的一项决议:"各缔约国(中国在外)兹承认中国享受关税自主之权利,允许解除各该国与中国间现行各条约中所包含之关税束缚,并允许中国国定关税定率条例于1929年1月1日发生效力。中国政府声明裁撤厘金与中国国定关税定率条例须同时实行,并声明于民国18年1月1日即1929年1月1日须将裁厘切实办竣。"②

特别关税会议是中国收复关税自主权的一次重要的外交实践,虽未将实行关税自主与中国裁厘完全脱钩——如美国的提案除把厘金和内地税混为一谈,要求一律废止外,还规定附加税应用于偿还无担保外债、各省裁厘抵补和中央行政等途,以及在一定时期后由列强审查中国是否裁撤厘金等,这不仅干涉了中国对增收

① 《美代表马克谟对华之谈话》,《晨报》1925年11月5日。

② 程道德、郑月明编:《中华民国外交史资料选编(1919—1931)》,北京大学出版社1985年版,第376页。

关税的支配权，也给中国关税自主加上了一条新的锁链，但会议最终通过的决议采纳中国政府自行宣布在关税自主的同时实行裁厘，而不是由列强将裁厘定为中国关税自主的条件，显然超出了华盛顿会议确定的讨论范畴，表明列强在中国高昂的民族主义浪潮下有所让步，因此可称中国近代史上意义重大的一笔，并为南京政府此后与各国谈判新的关税条约提供了条约依据。至于有关附加税用途和税率问题的委员会会议，则因决议公布后北京30余团体举行"关税自主示威运动大会"，要求立即解散关税会议，废除一切不平等条约，无条件收回关税主权，并与警察发生冲突；不久又因奉系再次入关，京津地区战事激烈，北京政局不稳，中国委员常不到会而一再停顿。此间，中国代表于曾1926年2月提出将附加税率分为七级——最低二分五厘至最高二成七分五厘，各国对此大体赞同，唯英国和美、日希望减少级数(分别提议分三级和五级)。后因王正廷突然辞职、段政府很快宣告下野，各国代表遂纷纷离京，并于7月3日宣布会议无限延期。就这样，费时半年余、耗资百余万元的关税特别会议暂告终结，附加税问题也因此议而未决。[①] 此后，新入主北京的直系军阀吴佩孚虽一再要求重开关会，但因列强见中国民众和各派势力纷起反对，北京政府无力控制政局而反应冷淡，关税会议续开无日。

在北京政府进行"修约"外交的同时，国民革命在中国南方勃然兴起，列强在中国获得的特权遭到了前所未有的冲击。1926年7月9日，国民革命军在广州宣布誓师北伐。在广大民众的大力支持下，北伐军一路势如破竹，中国革命形势发展迅猛。随着北伐军不断向长江中下游推进，为免受革命锋芒的打击，更由于列强间竞争多于合作，美、日、英等国遂开始调整对华政策，并纷纷向势力迅速发展的国民政府伸出了橄榄枝。为了抵消各国调整对

① 武育干：《中国关税问题》，商务印书馆1938年版，第143—145页。

华政策对美之不利影响，彰显比他国更加开明公正的形象，美国政府公开表示：美国准备随时同一个能代表中国并履行其职责的政府建立关系和谈判，不同个别省政府或若干省政府签订总的关税协议。

1926年9、10月间，国民政府撇开列强、不平等条约、关税特别会议和列强控制的海关，先后在广州等地以"特别税"和"内地税"名义开征华盛顿会议所允诺之附加税[①]，率先以单方面的行动，对近代以来形成的殖民地关税制度发出了挑战。对此，列强迅即提出了抗议和警告。马慕瑞提议各国以强硬立场阻止国民政府这一无视华盛顿条约的行动，甚至要求国务院在必要时与英、日一起出动海军护关，或采取其他适当而强有力的防卫措施，"以阻止广州当局征收此税"。但面对愈益发展的中国民族主义风暴，美国政府已决定放弃用武力维护条约权利的"强硬政策"。美国国务卿凯洛格(F.B.Kellogg)于10月初复电马慕瑞，否定了"与英日讨论海军示威或采取其他强有力措施"建议，指令马慕瑞坚持只抗议广州政府征收此税的立场。[②] 11月23日，即否定了马慕瑞上述建议后，凯洛格又指示美国关税会议代表团：国务院不反对召开会议以贯彻华盛顿条约所规定的附加税，但不同意就中国关税会议问题展开全面讨论，因为北京政府不能代表全中国，且广州政府会反对这么做，如果广州政府能控制大部分中国，美国可考虑达成一项协议，放弃对关税的控制。[③]

---

① 程道德、郑月明编：《中华民国外交史资料选编》(1919—1931)，北京大学出版社1985年版，第359—361页。

② 《凯洛格致梅耶电》，1926年10月5日、22日，《美国对外关系文件》，1926年卷1，第871、885—886页；王立新：《华盛顿体系与中国国民革命：二十年代中美关系新探》，《历史研究》2001年第2期。

③ 《美国外交文件集》，1926年卷1，第847、855、859页。引自熊志勇：《试析20年代美国对中国收回主权运动的态度》，《近代史研究》1992年第3期。

二

1926 年元旦,国民政府在宣布迁都武汉的同时,由财政部“通令海关悬青天白日旗,自东(1 日)起,实行征收与粤一致之增征普通品百分之二五,奢侈品百分之五之新税率”,已于上月 30 日“令交江海关监督兼交涉员张肇元通知领团”①。这时,英国为维护对中国海关的控制,又打算单方面无条件同意中方经海关征收华盛顿会议提出的二五附税,美、法等国也有意附和之,唯日本强烈反对。其理由是此时承认征收附税,将使中国更加无视现行条约,但实际是“日人满期去年的关税会议就新征关税内,觅一固定担保”②。然因关会停顿而所望落空,故担心在此时无条件允征此税,会使其多项无担保借款失去着落。

这时,原打算先获得列强允许再征附税的北京政府也对可能因增税而获得的 2 000 余万元新收入垂涎不已。在 1927 年 1 月 3 日临时关税委员会和内阁联席会上,即将出任安国军总司令部政治讨论会会长的梁士治提议,由内阁下令即行开征二五附税,并获顾维钧、颜惠庆、王宠惠赞同③。12 日,北京内阁一致通过顾维钧所提出的征税令,并决定“明令发表”关于恢复关税自主权、催开关税特别会议及征收附加税的三项大总统令。次日,北京政府外交部将此决定和大总统令分别送往各国驻华公使馆。北京政府宣布实行关税自主、增征二五附税的命令在列强中引起巨大反响。英

① 《民国日报》,1927 年 1 月 5 日。转引自单冠初:《中国关税自主和安格联事件中的日本》,《史林》2002 年第 2 期。

② 《申报》1927 年 1 月 9 日。转引自陈诗启:《中国近代海关史》,人民出版社 2002 年版,第 599 页。

③ 《晨报》1927 年 1 月 13 日。转引自习五一:《论顾维钧内阁征收海关附加税与罢免安格联事件》,《民国档案》1987 年第 1 期。

国认为其输华货物多高价品，“增税二五，销售上影响甚微”①，如中国各派均自行增征、特别是撇开海关实施，势必引起海关分裂或崩溃，故不如允其经海关征收。为此，遂以上年末《英国对华新政策备忘录》已无条件同意中国征收附税为由不予反对。法国当时欲以同意中国征收附税来换取中方对“中法越南修约问题”让步，故取默认态度。美国一面认识到“在不久的将来我们将不得不让中国摆脱协定关税的束缚”，而“美国的舆论肯定是支持尽早召开关税会议和放弃协定关税的”，同时也觉得中国提高关税，对其大部输华物品并无影响，部分奢侈品可以抬价弥补；受影响最大的将是来自日、英的占中国进口25%的纺织品和3%的卷烟，这反而会有利于美国同日、英的商业竞争，故也不表示反对②。其他意、西等国皆因利害不大，故均以领袖公使即荷兰公使欧登科（W.J. Oudenijk）马首是瞻。日本则认为，“极普通奢侈品之输入，以日货为最多，尤见切肤之利害”，且“附税的征收，关系到几达三万万华币的‘西原借款’”，可能“茫然无着落”③，因而以其对华贸易之特殊性和中国市场对日之重要性为理由，坚决反对英美等国对此取宽容态度。芳泽在接到北京政府照会后，即要求领袖公使欧登科召开外交团会议进行讨论。

在1927年1月20日召开的外交团会议上，美国代办梅耶（F. L.Mayer）称：“美国政府不反对无条件许与附税。但我认为现北京政府并非各国均承认之政府，故不应对其正式作答，而应以宣言形式公之于世。”日本驻华大使芳泽则以这样做可能会“轻易放过中国恢复自主权之论据和双重课税问题”为由进行阻挠。唯英、

① 《申报》1927年1月9日。转引自陈诗启：《中国近代海关史》，人民出版社2002年版，第599页。

② 熊志勇：《试析20年代美国对中国收回主权运动的态度》，《近代史研究》1992年第3期；陈诗启：《迈向关税自主的第一步》，《近代史研究》1995年第1期。

③ 陈诗启：《迈向关税自主的第一步》，《近代史研究》1995年第1期。

美、法各使都表示，宣言可不触及自主权问题，而双重课税乃是不得已之事，应据实情再予处置。其他各国中各使均依本国政府指令默许中国增征附税(唯瑞典代理公使称尚未获训令)，并赞成欧登科关于发表共同宣言之议。最后，会议委托荷、法、美三使起草共同宣言，以供下周四续会讨论。

在此情况下，日本政府为避免孤立采取了一系列补救行动。首先，指令其驻华各地领事向中方施压，阻止中国增收附加税。其次，命其驻英、美等国大使在所驻国开展游说。1 月 21 日，日驻美大使松平奉命拜访美国务卿凯洛格，表示："日本政府反对未经华盛顿条约规定的谈判便同意中国实施附加税的提议。""日本政府认为，照此方针等于正式承认中国废除华盛顿会议条约"，并"深信此举将被中国人视为明确暗示：列强将认可中国单方面废弃条约中的关税和治外法权规定"。次日，松平还向美国务院远东司司长亨贝克(S.K.Hornbeck)，重申日本政府反对列强发表准许中国无条件征收附加税之联合声明的立场："值此条约上列强权利受到攻击，急需列强齐心协力之际，此声明将意味着华盛顿条约的废弃。"一向视华府条约为远东外交里程碑的美国政府，对日本的这番警告也有所顾忌，凯洛格为此指令驻华代办："为使列强在此事上统一行动，应竭尽全力调和分歧。"①同时，为不让英国"在中国人面前充当比美国更好的朋友的角色"②，凯洛格还在 1 月 27 日发表对华政策声明，在罗列其种种对华"善意"后，声称"美国政府以同情的兴趣注视中国民族的觉醒，并且欢迎中国人民在改变政府制度上所获致之每一进步。……本政府愿意以最宽大的精神与中国

① 《国务卿致驻华代办梅耶电》，1927 年 1 月 24 日，《美国对外关系文件》1927 年卷 2，第 374 页；习五一：《论顾维钧内阁征收海关附加税与罢免安格联事件》，《民国档案》1987 年第 1 期。

② 申晓云：《"济案"——"九一八"前日本挑战华会体系试探》，《江苏社会科学》2001 年第 6 期。

办交涉。本政府在中国没有租界,并且绝不曾对中国表现任何帝国主义的态度"[①],基本上默许了北京政府径自征收附加税,实际上把美、英的竞争态势表露无遗。

北京政府宣布实行关税自主、增征二五附税,遭到了武汉国民政府的强烈反对。早在1927年年初,武汉国民政府外长陈友仁就在与日本驻华公使佐分利会谈时表示,如北方强行实施附加税,他就打算以非常手段扣留其辖地的海关收入。北京政府发布征税令后,陈友仁于1月20日对来访的比利时驻华公使馆参赞表示:"北京政府不能代表全国,不能与外国政府订立关于全国之条约","如有与之订立正式条约者,即系表明与国民政府处于敌对地位"[②]。1月22日,武汉政府又发表宣言称,所谓的新中国政府须"有统治全国之能力","而非偶然控制北京,头胸浑沌之狐群狗党",并"普告列国:本政府愿单独与任何列强,开始谈判讨论修改两国条约及其他附属之问题"[③]。23日,陈友仁拜访日本驻汉口总领事高尾亨,柔中有刚地表示:国民政府把任何与北京政府等地方和非法政权进行或完成修约交涉的国家,都视为不友好国家。他本人及国民政府虽对日本怀有好感,但决不会承认日本与北京达成的任何协定。……排日运动势必再起明若观火。目前正是国民政府或北京政府中的某一个将统治中国的关键时期,即使从日本对华之整体利害关系看,如以毫无任何实力之北京政府为对手也甚不合算。陈友仁还表示:翌日,国民政府将会就日本与北京之谈判发表一个声明。但这并非对日施加压力或表示不逊[④]。

---

① 程道德、郑月明编:《中华民国外交史资料选编》(1919—1931),北京大学出版社1985年版,第374—377页。

② 王建朗:《中国废除不平等条约的历程》,江西人民出版社2000年版,第197页。

③ 同②,第372—373页。

④ 《高尾亨致芳泽谦吉》,1927年1月24日,《日本外交文书》,昭和期Ⅰ第1部第1卷,1989年,第774—775页。

同日,陈友仁还拜会美国领事,表示反对美国同北京政府就修约问题作任何谈判或达成任何协议①。从后来凯洛格对华政策声明的内容看,美国政府显然从陈之话中感到了压力。25 日,美国驻华代办梅耶电告凯洛格称:“英国公使收到了总税务司来自汉口(他正在该地与国民政府协商)的电报,获知:陈友仁宣称,如果北京当局开征海关附加税,国民政府将扣留其所控制地区的所有关税。”②两天后,凯洛格发表对华政策声明称,“美国现在仍准备着,与中国任何政府或任何能代表整个中国或代中国发言的代表谈判‘二五附加税之实行’”,乃至“恢复中国的完全关税自主”③。话中虽未明指国民政府,但至少表现出其并不认为北京政府有此资格。这表明,随着北伐战争的胜利推进,美国开始改变 1925 年北京特别关税会议以北洋政府为唯一谈判对手的政策,其外交天平正日益向中国国民党及其领导的武汉国民政府倾斜。

1926 年年底至 1927 年年初,中国工人运动以前所未有的声势蓬勃开展起来。在工人运动的高潮中,发生了震惊中外的收回汉口、九江英租界的斗争。1927 年 2 月,汉口、九江英租界被广州国民政府正式收回后,英国向美国建议联合出兵保护租界。凯洛格则向英国表示,美国在华军队的任务只是保护美国侨民的生命和财产,无意在中国制造战争,意即美国在中国革命中将保持“中立”,不倾向于使用武力维持美中条约的有效性。3 月 24 日,北伐军光复南京。当天下午,溃退的直鲁联军和南京城里的一些兵痞和流氓乘机抢劫。英、美两国借口侨民和领事馆受到“暴民侵害”,

① 《币原喜重郎致高尾亨》,1927 年 1 月 29 日,《日本外交文书》,昭和期 I 第 1 部第 1 卷,1989 年,第 781—782 页。

② 《驻华代办梅耶致国务卿电》,1927 年 1 月 25 日,《美国对外关系文件》1927 年卷 2,第 379 页。

③ 程道德、郑月明编:《中华民国外交史资料选编》(1919—1931),北京大学出版社 1985 年版,第 374 页。

悍然下令炮轰南京，制造了震惊中外的“南京惨案”。“南京惨案”发生后，蒋介石多次谈话表态：此“系属双方误会所致”，“予外侨以满意之解决”，但列强并不满意。马慕瑞从维护美国在华特权出发，强烈请求美国政府联合英、日等对华实行武装干涉。但凯洛格反对对中国实行国际制裁或施加军事压力，表示将不在五国公使第二次对华通牒上签名，并打算单独同中国政府交涉，从而摒弃了九国公约所确立的列强协商模式。

南京国民政府成立后，为了缓解财政困难、争取民心以及巩固其在党内派系斗争中的地位，也为了打击北京政府、树立“独立国家”的形象，很快就宣布实行关税自主、裁撤厘金和统一税则。1927 年 4 月 21 日，即“先就关税权自动的宣告独立”。5 月，首任外交部长伍朝枢在宣誓就职的同时，宣布将“于适当时期提议废除不平等条约”①。6 月 26 日，财政部部长古应芬又发出通令：自 7 月 1 日起实行统一卷烟税，值百抽五；废除旧时之二五出厂税及附税。两天后，国民党中央政治会议又致函财政部，表示已采纳中央财政会议意见，决定于 8 月 1 日起实行关税自主，同时将所有粤、桂、苏、浙、闽、皖 6 省厘金及与之性质相近的通过税一律裁撤；入口关税除特定物品如烟酒等，依特定税则征收外，其奢侈品征 30%，普通品征 12.5%，以后统一各省即继续仿行，令财政部切实实行②。7 月 20 日，南京政府颁发布告，决定自 9 月 1 日起，在江苏、安徽、浙江、福建、广东、广西 6 省实施关税自主，裁撤厘金，并同时公布了《国定进口关税暂行条例》《裁撤国内通过税条例》《出厂税条例》等相关法规。8 月 13 日，伍朝枢代表国民政府发表对外宣言称：“凡经前北京政府与各国所订各种不平等条约，现今再无存在之理由，当由国民政府以正当之手续，概予废除；

① 《民国大事日志》第 1 册，传记文学出版社 1978 年版，第 362 页。

② 同①，第 367 页。

至此等条约中规定修改期限而现已期满者，更应即予终止，由国民政府与关系各国分别订立新约。嗣后任何条约协定，非经国民政府缔结，概不发生效力。"①废除旧约、改订新约的外交运动由此启动。

南京政府"迳自"宣布关税自主的行为受到列强的抵制，各国驻华公使均不公开响应，部分国家还调集军舰进驻中国各地海关进行武力威胁。与此同时，孙传芳部节节南逼，威胁南京。在此内外交困之下，国民政府决定暂缓实行《裁撤国内通过税条例》《国定进口关税暂行条例》等，宣布自 9 月 1 日起全国陆海关税一律自主。11 月 2 日，伍朝枢发表宣言，重申 8 月 13 日宣言之精神。11 月 23 日再次发表对外宣言，明确提出："中国前政府与外国公司及个人所订立之不平等条约及协定，既无存在之理由，国民政府于最短时期内废除之。"②1928 年 1 月，国民党召开中央会议，蒋介石提出了改订新约运动的方针："应以和平方法与不妥协之精神与缔约各国分别进行缔结新约的谈判，如缔约各国拒绝谈判或谈判无结果时，即依据国际公认的习惯，本情势变迁之理由，单方面宣告废约。"③2 月 21 日，出任外交部部长的黄郛发表对外宣言指出："现经公认为不平等之中外各约，国民政府为欲促其早日废除起见，当并力准备，切盼于最短期内，得与各友邦开始商订新约，以平等及相互尊重领土主权为基础。"④但较之以前，此宣言有了明显变化。除语气和缓外，特别表明"讲信修睦为主"的外交方针，颇有示好列

① 洪钧培、钮长铸、张文伯：《国民政府外交史》第 1 集，华通书局 1930 年版，第 234—235 页。

② 陈志奇：《中华民国外交史资料汇编》(5)，渤海堂文化事业有限公司 1996 年版，第 2283 页。

③ 《国闻周报》5 卷 4 期，第 4 页。转引自王玮：《中国历代外交问题》，泰山出版社 2009 年版，第 470 页。

④ 程道德、郑月明编：《中华民国外交史资料选编》(1919—1931)，北京大学出版社 1985 年版，第 413 页。

强之意,反映了南京国民政府正在由废约走向修约①。

三

南京政府改订新约的突破口,是商约尚未期满、但已于当年3月与中方完成了"南京事件"之善后并多次明示愿与中国修约的美国。1928年2月26日,黄郛在上海会见马慕瑞时就提出了与美国修约的问题。马慕瑞后来在致美国务卿电之附件《驻中国公使馆第三秘书的备忘录》中作了汇报:"他(黄郛)说有些条约能够在不影响在华美国公民的地位的前提下作出修改,尤其是关于关税方面的条款,他希望美国政府能够在这方面起到带头作用。"②3月30日,南京政府与美国政府互换照会,就"宁案"达成谅解。在对美照会中,国民政府外交部声称这一事件完全为共产党煽动而发生,并"以极诚恳之态度向贵(美)国政府深表歉意",保证不再发生同样事件,"惩办肇事兵卒及其他人";"对美国在宁领馆人员及美侨所受生命财产上之损失,担任充分赔偿"。③ 同日,马慕瑞复照表示:"美国政府深信此次解决之诚挚精神,故希望……诚实履行,借以表明南京当局对于中美两国人民他方面之关系,亦必以诚实与善意对待可也。"④"宁案"的谈判和协商客观上拉近了南京国民政府与美国的关系,为中美修约提供了契机。美国政府在"宁案"问题处理上也表现出不同于他国的立场,业已表示出修约的意愿。黄郛还在致马慕瑞照会中提议,"希望中美两国在外交上开一新纪元","以平等及互相尊重领土主权为原则,修订现行条约,并解决

① 李育民:《中国废约史》,中华书局2005年版,第642页。

② 《美国公使(马慕瑞)致国务卿电》,1928年4月26日,《美国对外关系文件集》,1928年卷2,第411页。

③ 国民政府外交部:《外交部公报》第1卷,第1号,第69—70页。

④ 同③,第70—72页。

其他悬案,为进一步之接洽"[1]。而南京国民政府在"宁案"问题处理上的表现,也使马慕瑞觉得南京政府"正在显示自己有能力巩固在中国的地位,成为可接受的政府"[2],故他在复照中除重申凯洛格对华政策声明的有效性后,还表示"希望当时所以必须载在旧约各条款之情形有以改善,俾得随时遇机将所有不需要及不妥当之约章得经双方同意,正式修改"[3]。

5 月 30 日,日军为阻止国民党军队二次北伐,制造了"济南惨案"。"济南惨案"的发生让长期以来对日本存有幻想的南京国民政府大失所望,迫使其重新考虑更为实际的可依靠对象。而出于维护在华利益的需要,美国也想利用中日交恶的机会,拉拢南京国民政府,抵制日本在华扩张。此后,随着张作霖的遇难和北伐军的入京,中国南北政权对立状态的消失和基本统一局面的形成,美国对南京政府态度也进一步发生变化。美国准备立即承认这个政权,以获得这个新贵的好感和信任,占据对华外交优势。6 月 12 日,凯洛格致电马慕瑞,称"我们现在与国民政府有事实上的关系,与这一政府进行条约谈判至少说明承认它的地位",尽管目前不提认可问题,但"与他们缔结条约就相当于是权利上的认可"[4]。

南京国民政府名正言顺地成为全国性的政权,使其在对外交涉中较历届政府有了更大权威,其对外交涉获得了更有力的法理依据和实力支持。6 月 15 日,南京国民政府发表第二次对外宣

---

① 程道德、郑月明编:《中华民国外交史资料选编(1919—1931)》,北京大学出版社 1985 年版,第 419 页。

② 《国务卿致美国公使(马慕瑞)电》,1928 年 7 月 11 日,《美国对外关系文件集》1928 年卷 2,第 453 页。

③ 程道德、郑月明编:《中华民国外交史资料选编(1919—1931)》,北京大学出版社 1985 年版,第 420 页。

④ 《国务卿致美国公使(马慕瑞)电》,1928 年 6 月 12 日,《美国对外关系文件集》1928 年卷 2,第 450 页。

言，声明："中国八十余年间，备受不平等条约之束缚，既与国际相互尊重主权之原则相违背，亦为独立国家所不许。……今当中国统一告成之会，应进一步而遵正当之手续，实行重订新约，以副完成平等及相互尊重主权之宗旨。"①当天，凯洛格给马慕瑞发出训令，表示可依据对华政策声明的原则与南京方面进行谈判，既可以磋商关税问题，也可兼谈治外法权问题。

6 月 20 日，原听令北京的新疆都督布政使杨增新通电归顺南京，国民政府的统治日趋稳固。在此情况下，率先承认南京国民政府并与其建立外交关系，更有利于赢得对华关系的主动权。6 月 23 日，凯洛格给马慕瑞发出详细指示：一是授权他在"合适的时期""就条约中的关税条款"与国民政府会谈；二是美方可在享有最惠国待遇前提下承认中国关税自主，并于 1929 年 1 月 1 日起废除此前中美条约所规定的"进出口商品的海关税、子口税及吨位税"；三是在解决关税问题后，美方愿意与中国一起就治外法权问题进行会谈，但要考虑中国要有稳定的政府和较强履行义务的能力，诸如中国法律现状、法院的独立性以及中国对在华美国民众生命财产保护的质量和效果等。凯洛格还表示发表准备就关税条约进行谈判的声明②。

1928 年 7 月 6 日，北伐宣布完成。挟北伐胜利之余威，南京国民政府外交部于 7 月 7 日发表《废除一切不平等条约及另订新约之宣言》，称："除继续依法保护在华外侨生命财产外，特作下列之宣言：(一) 中华民国与各国间条约之已届满期者，当然废除，另订新约。(二) 其尚未满期者，国民政府应即以相当之手续解除而重订之。(三) 其旧约业已期满，而新约尚未订定者，应由国民政

① 程道德、郑月明编：《中华民国外交史资料选编(1919—1931)》，北京大学出版社 1985 年版，第 414 页。

② 《国务卿致美国公使(马慕瑞)电》，1928 年 6 月 23 日，《美国对外关系文件集》1928 年卷 2，第 450—451 页。

府另订适当临时办法，处理一切。”①“订约三原则”发表后，条约未到期的美国认为与中国进行修约谈判的时机已基本成熟，应主动与中国接洽，最先订约。当天凯洛格致电马慕瑞表示“无论是否有其他列强的参与，美国都会继续有关关税的谈判，并且美国政府希望在修约问题之前讨论关税问题”②。7 月 10 日，南京电令正在美国的前外长伍朝枢吁请白宫委派全权商订新约。双方很快决定先就“中美间条约关于关税之规定”订立协定。7 月 11 日，凯洛格一面致电马慕瑞授权其向国民政府声明：“关于中美现行的关税规定，美国政府会高兴地毫不犹豫地缔结新的条约，新条约可能会完全认可中国的关税自主原则，同时达成互惠协议。”③一面致信柯立芝总统表示：“对中国关税自主权实行操纵的时代已经一去不复返了，这一点是确信无疑的。”④因此，美应准备就关税问题与中国代表举行谈判。翌日，柯立芝总统回复表示赞同。7 月 20 日，马慕瑞与南京国民政府财政部长宋子文在北平开始密切接触，双方均希望尽快进行谈判以签订新约。24 日，马慕瑞奉美国国务卿之训令向王正廷递交了国务卿凯洛格就修约问题致中国外长之照会，内称欲委驻华公使与中方“即时商议，以期缔成新约”。次日，国民政府财政部长宋子文与马慕瑞签署了《整理中美两国关税关系之条约》。在该约中，双方议定：“历来中美两国所订立有效之条约内所载关于在中国进出口货物之税率、存票、子口税，并船钞等项之各条款，应即撤销作废，而应适用国家关税

① 国民政府外交部：《外交部公报》第 1 卷第 3 号，第 132 页。

② 《国务卿致美国公使(马慕瑞)电》，1928 年 7 月 7 日，《美国对外关系文件集》1928 年卷 2，第 453 页。

③ 《国务卿致美国公使(马慕瑞)电》，1928 年 7 月 11 日，《美国对外关系文件集》1928 年卷 2，第 454 页。

④ 《国务卿致美国总统(柯立芝)电》，1928 年 7 月 11 日，《美国对外关系文件集》1928 年卷 2，第 455—456 页。

完全自主之原则。”[①]美国正式宣布承认中国的关税自主权。

中美关税条约从中方正式要求到最后签字只花了半个月。之所以如此顺利，首先是因为凯洛格认为，外国“管理中国关税的行为已经面临应予废除的命运。虽然尚难确言现在之(中国)政府是否能发展为稳定的文明政权，但我认为给予世界各列强所能给予的一切鼓舞激励，将会在其处理潜伏着众多困难的国内问题时增强他们的力量”[②]。时为助理国务卿、后任驻华大使的詹森也指出，如不能现实地看待中国形势之发展，关注中国收回主权的要求，美国在华利益日后将遭受巨大的损失。这就是说，美国已深感外国共管中国海关事务已不合时宜，收复关税自主权已成为中国民众的共同呼声和不可阻挡之潮流。凯洛格为此向总统柯立芝建议：既然“我们或迟或早都要放弃这些权利”，那现在就应“帮助实现其愿望”[③]。其次是美国认为，南京政府“业已显示出有在中国建立一个可以接受的政府的能力”[④]，并“相信南京政府代表着国民党内的保守势力，且有机会稳定中国国内的形势”[⑤]。率先与其解决关税问题，既可以减轻美国亲华势力和舆论的压力，也有利于通过稳健的国民政府来避免中国民族主义的激进乃至“左”倾，乃至鼓励蒋介石反苏反共，垒起一道遏止共产主义的屏障。再次，从

---

① 程道德、郑月明编：《中华民国外交史资料选编(1919—1931)》，北京大学出版社 1985 年版，第 476 页。

② 《美国对外关系文件》，1928 年卷 2，第 456 页。引自[日] 久保亨：《两次大战期间中国对独立自主的探索——关税货币政策和经济发展》，东京大学出版会 1999 年版，第 30 页。

③ 王建朗：《中国废除不平等条约的历程》，江西人民出版社 2000 年版，第 241 页。

④ 《美国对外关系文件》1928 年卷 2，第 453—454 页。引自杨格：《中国财政经济情况》(1927—1937 年)，中国社会科学出版社 1981 年版，第 32 页。

⑤ 久保亨：《两次大战期间中国对自立的探索——关税货币政策和经济发展》，东京大学出版会 1999 年版，第 31 页。

中美贸易的商品结构看,当时美国输华商品主要是中国所缺的石油、面粉、烟叶、棉花等原材料和无能力生产的机械、汽车和钢铁等重工业品[1],而以保护国内轻工制造业为主要特征的中国关税政策,不仅对其输华品影响较小,甚至可能有所促进——中国拟大幅提高关税的纺织品和卷烟等主要来自英、日两国,调整税率后反而会制约美之竞争对手。当然,更重要的原因是中美新约仍保证美在华可享受与其他列强"无差别"的待遇[2]。如条约所载:"缔约各国对于上述及有关系之事项,在彼此领土内享受之待遇,应与其他国享受之待遇毫无区别。"[3]这样,即使其他列强随之承认中国关税自主,美国也会因率先签约而获中方好感,使其占据先发优势;如其他列强坚持协定关税,则美国虽已承认中国关税自主,也仍可享用无差别待遇;如其他列强有条件地放弃协定关税,美国也可均沾被这些条件所保留的权益。

中美条约并未全面废除两国旧约所有的不平等规定,也并未根本改变中美间的条约关系,而是仅就关税问题作了重新约定,也可说是对旧约作了部分修改,其核心内容是美国承认中国关税自主和双方在贸易及关税方面互给对方最惠国待遇。这不仅离中国朝野所热望的全面废约、重订平等及互尊主权之新约尚远,而且也为以后其他列强对华修约及关税谈判所沿用——如凯洛格所称:"为其他国家取消其对中国关税事务的所谓控制,指明了一条道

---

① 据久保亨统计,1926年美输华商品的结构及各类商品占其输华总额的比例分别为:原料等10 900万元(57.9%)、重化制品3 900万元(20.9%)、轻工品3 500万元(18.8%)、无法分类者400万元(2.4%)。同上书,第171页。蔡谦所著《近20年来之中日贸易及主要商品》(商务印书馆1931年版)中,对此也有详细统计。

② 据扬格称,为避免使用中国反对的"最惠国"字样而又保持美国权利,美方最后想到了"待遇不得有所差别"的表述。《中国财政经济情况(1927—1937)》,中国社会科学出版社1981年版,第19页。

③ 程道德、郑月明编:《中华民国外交史资料选编(1919—1931)》,北京大学出版社1985年版,第476页。

路，提供了一种模式。”[①]但美国政府在南京国民政府实现全国统一之前，率先与中国订立新约，承认中国关税自主的意义仍然不容低估。

首先，中美关税条约是国民政府修约运动的第一个成果，也是其在正常情况下（并非第一次世界大战时德、俄等国因战争或革命造成的）经外交谈判而与同中国存在不平等条约的列强签订的第一个国家间条约，对巩固南京政府在国内的政治地位以及中国人民争取民族独立和国家主权的斗争实属难得的鼓舞。其次，它以有法律效力的条约形式确认中国关税自主，表现出对中国收复主权之意愿的同情和支持，也为其他列强与中国解决关税问题提供了可行的模式。截至 1928 年年底，除日本以外的 11 个有关国家均与中国订立了新的《关税条约》，修约外交出现了一个新的局面。再次，中美订约还意味着美国对南京国民政府的事实上的承认，有利于提高中国的国际地位及其与列强交涉的信心与底气，也使南京政府与各国个别修约的方针得以坚持和推进。

中美关税条约的签订赢得了中国朝野和舆论的积极评价。中美签约当天，蒋介石在日记中写道：“此乃美国对华政策先占一着之胜利”，“以言平等对我之民族，当以美国为嚆失也”[②]。7 月 28 日，王正廷复照马慕瑞称：“贵国政府对于国民政府所定之修约政策，首先以最诚恳之意，予以美善之答复。足见贵国政府及人民与中国政府及人民推诚相与，将使两国历久之友谊，其基础益趋稳固而愈为光大，且可促进世界之和平。中国人民尤引为欣幸。国民政府更希望中美两国即将开始之会议，其结果将使一切急待解决之问题均可获以适当之解决。……期于最短期间内完成新约。”王

① 王建朗：《中国废除不平等条约的历程》，江西人民出版社 2000 年版，第 245 页。

② 《蒋总统密录》第 7 册，第 108 页。引自雄志勇：《试析 20 年代美国对中国收回主权运动的态度》，《近代史研究》1992 年第 3 期，第 175 页。

正廷虽对未能解决“一切急待解决之问题”略感遗憾①,但仍给予充分的肯定。以评论政治外交著名的《东方杂志》认为:“对条约内容虽有批评余地,但不可否认该条约在道义上支持了我们中国,给反对者带来了精神打击。”②《现代评论》也指出:这个条约不仅破坏了列强保持一致和合作的基本原则,而且国民政府在实际上得到了承认,“中美关税条约成立的结果,国民政府的国际地位,进于一个新阶段。”③

(李亮,上海师范大学马克思主义学院教授;
单冠初,上海师范大学马克思主义学院教授)

---

① 程道德、郑月明编:《中华民国外交史资料选编(1919—1931)》,北京大学出版社1985年版,第476—477页。

② 《中美关税新约》,《东方杂志》第25卷第18号,1928年9月。引自久保亨:《两次大战期间中国对独立自主的探索——关税货币政策和经济发展》,东京大学出版会1999年版,第29页。

③ 松子:《对外关系的新纪元(二)》,《现代评论》第8卷第197期。

辛亥袁世凯出山问题再探讨

丁 健

辛亥袁世凯复出,是辛亥革命史上一个十分重要的环节,其对武昌起义后的政局走向,乃至辛亥革命的结局都产生了重大影响,因此深受史界与坊间的双重重视。学界对此问题关注起步较早,并产生了一系列研究成果。但是,由于受时代与研究方法的束缚,特别是受传统有关袁世凯一生总体评价偏低——反动政治人物的局限,不少研究在史料运用和史实考证上显得粗疏大意,失实之处甚多;亦有一些著述人云亦云,缺乏新意,甚至添油加醋以讹传讹。这不仅有失历史研究之本旨,且离历史的本面目愈来愈远。尽管已有不少学者就这一问题细加考证,提出异议,纠正错误,可由于未有完全掌握最直接、最关键的证据链条,产生的影响并不深刻①;反倒是坊间所流传的错讹思想仍旧大行其道,成为阐释这一历史的主流。为了探本求源,历史地还原这一问题的真相,笔者以为仍有必要对之进行再探讨。现不揣谫陋,就这一问题做一粗浅探讨,不足之处,敬请方家批评指正。

---

① 比较有代表性论文有:郑焱:《武昌起义后袁世凯与清廷关系析》,《湖南师范大学社会科学学报》1991 年第 4 期;郑焱:《武昌起义爆发后袁世凯"出山"史实考辨》,《求索》1991 年第 6 期;刘路生:《袁世凯辛亥复出条件考》,《广东社会科学》2003 年第 4 期;骆宝善、刘路生:《袁世凯与辛亥革命》,《史学月刊》2012 年第 3 期;侯宜杰:《辛亥革命爆发后徐世昌是否密赴彰德会见袁世凯》,《近代史研究》2011 年第 3 期等。

辛亥袁世凯出山问题的主要内容包括：武昌起义后清政府是如何决策起用袁世凯的，袁世凯是否应诏出山，袁世凯出山是否附有苛刻的政治条件，袁世凯所上应行筹办各事务一折具体内容到底是什么，等等。实际上，辛亥袁世凯出山的真相是唯一的，不可能有多个，更不可能是公说公有理婆说婆有理。可是由于档案材料的匮乏，无论当时还是后世治史者都难以窥探真情，久而久之，因因相传就成了现在的众说纷纭，莫衷一是。为什么会如此，主要与当时报刊舆论的强势宣导及后世治史者疏于考证有关。

一、报刊舆论对袁世凯出山问题的强势介入

武昌起义爆发后，国内新闻媒体对革命形势争相转载、发表论说，对袁世凯复出问题也给以充分的关注。报刊舆论的及时报道，不仅能满足人们渴望获取政治内幕信息的心理，而且影响极大。可是其强势宣导对人们所造成的固化思维模式却很难被打破，不管正确与否，民众一概接受，尽管也有报纸针对之前相关不实报道进行及时纠正，但在形势动荡不安的情况下，对澄清事实并无益处，反而更增加了人们的恐慌心理，分不清孰对孰错。当时报刊舆论对袁世凯出山史实的建构，主要有以下几个关键点：

1. 袁世凯是否应诏出山问题

武昌起义后的第四天，清政府重新起用袁世凯。其实在袁世凯开缺回籍的两年多时间内，各报关于袁世凯再起的消息此起彼伏，不绝于耳。一方面表明袁世凯尽管已遭清廷遗弃，但其在清末以来形成的开明务实形象以及督练北洋六镇所形成的军事地位，并未能立即从民众的视野里一概抹去；另一方面表明宣统政局的动荡不安需要袁世凯这样强有力的政治人物收拾局面。因此，当清廷复起袁世凯上谕公布之后，立刻得到各种报刊的注意，其中关

于袁世凯是否出山的报道很多,但意见不一。

有的认为袁世凯必将出山。《申报》在清廷决定起用袁世凯后的第三日就指出:"北京政界皆信袁世凯此次必将出山,因已授以大权。且袁氏为革党最嫉恨之人,设不受任,亦必预受危险也。"①接着报道:"新鄂督袁世凯已允出山"②;"据官场宣称袁世凯电致徐世昌,允受湖广总督之任,故政府甚为欢喜,官场谓袁之声望,已足惊人。"③《民立报》也认为袁世凯应允出山:"据官报袁世凯已电徐协理世昌,允赴两湖新任,自袁氏起用后,政府中人对于时事转悲为喜。"④天津《大公报》亦指出:"袁项城刻已允认出山,驻京公使纷纷往谒,政府诸大老为中国得人庆,并请电饬该督迅速到鄂莅任,以慰中外人士之望。"⑤不仅如此,《申报》还进一步揭示了袁世凯出山的确凿证据,即两电各省督抚函电:"袁宫保近由彰德电致东南各省督抚云:世凯现将力疾就道,尚祈遇事指示,以匡不逮。昨奉命节调沿江各军,而各处伏莽颇多,须统筹全局,不敢顾此失彼,尊处军队想足备弹压地方之用,祈示复。""世凯此次奉命督鄂,正当武昌汉阳失陷,大局震动,时事阽危,何敢以病体固辞。现定日内誓师抵汉,先后承诸公分兵筹饷,共扶大局。甚感。特病衰如世凯,未悉能救时艰于万一否耳,还望诸帅远筹荩略,以匡不逮,抵汉后军事如何,容分别电陈,以慰廑念。"⑥相较而言,《顺天时报》关于袁世凯铁定出山的消息就稍晚一些:"彰德通信云:袁宫保已上折谢恩,决议出山剿办鄂乱,现在仍在彰德,因染疾违豫,正在医治,所调幕僚均渐到齐,项城与幕僚磋商进军方法,颇极周密,除亲

① 专电,《申报》1911年10月17日。

② 专电,《申报》1911年10月18日。

③ 专电,《申报》1911年10月18日。

④ 本馆北京要电,《民立报》1911年10月18日。

⑤ 《外交团对于袁项城之感情》,《大公报》1911年10月23日。

⑥ 《袁世凯以曾文正自居》,《申报》1911年10月26日。

随幕僚文案外,一切谢绝中外大员面晤。"①后又公布袁世凯起节督师前线日期:"本馆接到彰德来电云,袁宫保带同亲随员文武幕僚,已于昨日上午八点钟搭坐火车起节,赴南从事剿抚事宜。"②

有的认为袁世凯不会出山。持此论者大多聚焦于3年前袁世凯与清廷之间的旧怨,所以,在袁世凯再起问题上竭力渲染袁氏一方不愿出山。《顺天时报》在清廷下谕复起袁世凯的第四日就报道了袁世凯的态度:"政界人谈起用袁项城,已见明谕。近外风闻或云袁项城以病辞去,或云快而趋赴任,从事剿抚事宜,莫衷一是。今闻确实消息,昨覆奏云:臣久在北洋,兴办新政,嗣入枢垣翼赞,纶屏北洋事宜,虽稍能自任,至南省一带,人地生疏,隔膜不通。若任湖广总督之大任,恐误大局。请旨收回成命,另求贤能督办剿抚事宜。正在革党凶逞,时局威迫,今奉圣命,臣虽不肖,深受国恩,本应力疾从征,以答圣明,但因自去以来,查有脚疾,迄今未痊,身体动作颇不灵捷,仰祈圣鉴等语。"③《盛京时报》接着也传播认为比较可靠消息:"二十□日下午四钟内阁接袁慰庭宫保来电,仍系托病力辞鄂督之任,并云剿匪事宜身可担任,至湖广总督一缺务请代奏收回成命,另简贤员接替等语。当由阁老覆电谓此次简用系出自朝廷特旨,请即从速赴任,戡定党乱,毋庸固辞。"④不仅如此,就连沪上有名的《时报》认为袁世凯出山并无其事:"余(记者)于九月初一日晨赴彰德府城外袁世凯宅,据家人云现在一切宾客概不接见,惟前日荫大人曾于夜间来此,谈至五小时之久,外间传说宫保有赴任之说,实则并无其事,且现在毫不预备。"⑤

① 袁宫保之近情,《顺天时报》宣统三年九月初三日(1911年10月24日)。

② 袁宫保已经起节,《顺天时报》宣统三年九月初八日(1911年10月29日)。

③ 袁宫保之辞鄂督问题,《顺天时报》宣统三年八月二十七日(1911年10月18日)。

④ 廷臣齐速袁项城之续闻,《盛京时报》宣统三年八月三十日。

⑤ 东京日日新闻特派员访问袁世凯记,《时报》宣统三年九月初八日。

综上可见,武昌起义后,面对复杂的国内外局势,各报刊在及时报道湖北战事的同时,对清政府起用袁世凯的具体实情及袁世凯到底是否出山问题上,并未掌握完全有把握的根据,所以形成了出与不出截然相反的观点。事实上,报刊舆论所建构的史实,远比上述所言的要复杂得多,并非是不同报纸有不同的观点。其实,即便是同一种报纸,前后报道也有互相矛盾之处,今日说袁世凯不会出山,明日又说袁世凯颇有起意,或者今日说"袁世凯已开用湖广总督之关防,竭力召集其旧部各员以为臂助,而投书自荐者颇多,政府甚为欣慰"①,明日却说袁世凯不会赴任。

2. 政府是如何起用袁世凯的问题

武昌起义后,面对湖北督署的沦陷,清政府显然又怒又恨。怒的是革命终于成功,可能会引起连锁反应,邻省相继效尤;恨的是湖广总督瑞澂不争气,事前竟对湖北省城革命形势毫无掌控之力。当时京城上下专注于永平秋操,军谘大臣载涛、毓朗等贝勒因筹备秋操均已出京,所有军务问题专责于荫午楼大臣,遇之如此棘手问题,荫昌如热锅上之蚂蚁,据说"该大臣于二十日昼夜奔走于摄政王府及庆邸前后共十余次之多"②。结果,清廷便有了海陆并进的重大筹划,即:"一面由海军部加派兵轮,饬萨镇冰督率前进,并饬程允和率长江水师即日赴援,陆军大臣荫昌著督兵迅速前往。"③由此可见,清政府并非是第一时间就想到了袁世凯,而是后来形势的急剧发展,预料事机重大,特别是考虑到了北洋六镇可能出现的意外,才不得不让袁世凯出山收拾政局。

因清廷决策起用袁世凯是一件极为私密的事情,所以报刊舆论能够把其通过各种途径获知的信息公之于众,就已经很难得了,

① 译电,《时报》1911 年 10 月 22 日。

② 荫大臣之奔走仓皇,《大公报》1911 年 10 月 15 日。

③ 世续等修《宣统政纪》,《清实录》第 60 册,中华书局 2008 年版,第 63935—63936 页。

更不用说能够客观准确地揭露事件的内幕。所以,从此角度而言,报刊舆论对袁世凯再起的各种报道的真实性就大打折扣。但是由于关于此事的直接内部决策及当事人档案资料的匮乏,报刊舆论的说辞在人们认识这一事件上所发挥的作用,仍不容低估,甚至直接影响了后世史家对清廷起用袁世凯一事的书写。关于清廷起用袁世凯一事的内幕揭露,较早关注的是《大公报》,其在 10 月 18 日的要闻一栏中公开报道:"由庆邸亲作手书,派阮忠枢赍往殷殷劝驾,又闻荫午帅于出京时,涛贝勒送至前门车站,谆嘱道出彰德时须亲造袁慰帅处,请其顾念时局,从速出山。"①后又进一步追踪报道:"袁项城自奉旨简授两湖总督后,政府恐其固辞不就,除派阮忠枢赍书敦请外,复饬荫午帅造庐劝驾,兹闻政府因欲宫保之迅赴事机,昨又特挽袁公子克定速发家电,劝其封翁迅即起程赴鄂,以便指日剿平乱事。"②东北的《盛京时报》也对此事颇为关注:"二十三日起用袁项城之明谕发表后,廷臣如内阁总协理及洵涛朗贝勒并泽公伦贝子等均特致袁项城电一道,内容多系劝袁应诏出山,速定鄂乱,藉保大局,切勿执意辞却,以致有误事机。"③最为称奇的是《申报》对这一事件的报道:"京师盛传庆王扈驾西巡之说,其实庆王连日请假,系赴彰德亲访袁世凯劝其出山。"④后又有:"汉口自二十七日以后,连日未有战事,荫大臣乘间诣京,泣求另简督师大臣,由庆总理亲诣彰德强起袁宫保赴汉视师。"⑤总之,在未能准确获知清廷到底是如何运作起用袁世凯一事上,报刊舆论的强势介入,导致真假参半,或以假乱真,甚或真亦假来假亦真,使局势更为扑朔迷离,人心更为淆乱。

---

① 要闻,《大公报》1911 年 10 月 18 日。

② 是亦催袁速驾之一法,《大公报》1911 年 10 月 21 日。

③ 盈廷电速袁项城,《盛京时报》宣统三年八月二十九日。

④ 专电,《申报》1911 年 10 月 26 日。

⑤ 汉口战报,《申报》1911 年 11 月 2 日。

3. 袁世凯出山是否附有苛刻政治条件问题

袁世凯出山否附有政治军事条件，是当时报刊舆论聚焦袁世凯出山问题的另一个重要热点。在传统价值体系之下，这是对袁世凯政治品质甚至是个人道德素养的一个重要检验，也就是说，在“国难当头”的情况下，袁世凯出山所附的任何政治条件均是其个人形象重要的试金石，直接影响袁世凯与清廷关系的下一步发展，当然也关乎袁世凯个人道德品质的评价，所以其成为报刊舆论追逐的重要焦点之一。

关于袁世凯出山所提的政治条件，起初，报刊舆论的报道都是零散的，不成体系，如《申报》描述道：“袁世凯受任湖广总督之前，要求准其选带精兵一万名及予以兵饷三百万两，始允出山，政府已准其所请。”①之后其他报刊也有类似报道，但是随着局势的发展，以及政界人士更多信息的透露，袁世凯出山所提的条件渐渐浮出水面，而且内容更为丰富：“长江水陆各军统归袁世凯节制调遣，已见明谕。兹探得此谕之由来，实由项城自具密折奏请，原折要求八款，如蒙俞允，方能赴鄂：(一)全权大臣，便宜行事；(二)另刊关防；(三)长江水陆各军统归节制，荫昌亦须受其调遣；(四)调用旧员二十一人(内有段芝贵、赵秉钧、倪嗣冲、雷震春四人，余未详)；(五)关于财政，不准度部留难掣肘，以上五款，经监国会同总协理大臣集议一次，含糊允之，其余三款未经发表，无从探悉。”②由此可见，报刊已经获知袁世凯所提条件八款，这就比较具体了，但仅明确五款，其余三款不详。接着，又有报纸透露袁世凯出山所提条件七款，相比之前不仅增加了两条，而且具体内容亦有差异：“现闻朝廷已简授袁宫保为湖广总督，又将长江水陆各军归其节制，已见明谕。据政界消息云，袁项城自开缺后，政府未准起用，项城亦无

① 专电，《申报》，1911 年 10 月 21 日。

② 京师之鄂乱谈，《申报》1911 年 10 月 25 日。

出山之意,此次鄂乱发,朝廷著项城补授鄂督,项城亦不敢辞,由彰德已发密折到京,监国已阅看该折,据传闻该折要求八项,如蒙俞允,力能赴鄂等语。其所奏概闻数项如下：一、全权大臣,便宜行事;二、长江水陆各军统归节制;三、调用旧属人员;四、明年开设议会;五、开设责任内阁;六、剿讨革党以宽大为主;七、解党禁等语。监国摄政王已交内阁大臣筹议。”①后来这一说法又被《经纬报》等其他报纸原文转载传播②。由于缺乏原始档案材料的支撑,这样的说法久而久之就被民众接受了。

但与之相反的是,有一些报纸对袁世凯出山所提政治条件一事很不以为然,并认为袁世凯肯定不会愚蠢到这种地步:“今日各报皆有载袁项城已应诏出山,但开列多款,向政府作种种之要求,吾谓此必系外间揣测之词,项城恐愚不至此。”并进一步指出:“于何见之,项城此次起用非出于自然,乃出于无奈,项城岂不知之,无奈而用人,无论如何要求未有不勉强应允,只是要挟越多,猜嫌愈甚,就令一战成功,则鸟尽弓藏固意中事,万一事机不顺尤不堪设想,老练如项城岂肯取快一时,而自贻伊戚。故项城不出山则已,出则惟有秉成庙谟力肩军务,事平之后奉身而退,以全令名斯已,耳要求多款奚为哉。”③特别是认为关于前文所提及开设责任内阁一项,更不可能,因“项城曾私向人云：此次之乱但向皮毛上求治,未尝不能奏效,但为国之道,其根本所在贵能实行立宪。实行立宪即当建设责任内阁,化除满汉畛域,某所持之政见如此,但此刻军务吃紧,又不便先行奏陈,贻人口实,谓为先缓后急,似乎藉此要挟且邻于推卸,此则某所不敢当也”。但却指出袁世凯所提条件应有救灾一项:“近来灾民遍野,革党乘机煽惑,恐最易酿乱,弭乱之道,

① 袁制军条陈要项,《盛京时报》宣统三年八月三十日。

② 袁项城之要求八项,《经纬报》,宣统三年九月初一日(1911 年 10 月 22 日)。

③ 闲评一,《大公报》1911 年 10 月 23 日。

救灾实最急问题，盖救灾如救火，刻不容缓，倘此长拖，不惟民多涂炭，且令匪势更见猖狂，甚非计之得也。故项城电奏内又有救灾之请。至于事权不一，则措置必多牵掣，故项城特请病假暂缓行期。俾政府知其用意所在，日前又特调奏得力旧员七人前往差遣藉收臂助。以上仅急则治标之策。”①可见，关于袁世凯出山条件，报纸舆论的意见并不一致，真伪难辨。而后世学者在研究这一问题时，因档案资料的缺乏，显然难以摆脱舆论强势介入所造成的影响。

二、后世对袁世凯出山问题的建构

报纸舆论强势介入对袁世凯出山前后史实的建构，尽管尚存有观点前后不一，甚至互相抵触的缺陷，给当时民众造成了很大的疑惑，但还未待当事人澄清以及报馆自查清楚，辛亥革命就以南北各方拥戴袁世凯为民国临时大总统而草草结束了。于是，人们关注的重心很快发生转移，这种疑问就成了日后的历史问题。由于受报纸报道的分散，不宜长久保存等因素的影响，其所发挥的作用仅限于当时民众以及后来治史的学者，影响有限。实际上，对袁世凯出山前后相关史实叙述模式影响最深的是后世史家以及通俗历史读物。

1. 辛亥革命后对袁世凯出山史实的典型建构及影响

辛亥袁世凯出山问题，无论是研究辛亥革命史，还是研究袁世凯北洋集团的历史，都是无法忽视的重要环节。因此，辛亥革命之后，特别是袁世凯帝制自为失败后，凡是涉及上述两项研究的，大

---

① 袁项城平乱之政策，《大公报》1911年10月23日。又见《盛京时报》宣统三年九月初五日。

都无法回避对袁世凯出山史实的建构①。就笔者视野所囿,20 世纪 20 年代之前大都写得十分简略,甚至一笔带过,对后来治史之学人影响不大;而在 20 世纪 30 年代后,无论是严谨治学的史家,还是致力于通俗演义的作者,则都对之写得十分饱满,着墨甚多,在这些著者中,对后世影响最大最为典型的是李剑农先生,其次是陶菊隐先生。

李剑农先生的《最近三十年中国政治史》(稍后又扩充为《中国近百年政治史》),其不仅最先比较详细且系统地对袁世凯出山前后史实进行了梳理,而且影响范围广、时间长。范围广,主要体现在不仅影响国内大陆的史学研究者,而且影响了港台及国外学者;时间长,主要体现在自 1930 年出版发行以来一直延续至今。李剑农先生对袁世凯出山史实的建构,之所以影响深远,一是在于其学术地位与学术声誉。李先生一直致力于近代中国政治史研究,且著作等身,又曾是武汉大学教授,具有很高的学术威信;二是得益

① 新中国成立前的著述主要有:内藤顺太郎:《袁世凯》,广益书局 1914 年版;野史氏编:《袁世凯轶事续录》,上海文艺编译社 1916 年版;野史氏编:《袁世凯轶事》,上海文艺编译社 1916 年版;民心社编:《最新袁世凯》泰东图书局 1916 年版;上海文艺编译社编:《袁世凯全传》,中华印书局 1930 年版;上海文艺编译社 1916 年版等;马大中:《大中华民国史》,中华印书局 1929 年版;马震东:《袁氏当国史》,中华印书局 1930 年版;李剑农:《最近三十年中国政治史》,太平洋书店 1930 年版;左舜生:《辛亥革命史》,中华书局 1934 年版;蔡东藩,许廑父:《民国通俗演义》,上海会文堂新记书局 1935 年版;白蕉:《袁世凯与中华民国》,人文月刊社 1936 年版;陈伯达:《窃国大盗袁世凯》,《解放日报》1945 年 11 月 18、19、20、21 日。新中国成立后著述甚多,比较有代表性的有:陶菊隐:《北洋统治时期史话》第 1 册,生活·读书·新知三联书店 1957 年版;来新夏:《北洋军阀史略》,湖北人民出版社 1957 年版;郭廷以:《近代中国史事日志》,台湾商务印书馆 1963 年版;丁中江:《北洋军阀史话》,台湾春秋杂志社 1979 年版;李宗一:《袁世凯传》,中华书局 1980 年版;章开沅、林增平主编:《辛亥革命史》,人民出版社 1981 年版;侯宜杰:《袁世凯一生》,河南人民出版社 1982 年版;陈志让:《乱世奸雄袁世凯》,湖南人民出版社 1988 年版(译自 Jerome Ch'en:《YUAN SHIH - K'AI》,Stanford university Press);郭剑林、纪能文:《诡异总统袁世凯》,吉林文史出版社 1995 年版;刘忆江:《袁世凯评传》下册,经济日报出版社 2004 年版等。

于其对历史书写的饱满，而且“合情合理”，形成具有自己的风格，后来学人在记述或复述这段历史时将其作为范本频频引用，难以超越[①]。李著对袁世凯出山史实的梳理有如下特点：

第一，袁世凯对清廷下诏起用反应冷淡，力辞不肯出山。关于原因，李先生作如下分析：“袁世凯不是清廷的‘社稷之臣’，不若曾国藩、李鸿章那么‘挥之即去，呼之即来’的……现在要他去作湖广总督，他便以‘足疾未痊’四字力辞，不肯出山。他所以不肯即出的原故，一是泄一泄愤，二是要等事变扩大，载沣不能收拾，三是要取得对于一己合算的条件。”由此可见，李先生笔下的袁世凯就是一个小肚鸡肠、报复心机重、自私自利的人，这就为以后清廷一步步降服，袁世凯一步步进逼埋下伏笔。

第二，清廷起用袁世凯的内幕。李先生认为：“袁的起用，由于奕劻的建议，外国人也替他吹说‘非袁不能收拾’，载沣无可如何，终起用他作湖广总督。……徐世昌见他不出，便微服出京亲往彰德劝驾。”这写出了清廷起用袁世凯的外部原因，以及奕劻、徐世昌在起用袁世凯时发挥了重要作用。

第三，袁世凯提出出山 6 个重要条件。李先生指出：“清廷再三催促，袁便以徐世昌和奕劻为介，提出六个重要条件来，非清廷悉行允诺，决不出山。其条件如下：一、明年即开国会。二、组织责任内阁。三、宽容与于此次事变的人。四、解除党禁。五、须委以指挥水陆各军及关于军队编制的全权。六、须与以十分充足的军费。”并对此进行分析道：“我们看他所提出的六个条件，便知道他的心里最初就是不愿意和革命军打仗，但是实权非揽入自己手里来不可。……他以为：若用兵力扑灭革命军，将来革命党必积恨于他，于他有害无利；并且等到革命军扑灭了，满清皇族未必

---

① 后来的研究北洋史专家来新夏、丁中江、郭廷以、侯宜杰、郭剑林等都未能超越李剑农先生的史学建构。

还依靠他；'兔死狗烹，鸟尽弓藏'，他决不愿再作这种傻子……"[①]这就把一个两面三刀、阴谋弄权，与清廷讨价还价、渔翁得利的袁世凯形象突出地呈现出来。

陶菊隐先生是一个著名的报人，因经历清末民初社会重大变革，对北洋旧事情有独钟，发表了很多有关这方面的报道与评论，当然亦十分清楚什么样的叙述表达更能吸引世人眼球。关于袁世凯对待出山的态度与条件，陶著与李著大体一致，都指出袁世凯不愿出山，且向清廷提出 6 个条件，尽管陶著对 6 个条件稍作改动，明眼人一眼就能看出，这并未改变李著所建构的基本内容，只是在分析 6 个条件上，陶著着重刻画了袁世凯的心理状态："袁也估计到清政府不会一口气接受六个条件。他的天门阵早已摆好，就是暗中指使北洋军将领屯兵不进，不受荫昌的节制调遣，使清政府无可用之兵，最后不得不乖乖钻进他的圈套来。"而在对清廷起用袁世凯的内部决策上，陶著不遗余力地建构了奕劻令徐世昌于 10 月 20 日秘密到彰德探摸袁世凯的真实意图，绘声绘色地描述了袁世凯、徐世昌串通一气表演的一幕双簧戏，并指出："袁世凯所提条件是真的，徐所表现的态度则是假的。"[②]由此可见，他对袁世凯出山史实的建构，与李剑农先生相较，很难说有什么本质上的超越，思路基本一致，基本内容大体一致，稍有不同仅仅是其所建构的"具体史实"有异，在没有获取诸多历史当事人信息的情况下，用了很多合理之想象，甚至没有事实根据的替历史当事人袁世凯进行主观表达，即便如此，仍然吸引了诸多历史学者将之成为自己书写历史的根据。[③]

当然，后世学人除了继承李、陶思想之外，也对袁世凯出山史

① 李剑农：《最近三十年中国政治史》，太平洋书店 1930 年版，第 189—191 页。

② 陶菊隐：《北洋统治时期史话》第 1 册，生活·读书·新知三联书店 1957 年版，第 75—77 页。

③ 如陈志让、李宗一、郭剑林、刘忆江等都曾直接或间接受陶著影响。

实进行了深一步发展，除了少数学术著作之外，还有一些回忆性资料。[①] 但由于未掌握充分地历史根据，许多建构仍存在这样或那样的缺陷，因篇幅有限，在此不再赘述。

2. 今人对袁世凯出山史实建构的质疑与批评

李剑农、陶菊隐等前辈学人对袁世凯出山史实的建构，不仅在学界，而且在民间都形成了很大的影响，其所建构的具体史实几乎成为学界共识，难以更改。但当众人皆追随李、陶的时候，20 世纪 90 年代以来，陆续有学者对此产生怀疑，并提出商榷，遗憾的是并未引起足够的重视。

率先对袁世凯出山史实提出质疑与挑战的是金冲及先生、胡绳武先生、郑焱先生。金冲及、胡绳武两先生在其专著《辛亥革命史稿》第 3 卷中就有意避开先前学界所形成的“定论”，[②]而是力求自成一家的重建史实。为何如此？显然是两位学者对此前的观点抱有疑问，持保留态度，这就突破了李、陶以来形成的窠臼，给人耳目一新之感，但并未对李、陶以来形成的错误观点进行批判。而最早对此进行辩驳的是郑焱先生。郑先生首先关注的是武昌起义后袁世凯与清廷之间的关系。传统观点认为由于担心北洋军不听指挥，消极应战，清廷被迫起用袁世凯；但袁世凯嫌它权力太小，迟迟其行，直到清政府任命其为内阁总理大臣，袁世凯被赋予军政全权之后才赶赴前线，而且在东山再起之际，就萌发了取清自代的思想。他通过严密的考证认为：武昌起义后袁世凯与清廷的关系并非处于一种要挟与被要挟的对立关系，清廷起用袁世凯，“其主要目的在于收揽人心，聚集反革命力量，如果要说清政府是出于被逼的话，也是直接受迫于武昌起义的压力而并非出自北洋军的压力

① 张国淦：《辛亥革命史料》，上海龙门联合书局 1958 年版；中国人民政治协商会议全国委员会文史资料研究委员会编：《辛亥革命回忆录》，中华书局 1962 年版等。

② 金冲及、胡绳武：《辛亥革命史稿》，上海人民出版社 1991 年版，第 447—456 页。

和袁世凯的计谋”。关于袁世凯受命之初对清廷的态度,郑先生通过大量史实,指出袁世凯并未拒绝出山,与岑春煊相比,而是应诏即起,表现得相当积极。进而得出如下结论“历史事实说明,袁氏取清自代思想产生的时间,不是在东山再起之初,而是在形势发展出现机遇之后。”[①]不仅如此,郑先生还对“徐世昌到底去彰德和袁世凯密商没有?袁世凯究竟是否提出了六个条件?”等问题进行了考辨,他指出以往学界建构的史实,“纯属虚构”。最令人称道的是他通过爬梳《内阁官报》,发现 1911 年 10 月 20—22 日这三天徐世昌每天都参加了召见议事,并在上谕后署名,所以“徐世昌当时并没有离开过北京,也就不可能到彰德和袁世凯密谈并带回六个出山条件”[②]。论据有力,事实清楚,无疑是对学界既有“定论”的否定。但遗憾的是,这种正确观念并未得到应有的重视,在学界所产生的影响亦十分有限。

郑先生提出正确的批评见解之后,尽管没有得到学界的广泛认可,但是已经开始引起相关研究者的注意。在此基础上,先后有骆宝善、刘路生、侯宜杰等知名学者,对郑先生所提问题进行再论证与补充,对学界产生了十分积极影响,使越来越多的研究者开始怀疑李、陶两先生及其追随者所建构的“史实”,并力图重建史实。

刘路生先生关注的焦点是袁世凯辛亥复出条件,她通过大量袁世凯与其幕僚、清政府等之间函电的梳理,认为:“从现在掌握的史料分析,从当时的历史实际考察,这个袁世凯出山的‘六个重要条件’是不存在的。”反而是“袁世凯拜折应诏复出之时,提出来‘节略八条’”并通过考证认为其内容为“募兵、筹饷、不为遥制、调将三条、宽容被裹胁者、赈灾,共八条”,因其谓“其史料依据分别来源于

① 郑焱:《武昌起义后袁世凯与清廷关系析》,《湖南师范大学社会科学学报》1991 年第 4 期。

② 郑焱:《武昌起义爆发后袁世凯“出山”史实考辨》,《求索》1991 年第 6 期。

影印的袁世凯信稿和原始清宫档案，且不同来源的史料相互印证，史料链条基本无缺失环节"，所以具有很强的可信度。但亦毫不讳言地指出，由于"其原文至今虽未发现，我的推断可能会小有出入"。这体现了一个历史学者严谨治学的精神、深厚的考证能力，在没有直接原始档案刊布之时，能做到如此，尚属不易。为了进一步证明自己的观点，刘先生还论证了传统 6 条件说产生的原因："袁世凯南下督师与清廷颁布的政治举措在时间上的吻合，再加上袁世凯后来在辛亥革命中是实际得利者，都很容易误导人们产生二者(指政治六条和军事八条——笔者注)之间有某种必然关联，相信了这些当时为了消弭革命而制造出来的消息。辗转相传，陈陈相因，袁世凯的出山军事八条就变成了政治六条。"①后来，骆宝善、刘路生再次强调了传统认知的"政治六条"不存在②。

侯宜杰先生则主要论证了辛亥革命后徐世昌是否密赴彰德会见袁世凯的问题，尽管郑先生对此早已提出疑问，但论证还不够充分。侯先生之所以重视这一问题的探讨，原因在于"此事关系到袁世凯是否愿意出山和是否提出重大政见等问题，似有讨论清楚的必要"。他主要从三个层面进行论述：第一，袁世凯被任命湖广总督之后所提出山条件，既非同徐世昌密商，亦非论者所说的 6 个条件。由此并做进一步阐述："袁世凯在'节略'中向内阁开具的条件才是他提出的真正出山条件，而此时徐世昌尚在北京；所谓同徐世昌在彰德商定的条件既不是袁世凯提出的，也无任何事实根据，因而徐世昌密赴彰德之说不能成立。"③第二，徐世昌没有赴彰德的必要；第三，徐世昌没有在 20 日去彰德的可能。因从《那桐日记》《韬养斋日记》以及载涛的说法可以看出，有直接、间接证据可以论

① 刘路生：《袁世凯辛亥复出条件考》，《广东社会科学》2003 年第 4 期。

② 骆宝善、刘路生：《袁世凯与辛亥革命》，《史学月刊》2012 年第 3 期。

③ 侯宜杰：《辛亥革命爆发后徐世昌是否密赴彰德会见袁世凯》，《近代史研究》2011 年第 3 期。

证徐世昌20日在北京。为了进一步澄清事实，还原历史真相，骆宝善、刘路生亦对这一问题进行论证，认为“原始档案和第一手文献不支持这个来源不明的袁徐密谋六条之说”①。

以上所述侯宜杰、骆宝善、刘路生等诸先生关于武昌起义后徐世昌是否密赴彰德会袁世凯的问题，因论据充分，论证有力，比较准确和真实地批驳了传统观点，具有很强的说服力，亦基本解决了先前以讹传讹的事实依据，为重建史实创造十分重要的条件。

总之，有关辛亥革命期间袁世凯出山问题的研究经过几代人的辛勤耕耘，不断得到推进，取得了一定的成绩。尽管李剑农、陶菊隐等学界前辈因资料匮乏，而建构出不太符合历史实情的文本，但他们的开拓进取精神仍值得我们赞许和学习。后世史家大多盲从，用二手资料作为论史依据，一方面在于没有发现新史料，另一方面可能反映了著述者治史精神的懈怠。今人对传统构建史实的怀疑与批判，且用较为详实的史料、逻辑严密的论证，令人钦佩，也必将进一步深化这一问题的研究。就目前来看，尚未弄清楚的是袁世凯上清廷的“节略八条”之具体内容。虽然刘路生先生已经通过考证，推论出军事8条，但在有关这一问题真实史料刊出之前还不能定论。所以，袁世凯出山时所提应行筹办8条，就成为准确重构辛亥革命期间袁世凯出山史实的另一个制约条件。

三、袁世凯复出时所上节略八条的真容

“任何历史研究，掌握第一手资料是最基本的前提。历史发展的规律是客观存在着的，但它并不先验地存在于人们的头脑中。人们对历史规律的正确认识，是通过对大量史料深入研究而获得

① 骆宝善、刘路生：《袁世凯与辛亥革命》，《史学月刊》2012年第3期。

的。”[①]由此可见,历史研究必须充分占有大量第一手资料,并须对掌握的史料进行去伪存真,去粗取精,综合分析,否则就难以建构出符合历史事实的文本,辛亥革命期间袁世凯出山史实的建构同样如此。可喜的是,近年来经多方努力,无论是经过整理的档案,还是影印出版的档案,都有快速发展的势头,随着这些新史料不断公诸于世,特别是清廷宫中朱批奏折中关于这一问题的直接证据,即袁世凯所上扑灭武汉革命军应行筹办各事务一折的刊布,为基本解决这一问题创造了条件。

为了澄清以往史实建构的舛误之处,以正视听,现将档案原文照录如下:

> 谨将应行筹办各事分条胪列,呈请钧核训示:
>
> 一、武汉据长江上游,为天下枢纽,逆匪系久练之兵,与寻常土匪不同,若不以全力赶图扑灭,恐湘粤及沿江各省岌岌可危。万一再有勾结响应等事,则大局益难收拾。惟王师宜出万全,倘有挫失,全局立见瓦解,必须赶速筹备,知彼知己,足以制其死命,方可节节进图规复。现亦不可轻敌,致涉孟浪。
>
> 二、闻逆匪已据武昌、汉阳、汉口,叛兵计逾万人,技娴器利,枪炮厂、军械库、造币厂、司库均为占据。既有器械资财,啸聚必日众。目下当已数倍于原叛之数。又闻在龟、蛇等山安设巨炮,筑垒,防守官兵,地处攻势。以兵家言之,攻守相衡,须加于匪众数倍。现去各镇协实数仅及两万,除分留后路外,计战兵不过一万数千人,恐难敷用,似须预筹济师。
>
> 三、近畿陆军虽由世凯创练,现距交卸练兵差使五六年之久,将士兵卒多非原练之人。闻近年稍有暮气,亟须随时振励,方可得力。现鄂省本无防营,陆军已全数变去,世凯赤手空拳何能济事,如专恃援军,势必诸多扞格,未可用以攻坚。

① 荣孟源:《史料和历史科学》,人民出版社1987年版,第9页。

目下协攻匪垒，将来驻防克复地面，弹压外属各州县，亦必须本省有可恃之兵力。拟就直隶续备后备各军调集万余人，尅日成军，作为鄂省驻防之军。现在陆军章制甚多，文法较繁，一时未能编集，拟从简易仿照湘淮军章制，调集直隶续备后备各兵，先编成二十四五营。世凯俟病势稍减，先即赴鄂布置，以援军量力稳进，其新集各营陆续后发，以现在军情揣度，收复汉口及武昌省城，似尚不甚难。迨攻其炮垒，规复汉阳，必须厚集兵力方可得手，彼时新集鄂军已抵防次，正可应用。事关增兵，须奏明办理。

四、保定军械各局，前由世凯购备各枪炮，计可供万人之用，拟奏请饬下军部、直省拨用接济，如不敷用，再请江南协拨，或酌量购补。

五、鄂省局库均失，财政已竭，拟奏请饬度支部先筹拨三四百万两金，备作军饷及各项急需。倘鄂事久延，牵动沿江各省财政，全局亦将糜烂，而赔款无着，尤恐外人干预，财政大局益不可问。似不得不商请度支部权度轻重，竭力维持，事非一隅，保全实大。

六、现在调委人员，增集军队，及各项公事，无关防不足昭信守，瑞前督困守江心，印信一时亦难交接，拟先刊行营木质关防，以便开用。

七、此次变乱，非同寻常，须群才佐理，如有调用人员，应请政府主持准其奏调；其逃亡之官缺，亦请暂准不拘例案，便宜择人奏请补署。

八、军咨府陆军部成立未久，试验较少，用兵之道，因时变化，未可绳以文法，遥为牵制。不敢言阃内阃外之权限，然必须请府部稍假事权，方可奏效。

以上八条系择其最要者先陈节略，如合钧意，即分别奏咨开办。俟病势稍减，再随时相机筹划，陆续陈达。总之，匪不难平，惟盼内外协力，共矢公忠，方能济变抚危，免致全局溃裂也[①]。

以上可见，袁世凯在上清廷的扑灭武汉革命军应行筹办各事务中，有理有据，无一虚妄之言，归纳起来主要有：不可轻敌，预筹济师，增兵，筹备军械，筹饷，关防，便宜调将，不为遥制等，共8条。根本没有李、陶二先生所言的明年即开国会、实行责任内阁等内容，其内容完全是为了镇压革命党而提出的，并未涉及任何政治条款；当然也不包含刘路生通过考证得出的宽容被裹胁者、赈灾等内容，这些只是后话，并非袁世凯认为当务之急所需做的事情。在晚清政坛纵横驰骋20几年的袁世凯，无论是政治经验，还是军事经验都非清廷一般幕僚能比，其政治、军事智慧更非一般人所能预料，即便经常活跃于袁世凯幕府的亲信与亲人，也难以窥测一二。在君主专制政体下，袁世凯深知自己的身份与地位，挑衅清廷得不偿失，所以在清廷下诏起用之时，力排众议，上谢恩折[②]，应诏即起。

显然，本来应该清楚的史实之所以形成了目前一个有待彻查清楚的历史问题，主要是因为后来治史之人，由于受官方档案以及有关这一事件的直接私密函电未公布因素的影响，在建构史实的情况下，只能退而求其次，使用除此之外的报刊史料、亲历人回忆录等。但是，治政治史，特别是揭露重大历史事件的内幕，仅仅依靠报刊舆论资料、回忆录等，不仅难以令人信服，而且所得出的结论可能与事实真相大相径庭。这再次表明了原始档案史料的重要性，任何二手资料都是值得怀疑的，须慎用。

（丁健，安阳师范学院袁世凯与
北洋社会研究中心副教授）

① 袁世凯：《扑灭武汉革命军应行筹办各事务》，《清宫辛亥革命档案汇编》，九州出版社2014年版，第83—89页。

② 中国史学会编：《辛亥革命》（五），上海人民出版社1957年版，第333页。

经 济 社 会

胡祖同与交通银行

章义和　管夕茂

胡祖同是近代中国优秀的银行家。出身世家，有中西教育背景，为当时金融界之青年翘楚。他以国际汇兑专业之才干起家，从交通银行上海分行国外业务部主任升至副经理，再至沪行经理，最终成为交通银行总行总经理，为时人所瞩目。但其生性刚直，不阿于权贵，坚持独立经营的理念相悖于国民政府，从而卷入复杂的政治斗争，最后被迫离开了奉献毕生的交通银行。

一、弱冠成名，群英相惜

胡祖同(1888—1936)，字孟嘉，号旭斋，浙江鄞县人。自幼聪慧好学，10 岁能诵读《左氏春秋》，13 岁应神童试，文章为当时宿儒所称道。1902 年进入上海南洋公学就读。1908 年清政府以庚子退款为经费，选派青年才俊赴欧美留学，胡祖同于浙江省数万考生中名列前茅，与徐新六、胡敦复及叶叔衡等 20 人同榜录取。胡被派往英国伯明翰大学读经济学，4 年后又至非洲各地考察，获得经济硕士学位。

1912 年胡祖同学成归国时，恰逢辛亥革命后清帝退位，袁世凯窃弄政权，为巩固统治大力延揽各方人才，胡被聘为浙江海关监督，但他目见官场贿赂公行，所学非用，遂拂袖而去，任教于杭州政法学院、甲种商业学校 7 年，其间著成《经济学讲义》《国际商法析义》等书，其志仍在金融领域。30 岁生日时，他曾赋诗自况："尘世寄身三十年，文章功业两茫然，养成遍体棱峥骨，来日乾坤待仔肩。"①

1919 年，上海商务印书馆经理张菊生聘请胡祖同为外文编辑。不久，浙江兴业银行董事长叶揆初听闻胡之才干，委托叶叔衡聘请胡祖同。胡以已允诺商务印书馆，不宜反悔，婉言回绝。叶揆初蹉跎惋惜，但对胡祖同一诺千金之义益加钦佩，所以仍不愿放弃，辗转商请陈叔通出面疏通。陈叔通时为浙江兴业银行的董事，兼任商务印书馆董事，与张菊生颇有往来。张菊生得知胡祖同为金融家所器重，本其爱惜人才、学有所用之旨，慨然允诺。经此一番曲折，叶揆初终于将胡祖同"挖走"，以其为浙江兴业银行上海分行副经理，创设国际汇兑业务，没过多久便成果显著，深受同业钦慕。而胡祖同在国际汇兑领域的专业能力，成为其日后飞黄腾达的奠基石。

二、国际汇兑业务的领跑者

1919 年，钱新之任交通银行上海分行经理。当时的交通银行刚经历过 1916 年第一次停兑风波，元气大伤，加之为政府的垫款有增无减，内部空虚，业绩不佳。钱新之认为欲振兴交通银行，必须从国际汇兑下力。所以他果断地增设国际汇兑业务，购买地皮建成新行，大力延揽人才。这一手果然有效，1920 年初的《申报》刊文指出："交通银行八年份总盈余三百数十万，上海一行占有四十万之多，较前数年逐渐增加，有蒸蒸日上之势"，均有赖于"近年

① 胡若谷：《先父胡孟嘉事略》，《档案与史学》1997 年第 3 期。据胡文介绍，胡祖同出身世家，祖父胡俊卿修儒精医，门人颇多；父亲胡庆源为一方名儒，设馆授徒。

添设国外汇兑,欧美日本,汇兑灵通,而行员多东西留学及国内专门人才,故整理账务,扩张营业,均能井井有条"①。

当时国内的国际汇兑人才稀缺。1925年梁士诒仍然有这样的感慨:"国外汇兑主任人才,固非易得。而助理人员,非有经验者,亦所少见。"②所以胡祖同在兴业银行国际汇兑业务上的出色表现,早就吸引了钱新之的注意,多方务求,不遗余力。1921年,钱新之与浙江兴业银行交涉,成功地上演了一幕"挖角"好戏,将胡祖同聘任为交通银行上海分行(简称沪行)国外业务部主任,做大国际汇兑业务。依靠过硬的专业能力和出色的经营才干,胡祖同在此项业务上大展身手,沪行的业务量突飞猛进,很快就超过了北方各行。1922年,沪行的存款余额占交通银行全行存款总额的30.3%,而北京分行仅有沪行36.26%③,沪行取代北京分行成为交通银行的业务中心。

1925年重新掌理交行的梁士诒在行务会议上特意强调,"国内汇兑及国外汇兑均为银行最有利而稳妥之业务,而国外汇兑,以我行所处地位,尤宜竭力经营","查国外汇兑,为银行重要点,办理得宜,获利至厚。现在各银行注意此项业务者甚众"。他特意表达了对沪行的肯定:"总管理处于民国九年,即力为提倡。曾编订单据样本,并于计字62号通函规定转账办法,通告实行。数年以来,成绩颇稀。除沪行间有此项营业,其他分支行则未尝经营。纵有顾客,以此委托代理者,多属转托他行代办。利权外溢,殊属可惜。"鉴于在国际汇兑业务上的丰富经验,梁士诒制定了以上海分行为核心的5项办法,其中3项与上海分行直接关联:"我国国外

① 《交通银行营业发达》,《申报》1920年2月23日。

② 《国外汇兑如何进行案》,《北京金融志》编委会办公室编:《北京金融史料·银行篇(5)》,1993年,第202页。

③ 中国交通银行、中国第二历史档案馆编:《交通银行史料》第1卷,中国金融出版社1995年版,第312页。

汇兑中心,以上海为中心。沪行以地位关系,应就目前原有办法,徐图发展,造成本行国外之中心";"沪行外其他各行,如津、如汉、如岛、如长、如烟等行,与国外汇兑皆有关系,应各设法推进。惟举办伊始,难免生疏,似可先向沪行接洽,以期稳妥而减风险","国外汇兑业务上应用之各种单据,应就本行所原有者,参酌他行所通用者,妥为改善。拟请总处与沪行,先行接洽办理"。① 可见,胡祖同主持下的国际汇兑业务对交通银行的影响之大。

三、抵抗中交合并

胡祖同就任沪行国外业务部主任后不久,便面临了巨大挑战。当年 11 月,交通银行发生了第二次停兑风潮。以京津为中心,各地分支行均陷入挤兑窘境,秩序混乱,损失惨重。1925 年,担任交行协理的卢学溥在行务会议上回忆说:"回想民国十年发生挤兑风潮,艰难应付,困苦维持,至今思之不寒而栗。"②在这场挤兑风潮中,沪行的表现最为优异。由于平时经营良好,实力厚实,在向同业押借到 30 万元现银后,成功抵御了挤兑风潮,始终未宣布停兑,在危局中挽救了交通银行最后的信誉③,甚至可以说挽救了交通银行被中国银行合并的命运。这场危局带来的一系列变量,最终为胡祖同入主交行埋下了伏笔。

中国银行和交通银行合并的提议由来已久,清宣统元年

---

① 《国外汇兑如何进行案》,《北京金融志》编委会办公室编:《北京金融史料·银行篇(5)》,1993 年,第 202 页。

② 《卢协理演说》,《交通银行第四届行务会议记事(1925 年)》,上海市档案馆藏,档号:Q55-2-362,第 15 页。

③ 韩宏泰:《上海交通银行史实片段》,中国人民政治协商会议上海市委员会文史资料工作委员会编:《上海文史资料选辑》第 60 辑,《旧上海的金融界》,上海人民出版社 1988 年版,第 85 页。

(1909)就有官员以“交通银行与政体不合”为由,主张将其与大清银行合并[①],因邮传部极力反对而未果。民国建立之后,梁士诒接手交通银行,以其为首的交通系以交通银行为据点,不断扩大势力,交行也因此地位日渐提高,成为事实上的国家银行,并得到北京政府的正式认可。但是参、众两院对交行的性质和地位时有质疑和抨击,民间也多有说法,如张嘉璈曾从银行制度的合理建立角度,指出两个国家银行的并存实有不合理之处[②]。而“五路财神”梁士诒根据自身利益,不断调整策略,时而反对,时而支持,所以中交合并始终未能实现。1916 年经历第一次停兑风潮之后,交行资不抵负,困难重重,梁氏提议两行合并,但遭到中国银行和交通银行的部分股东反对,外界普遍认为这是“梁士诒欲抹糊自己之责任,借谋免罪,使交通破立之累牵及中国银行者也”[③]。1921 年第二次停兑风潮时,交行再提合并事宜,又被“中国银行婉言谢绝”[④]。交通银行先后两次在遭遇挤兑时提议两行合并,目的很明显,因为交行的债务多而债券少,若两行合并,中国银行势必要替交行“背包袱”,梁士诒还可以利用与政府的紧密关系,进一步染指中国银行,如此,中国银行理所当然地回绝了合并提议。可是到了 1922 年,形势大变,直奉战争以奉系军阀败北而告终,凭借奉系支持的梁士诒遭到通缉,交通系顿时失势,交通银行的各项业务跌入前所未有的低谷。中国银行正、副总裁王克敏、张嘉璈敏锐地捕捉到时机,依靠直系的支持,力主中、交合并,想借此一举“吃掉”交行。他们鼓动交行部分股东召开股东会议,并邀请交行沪行经理

---

① 见《本部奏议复都察院代奏张光照条陈交通事宜折》,载沈云龙主编:《近代中国史料丛刊三编》第 27 辑,第 11—12 页。

② 张嘉璈:《中国货币与银行的朝向现代化》,载罗荣渠等主编:《中国现代化历程的探索》,北京大学出版社 1992 年版,第 180 页。

③ 《周、梁策划中之中交合并》,《申报》1916 年 6 月 14 日。

④ 《张使入京之目的》,《盛京时报》1921 年 12 月 18 日。

钱新之北上洽商合并问题。

在此群龙无首的危局之下，交行沪行承担起了关键的领袖作用。钱新之立即召集江浙的交行股东，举行会议，商讨对策，会议决议钱新之暂缓去京，并以江浙股东名义分电各地支行征询意见，结果一致反对合并。1922 年 5 月 18 日，沪行领衔组织成立了交通银行股东联合会，推举前实业总长张謇为会长，会上一致通过交行不与中行合并的决议。张謇以个人名义致电北京政府总统徐世昌，反对中、交合并，并申明“金融机关本应独立政治之外，交通银行况系组合官商而成，与中国为兄弟之机关”，不宜合并[①]。6 月初，沪行经理钱新之与交行江浙董事汪有龄北上赴京、津两地，分头访问各方人士，陈明中交合并的有弊无利，争取社会支持以挽回影响。[②]

由上可以看出，交行沪行是 1922 年中交合并的坚定反对者，并多方行动力阻此议。交行沪行缘何在业务低谷时有此抗争底气？原因仍系于沪行不俗的业绩。张謇在给北京政府的通电中，明确指出：“该行南方各行，信用素佳，北方因分行不多，故亦易于整理”；“该行之在江浙者，人民极力维护，一波未平，何堪复有此震动矧去大祲之后乎”。[③] 经过沪行努力，在各种舆论都有利于中行的情况下，中交合并未能实现，交行国家银行的地位得以保全。

经此之役，交行内部格局大变。1922 年 6 月，交行于北京召开第十一届股东会议，选任张謇为总理，沪行钱新之由于此次的优异表现，升任为总行协理。对于交行这一人事变局，洪葭管先生曾有一段鞭辟入里的评论：张、钱入主交行并非只是一般人事更动，“实是具有江浙资产阶级势力取代北方官僚政治势力的意义，也是

---

① 《交通银行史料》第 1 卷，前引第 43 页。

② 韩宏泰：《上海交通银行史实片段》，前引《旧上海的金融界》，第 86 页。

③ 《交通银行史料》第 1 卷，下册，前引第 43—44 页。

交行成立以来一直存在的商股与官股之间的利益矛盾冲突,双方力量互有消长,这一次则是由商股取得优势的体现"[①]。

在钱新之北上之后,沪行经理一职由德高望重的原上海浙江兴业银行经理盛竹书继任,胡祖同则由于在国际汇兑业务上的出色表现,晋升为交行沪行第一副经理,襄佐盛竹书。

盛竹书年长胡祖同30岁,又是浙江兴业银行的同事,对胡信任有加。如交通银行总行在北京举行行务会议,盛常以年事已高,不亲自参与,大多派胡祖同代行。两人合作相得益彰,沪行业务日进千里。胡祖同之子胡若谷曾在回忆文章中提到一件趣事:中国银行的宋汉章个性冷傲,对金融界的青年后辈素来不怎么认可,尤其对留学归来者,苛责尤甚,故一直不与胡祖同交谈,甚至在北京开会期间与胡祖同同住一家宾馆,进出相遇时也是不屑一顾。某次,中、交两行向上海通商银行借款融资。通商银行当时实力雄厚,经理傅筱庵态度倨傲,故意约宋汉章、盛竹书于周日签订借款协议。盛偕胡祖同一同前往。宋汉章担心傅筱庵在协议书中暗做手脚,遂与盛竹书商量对策。盛微微一笑,命胡祖同当场起草协议呈送于宋。宋览毕惊喜,对胡祖同的才华和敏捷大为赞叹,便一改前态,对胡深表歉意,自此广为延誉,胡祖同的名声日益隆升。[②]

1927年2月盛竹书病逝,胡祖同接任沪行经理一职。此时的沪行业务如日中天,十分兴旺。1927年的交行营业报告书不惜笔墨对沪行的业绩大加夸奖:"沪行历年积极经营,乘时猛进,获利素称优越。"[③]沪行的优异表现为胡祖同掌理交行奠定了坚实的基础。

① 洪葭管:《中国金融史十六讲》,上海人民出版社2009年版,第56页。

② 胡若谷:《先父胡孟嘉事略》,《档案与史学》1997年第3期,第66页。

③ 《交通银行总管理处编制1927年营业报告书》,中国第二历史档案馆等编:《中华民国史档案资料汇编第三辑金融(一)》,江苏古籍出版社1991年,第381—382页。

四、正规经营银行业务

胡祖同继任沪行经理时,正值北伐军抵沪。胡深感北洋时期军阀混战,民不聊生,对北伐军抱有厚望,便以交行的名义输借饷银,大力赞助北伐军北上统一。随着北洋政府的垮台,1925 年重掌交行的梁士诒再受通缉。国民政府定都南京后,颁布《交通银行条例》,修改章程,交行总管理处迁往上海,以胡祖同能力超群,于交行振兴功勋卓著,推选为交行总经理。

1928 年 6 月 20 日,国民政府第一次全国经济会议在上海开幕,财政部召集全国实业、金融各界人士、各商会领袖及经济学专门人才共 116 名委员,分金融、公债、税务、贸易、国用五股共商经济治国方略。北伐结束后,全国民众热切盼望南京政府平定战事,即行建设,以期安居乐业。国民政府也希望尽快改变经济的混乱局面,统一全国财政。会议历时 10 天,共收到提案百余件,内容涉及金融、贸易、税收、公债及裁兵各个方面。此次会议,宋子文邀请了上海银行界和工商界人士近 70 人之多,占与会人员的 60%。胡祖同被会议指定为金融股常务委员,与陈行、徐新六一起负责审查并起草《国币条例草案》《造币厂条例草案》《国币条例施行细则草案》《取缔纸币条例》等文件。会议临近结束,胡祖同联合贝祖诒等提交《请常设经济讨论会案》,主张在经济会议闭幕后常设经济讨论会,以弥补经济会议之仓促,一方面可复议此次大会讨论各案之有疑问者,一方面则可聚集才长学博之人继续讨论经济事项,以助国家建设大业①。

胡祖同执掌交行初期,形势并不乐观。当时上海华洋杂处,为全国金融中心,外有洋商银行排挤,内有民营银行制衡,竞争尤为

① 《1928 年全国经济会议史料三》,《档案与史学》1995 年第 6 期,第 21—22 页。

激烈。胡祖同从多年经营经验出发,首先确立了人才为本、内固基础的发展理念。他着力安抚交行老员工,不使人才外流。例如,总管钞券发行的王子崧、兼任证券交易所理事长的袁松藩、天津分行经理杨荫孙、武汉分行经理蒲心雅等,均倾心交慕,务求人尽其才。1931 年又聘任钱业领袖秦润卿为交行沪行经理,将银行与钱业融为一家,不但巩固了交行内部基础,更扩大了业务范围,博得同仁的一片赞誉,如杨荫孙常常称赞其“品学兼优,是金融界后起之佼佼者”[①]。之后胡祖同被推举为银行公会主席,兼任银行学会主席,可谓众望所归,时人瞩目。

与交行之前的高层领导相比,胡祖同的经营管理“循着民族资本主义的准绳,正规经营银行业务的方向发展”[②]。他对于国际金融形势的判断较为准确,崇尚开放式竞争,一改往昔华商银行对于外商银行低眉顺气的姿态,主张联合华商银行与之竞争,保护民族资本,这与他长期留洋、深习欧美经济学,以及在国内多年从事金融活动的经历有关。更为难能可贵的是,胡祖同以身作则,平生不买外国货,不穿西装,以实际行动支持民族企业发展,维护国家利益。例如 1933 年 1 月,胡祖同在交行发布手谕,劝勉同人尽量采用国货,他指出,只要人们在衣食住行四个方面尽量采用国货,就会在无形之中振兴国内实业,对国家、民族利莫大焉[③]。胡祖同极力扶助华商,放出的贷款也多支持民族资本企业,如刘鸿生创办的章华呢绒厂、大中华橡胶厂,荣宗敬的纺织厂、面粉厂,李康年的中国化学工业设备厂等,并大力支持西北棉业,贷款给当地棉农。此外,胡祖同对于公共事业也极为热心,凡有利于大众之事业,无不竭力扶助。

---

① 胡若谷:《先父胡孟嘉事略》,《档案与史学》1997 年第 3 期,第 66 页。

② 洪葭管:《中国金融史十六讲》,前引第 57 页。

③ 《胡总经理劝勉同人尽量采用国货手谕》,《交行通信》第 2 卷第 2 号,1933 年 1 月 15 日,第 1 页。

胡祖同根据形势对总管理处进行了改组，其一大特色是增设了设计部，推进交行走向规范化经营之路。设计部主管交行特种业务的计划、调查研究及创设事务，共有3个小组。而设计部的首要功绩便是创办了《交行通信》，为同仁提供了一个交流平台，对于行风培养起到了至关重要的作用，这也是胡祖同新式经营理念的一大体现。

《交行通信》的前身是交行1932年3月1日首次编发的临时通信。而创此议者，为当时总管理处设计部第一组领组范学湘。《交行通信》第1卷第1号于1932年8月7日由总管理处设计部正式编成卷帙并改用铅印发行，每周编印一次，专供交通银行全体同仁阅览。其宗旨为"以沟通经济界消息，备本行之参考"，体例内容分为财政、金融、实业、商品、国际经济和附载6项。1933年1月，再次修订《交行通信》编辑要旨，确立了"沟通经济消息、交换行员知识、增进服务精神，发展本行业务"的新宗旨，在体例内容上以金融、实业、商品及国际经济等调查统计为主要材料，其他分列项目包括行务讨论、行务记录、法例、特载、行务业谭、征文、各项通信、附录等内容，涉及面极广。所有编辑、写印、发寄等事务，全由设计部同仁在公余之暇合作完成①。胡祖同以《交行通信》为平台，多次发布训谕，劝勉后进青年，以培植优良的行风。胡祖同尤为看重行员脚踏实地的工作精神，要求各部门主管人员以身作则。在胡祖同看来，"行员服务贵有恒，尤贵守法、重实践，不重嘘声"，所以他将忠、勤、廉、谨四义作为行员服务的"永久之纲"。同时，胡祖同比较重视各级领导的榜样作用，因此他要求交行各部门主管人员必须作出表率，树立良好形象。"青年无知、血气未定，每因荡检踰闲，驯致身败名裂，此在渎职者固属自甘暴弃，在主管者亦岂

① 绍衣：《创办以来之交行通信》，《交行通信》第4卷第1号，1934年1月31日，第10页。

整饬无方?”他对同仁的要求是:“凡我同仁务须恪遵规章,养成善良习惯,盖忠则不欺,勤则不惰,廉则能养,谨则寡尤,本处各部领导尤应整躬率。”[①]对同仁如此,对自己的要求更严。身为一行之长,胡祖同恪守行规,每天清晨准时到行,傍晚方退,遇到重要事务常常工作到深夜;公私分明,不随意支用公物,对宾客酬酢,费用自负;行员有事求见,不论公私,无不倾心接待,和颜悦色,使入见者畅所欲言,或确有难事,虽属私事,也尽力帮助解决;行员有以土产赠予者,必婉言相却,实在情不得已,便以实物回报,以弥补其所耗费[②]。

胡祖同非常重视与同业维持良好关系,积极主持和参加同业公会组织。1927 年 2 月,上海银行公会会长盛竹书逝世后,会员大会议决废止董事制,实行委员制,日常会务由委员会主持,委员会由 9 名委员组成,任期一年,不设委员长,过去由会长承担的风险与责任由会员行分担。这种改革貌似公平与民主,但效率低下,遇事反应迟缓。1929 年 3 月,上海银行公会通过银行公行新章程,章程规定公会的重要事务由最高决策机构“会员会”议决,由“执行委员会”负责执行。执行委员会设委员 11 人,任期两年,另设常务委员 3 人,轮流担任执行委员会和会员会会议主席。这项改革有利于权力的集中,提高了公会的办事效率,其中胡祖同发挥了重要作用。在他的影响下,交行积极参加公会活动,对于国民政府欲停付公债等不良之举,交行联合同业予以坚决抵制,最终迫使政府妥协,稳定了上海的金融秩序。

正是这种对于经营细节的不懈追求,交行的各行业务进展良好,绩效显著。1926 年全行吸收的存款余额 7 118 万元,占全部华商银行存款总量的 7.6%;1934 年存款余额增至 29 320 万元,增长

---

① 《胡总经理新年训词》,《交行通信》第 2 卷第 1 号,1933 年 1 月 15 日,第 2 页。

② 胡若谷:《先父胡孟嘉事略》,《档案与史学》1997 年第 3 期,第 68 页。

411.9%,占全体华商银行存款余额 298 138 万元的 9.8%,稳居第二位,仅次于中国银行,超过其他所有的商业银行,包括著名的"南三行"和"北四行"[①]。由于胡祖同经营才能出众,声誉卓著,国华银行、国货银行、中国企业银行、四明公所等,莫不聘选胡祖同为董事,以资借重。他还被推举为银行公会主席,兼任银行学会主席。

五、沪行经理之争的输家

在胡祖同经营理念的引导下,交行业务发展走向综合化和商业化,绩效良好,行基稳固,但他的这种正规银行业务经营,却与国民政府的要求形成对立,这为他最后的失势埋下了伏笔。

1928 年 11 月,国民政府颁布的《交通银行条例》规定董事为 15 人,其中 3 人由财政部指派,其余 12 人由股东总会选任。财政部长宋子文实际上是想借机将亲信唐寿民安插进入交行,从而逐步实现掌控交行的企图。但是此时的交行为江浙财团所掌控[②],对国民政府的"掺沙子"行为多方抵制,甚至有人反映唐寿民带有"颜色"(指由汉口而来,有亲共嫌疑)。宋子文闻言勃然大怒,虽出面力保[③],但唐寿民担任交行官股董事一事还是被耽搁下来。交行官股董事缺一人,无法召开行务会议,为此屡催财政部补派,宋子文却故意拖延。经过董事长卢学溥的再三请求,宋子文才指派唐寿民为交行的官股董事。

实际上,宋子文原本想把唐寿民安排为总经理,但差点连董事会都没有进去,颇为尴尬。钱新之当时直接向蒋介石力荐他在交行的重要助手胡祖同担任总经理。钱为上海金融界元老,蒋介石

---

① 洪葭管:《中国金融史十六讲》,前引第 57 页。

② 中国人民银行上海市分行金融研究室:《交通银行简史》,交通银行档案馆藏,第 15 页。

③ 《唐寿民回忆录》,1962 年 2 月 25 日,交通银行馆藏档案,档号:Y48。

急需拉拢这批江浙财团势力,所以对此推荐表示同意,唐寿民便是这样被排除在了交行的高层之外。经此番波折,国民政府深刻体会到交行内部江浙财团的强大力量,深知欲掌控交行必先摘去胡祖同的实权。而这一夺权行动,竟也是从沪行经理一职而起。

自 20 世纪 20 年代起,沪行在整个交行分支行系统当中,具有举足轻重的地位。当时社会上有交行“外重内轻”的说法,大意为沪行根基雄厚,总经理若不兼沪行经理,等于“空心大老官”,没有实际权力。所以,沪行经理一职成了交行权力争夺的关键。根据交行员工回忆,钱新之、王子崧等交行元老极力怂恿胡祖同控制此位,李馥荪、陈光甫及张嘉璈等金融界精英也纷纷表态支持。胡祖同本来即靠沪行起家,再受到鼓动,认为于己有利,意气之下坚持要兼任沪行经理,并且在行务会议召开的第二天,以拒绝就任总经理之职要挟国民政府。交行上下一时陷入僵局。

作为财政部的“眼线”,官股董事徐寄庼约晤唐寿民,邀其一同劝解,希望化解争端。唐、徐两人与胡祖同绕了很大弯子,最后才转入正题劝解。胡祖同唯唯而已,并不明确表态,双方没有达成一致意见。

当时除了胡祖同之外,李承翼和陈赢生也在积极谋取沪行经理一职。其中陈赢生尤为活跃,到处奔走打招呼,并向王子崧、黄筱彤等人疏通。由于陈赢生的“积极”奔走,当时传闻他已经得到董事长卢学溥默许,且有了财政部的支持,因而颇有志在必得的自信,甚至已经印好经理名片准备发放;但总行却死死卡住,不予审核通过。表面上是胡祖同反对,暗中则是钱新之等江浙财团势力的阻挠。这样,双方的矛盾斗争逐渐公开化,由胡、陈内斗升级到了江浙集团与财政部的对峙。

董事长卢学溥看到僵局相持不下,深知斗争必将给交行造成巨大损失,因而四处奔走劝解各方,甚至痛哭流涕劝说胡祖同放弃成见,接受财政部的意向,让陈赢生就任沪行经理。但此时各方已是骑虎难下，而且执念太深，难以和解，导致局面进一步恶化。最后财政部发出通牒，非派沪行经理不可，否则要求全体董事辞职。

在万般无奈之际，卢学溥想到了一个折衷办法：令唐寿民担任沪行经理。因为唐寿民之前与交行并无渊源，现在又是官股代表，使其任职可以有效平衡交行内部以及与国民政府之间的矛盾，也易于为各方所接受。由于卢为旧交通系人物，又是浙江实业银行董事长，与“南三行”有极深关系，在当时中国金融界、银行界有一定地位，说话有相当的分量。所以他稍一活动便取得了陈光甫、李馥荪、张嘉璈、徐寄庼等人的支持，最后连国华董事长邹敏初也被成功说服，同意唐寿民兼任交行沪行经理。此时的胡祖同表示愿以大局为重，推唐寿民为沪行经理。

最后，胡祖同亲自出面，与卢学溥联袂拜访唐寿民，请其出任，随后徐寄庼、张嘉璈、陈光甫、李馥荪等一大批“说客”相率来劝就，唐寿民不敢贸然表态，表示要请示宋子文。见面后，宋子文打起官腔，说此事为交行内部人事，财政部不拟过问，但又话锋一转：“今既请你兼任，也是解决问题之一，请你能担任也好。”①

胡祖同尚以为唐寿民挂念国华银行发展，可能会动摇就任沪行的念头，便与卢学溥再次拜会国华董事长邹敏初，请其出面敦促唐寿民就职。经邹敏初活动，唐寿民表示可以兼任国华总经理和交行沪行经理两大职位，但又向胡祖同提出了两项要求：一是因负有发展国华银行的重任，兼职交行沪行经理后不能经常在行办事，每天只能到行 2 小时，因此请胡祖同就沪行副理中指定一人，代为执行经理职务；二是希望在 6 个月以后，交行另外选人接替。万般无奈的胡祖同也只得接受，沪行经理之争始告一段落。而陈赢生方面，则由胡祖同提议，经董事会通过，给予常务董事的待遇，及每月车马费 400 元，以作安慰。

---

① 《唐寿民回忆录》，1962 年 2 月 25 日，交通银行馆藏档案，档号：Y48。

沪行经理之争,最后以胡祖同的退让而收尾。

六、被迫离开交行

1932年,为彻底掌控交行,财政部首先逼走董事长卢学溥,由与宋子文关系密切的胡笔江接任。1933年,国民政府有意让胡祖同离职,让唐寿民继任。这一时期交行在胡祖同等江浙财团的共同经营之下,业务正扶摇直上,之所以排挤胡祖同,纯属政治之争而非经营问题。而胡生性刚直,对此大为不满,奋力抗争。据其子回忆,胡祖同"以继任者品性、声誉,均对交行不利,向当局进言不成,遂辞去交行总经理职务"①。

唐寿民则在宋子文一路保荐之下继任为交行总经理。交行自此步入一段新的历史:"独立的浙江帮银行家胡祖同的职位由依靠南京政府发迹的唐寿民替换,显而易见交行的独立地位大为削减。"②1935年3月,蒋介石明确授意改组交行,使其"绝对听命于中央,彻底合作"③。3月22日,国民政府宣布对交行进行增资改组,股本扩充到2 000万元,使得国家资本占交行总资本的60%,并修改《交通银行条例》,部派董事由3人增加至9人,部派监察由1人增至3人。4月20日,交行召开股东会议,总经理唐寿民与董事长胡笔江顺利地通过了人事表决,继续任职,交行从此彻底变成政府之金融工具④。胡祖同仅仅保留常务董事的名分,与交行的缘分渐行渐远。

---

① 胡若谷:《先父胡孟嘉事略》,《档案与史学》1997年第3期,第68页。

② 《中国名人录》,上海密勒氏评论报社,1936年,第224页。

③ 蒋介石致孔祥熙电,1935年3月23日,中国银行总行、中国第二历史档案馆合编:《中国银行行史资料汇编》上编,档案出版社1991年版,第385页。

④ 徐锋华:《交通银行的两次改组始末和角色定位》,《中国社会经济史研究》2007年第3期,第79页。

离开交通银行后，胡祖同担任中央银行国库局总经理，1935年又兼任中国实业银行总经理。1936年入日本人所立福民医院治疗，本为慢性亏损之症，经治疗后却日益严重，十余日后溘然长逝(其子怀疑是日本人暗手毒害)，享年49岁。一代金融精英，折于盛年！胡祖同一生最大的心血，可以说几乎全部注在了交行身上。他从沪行起家到主持总行的这段时期，正是他最年富力强之时，可谓殚精竭虑，用心不已，最后却因政治斗争被排挤出交行，积郁而终，令人唏嘘遗憾。

(章义和，华东师范大学历史系教授；
管夕茂，上海市松江二中历史教师)

企业联营对抗产能过剩：近代火柴工业的危机与突破

李健英　刘诗杨*

当前，产能过剩已经成为中国经济运行中的尖锐矛盾。中国的产能过剩不仅供需总量矛盾凸显，而且结构问题突出。当代学者关于产能过剩的建议大多停留在理论探讨。本文基于中国近代火柴工业产能过剩的历史事实，分析“火柴大王”刘鸿生以企业联营的方式对抗产能过剩的有益探索，以期对当代企业家有所借鉴。

一、近代火柴工业过剩产能的形成

火柴在中国是名副其实的舶来品。中国进口火柴的最早记录，可见于1865年的天津海关报告。最初的进口来源主要是欧洲，尤以瑞典产品为主。中国火柴进口量从最初的每年仅两三千箱，快速增长到1891年近100 000箱①。人口众多的中国很快成

* 本文得到教育部人文社会科学研究一般项目(12YJC790094)、天津市哲学社会科学规划课题(TJYY11-2-048)和南开大学基本科研业务费专项资金一般资助项目(NKZXB1218)的资助。

① 中国第二历史档案馆，中国海关总署办公厅：《中国旧海关史料》，京华出版社2001年版。

为国际主要火柴市场之一。

外商在火柴贸易中获得的巨额利润,吸引了中国民族资本大量投入火柴工业[①]。早在 1889 年,卢干臣等即在重庆创办了森昌泰公司。1893 年,森昌正公司继起。因四川交通不便,外货很难输入此地。该地木柴资源丰富,地方政府又竭力提倡,赋予火柴制造公司 25 年的专利权,这些有利条件带来了这两个先驱公司营业的发达,它们的产品不仅销售本省,且销行邻省,每年营业额约达 250 000 两[②]。

在森昌泰、森昌正成功的激励下,中国各地火柴工业渐次发展起来。至清末,华人开设的大小火柴厂已有 30 余个[③]。

火柴工业产量和技术进步较快的时期,出现在 1915—1928 年。尤其是五四运动后,抵制外货的浪潮日益高涨。形势越来越利于国货火柴的发展,中国火柴工业趁此机会发展迅猛。1914 年,天津设立了北洋火柴公司分厂。1918 年成立于天津的丹华公司,拥有资本 100 万元,由丹凤和华昌两公司合并而成,该公司产品在北方销路最广。江浙地区,1920 年,刘鸿生在苏州设立了鸿生火柴厂,镇江设立了荧昌火柴厂,南汇设有中华火柴厂;通州有张謇设立的通燧火柴厂;另外还有凤阳的淮上、宁波的正大、丽水的燧昌等。这些新设工厂的设备比旧有的小厂先进,开始普遍使用机器制造火柴。

1923 年,国内火柴厂达到 99 家,火柴工业已经基本达到了供需平衡状态。然而,新厂的设立却并未停止。在五卅惨案发生后,全国掀起了抵制外货、提倡国货运动。日本猴牌火柴从中国市场

① 赵津,李健英:《资本技术双密集型产业融资方式的探讨》,《中国经济史研究》2009 年第 2 期。

② 陈歆文:《中国近代化学工业史(1860—1949)》,化学工业出版社 2006 年版,第 103 页。

③ 吴承洛:《十年来中国之引火工业》,《化学》1945 年第 9 卷。

销声匿迹，瑞典凤凰牌火柴销量也日渐减小。民族火柴工厂所获利润与日俱增，投资小而技术简单的火柴工业继续吸引大量资本投入[①]。在有利的市场环境下，火柴工厂越开越多，1923—1928年5年间，火柴工厂数增加了近1倍，供给严重超过需求。这一阶段火柴工厂数量的增长，为中国火柴工业的进一步发展埋下了巨大的隐患，火柴业的产能过剩问题逐渐浮出水面。

1925年前，我国的火柴大多为黄磷火柴。由于黄磷有剧毒，吞食火柴头中毒案件不断，国际劳工会决议取缔黄磷火柴。中国在1925年加入这一公约，并于当年7月1日开始禁止销售黄磷火柴。此后，南方各厂改为生产安全火柴，而北方大部分则因地制宜，用硫化磷代替黄磷。采用新生产方式后，原料和税款占正规火柴厂总成本的40%左右。外商竞争力削弱后，中小型火柴厂随之迅速发展起来。这些小厂大多生产黄磷火柴，成本较安全火柴更为低廉，这对制造安全火柴的大厂形成了很大的威胁。造成这样的原因大致可分为以下几个方面。一是我国虽在当时也是人口大国，看似需求市场广阔，但实际并非如此。我国绝大多数人口在贫困的农村地区，消费水平低下，能不用火柴都尽量避免，导致火柴实际需求并不高，在本就不多的需求市场上，黄磷火柴和安全火柴早已供大于求[②]。二是安全火柴制造成本太高，价格根本无法与小厂生产的黄磷火柴竞争，在购买力低下的大部分地区，群众更多地会选择价格低廉的黄磷火柴，比较两者在使用效果上并没有太大的区别。三是对于普通群众来说，根本无法区分黄磷火柴与安全火柴，为防止以次充好，用安全火柴的价格买到黄磷火柴，人们宁愿选择直接购买黄磷火柴，这就是经济学中所说的劣币驱逐良

① 赵津，李健英：《从模仿到创新》，《中国经济史研究》2007年第3期。

② 林刚：《1927—1937年间中国火柴工业发展研究》，《西北师大学报》2005年第6期。

币现象[1]。由于以上几个方面的原因,大厂生产的安全火柴遭遇了中小厂极大的威胁。小规模火柴工厂的兴起,使火柴工业的产能过剩问题更加突出。

北京政府若是在行业发展之初就加以规范指导,鼓励工厂研发新技术,以压低生产成本,培养在质量和价格两方面都能与外资厂商竞争的大企业,那么此时中国的火柴工业也不会陷入无序发展的状态。当工厂数目越来越多,产量供大于求时,企业唯一的出路就是降低价格,以同其他厂商竞争。当每个厂商都开始压低价格时,整个行业陷入恶性循环的状态。作为一种生活必需品,火柴业并未因降价而获得更大的销量,而利润却因价格战迅速销蚀。大多数厂商无利可图,众多小厂因缺少资金,纷纷破产。

二、大危机期间欧洲过剩产能的冲击

在国内火柴工业过量发展期间,瑞典火柴大王克鲁格收购了欧洲各火柴厂,又与美国金刚钻火柴公司合并,成立了国际火柴公司;利用其雄厚资本与技术,国际火柴公司又收购了日本燧生火柴厂。通过收购日本在华企业,国际火柴公司开始在上海制造并销售凤凰牌火柴。本地化的举措,削减了该公司的生产成本,增强了其市场竞争力,在中国火柴市场对民族企业造成了很大的冲击。该公司还囤积大量瑞典进口火柴,倾销到华中、华南地区。与国产火柴相比,瑞典火柴具有明显的价格优势(见表1)。

---

① “劣币驱逐良币”又称为“格雷欣定律”,指在使用铸币时,人们总是倾向于将成色好的良币储藏起来,而使用成色不好的劣币。经过一段时间后,良币将退出市场,仅劣币在市场上流通。

表 1　1929 年中国火柴与瑞典国火柴价目比较　　单位：银元

<table>
<tr><td rowspan="2">等级</td><td colspan="3">中国火柴</td><td colspan="2">瑞典火柴</td></tr>
<tr><td>商标名称</td><td>除税价目</td><td>连税价目</td><td>商标名称</td><td>价目</td></tr>
<tr><td rowspan="3">一等</td><td>渔樵</td><td>31.5</td><td>33.5</td><td>辘轮牌</td><td>29</td></tr>
<tr><td>五福</td><td>30.5</td><td>32.5</td><td rowspan="2">玫瑰树</td><td rowspan="2">29</td></tr>
<tr><td>明兔</td><td>32.5</td><td>34</td></tr>
<tr><td rowspan="4">二等</td><td>松老</td><td>27.5</td><td>29.5</td><td rowspan="4">大风</td><td rowspan="4">26.5</td></tr>
<tr><td>江苏</td><td>26</td><td>28</td></tr>
<tr><td>双兔</td><td>28</td><td>30</td></tr>
<tr><td>金鼎</td><td>26</td><td>28</td></tr>
<tr><td rowspan="2">三等</td><td>宝塔</td><td>25</td><td>27</td><td colspan="2" rowspan="2">无</td></tr>
<tr><td>牡丹鸟</td><td>25</td><td>27</td></tr>
</table>

资料来源：江苏火柴同业联合会：《中国火柴业之危机及其救济策》，《社会月刊》1929 年第 9 期。

从表 1 可以看出，同一品质的火柴，瑞典火柴价格明显低于中国。瑞典火柴二等品的价格比中国火柴三等品的价格还要低，民族火柴工厂无法与之抗衡。同时，日本火柴也成为民族火柴工厂的强劲对手，它们利用价格竞争让中国火柴业遭受重创。1928—1930 年，中国民族火柴工业主要产地(东北地区以及河北、江苏、安徽、江西、浙江、福建、广东等省)的火柴生产量，从 614 900 箱下降为 423 219 箱，降幅达 31%；销售量从 532 200 箱下降为 389 252 箱，降幅达 27%①。1929 年下半年，东北各厂大半倒闭，广东厂家倒闭过半，国内其他各地情况也不容乐观。

为保护民族工业，南京政府决定上调进口税。从 1929 年年底开始，南京政府先后四次修改进口税则，提高进口税率。至 1931

① 青岛市工商行政管理局史料组：《中国民族火柴工业》，中华书局 1963 年版，第 30 页。

年,火柴进口税由从价计征7.5%提高到40%[①],政府的高关税政策在短时间内的确起到了积极的效果,导致进口火柴大为减少,中国的火柴业危机暂时得到缓解。但政府在保护国货的同时,并未配套相应的政策来规范火柴工业的发展,1930—1933年,民族火柴工业大量发展。井喷似的增长最终导致无序竞争,造成了产能过剩的问题,这反过来破坏了中国火柴工业的良性发展态势。

随着政府为保护国货而提高进口税,跨国巨头改商品输入为资本输入,在中国设立火柴厂,利用中国廉价劳动力进行生产,而中国民族火柴工厂在资本和技术方面难以与外资匹敌,造成经营困难,以及火柴工业进一步产能过剩[②]。1931年九一八事变之后,中国火柴公司丢失了东北市场,而日本火柴占有东北市场,还通过公开走私,大量倾销华北、华南等地,逐步深入华中地区。在缺少系统产业政策保护下,南京政府单纯采用高关税政策,未能解决火柴工业产能过剩的问题。

同时,国民党政府的重税,让国产火柴业面临严峻的形势。中国火柴在南京政府期间面临着高额税收的问题,每箱2元的税收几乎占火柴总价格的15%,甚至更多,这让国产火柴更加无法与瑞典进口火柴竞争。民族火柴厂对此无能为力,只能将其加在本来就较高的价格之上。而火柴虽然是日常生活所需的物品,但其需求弹性较大,价格的上涨将导致需求的下降,加之外国火柴的低价倾销,竞争力进一步被削弱。政府的高税收让我国民族企业在外来竞争面前毫无抵抗力可言,剥削似的重税让本就弱不禁风的

---

① 林刚:《1927—1937年间中国火柴工业发展研究》,《西北师大学报》2005年第6期。

② 赵津、李健英:《大萧条时期范旭东的“实业救国”行动》,《江汉论坛》2009年第6期。

民族资本摇摇欲坠[①]。

1933年12月15日，南京政府决定对火柴业增税，每箱税费达到5元。重税导致水货盛行，正规厂商无法将高税率转嫁给消费者，中国火柴业再次陷入低谷，工厂数逐年减少。中国火柴业在前清时有30个工厂左右，1912年增长到约200个，但到1935年仅剩99家，其中华商92家生产的65家；7家外资则工厂全数开工[②]。

虽然外资企业数量只有7家，但其产量却不小，产量比例远高于厂数比例（见表2）。20世纪20年代末世界经济危机波及我国后，原料价格上涨，银价下跌，中国火柴业陷入全面危机。

表2　中外厂商各年产量　　单位：箱

时　间	1931—1932	1932—1933	1933—1934
华厂	816 783.8	944 786.8	852 278.1
外厂	130 141.1	129 692.8	89 417.1
外厂比例(%)	13.74	12.12	9.50

资料来源：国民党政府全国经济委员会编：《火柴工业报告书》，1935年，第29页。

三、产能过剩的对策：刘鸿生主导的全国火柴产销联营

惨烈竞争中，近代著名爱国实业家刘鸿生于1921年创立的苏州鸿生火柴公司展现出与众不同的技术实力。当时，中国火柴厂面临两个普遍问题：火柴头上的药剂常因受潮而影响发货；盒上的赤磷常因脱落而影响生火。为此，刘鸿生先后聘请林天骥博士

① 赵津、李健英：《重化工业时代政府功能的重新定位》，《南开学报（哲学社会科学版）》，2012年第3期。

② 陈歆文：《中国近代化学工业史》，化学工业出版社2006年版，第105页。

为总工程师，研制出高粘力的胶黏剂，最终解决了这两个难题。这为鸿生厂与外资厂的同台较量提供了条件。1924 年，鸿生火柴公司收购了苏州燮昌火柴公司及另一小厂，生产规模开始扩大。

20 世纪 20 年代末的中国火柴市场，外货倾销，同行贬价，内外挤压。在此形势下，刘鸿生尝试更激进的方式——采取同业合并的对策，以减少竞争，集中力量，应付不利局面。他采用先易后难的方针，先说服荧昌、中华两个大厂与之合作。1930 年，江苏的荧昌、鸿生、中华三厂合并，组成了大中华火柴公司。

大中华火柴公司在合并之后，充分发挥大企业的竞争优势，探索建立一套包含生产、营业和财务等方面的集中管理制度[①]。另外，为提高产品质量，刘鸿生设立了专注技术创新的研究机构。大中华所属各工厂还用所获利润增设机器，形成了很强的竞争力。经过这次大改组后，大中华火柴公司资本雄厚，营销网络扩大，产品销路大增，该公司迅速发展成为中国火柴行业的领军企业。

九一八事变后，全国再次掀起提倡国货的浪潮。大中华的销路迅速扩大，1931 年，该公司并购了九江裕生、汉口燮昌、芜湖大昌和扬州耀华等火柴厂。不断的并购带来了大中华规模和实力的扩充，也巩固了大中华在中国火柴工业的优势地位，为其维持火柴价格及良性的市场发展环境提供了条件。大中华在此后几年一连获得十分丰厚的利润，增强了与外资抗衡的竞争力。1934 年，杭州光华火柴公司加入大中华阵营后，该公司共拥有 7 个火柴制造厂，1 个梗片制造厂，资本 365 万元，年产火柴 15 万箱，成为当时中国规模最大的火柴公司[②]。大中华的销场遍及江苏、浙江、安徽、江西、两湖、两广、福建、四川、山东、山西、河南和河北各省，刘

① 钱德勒主编：《大企业和国民财富》，柳卸林主译，北京大学出版社 2004 年版。

② 青岛市工商行政管理局史料组编：《中国民族火柴工业》，中华书局 1963 年版，第 108—110 页。

鸿生也被誉为中国“火柴大王”。大中华火柴公司的不断并购，客观上形成了民族火柴工业的大、中、小资本共同对抗瑞、美火柴资本，从而也起到了保护民族资本的作用。

刘鸿生认为要制止同业倾销，必须在同业之间分配销量，以限产达到稳定市价的目标。大中型企业合并成超大型企业后，可以方便地对行业的产销和售价进行控制，大中华的优势地位为此后的行业内合作提供了契机。1935 年 7 月，大中华联合华资火柴同业成立联合办事处。随后，刘鸿生与美资美光公司达成协议，成立华中地区火柴产销管理委员会。此委员会成立的目的，即限制同业竞销。委员会成立后，刘鸿生进一步将日商拉入，成立联营总社。产销联营总社控制了全国火柴产销量，阻止了走私漏税，在一定程度上将日资火柴势力稳定在华北和鲁、豫地区，从而维持了国产火柴的销售市场。

中华全国火柴产销联营社成立后，问题依然不少。首先，内部矛盾突出：收买的新厂问题还没有解决，已经入社的小厂又因为产销无法维持而要求退社。如在 1936 年 11 月 5 日，中华全国火柴产销联营社呈给国民政府实业部的公文中就提到，由于此时火柴生产仍然过剩，他们不同意新办 3 个火柴厂——西安的中南、厦门的福厦和汉口的华中投产，再加上这 3 厂没有生产记录，无法以此作为标准来定其销额，如果另定标准，已入社的工厂不会同意，唯一的办法就是由联营社将这 3 个厂再收购过来，以一定资金弥补 3 个厂的损失①。

除收购新厂的挑战外，其他问题也开始暴露。1937 年 6 月 5 日，民生兴记和中南协记两个火柴厂致函中华全国火柴产销联营社，提到因为它们没有领花凭单，有货无法卖出，但工厂开销巨大，

① 上海社会科学院经济研究所编：《刘鸿生企业史料》(中)，上海人民出版社 1981 年版，第 242 页。

这种情况已持续两个月,为了生存,只能与联营社脱离干系。1937年7月10日,楚胜火柴公司也提出,由于华南、华北、鲁豫等地区很多火柴厂都没有入社,它们并不受销量限制的制约,反而已入社的各厂,因受到联营社销量上的限制,又受到这些地区火柴厂倾销的影响,前途堪忧。没入社之前,月销售额可达到1 300箱左右,加入之后,反而只有945箱。再加上职权垄断在一两人手中,一切都由他们说了算,导致每月得到的印花,不仅没有以前约定的箱额,已经交货的货款,也无法及时汇付,这些公司开始出现亏损。其余一些情况,如在联营社内处事不公,剥削小厂,使得小厂根本没有生存的可能。因此不少公司请求退出联营社,重新采取自由营业的方式①。

表3 1937年1月华中、华北、鲁豫三区已参加、未参加联营社的厂数和产量比较

区别	已加入联营社				未加入联营社			
	厂数(家)	规定年产量(箱)	(%)		厂数(家)	规定年产量(箱)	(%)	
			占本区	占三区			占本区	占三区
华中区	21	249 444	89	29.4	2	30 745	11	3.6
其中:美内团	—	—	—	—	2	30 745	11	3.6
华北区	8	179 398	100	21.2	—	—	—	—
其中:日厂	2	55 670	31	6.6	—	—	—	—
鲁豫区	18	288 916	74.3	34.1	16	99 825	25.7	11.8
其中:日厂	5	125 461	32.3	14.8	—	—	—	—
合计	47	717 758	—	84.6	18	130 570	—	15.4

注:(1)上表系根据1937年1月23日中华全国火柴产销联营社理事会呈国民党政府财政部、实业部文所列资料整理;(2)表中美内团年产量系总社所规定的数额,后来华中分社在1937年5月又给增加1万多箱,此处是1月份数据,故不包含在内。

资料来源:上海社会科学院经济研究所编:《刘鸿生企业史料》(中),上海人民出版社1981年版,第245页。

① 上海社会科学院经济研究所编:《刘鸿生企业史料》(中),上海人民出版社1981年版,第242—244页。

除了联营社的内部矛盾外，日本人走私、偷制火柴的现象仍在继续。《刘鸿生企业史料》中有不少此类的记录。如在厦门曾查获日本人私自偷制火柴，并假冒日本某厂将产品销售到各地，为此联营社请求厦门税务局禁止梗枝进口，以杜绝此种行为。

1937 年 4 月 5 日，联营社上海分社致总社的报告中指出，由于一地区并非所有工厂都加入了联营社，售价稳定和产销平衡的目的无法达到，如：广东省内火柴厂有 16 家之多，又没加入联营社，产量多且售价低廉，每箱价格相差 10 元以上；加之交通便利，上海地区的商户普遍去广东批发火柴，赚取差价，致使上海的火柴无法与之竞争。若是广东火柴不加入联营社，这种现象必然蔓延到全国市场，最终导致无法遏制的局面。联营社天津分社致总社的函中也提到，由于一些厂没有加入联营社，售价低廉，加入联营社的厂家，其火柴反而难以销售出去。长此以往，不但其他厂商不会再加入联营社，已入社的火柴厂也会因遭遇重大损失而退出。而这种矛盾，联营社是无法调和的，它的初衷即是稳定售价，遏制无序竞争。但要得到这样的结果，只能在全国火柴厂都加入联营社的条件下才能实现。当火柴工业形成一个类似垄断企业的组织时，才能通过控制销量、提高价格，而赚取更多利润。但现实并非所有厂商都加入了联营，个别没加入的厂商只要降低价格就能有更多的销量，获得更多的利润。此时，未形成成本优势的联营内部是不稳定的，想通过类似卡特尔的组织来解决中国火柴业的问题，还存在许多的不足。

联营之后虽然有诸多矛盾和不足之处，但大中华火柴公司却因火柴售价提高而获得了巨额利润。联营社选择和外国资本联手来提高盈利能力，它将众多火柴公司的销售集中在自己手中，从而在一定程度上限制竞争，并制定高昂的垄断价格获取利润(见表 4)。

表 4 联合营业后火柴价格的变动 单位：元

箱别	等级	1935 年 10 月 11 日每箱价格	1935 年 11 月 11 日每箱价格	1936 年 2 月 8 日每箱价格	1936 年 6 月 15 日每箱价格	1937 年 3 月 1 日		
						每箱价格	较 1935 年 10 月 11 日上升(%)	较 1936 年 6 月 15 日上升(%)
大盒	甲	36.60	40.20	45.00	48.00	48.78	33.28	1.62
	乙	35.70	39.30	44.10	47.10	48.70	36.41	3.40
中盒	甲	33.30	36.90	41.70	44.70	46.44	39.46	3.89
	乙	31.50	35.10	39.90	42.90	44.52	41.33	3.78
	丙	30.60	34.20	34.20	42.00	43.32	41.57	3.14
小盒	甲	26.40	28.80	32.40	34.80	34.62	31.14	−0.52
	乙	25.80	28.20	31.80	34.20	33.24	28.84	−2.18
	丙	23.10	25.50	29.10	31.50	32.16	39.22	2.10

注：(1) 上表系根据国产火柴制造同业联合办事处与中华全国火柴产销联营社价目单整理;(2) 上列每箱价格中,不包含统水金额。

资料来源：同表 3,第 247 页。

从表 4 可以看出,联营社成立后,每箱火柴的价格有大幅度的提高,使得厂商能够获得正常的利润,整个火柴工业得以良性的发展。

四、结　　论

大中华主导联营活动,目的是为了避免过于激烈的同业竞争。对于大中华来说,联营社成立后,稳定了它在华中火柴市场上的优势地位。刘鸿生为解决火柴产业过剩而做出的一系列的努力,一定程度上缓解了火柴工业供大于求的状况,提高了火柴的价格,重启了民族火柴工业良性发展的有利局面;同时,将美、日火柴厂纳入联营的举措客观上也起到了保护民族资本的作用,有效提高了应对跨国火柴公司及其廉价进口火柴的抗冲击能力。

但从20世纪30年代的火柴联营面对的困境——即难以杜绝未加入联营社厂商的倾销来看，单靠商业企业的努力，而缺少政府的参与和政策的支持，在当时难以完全解决近代中国火柴工业产能过剩的问题。要解决产能过剩问题，需要政府和企业共同寻找应对之道。当今的中国，面对多个行业严重的产能过剩，只有通过合理的政策引导、支持，才能解决这一难题，使得企业走出困境。

抗日战争爆发后，日敌侵占中国沿海地区，对工矿企业肆意侵占，火柴工业自难幸免，中华火柴产销联营总社陷入停顿。战时大后方人口激增，内地火柴市场发展前景良好。上海等地的爱国工商界纷纷响应政府号召，选择将工厂内迁。1938年6月，刘鸿生离开上海，在香港、重庆等地重设火柴工厂。联营的策略最终被局部专卖制度所取代。

（李健英，南开大学经济学院经济学系讲师；
刘诗杨，南开大学经济学院经济学系研究生）

社 会 生 活

近代中国城市民间慈善团体之社会救济

——以公善施材总社为例

侯亚伟

近代中国,一方面是西方列强疯狂地侵略、欺凌,一方面是晚清、民国历届政府腐败不堪,贪官污吏横行,政争、党争不断,加之经常发生的各种自然灾害,加剧了中国社会的贫困化程度,造成了大量贫民、灾民、难民。他们经常流离失所,缺衣少食,生活困顿,急需救济。其中,有不少涌进经济条件较好的城市,为城市的发展带来巨大的负担。因此,在许多城市中出现了中国济生会、世界红十字会、世界黄十字会、小善社等为数众多的民间慈善团体,致力于社会救济事业。

近代天津是华北地区首屈一指的港口城市,但伴随着城市发展的,是无休止的战乱和频频发生的灾荒。在这种情况下,华北各地灾民经常涌入天津,使本来就步履维艰的城市雪上加霜。以此,社会救济事业便成为地方社会维持正常运转的重要保障。由于政府救助力量的不足,许多民间慈善团体也被允许参加进来。以天津为例,当时就有天津佛教居士林、天津红十字会、天津黄十字会、八善社、崇善东社等数十家民间慈善团体,办理了大量的社会救济事业,公善施材总社①也是这些慈善团体中的一员。

---

① 公善施材总社,亦称公善普及施材总社、公善社。天津另有一公善抬埋社有时亦称公善社,为简捷和避免误见,除引用文献外,统称公善施材总社。

光绪二十四年(1898),部分天津绅商先后于西老公所内附设识字班,并开展施材、施种牛痘、恤嫠等事业,“推由公善社负责办理之”①,是为公善施材总社发轫之始。到光绪二十八年(1902)五月,天津发生瘟疫,因死亡人数众多,贫穷之家无力为殓,当地绅商张月丹、唐聘九、刘培云、王雨洲、萧少棠等人便于西老公所内“创立斯社,以施材为主,恤嫠为辅”②,以张月丹为社长。1928年张氏逝世后,由萧少棠接任,任职至1939年3月逝世。之后,社长一职一度由王金堂继任,但至迟到1943年,便为郝莲舫所取代。1949年4月8日,天津人民政府通过《关于天津市慈善团体的调查工作报告》③,明令取消包括公善施材总社在内的19家民间慈善团体。以下主要利用天津市档案馆所藏公善施材总社档案、征信录等未刊资料,讨论该社的社会救济事业及其与理教、天津商会和地方政府的关系。

一、公善施材总社的社会救济事业

公善施材总社所办理的社会救济事业包括施材、恤嫠、种痘、施药等诸种,其中以施材最为重要。《天津特别市西老公所公善普及施材总社征信录》(1928—1939)④《民国三十年度天津市公善普及施材总社征信录》⑤详细记载了该社1928—1939、1941年的相关事功。以下以此两种材料为中心进行讨论。

---

① 赵东书主编:《理教汇编》第五编,台北中华印刷厂1973年版,第215页。

② 《具禀永丰屯公善社职董等,唐士珍、张桂甡、刘培云、王椿田等》,1907年6月24日,天津市档案馆档案,档案号:J128-3-674-1。(以下凡天津档案馆资料,省略“天津市档案馆档案”“档案号”字样)

③ 参见《关于天津市慈善团体的调查工作报告》,1949年4月8日,X65-Y-34-1。

④ 公善施材总社编:《天津特别市西老公所公善普及施材总社征信录》(1928—1939),1939年5月。

⑤ 公善施材总社编:《民国三十年度天津市公善普及施材总社征信录》,1942年。

1. 施材

民国天津慈善机构虽多，但它们所主办的社会救济事业，多针对缺衣少食的贫民、灾民、难民，很少关注已死之人。而在20世纪上半叶的中国，由于战乱频仍，灾荒不断，经常出现哀鸿遍野、死亡枕藉的情况。对死人的关怀，既可体现"入土为安"的"好生之德"，也是改善城市卫生状况的需要。然而，公善施材总社成立之初，"社内需款，施材为惟一大宗，向无底款依赖"①，最初由于各董事财力有限，"捐购棺木仅十一口"②，影响很小。

1928—1939年是公善施材总社的施材事业发展的黄金时期。在近12年的施材活动中，除1939年末的3个月，仅施材247具外，其他年份均超过1 000具，其中：1929年4 567具，为历年之最；其次是1935年施材4 558具、1938年3 843具、1936年3 667具、1934年3 514具、1932年3 136具、1933年3 046具。另外，施材数在2 000具以上的还有1928年的2 292具、1931年的2 896具。可见，该社施材事业最重要的年份是1928—1936年。1937年只有1 753具，1938年更减至1 168具。1937年7月开始，全面抗战爆发，京津地区陷入战争状态。按理说，本年天津死亡人数应该更多，施材数目也应更多。但情况恰恰相反，这一年施材数却只有上年的47.8%。这是因为，此时当地其他慈善团体亦参与到施材掩埋活动中来，如天津红十字会在1937年8月1—9日，曾派出3个掩埋队到河北、南市、河东等地进行掩埋工作，9天时间共计掩埋221具尸体③。

在天津，公善施材总社有61处施材地方。在1928—1939年

① 《具禀永丰屯公善社职董等，唐士珍、张桂甡、刘培云、王椿田等》，1907年6月24日，J128-3-674-1。

② 宋蕴璞辑：《天津志略》，台北成文出版社1967年版，第281页。

③ 参见世界红卍字会天津主会编制：《世界红十[卍]字会天津主会临时救济总报告(附征信录)》，(1937年7月29日—1938年2月28日)甲编，第4—5页。

的12年间，这61处的施材活动，除理教公所外，可分为3种类型：其一，对政府主管的相关机构的施材活动。各处官验地方、地方法院看守所、河北省第一监狱、河北第三监狱、枪毙刑犯地方、陆军监所、第一区公安局、北宁铁路局等政府机构都曾从该社领材。反映公善施材总社的施材掩埋事业，不仅针对普通民众，也针对政府机构。其二，为天津红十字会、明德慈济会、戒毒所、公善抬埋社等一些民间慈善团体施材。其三，为慈善医院、法国医院、防疫处、传染医院、市立医院、市立第二医院等医疗卫生单位施材。尤其是对法国医院的施材，不仅12年间从未间断，且数量也较大，1935年、1936年均达到了200具以上。

施材的地域基本上局限在天津一地，从河东到河北，从东沽到西沽，从华界到租界，从城市到农村，几乎无处不在。

据《民国三十年度天津市公善普及施材总社征信录》，本年度共施材1 785具，其中：西老公所545具，占30.53%；河东陈家沟子分社等12家分社共969具，占54.29%；其他地方271具，占15.18%。本年度的施材仍以西老公所为多，理教各公所占主要地位。但和1928—1936年间，无法相提并论，说明1937年以来的颓势，并未得以扭转。1944年，为响应伪警察局的号召，公善施材总社曾制定《西老公所公善普及施材总社贫民停尸处简章》①，1946年12月，曾参与从日本归国劳工遗体的埋葬工作，但规模已大不如前。

2. 恤嫠、冬赈、医疗救济

(1) 恤嫠。所谓恤嫠，意即体恤孤寡，它是公善施材总社仅次于施材的社会救济事业。1928—1931年，恤嫠占总开支的百分比分别为：24.40%、26.46%、28.26%、32.48%。据统计，该社1928

① 《西老公所公善普及施材总社函送贫民停尸处简章请查照由》，1944年12月23，J128-2-2749-21。

年6月20日—12月20日半年间的恤嫠户数为3 613户。1929年为6 291户、1930年为6 963户、1931年为7 794户、1932年为8 148户、1933年为10 877户、1934年为9 072户、1935年为8 387户。总体来看,从1929年—1935年,每年恤嫠都不低于6 000户,1933年甚至超过了10 000户,可见规模之大。

恤嫠的方式,一般是每月20日定期发给孤寡家庭粮食。所发粮食包括小米和玉米面两种。根据家庭贫困情况,所发的标准有所不同。以1933年为例,当年共分12次发放,根据贫困程度分2斗、1.5斗、1斗三个等级,而以发放1斗者为多。每月所发对象不尽相同,数据变化较大。一般在粮食丰产前后,所发较少;但每年农历一、二、十一、十二月青黄不接时,所发较多。

(2) 冬赈。一般来说,冬赈的方式较多,有施粮、施衣、开设粥厂等。根据《公善普及施材总社征信录(1928—1939)》,1928—1937年施棉衣分别为1 040、1 178、962、1 446、348、799、133、1 675、830、2 200、730件。其中除1932年和1934年较少外,其他年份至少都超过700件。最多的年份,如1937年,甚至超过2 000件,这应与当年抗战全面爆发,大量难民涌入城市有关。

开设粥厂是公善施材总社重要的冬赈事业。如1932年12月2日开始,该社在西头广开清化祠开办第二粥厂,“食粥贫民日达七千人之多”[①]。但粥厂的开办,主要是在民国后期,在社会局的统筹规划下进行的。这一时期,物资奇缺,物价昂贵,加之华北各省难民蜂拥而至,散兵游勇横行街头,威胁着城市的安定。政府一方面出于维持治安的需要,一方面考虑到大量的难民急需救济,便与公善施材总社在内的一些民间慈善机构合作,办理以开办粥厂为代表的冬赈事业。

(3) 医疗救济。公善施材总社的医疗救济事业,一个重要方

① 《为请参观放粥事的函》,1933年1月21日,J128-2-412-37。

面是施药，即由一些善士购买药品赠予该社，由它免费发给那些缺医少药的灾民、难民。这些善士主要是该社成员，如：1928—1936年间，萧少棠每年都捐赠妇女胎前产后药、男女受急药等药品；邸叔珍每年都捐赠夏季痧药红灵丹以防暑。该社有时也会自购一些药品，如1929年自买救急丹、1932年自买滴水药。有些年份，甚至还自制药品，如1933—1935年，每年均自制还阳丹若干。市卫生局也有赠药，如1938年、1939年各捐赠了牛痘浆30打。

但总体来看，施药活动并不突出，倒是以种痘为代表的防疫事业规模更大。1929—1938年间，公善施材总社在西老公所、堤头村清善堂、姜家井义善堂三处设立的种痘点，每年为儿童施种牛痘数量都超过3 000人。年份最多的1934年，达到将近5 000人。这三处种痘处之中又以西老公所更为重要，在此接种牛痘者每年均超过2 200人，占总种痘数的一半还多。其中1934年更有近4 000人，占总种痘数的79.46%。

种痘之外，若遇其他流行性疾病，公善施材总社也会积极参与。1946年8月，西乡北斜村分社负责人姚维山发现当地农村疑似发生霍乱。公善施材总社一份给天津市政府卫生局的公函中称，“以县于市境毗邻，万一疫菌传染为患，何堪设想……预为防范，以保村民健康起见，拟在村中施行预防霍乱注射，并请转函津市卫生当局拨发注射证、疫苗，派医注射，以保民命，俾使村民往返津市经营”①，表达了对霍乱疫情的重视及其可能蔓延的担忧。

二、公善施材总社与理教的关系

公善施材总社与理教的关系十分密切。理教，也称在理教，是

① 《为霍乱疫苗领取应合于注射办法办理事与公善普及施材总社来往函》，1946年8月30日，J116－1－771－74。

清初创立于蓟县的一个民间教派，由于其温和的教义和坚持办理社会救济事业，在清末和民国时期，其活动为政府所允许①。该教第二代祖师尹岩以天津为中心展开活动，并在永丰屯创立西老公所。尹岩之后，理教迅速发展。仅天津一隅，清末民初就建有公所128处②，1940年前后增至175处③。公善施材总社与理教的关系，主要表现在其慈善思想受到理教影响，总社及其分社多设在理教的公所之内，不少社员同时还是理教的头面人物三个方面。

1. 理念相通

公善施材总社的宗旨为："为救济市内贫民无力掩埋及各处倒卧尸体，因掩埋路途遥远，临时暂存津郊，每日派夫，运往距离津市十五里西郊之汪家庄大义地，妥实掩埋，以免暴露，而维人道。"④又《民国三十年度天津市公善普及施材总社征信录·叙言》有言：

> 盖闻矜孤恤寡，固仁人之盛举，救生恤死，实善士所乐为。从来天道多好生之念，人类具互助之情，自昔已然……本社成立伊始，素以施材恤嫠，舍药振贫为职志。历承各界善士，本己饥己溺之诚，发济人济世之愿，财力并行，衣物兼施，全年捐额综计数万。语云：作善降祥。凡此莫大善行，自获衍庆之报⑤。

另外，1946年8月21日，因近年来各处灾祲迭见，村民经常患类似霍乱的病症。于是，公善施材总社给市卫生局呈上一函，其

① 李鸿章：《在理教请免查办折》，《李文忠公全集》卷47，第1436页。

② 濮文起、莫振良：《天津宗教的历史与现状》，《世界宗教研究》2004年第2期。

③ 《天津理教联合会二十九年一月至十二月份收支款项清册》，1941年，J227-1-1-692。

④ 《西老公所公善普及施材总社函送贫民停尸处简章请查照由》，1944年12月23，J128-2-2749-21。

⑤ 公善施材总社编：《民国三十年度天津市公善普及施材总社征信录·叙言》，1942年。

中有言:“以县于市境毗邻,万一疫菌传染为患,何堪设想。”①

无独有偶,理教同样也主张行善:

> 积善之家必有余庆,行持之道,惟在“善”、“德”二字而已……有功无行如无足,有行无功如无目。功行兼全道法备,天台有路任人步……有力者,济难扶危,救灾恤患……修道者,时常亦当味此二义,于行持外果大有进益之功。②

修行可谓之“功”“德”,理教信徒日常所坚持者是也;社会救济事业可以称为“善”“行”,公善施材总社所办者是也。只有“功行兼全”,才可能达到“道法备”的状态,方是合格的修行。可见理教与公善施材总社,一内一外,践行着理教悲天悯人、关怀社会的主张。

2. 公善施材总社及其分社机构多设于理教公所内

从1902年创立开始,公善施材总社的社址一直在天津理教总部西老公所之内。分社往往也设在理教的各公所之中,形成了依托理教各公所发展的局面。特别是该社的施材活动,更是主要依托西老公所、西广开清化祠总分社,以及河东陈家沟子东公所第一公所、土城玄静堂第二十五公所在内的近30个理教公所在内的各公所。

在公善施材总社的施材事业中,西老公所施材均占据相当比重。最高的年份,占总比例的83.81%,最少年份也占8.74%,平均每年占34.70%。另外,从西广开清化祠总分社,直到土城玄静堂理教第二十五公所,在公善施材总社的施材活动中,也占有相对重要的地位。第五、第六、第九、第十、第十三公所的施材活动均从1928—1937年,从未间断。而理教各公所12年施材所占比例,只有1935年、1936年略少于50%,较多的年份,如1928年、1938年、

① 《为霍乱疫苗领取应合于注射办法办理事与公善普及施材总社来往函》,1946年8月30日,J116-1-771-74。

② 蔡俊元:《理教弘明集》,文岚簃印书局1939年版,第20—21页。

1939 等年份,甚至超过 80%[①]。

这种情况,在《民国三十年度天津市公善普及施材总社征信录》中更加明显。1941 年一年,公善施材总社共施材 1 785 具,而西老公所施材 545 具,占 30.53%。总分各社(也即理教各公所)共施材 1 514 具,占当年总数的 84.82%。

另外,1929—1938 年 10 年间公善施材总社的种痘活动除了在西老公所外,堤头村清善堂、姜家井义善堂三处,也都是理教的公所。

可以说,以西老公所为代表的理教各公所,是公善施材总社施材、种痘等社会救济事业的主要依托。

3. 理教中许多头面人物参加并领导公善施材总社的社会救济事业

理教和公善施材总社的密切关系还表现在两者之间的人员关系上。据《天津市各行业同业公会关于公益事项》[②],1941 年 5 月 4 日,名列公善施材总社第一次常务董事会议的有李实忱、郝莲舫、焦世卿、年光垚、殷尊五、卢筱峰、孙孝庭、蔚子丰、李绍宸、龚云波、钱贵一、张静轩、周壁忱、潘润田、胡翰卿、安兰舟、杨晓云、叶有发、郭丽泉、刘纯甫,名列次年元旦董事会议的有范雅林、赵星久、郝莲舫、安兰舟、邸叔珍、李绍宸、韩益轩、杨晓云、年光垚、刘纯甫、殷尊五、董秋圃、张献廷、解茂义、张静轩、卢筱峰、李洁贤等。名列 1942 年 7 月 19 的理教联合会临时会议的有张鹤亭、安兰舟、李琴龕、赵星久、李涵基、朱荫南、李玉珊、卢筱峰、钱贵一、苑子青。名列同年 8 月 16 日天津理教联合会的有张鹤亭、安兰舟、张少堂、李凤舞、李琴龕、张德明、崔嘉林、邓国樑、卢秉居、鲁广泰、王占奎、蒋衍烈、钱贵一、李玉珊、刘纯甫、年光垚、

① 《天津特别市西老公所公善普及施材总社征信录》(1928—1939),1939 年5 月。

② 《关于公益事项》,1942 年 7 月,J129-3-6-3949。

卢筱峰、张朝栋。

由于理教联合会的两次会议和公善施材总社的两次董事会议召开的时间相距很近,且两个团体在1941—1942年未见有异常之事发生,所以双方各自人员构成应不会发生太大变化,故有可能对两者的领导人员的构成做一对比分析。据统计,既参加过公善施材总社董事会议,又参加过理教联合会会议的人员有卢筱峰、钱贵一、安兰舟、赵星久、刘纯甫等人,他们多半同是公善施材总社和理教联合会的领导人物。

另外,以上四次会议的纪录都是王亮甫。一般来说,会议的记录者,地位虽然未必很高,但鉴于责任重大,应是自己组织内部的人。王亮甫不仅担任理教联合会的两次会议记录,还担任公善施材总社的会议记录,说明两者之间关系密切,甚至公善施材总社有可能是理教的下属组织。

通过以上分析,可以认为公善施材总社至少是在思想上受到理教影响的、在组织上依托理教的、在人员上有大量理教信徒参与的、受到理教领导的民间慈善团体。

三、公善施材总社与天津商会和地方政府的关系

作为一个地方性民间慈善团体,除了其自身的组织和领导制度之外,与天津商会和地方政府的关系,是其能否顺利开展社会救济事业的重要条件。

1. 与天津商会的关系

天津商会成立于光绪三十年(1904)夏秋之交,自成立起,便对天津商业起到领导作用。公善普施材总社的领导成员如张月丹、唐士珍、萧少棠等,多是地方绅商,且所办理社会救济事业的款项来源,多是绅商捐助,故该社直接受到天津商会的领导。

宣统元年(1909)六月,天津商会的□向轩给张月丹去信,提到公善施材总社申请执照之事,并建议"所有保人俱在商会,何妨由商会或盖戳或来公事……弟闻信,即烦尊车,即乞阁下作速即赴商会,就近办理是要"①,反映天津商会与公善施材总社之间有一定的从属关系。

1939 年 8 月 23 日,天津境内洪水泛滥,被灾区域之内,漂流着大量浮尸。天津商会致信公善施材总社:

> 倘任其如此漂露,不惟有碍卫生,抑且有伤人道。亟应打捞掩埋,以安幽魂。素仰贵社热心慈善,泽及枯骨,相应函请查照,迅赐派员,分赴各灾区打捞浮尸,备棺掩埋,以安幽魂,而重卫生②。

是月 25 日,公善施材总社便对天津商会的希望做出积极回应:"本社经于本月二十二日派员雇船两艘,分往各灾区救出许多灾民,并附载棺木多具,沿途打捞漂流浮尸概予殓埋,以维人道而重卫生。"③公善施材总社的行动,是对天津商会意见的充分重视。

有关资料表明,1940 年以后,公善施材总社与天津商会的关系似已渐行渐远。1940 年 1 月 15 日,在社长萧少棠逝世将近一年之后,该社选举董事。在一份致天津市商会的公函中,提到公善施材总社将于本月 21 日下午一时,"假东马路育才高级商业学校内举行社员大会,选举董事,除已分呈……警察局,准于届期派员监选外,相应函请查照"④。显然,这种所谓"函请查照",已不具约

---

① 《为赏发执照事禀工程局》,1909 年 7 月,J128 - 3 - 80 - 24。

② 《函天津公善施材社请派员打捞浮尸掩埋稿》,1939 年 8 月 23 日,J128 - 3 - 9647 - 22。

③ 《公善普及施材总社函复,业已派员雇船,分往灾区打捞浮尸殓埋由》,1939 年 8 月 26 日,J128 - 3 - 9647 - 33。

④ 《为选举董事派员指导事致天津市商会的函》,1940 年 1 月 15 日,J128 - 2 - 275 - 61。

束力了。1944年12月23日，在致市商会的一份公函中[①]，公善施材总社也不过将该社办理施材、掩埋等项善举罗列一番，似乎只是向天津商会通报。

民国后期，双方关系似乎变得更加淡薄。1947年3月20日，公善施材总社致函天津市商会："敝社为推进社务，兹定于国历三月二十二日下午准三时，拟借贵会会议厅，召开理监事联席会议。"[②]同年9月18日，亦有"借用贵会(天津商会——笔者注)会议厅，召开理事会议"[③]之事。另外，当公善施材总社有人逝世，也会致函天津商会，请求"赐给匾额，以资褒扬，而昭激劝"[④]。只是这些，多系一般的社会往来，似乎此时公善施材总社已不需要向天津商会通报其办理社会救济事业的情况了。

2. 与地方政府的关系

直隶赈抚局是清末直隶地区的赈灾救济机关，其前身为李鸿章所设的直隶筹赈局，光绪二十七年(1901)更名为赈抚局，晚清天津的慈善组织，均归其管理，公善施材总社自莫能外。晚清时期，直隶赈抚局对公善施材总社管理，是通过天津商会来进行的。光绪三十一年(1905)五月，由于听说公善施材总社将筹集的公款，拨给桐昌鲜货行经纪杨金波生息，赈抚局曾专门发函给天津商务总会查问此事。不久天津商会即查清函复：

社内需款……向无底款依赖……因而岁岁有亏，统系职等筹补……查现在桐昌鲜果行经纪杨金波，每逢交纳公款，皆

① 参见《西老公所公善普及施材总社函送贫民停尸处简章请查照由》，1944年12月23日，J128-2-2749-21。

② 《西老公所公善普及施材总社为定三月二十三日下午三时拟借贵会会议厅召开理事会议，请俯允照借由》，1947年3月20日，J128-3-8604-4。

③ 《天津市公善普及施材总社为定九月十八日下午三时召开理监事会议，请惠予供给会场一用》，1947年9月16日，J128-3-8604-15。

④ 《为赐给卢海华逝世匾额事致天津市商会函》，1947年11月1日，J128-3-9145-4。

系出息借贷。应借应还，尚属守信……伊闻公善社内有四绅能可措资，是以……公集洋银一千元，另立借券一吊，每月照三分生息，归为社内，常年经费稍补不足。而职等情因维持善举起见，其中毫无希图重利，藉公勒派情事。且该经纪杨金波，倘遇事故歇业被革等事，如杨金波将职等借洋米能清还，应归由接充者，饬认此款……惟公善社乃系贵商会赞成，事关公益……叩乞贵商务总会大人……请县辕赏发执照立案①。

光绪三十四年(1908)，由于天津西北、西南隅极贫者很多，公善施材总社虽曾发放散米面，仍是杯水车薪，便于农历十二月十八日通过天津商会"转请赈抚局……破格允准，拨赏绵衣二百套眼，同择其极贫散给，公归实用"②。由于"津郡城厢贫民倍于他处，无衣无食，情殊可悯"，并"转恳贵局酌发棉衣……二百套，择急散放，以御严寒，而恤穷黎是荷"③。不久，赈抚局便如数拨了棉衣，交由唐士珍等发放灾民。

宣统三年(1911)十二月十四日，唐士珍等人因城西北、南隅一带贫苦民众极多，饥寒倍于他处。每届隆冬之际，董等联合各善堂筹资施放玉面，以济贫黎。公恳天津总会，"转请赈抚局宪赏发棉衣五百套，以便搭赈查放。敝社原系贵会赞成，事关……公益，为此公恳贵总会总、协理大人允准，速赐施行"④。赈抚局收到呈文，次日即允拨棉衣100套。

民国前期，公善施材总社与天津地方政府的关系不详，但至迟

① 《具禀永丰屯公善社职董唐士珍、张桂甡、刘培云、王椿田等》，1907年6月24日，J128-3-674-1。

② 《具禀永丰屯公善社职董唐士珍、张桂甡、刘培云、王椿田等》，1908年1月21日，J128-3-947-43。

③ 《致赈抚局》，1908年12月16日，J128-3-947-44。

④ 《为请赏给棉衣等事禀商会总协理大人》，1911年10月23日，J128-3-1469-27。

在抗战胜利之后，公善施材总社便基本直接受到市政府下属社会局、警察局的领导，并通过它们与其他民间慈善团体、商界发生关系。

在社会局的主导下，公善施材总社还与天津其他民间慈善团体展开合作与交往。如1940年3月，公善施材总社和天津红十字会、天津黄十字会、天津蓝十字会等7家民间慈善团体联合组织“天津市善团掩埋浮棺筹设公墓委员会”[①]，并被推举为副会长。到了1941年7月，该组织又被改组为“天津特别市慈善团体联合会”，公善施材总社仍任副会长。

1945年12月，由于抗战刚刚胜利，社会很混乱，而时届隆冬，如何确保平民、难民顺利过冬，是关系到民众生命财产和社会安稳与否的大事。在社会局的统一规划下，包括公善施材总社在内的天津各民间慈善团体都积极投入到以办暖厂、粥厂为主的慈善活动中。当月10日，社长郝莲舫上呈社会局，要求社会局设法补助煤电。社会局批文承诺，“将开厂日期呈报并函达公用局，免费供给电流，以襄善举……至所需煤斤应先自筹备，一俟开滦将煤拨到，再酌予发给”[②]。通过社会局，公善施材总社与公用局和开滦煤厂亦发生了联系。

1946年，市社会局成立冬令救济委员会，直接指导包括公善施材总社在内的天津各慈善团体的冬季救济。当年1月14日，公善施材总社所开千福寺粥厂结束时，曾呈文社会局：

> 窃奉钧局嘱办理千福寺区粥厂……所收振[赈]粮，除发放外，余存谷子四百零八包……发出食粥证八千张，除钧局存有十一张，未收回九十五张外，实收回七千八百九十四张。理

① 参见《红卍字会筹划会议记录》，1946年3月，J130-1-443。

② 《为拟订暖厂简章事致天津市政府社会局胡局长的呈(附简章)》，1945年12月11日，J25-3-6320-1。

合造具《收放干粮数目四柱清册》及《收发粥证清单》各一份，连同收回粥证七千八百九十四张，一并呈送钧局核收。所余振[赈]粮，如何接收之处，敬祈批示遵行①。

从呈文中可见，公善施材总社事无巨细，都要向社会局汇报，可见社会局对其社会救济事业的领导力度大大加强。

同年，天津警察局也直接发函给公善施材总社，要求协助办理归国劳工的尸体掩埋事宜。抗战胜利后，当地死者遗骨，除有后代领回者外，还有无主者1 500余具。警察局与天津佛教居士林、公善施材总社联络，"看妥西营门外汪庄了三教堂南□公所墓地，将战俘劳工遗骸，立碑……分列掩埋……现由公善社派工协助办理"②。公善施材总社责无旁贷地承担了任务，并"相应函请贵政府转饬所属警所，派警予以保护为荷"③。12月26日，因西营门外左近一带，时有无名尸首暴露于野，惨不忍睹，该社遂致函天津市警察局：

爰派请解茂义、董玉山二君，负责对于暴露尸骨调查，并雇有工役赵得胜、尹玉春二名，随时掩埋，以期野无露尸，而重观瞻。该工役等，身着本社号衣，易于识别，用特函恳贵局对本社之员役，饬属妥加保护，以利事功至深，感荷之至④。

警察局收函后，认为这是一项义举，自不容辞。于是，"转令第七、八两分局，转饬所属妥为保护各相应函复。函复及公令第八、七分局遵照办理保护，合行令仰该分局转饬所属，妥为保护，以重

---

① 《为报千福寺区粥厂施赈粮数目清册及施粥证致天津市社会局呈(附该清册)》，1946年3月14日，J25-3-6342-11。

② 《天津市警察局函西老公所普及材总社为关于返国劳工遗骸葬埋，请派工人协助，附新闻稿》，1946年12月9日，J219-3-18-25413。

③ 同②。

④ 《西老公所公善普济施材总社函请保护掩埋浮尸由》，1946年12月26日，J219-3-18-25104。

义举为要”①。

作为一个民间慈善团体，公善施材总社的社会救济事业，在近代民间慈善团体中特点鲜明。它以施材为主，辅以恤嫠、冬赈、医疗救济的事业，在战乱频仍，经常饿殍遍地、哀鸿遍野的年代，一方面可以使死者入土为安，改善城市环境；一方面可使生者得到起码的生活保障，在起到城市减压阀作用的同时，亦有利于城市的稳定和发展。又因与理教的密切关系，使之有组织依托、思想内涵，便于社会救济事业的开展。更重要的是，它的社会救济事业，得到了商会以及赈抚局、警察局、社会局等机构的扶持与倚重，保证了运转的良性和高效。

在近代中国许多城市中，存在着大量民间慈善团体，它们往往致力于社会救济事业。这些团体有些是全国性的，但更多是像公善施材总社那样区域性的。它们承担了所在区域的大量社会救济工作，为区域社会的稳定和发展作出了独特的贡献。对它们的个案研究，有助于深化近代民间慈善的整体性研究，为当今民间慈善团体开展社会救济事业提供镜鉴。

（侯亚伟，陕西师范大学历史文化学院副教授）

① 《西老公所公善普济施材总社函请保护掩埋浮尸由》，1946 年 12 月 26 日，J219-3-18-25104。

1934—1937 年上海口岸对失业归侨和侨民的救济活动

——以上海侨务局为考察中心

顾宇辉

上海作为近现代重要的侨民出入境口岸，学界对与其相关的华侨研究成果不少，但在 20 世纪 30 年代该口岸开展的难侨救济活动尚无专文研究①。本文拟以上海侨务局的救侨活动为主线，依据《申报》、民国上海市公安局、社会局及上海的慈善机构与涉侨团体的相关档案，就 30 年代上海口岸的难侨救济作初步探讨，以求教于方家。

一、上海口岸失业归侨的概况

20 世纪 20 年代末至 30 年代初，世界性的经济危机对海外华

① 对归国失业华侨和侨民的救济是南京国民政府时期整个社会救济事业的重要组成部分。目前，学界对 1940 年之前归国华侨的救济方面的研究，主要有陈三井所著《华工与欧战》(岳麓书社 2013 年版)部分内容涉及参加欧战华工的遣返问题；唐富满所著的《陈济棠主粤时期广东省的社会救济事业研究》(暨南大学出版社 2011 年版)涉及 1929—1936 年广东对失业归国华侨的救济情形的研究；另外，袁丁、李亚丽在《国民政府的救济难侨活动(1931—1937)——以广东为中心》(《华人华侨历史研究》，2003 年第 1 期)主要论述了 1931—1937 年间广东省政府对东南亚难侨的救济活动。袁丁、李亚丽及唐富满主要是利用 20 世纪 30 年代广东省民政厅所编的《广东省救济失业归国华侨概况》一书，围绕广州口岸的难侨救济情况进行的讨论。

侨影响至深。海外华侨商业多有破产，加之各国为保护本国商业及就业，纷纷掀起排华运动，海外华侨处境艰难，部分华侨失业严重，一些华侨被迫回国。此期经由上海归国的华侨，欧亚美澳各大洲均有，但以旅法、旅俄、旅日等国为多。欧洲华侨主要是参与欧战的华工。第一次世界大战期间，英、法、俄等协约国为解决劳力不足，曾向中国招募华工近 20 万人，赴俄国及西欧等地，从事伐木、运输、装卸、挖掘战壕等辅助战事工作。欧战结束后，这些订有 3—5 年合同期限的华工，大多陆续获遣回国。但也有部分华工滞留法、俄，再加上其他在法俄经商、做工的华工，共同构成了 20 世纪 30 年代从法、俄遣返回国的华工主体。1929 年世界性的经济危机发生后，法国受此波及，经济停滞，工厂停工，失业人数骤升。时法国的外籍工人 80 万，失业人数多达 30 余万。法国内阁采取种种淘汰外国工人、安排本国工人的办法，并从 1935 年 1 月起，法国工厂实行雇佣外国工人 5%的条例[①]。欧战华工首当其冲，受此影响纷纷返国。1929 年 7 月，中俄发生“中东路事件”后，苏联加大了境内华工驱逐出境的力度。为配合军事上对中国的侵略，日本在 20 世纪 20 年代末 30 年代初，有计划有组织地对旅日华工进行遣返。此期，在南洋日本大肆倾销日货，排挤华商，煽动、教唆华工居留地政府排华（如暹罗政府排华、朝鲜万宝山排华事件）。1934 年 12 月，上海市侨务局成立以前已有 16 批次的旅日难侨陆续归国。该局成立后开始全面负责上海口岸的难侨救济事务（见表-1）。

根据对表 1 中《申报》的不完全报道的梳理，我们大体上可以了解 1935 年 4 月—1937 年 11 月间，上海侨务局对经由上海口岸的归国失业华侨的救济概况。

---

① 《救济留法参战华工案》（台湾“国史”馆藏档）第 3 册，驻法使馆代办萧继荣电外部，1934 年 11 月 21 日。转引自陈三井：《华工与欧战》，岳麓书社 2013 年版，第 144 页。

表-1 上海侨务局负责抵沪归国难侨救济情形表

抵沪日期	居留地	居留地从事职业	原籍	年龄	人数	返回交通方式	安置情形	《申报》出处
1935 年 4 月 11 日	日本		浙江温州、福建		6	搭乘日本邮船会社筑波丸	向侨务局请求资助川费，赴侨乐村垦殖	1935 年 4 月 14 日
1935 年 4 月 18 日	日本		浙江温州、江苏扬州		3	日轮上海丸	扬州 1 人寄宿上海友人处，其余 2 人寄宿十六铺老公信栈房。向沪侨务局请愿救济或发给船票回籍谋生	1935 年 4 月 19 日
1935 年 5 月 24 日	日本				11	日本邮船会社阿苏丸	寄宿十六铺老公信、新公信及悦来客栈。赴沪侨务局请求救济	1935 年 5 月 26 日
1935 年 11 月 3 日	日本		浙江永嘉		5	日轮六甲丸	登岸后，投寄十六铺老公信栈房。向沪侨务局请愿救济	1935 年 11 月 4 日
1936 年 2 月 8 日前	法国、俄国	铁路工人					参加第一次世界大战侨民返国，由苏联西伯利亚经东三省抵沪，返回原籍	1936 年 2 月 8 日

（续表）

抵沪日期	居留地	居留地从事职业	原籍	年龄	人数	返回交通方式	安置情形	《申报》出处
1936年3月26日	加拿大		广东台山、新会、中山、番禺、开平、顺德、文昌、恩平	4—68岁，21人50岁以上	30	亚细亚轮船	年老失业，被遣送回国。乘船过沪赴港	1936年3月24日
1936年3月28日	日本	东京荒川区、大岛町、长野县富士町做挑工	浙江永嘉、瑞安	16—32岁	5	六甲丸	沪侨务局派员招待，暂时安顿十六铺老公信客栈，日内即遣送侨乐村	1936年3月29日
1936年4月14日	俄国	小贩	浙江青田		8(含俄籍妻子及子女)		叶金山及其妻小遣返青田原籍，其余4人暂安顿南市大码头悦来客栈，预备遣送侨乐村	1936年4月16日
1936年4月23日	日本	在东京城东大岛町、名古屋做挑工，新泻县营料理业	浙江青田、山东济南	34—40岁	4	筑波丸	遣送原籍	1936年4月25日
1936年5月4日	加拿大		广东新会、中山、东台、开平		38	昌兴公司亚细亚轮	过沪赴港转回原籍	1936年5月6日

（续表）

抵沪日期	居留地	居留地从事职业	原籍	年龄	人数	返回交通方式	安置情形	《申报》出处
1936 年 5 月 5 日	日本		福建福清	1—54 岁	13	长崎丸	侨务局派员往汇山码头，暂安顿十六铺客栈，遣送原籍	1936 年 5 月 6 日
1936 年 5 月 26 日	日本	名古屋挑煤工人、横滨营料理	浙江瑞安、青田、广东	18—41 岁	8	筑波丸	侨务局往汇山码头照料，暂安置十六铺老公信客栈，遣送回籍	1936 年 5 月 27 日
1936 年 7 月 1 日	日本	大阪绸商、理发匠	宣州、福州福清	28 岁、32 岁	7	上海丸	遣回福州福青县原籍	1936 年 7 月 2 日
1936 年 7 月 6 日	日本	东京、名古屋。旅居日本 5—10 年不等	浙江瑞安	32—48 岁	4	筑波丸	侨务局派员照料	1936 年 7 月 7 日
1936 年 7 月 30 日	俄国	该批难侨侨居俄国各地，旅俄时间较久，最长者达 45 年之久。劳工、小本营业，亦有参与第一次世界大战者	河北、山东、温州		18	由莫斯科经西伯利亚铁路、在海参崴登俄邮轮北方号返国	侨务局及公安局派员慰问，暂安顿江西会馆，登记后，俟招商局轮船遣送原籍	1936 年 7 月 31 日、9 月 5 日

（续表）

抵沪日期	居留地	居留地从事职业	原籍	年龄	人数	返回交通方式	安置情形	《申报》出处
1936 年 9 月 18 日	俄国	部分在俄经商，生活较充裕，68 人为苦工	山东、河北		390		暂寄寓江西会馆，侨务局及公安局派员照料，登记后，侨务局给资，遣送原籍	1936 年 9 月 20 日
1936 年 10 月 18 日前数日	荷属东印度	15 人被逐回国，14 人均粤籍，抵香港后，自行转返原籍。1 人抵沪	四川	40 岁	1	由香港搭海口轮抵沪	上海侨务局商同招商局，搭江新轮赴武汉，转四川原籍	1936 年 10 月 18 日
1936 年 10 月 27 日	法国	均参与第一次世界大战，旅居法国 20 余年，机器（电光）工人	山东、安徽、四川	30—46 岁	4	经驻法领事援助，搭载海文轮，抵达槟榔屿，换船抵沪	侨务局依其籍贯，代为购得船票，遣送原籍	1936 年 10 月 28 日
1936 年 10 月 27 日	俄国	旅居苏联海参崴，年老失业，旅居该地 25 年、32 年。业小工	山东蓬莱县、莱阳县	56 岁、67 岁			侨务局依其籍贯，代为购得船票，遣送原籍	1936 年 10 月 28 日
1936 年 10 月 27 日	菲律宾	经商有年	福建泉州	21	1		侨务局依其籍贯，代为购得船票，遣送原籍	1936 年 10 月 28 日

（续表）

抵沪日期	居留地	居留地从事职业	原籍	年龄	人数	返回交通方式	安置情形	《申报》出处
1936 年 10 月 27 日	日本	旅居法国 7 年至 13 年不等。东京挑煤工人	浙江青田	31—41 岁	4	六甲丸	侨务局依其籍贯，代为购得船票，遣送原籍	1936 年 10 月 28 日
1936 年 11 月 14 日前数日	荷兰		广东汕头		1		侨务局送其登招商局海亨轮，遣送回籍	1936 年 11 月 14 日
1936 年 11 月 14 日前数日	日本	旅日 7 到 8 年不等，在日本作工	浙江永嘉		4		侨务局派员至码头照料，送等招商局海晏轮回籍	1936 年 11 月 14 日
1937 年 1 月 1 日	苏联		山东籍 185 人、河北 13 人、新疆 1 恩、辽宁 3 人、吉林 7 人、江苏 1 人、湖北 1 人、黑龙江 1 人、天津 1 人、广东 1 人		426	俄轮北方号	212 人自行返籍及投靠亲友，余下分别投宿十六铺法大马路一带客栈。侨务局商同招商局遣送返籍	1937 年 1 月 6 日

（续表）

抵沪日期	居留地	居留地从事职业	原籍	年龄	人数	返回交通方式	安置情形	《申报》出处
1937 年 1 月 26 日	苏联		山东籍居多，次为河北，江浙少数			俄轮北方号	84 名暂居江西会馆，其余寄宿十六铺及法大马路一带客栈。侨务局商同招商局北洋船只遣送回籍	1937 年 1 月 27 日
1937 年 3 月 11 日	法国	均为参加欧战华工	山东 16 人、江苏 3 人、河北 5 人、天津 4 人、安徽 2 人、河南 2 人、湖南 1 人		33	法国邮船公司勃那定号	侨务局代难侨向市政府请求，发给免费船票，并向侨委会报告，待请救济	1937 年 3 月 14 日
1937 年 3 月 28 日	日本	旅日 7 年、9 年，东京挑工	浙江永嘉、瑞安	21 岁、40 岁	2	阿苏丸	侨务局代觅旅馆安顿，向招商局商妥，搭该公司由沪赴温州的海晏轮，遣回原籍	1937 年 3 月 31 日
1937 年 4 月 2 日	日本	旅日 10 年以上	浙江瑞安、青田	32—38 岁	3	六甲丸	十六铺老公信客栈暂居	1937 年 4 月 4 日

（续表）

抵沪日期	居留地	居留地从事职业	原籍	年龄	人数	返回交通方式	安置情形	《申报》出处
1937 年 4 月 12 日	日本	旅日 7 年至 15 年不等，在日本名古屋为挑工	浙江青田	29—43 岁	9	筑波丸	侨务局派员照料，并向新海门轮商妥，乘该轮遣回青田原籍	1937 年 4 月 13 日
1937 年 4 月 26 日	日本	旅日 11—12 年，作挑工	浙江青田、瑞安	33 岁、41 岁	2	筑波丸	侨务局送登新海门轮遣回原籍	1937 年 4 月 30 日
1937 年 5 月 10 日	西班牙	旅居西班牙 8—15 年，马德里经商或贩卖为业	浙江青田、永嘉	23—48 岁	22		投宿法租界大沽路悦来、外马路老公信、小东门吴同泰客栈，难侨向侨务局、警察局及社会局请愿，发回籍川资	1937 年 5 月 12 日
1937 年 6 月 13 日	英国	旅居英国 30 余年	天津	76 岁	1	蓝烟囱公司轮船	侨务局将之安顿十六铺绝公顺客栈，设法送入有养老院设备的慈善机关	1937 年 6 月 14 日
1937 年 6 月 22 日	日本	旅日 10 年以上，作挑工，闽籍 1 人经营布业	浙江青田、福建	36—58 岁	9	筑波丸	遣返原籍	1937 年 6 月 24 日

（续表）

抵沪日期	居留地	居留地从事职业	原籍	年龄	人数	返回交通方式	安置情形	《申报》出处
1937年7月18日	荷属东印度	旅荷属东印度2—24年不等，小贩、石器买卖	浙江青田	47—53岁	4	渣华公司芝沙丹尼轮	曾至侨务局报告，7月19日回籍	1937年7月20日
1937年11月13日	日本	洋服、饮食、佣工等职业。旅日均有相当年份	江浙闽皖鲁等籍，宁波籍占多数		53	法国邮船杜美总统号	宁波籍者由宁波旅沪同乡会安顿返籍，其余由侨务局安顿	1937年11月14日

难侨多经由海路乘轮船归国,他们在居留国难以谋生或遭当地政府强行驱逐。登轮前,居留国警署对难侨刁难、强行拘禁、严密检查、攫取私蓄(私物)是发生排华国家的惯有手段(除了驱逐之外,居留国也通过颁行各类苛律,禁止或减少华侨入境)。故此,失业归国华侨一般返国后,“鸠首垢面、衣衫褴褛、狼狈不堪”,亦有归侨在侨居地娶妻生子、拖家带口返国。

从侨民的籍贯看,由法国遣返的侨民籍贯多为山东、河南、河北、湖北、江西、江苏、安徽、四川等地,以山东占多数①。从苏联遣返的侨民主要来自山东和河北,江浙等地占少数。由法、苏联遣返的侨民多为参加过第一次世界大战的“欧战华工”。从日本遣返的侨民,其籍贯多为浙江温州、永嘉、青田、瑞安、福建福清等地。抵沪的归侨,籍贯为上海或江苏的占少数。

从居留地国别看,1934 年 12 月,上海侨务局成立后,经由上海口岸遣返的归侨居留日本、法国、苏联占多数。侨民从日本抵沪的批次多,每次遣返的人数从数人到数十人不等。旅居苏联归侨抵沪比较集中,每次人数均在数百人。此外有少数从加拿大、荷属东印度、菲律宾、英国等国家和地区遣返归国的。同期,南洋被遣归侨多数就近从香港、广州、厦门等口岸归国。

就归侨的年龄看,除少数年老幼儿外,20—50 岁的青壮年占多数,具有生产能力。

在受教育的程度上,归侨多数受教育水平不高。

以职业论,可分无技艺者与有技艺者。从事无技艺者如挑工、佣工、饮食、小贩等;有技艺者如机器、电光、铁路工人等。后者以参加欧战华工为多。

侨民安置,日侨乘坐日资或其他国际轮船多停靠汇山码头,苏联侨民一般从散居苏联各地先赴莫斯科,经西伯利亚铁路,再于海

---

① 《华工在法工作情形表》,《东方杂志》1918 年 15 卷 12 号,第 197 页。

参崴登轮返国。侨民抵沪后，侨务局一般派员到码头照料，安排归侨到会馆或十六铺及法大马路一带客栈寄宿。待觅妥救济办法后，再行遣散。公安局则依例就近派警员在码头或归侨寄宿地进行必要的弹压，以维持安全。

总体而言，上海是被遣归侨的中转站，而非目的地。抵沪的归侨，或是乘船抵沪然后中转香港、厦门、广州等口岸后，返回闽粤原籍，或是在沪稍作逗留赴侨乐村垦殖或返回原籍。

二、上海口岸失业归侨和侨民的救济

对失业归国华侨和侨民的救济，通常面临如下几个现实的问题：归侨从侨居地口岸到中国沿海各口岸的返程川资[①]、侨民抵达各口岸后逗留期间的食宿交通费用、从各口岸返乡或赴再就业地点的川资。返回国内口岸后，哪些机构（救济主体）负责他们的救济？这些救济主体在不同时段采取哪些救济方式？而华侨在侨居地遇到各类灾难时各口岸又是如何救济？这些问题，具体到上海口岸，我们根据此期上海出现的不同施救主体进行分别论述。

1. 上海市社会局主导的侨民救济

20 世纪 30 年代初期，上海市的归国侨民救济活动主要有社会、公安两局负责。该工作主要归入社会局社会慈善活动的临时救济项（见表-2）。此期，对经由上海口岸的归国难侨的遣送，是社会局临时救济事业的一部分，其遣送方式一般是援引该局在遣送各地因天灾人祸等抵沪的难民、流民的救济成例，即难民（侨民）到沪时，由社会局通知公安局派警照料，公安局为难民指定住宿地点，通知社会局，然后社会局转商社会慈善团体发给难民口粮，最

---

① 这一问题，陈三井在《华工与欧战》中根据海外相关档案对旅法华工遣返经费筹措有甚为具体的论述。

后由公安局通知该管区所派警遣送出境。社会局对于无力回籍贫民的遣送，从 1929 年 1 月与各华商轮船公司商准向难民发放免费乘轮证①。归侨救济经费，由上海社会局饬令社会善团垫发难侨的口粮川资，分别遣送回籍，事后社会局呈准市政府拨还。

表-2 1930 年上海市社会局资遣回国侨工一览表②

月份	人数	籍贯	口粮	川资	杂费	运费	小计
7	352	温州、处州③	316.20	782	11 310	122.20	1 231.50
9	110	温州、处州	95.40	266	10.58	20.00	391.98
10	169	温州、处州	74.70	405	10.20	32.00	521.90
11	58	温州、处州	23.40	141	2.00	8.00	174.40
12	29	温州、处州		71			71.00
总计	718		509.70		33.88	182.20	2 390.78

2. 中央侨务委员会开展的侨民救济

20 世纪 30 年代初，随着海外失业华侨和归侨回国的增多，国民政府逐渐加大了对该群体的关注。1931 年 11 月国民党第四次全国代表大会，专门设置侨务组，并提出“救济失业华侨案”“安置被逐回国华侨案”“保护回国华侨案”等议案。1932 年 11 月国民党四届三中全会通过“关于救济失业华侨及优待被压迫回国海外同志案”。1931 年 12 月，国民政府颁布《侨务委员会组织法》；1932 年 4 月，侨务委员会正式设置，改隶行政院，负责办理涉及华侨的各项事务的管理和监督④。1933 年，侨务委员会拟具《救济失

① 上海市社会局编：《上海市社会局工作报告》，1932 年，第 39、40 页。

② 上海市社会局编：《上海市社会局业务报告：第四、五期合刊 1930 年 1 月至 12 月》，上海市社会局，1931 年，第 268 页。

③ 辖区相当于今丽水市境内。

④ 1924 年，孙中山在大元帅府广州大本营内设置侨务局，此为国民党侨务行政机构的开始。1926 年 10 月，隶属于国民政府，同时改组为侨务委员会。

业华侨办法》,该办法分为海外救济和国内救济两部分。国内部分:主要审查出国侨工侨商;指导华侨归国投资兴办实业;失业华侨回籍,一律免费运送;迁移旧有采矿机器用具回国开发指定矿区者,准免征税;指定某段铁路或分路由华侨投资建筑,以收容失业华侨;筹设工厂,收容失业华侨。[①] 1933 年 9 月,侨务委员会会同内政、外交、财政、交通、实业、铁道等部,在南京设置"救济失业华侨委员会"。内分总务、经济、农业、工业、商业各组分别办理救济事务,该委员会隶属于中央侨务委员会[②]。后期的实际运作,经济、工业、商业各组成效不大,唯农业组所办侨乐村成效较著。1934 年年底,"救济失业华侨委员会"为安置归国失业华侨,向安徽宣宁官产垦荒局领得官产 1 万余亩,在安徽宣城水阳镇设立"侨乐村",并颁布《侨乐村安集失业归侨垦殖纲要》,召集失业归侨,从事开荒垦殖。侨委会主要从中央层面对失业华侨和归侨进行救济,如根据各驻外使领馆及各侨务团体就侨居国政府的苛压侨胞事件的报告,向各该国政府进行交涉;商请外交部,向海外发生排华事件的国家或地区的政府进行交涉,并呈请行政院饬令财政部进行拨款救济难侨回国;会同交通部,联络相关航运公司接送难侨归国[③]。以上主要是侨委会对海外难侨的救济,对于归国难侨的救济也基本适用以上方式。当大批次难侨产生时,上海因毗邻南京,中央层面的侨务管理机构有时也会派员到沪办理相关救济事务。1933 年墨西哥排华严重时,侨务委员会与外交部拟定救济难侨办法,即派员赴沪办理救济事宜[④]。

---

① 《救侨与护侨》,《中南情报》1934 年第 3 期,第 8—9 页。

② 《半月来之国内外要闻:国内要闻:政府救济失业华侨章程》,《华侨半月刊》1933 年第 35 期,第 34 页。

③ 《最近侨务行政概括》,《侨务月刊》,1934 年第 1 卷第 4 期,第 63—64 页。

④ 《最近国内要闻:本会派员赴沪办理救济旅墨难侨》,《华侨周报》1933 年第 35 期,第 52—53 页。

不难看出，在上海侨务局成立之前，上海一埠的归国侨民救济活动，既有来自中央层面的中央侨务委员会的救济活动，亦有上海市社会、公安两局进行的救济。从实践层面看，中央侨务委员会的救济活动，更多地侧重于从中央层面，会同外交、财政、交通诸部对外进行交涉，但在实际的救济过程中也参与其间。上海市社会局主导的归侨救济则更多的是针对返沪侨民开展的。从理论上讲，上海一地离南京较近，侨委会尚可进行参与实际救济，但从全国众多口岸观之，在管理的可能性、经济性及实效性等各方面都存在各种问题。是故，在各口岸设置侨务行政机构成为迫切需要。

3. *上海侨务局主导的救济归国难侨活动*

为处理侨民移植保育及便利指导监督侨民出入口，1933 年中央侨务委员会呈请行政院函送中央政治会议第 343 次会议核定，是年 9 月 15 日会令公布《侨务委员会驻各口岸侨务局章程》。章程中指定拟在厦门、汕头、海口、广州、上海、福州、青岛、天津、江门、梧州、北海等口岸分设侨务局①。后因经费等原因，1934 年 12 月 1 日和 10 日分别先行在上海、厦门两地设立。

上海侨务局成立初期，其侨民救济工作主要是对抵沪的归国失业侨民的救济。救济的方式主要有临时救济(遣送)和长久救济(入侨乐村开荒垦殖②)。对失业归侨该局主要采取分类救济的方式，如：对具有专门学识或技能的失业归侨，侨务局尽可能为之介绍对口职业；自愿回籍另谋生路，而缺乏川资的，依据其登记籍贯，联系其旅沪同乡会，设法补助川资使其返乡；如其同乡会无力资送，该局援照中央侨务委员会救济赤贫难侨成例，酌给补助费，函请轮船公司给予其半价船票，返乡另谋生计；对于愿意从事垦殖的归国失业

① 《本会制定驻各口岸侨务局章程》，《华侨周报》1933 年第 44 期，第 63—64 页。

② 《上海侨务局之过去工作及其检讨》，《侨务月报》1936 年第 4 期，第 163—164 页。

难侨,该局先呈请侨务委员会核准给资,再送往侨乐村从事垦殖。

除进行侨民救济外,该局亦进行与归国侨民密切相关的保护和服务,如:侨民搭乘外轮进口时,侨务局派员照料,防范不法分子以"带客"形式对归侨进行不良引诱和敲诈,必要时会同当地警务人员进行取缔;同时,侨务局亦在海关码头内派员巡视,防止不法人员勒索留难归侨;遇有开往欧洲及南洋的船只出口时,侨务局加派职员在码头及船上查察有无私招华工出洋情事;侨民抵沪,侨务局与市内各旅行社、旅馆、百货公司联络,给予侨民消费以优惠,这些优惠均听侨民自便,并不强制。为便利侨民在沪活动,侨务局编印《华侨到沪指南》,托由中国旅行社和海外各团体分送侨民。除此之外,亦开展指导与咨询侨民出入国事宜。在办理包括救济归侨在内的侨务工作时,该局遇到诸多困难和问题,为此,作了一些补救措施:

(1) 设立华侨问事处。鉴于沪埠出入国人员众多,华侨离国日久,对国内情形多有隔阂,易为流氓地痞欺诈,同时也为随时留意有无私招华工出口和防范"带客"引诱等,该局呈南京中央侨务委员会咨请财政部,准在江海关码头内,设置华侨问事处,并派员常驻该处,以备华侨咨询,专事指导。因种种原因,该局不得不暂缓在海关设置,最后在江西路该局内部设置(归国难侨除港口码头地痞流氓欺诈外,海关缉私人员也发生对难侨行李物品进行没收、刁难等事情。江海关未见相关报道,但广东的地方海关曾多有报道)。[①]

(2) 与公安、社会两局联合救济难侨。隶属于中央侨务员会的上海侨务局成立后,包括抵沪的归国华侨的救济在内的上海口岸的侨务行政事务主要由其承担。为解决其自身力量的有限,1935 年 4 月,侨务局曾与上海市公安局、社会局会商救济难侨办法,临时筹设被迫归国难侨救济委员会。三方为此召开联席会议,

① 《上海侨务局华侨问事处成立》,《国际劳工通讯》1936 年第 17 期,第 53 页。

拟具救济方案。三方所拟办法如下：救济原则：凡属被迫归国难侨，到达本市者，由上海侨务局、社会局、公安局共同负责救济之。救济须以被迫归国确无生活能力而有流落之虞者。救济以遣送回籍为原则，遇有特殊情形，经查明属实者，得遣送其他区域，俾能寻友觅亲，另谋生活。如查有侨民虽属被迫归国，然其能力足能自行回籍者，不予救济，但遇有请求照料，得随时负责办理之。救济办法：凡遇有难侨到埠，无论探知、自投，均须由侨务局查明登记，并负责考核，以定有无救济之必要。难侨既经侨务局考核属实，即将该难侨所住地址通知公安局，饬属妥为照料，并函请社会局负责遣送回籍，但遇有难侨之同乡会，宣有能力者，得函请各该同乡会遣送之。如有多数难侨归国，情形殊为特殊，而社会局及各该同乡会无力遣送者，得由侨务局专案呈请政府救济。如遇有自甘堕落、不愿回籍之难侨，足以影响治安者，得强制遣送之。同时规定相关的救济办理手续①。

上述三方救济方案确定的救济原则是共同负责制，救济过程中侨务局负责登记、审核难侨身份，公安局负责治安，社会局负责遣送回籍。三局除上述救济方案外，1936 年 2 月曾讨论合设归国华侨职业介绍所②，但后续未见活动。

(3) 遣送归侨入侨乐村垦殖。侨务局在对抵沪归国侨民救济的实践中，逐渐形成归侨入侨乐村大致的流程，即难侨回沪向上海侨务局请求遣送侨乐村开垦(亦有部分难侨抵沪后赴南京向国民党中央党部、行政院、外交部、侨务委员会请愿恳请准予登记，赴侨乐村垦殖)→侨务局具呈南京中央侨务委员会→侨委会下属的救济失业华侨委员会审核合格后，将入村许可证书发至上海侨务局

① 《侨务局设法救济归国难侨》，《申报》1935 年 4 月 30 日；《救济难侨方案》，《申报》1935 年 5 月 17 日。

② 《侨务公安社会三局合设华侨职业介绍所》，《申报》1936 年 2 月 25 日。

→侨务局负责遣送通过审核的难民入村工作[①]。至于难民赴侨乐村的路线,大致是难侨从沪乘船至安徽芜湖江边的华洋旅馆或万安街万安旅馆,由侨乐村派员接待,至水阳镇,再转至侨乐村垦牧[②]。难侨返籍或至侨乐村的情况是,侨务局起初在办理难民返籍时,曾联络各航运企业,请给予难民返籍免费船票,但航运企业对此并不热络(侨务局成立前,社会局与各航运企业在遣送难民时有较多合作,具体原因有待进一步研究)。在具体的操作过程中较多的案例是侨务局根据难侨的原籍地,结合招商局驶往各地的航线、班次,由难侨或侨务局代难侨向招商局购买半价船票返籍。这应是侨务委员会与交通部协调的结果。侨务委员会委员长陈树人1935年2月曾呈请交通部转饬国营招商局,准予抵沪难侨免费搭轮至芜湖,然后转赴侨乐村的案例似乎也能印证这一点[③]。

侨乐村吸纳难侨的情况如何呢?自1935年2月以后,南京侨委会发给许可证入村垦民,共计151名。截至1935年9月1日,持许可证向管理处报到者82名,均为男性。归自日本者68人、朝鲜者2人、法国2人、墨西哥3人、智利1人、菲律宾1人、荷兰1人、古巴1人、德国1人、爪哇1人、巴达维亚1人。难侨当中在侨居地从事经商者52人、苦力27人、技艺工人2人、学生1人。籍贯浙江72人、广东8人、湖南1人、安徽1人[④]。151份许可证该年2月份发放后,至9月份只有82名赴村报到,可能通过审核的难民有更好的去处,也有可能凑不齐从抵达口岸到侨乐村的川资。具体原因不详。其中曾旅居日本的侨民68名,应该多是从上海口岸输入的。因为从日本归国的难侨多是浙江籍,并且多从上海登陆。相较于此期庞大的归国难侨,实际通过审核,并入村垦殖的归

① 《六难侨分别遣送》,《申报》1936年6月6日。

② 《侨委会批准第三批难侨登记》,《申报》1935年2月25日。

③ 《旅日被逐侨胞卅五批昨抵沪》,《申报》1935年2月19日。

④ 侨务委员会编:《侨乐村》,侨务委员会侨务月报社,1935年,第43—44页。

侨人数只占一小部分。

需要指出的是,此期虽为侨务局主导,遇有大批归侨抵沪时侨务局会电告南京侨委会申请援助。1936 年 9 月,400 余名旅俄华侨被苏联驱逐返沪后,南京侨务委员会得到沪侨务局电告后,令山东旅京同乡筹款救济,自身亦设法筹款派员赴沪参与救济①。上海市社会局有时也会直接对难侨进行遣送②。

4. 上海市公安局在归国难侨救济中的角色

上海市公安局(1937 年 1 月改称上海市警察局)③在遣返难侨的过程中不仅仅作为救济秩序的维持者,它本身也参与了遣送的实际工作,1935—1937 年间为遣送贫侨多次向市政府申请临时支出预算。相关档案显示,侨务局与公安局在难侨遣送过程中均有经费拨付(见表-3、表-4)。侨务局因为隶属于中央侨务委员会,经费自然为南京财政部拨付;而市公安局的遣送经费则由市政府当年相关的难侨救济通知书核定数编列预算,经过有关法定程序后由市财政局拨付④。

表-3 上海市公安局 1935 年遣送难侨回籍川旅给养费表⑤

名 目	金额(元)	备 注
伙 食	34.5	难侨 32 名,各 1 元。内因幼孩 2 名不购船票,复加 1.5 元,合如上数
船 资	40.5	除 2 名小孩不购票及赴湖北、广州 3 名各需 4.5 元外,其余 27 名赴温州各 1 元,合为上数

① 《侨委会接济旅俄被逐侨胞》,《申报》1936 年 9 月 4 日。

② 《西班牙归国华侨由社会局遣送》,《申报》1937 年 5 月 16 日。

③ 该局第二科设有救济股,专门处理与沪上难民、流民有关的救济事务。

④ 《审计部上海审计处审核上海市公安局 25 年度遣送由俄回国难侨回籍川旅给养费临时支出预算》,上海市档案馆藏档,卷宗号:Q123-1-1435。

⑤ 《审计部上海市审计处审核上海市公安局 24 年度遣送由俄回国难侨回籍川旅给养费临时支出预算》,上海市档案馆藏档,卷宗号:Q123-1-1433。

（续表）

名　目	金额(元)	备　　注
旅馆车费	66.06	因候船在沪上为日稍多，计需上数
总　额	141.06	

说明：表内侨务局津贴 90 元应减除，该局垫发 51.06 元准照。

表-4　上海市公安局 1936 年遣送贫侨回籍川旅给养费表①

名　目	金额(元)	备　　注
伙　食	103.50	贫侨 115 名，每人伙食 0.18 元，以 5 日计
船　资	230	回青岛者 26 人，各 1.6 元；回烟台者 50 名，各 2 元；回天津者 15 名，各 3 元；回秦皇岛者，6 名，各 2.4 元；回营口者 3 名，各 5 元；回汉口者 5 名，各 1.6 元；回南京者 10 名，各 6 角
运输费	144.01	雇用驳船□□浦，计 24 元；雇卡车运输至江西会馆，对接□□。雇卡车 120.01 元
茶　水	5.4	茶水如上数
总　额	482.91	

5. 民间社团针对海外难侨的救济

政府自身的社会救济力量毕竟有限，特别是归属上海市社会局监督管理的各类社会慈善团体，在难侨到埠(尤其是持续的大量的难侨出现时)，一般会借重民间慈善团体的力量，将他们组织和动员起来，协助政府的相关难侨救济活动。沪上个别华侨联合组织在其成立章程中特别规定华侨事业救济基金，如：上海华侨联合会成立章程第二章第 5 条第 1 款规定，拟募集“华侨事业救济基

① 《审计部上海审计处审核上海市公安局 25 年度遣送由俄回国难侨回籍川旅给养费临时支出预算》，上海市档案馆藏档，卷宗号：Q123-1-1451。

金”1 000 万元，以其生利收入，从事救济华侨失业、扶助华侨实业、补助华侨教育[①]。但具体募集及运作情况，囿于资料，难得其详。从现存的史料看，各类社会慈善团体参与由侨务局主导的归国难侨的救济活动有限，但在海外难侨的救济方面成绩较为显著。各类民间慈善团体，尤其是涉侨团体在海外难侨的救济方面，更多的是走在政府行动的前面，经由舆论呼吁、组织联合、进京请愿等形式推动政府和民间参与难侨的救济。1933 年，墨西哥排华时，难侨代表回上海成立“墨国被难华侨维持会”，呼吁民间和官方对难侨进行救济。该临时维持会成立后，先后向上海全球华侨总工会、绍兴 7 县旅沪同乡会、仁济堂等团体和组织发起捐款救济[②]。旅墨难侨救济活动，当时引起中央和地方的重视，全球华侨总工会发起救济后，蒋介石捐 1 万元，中央赈务委员会捐 2 000 元，上海市市长吴铁城代募广肇公所 1 000 元，杜月笙、施德之、南洋兄弟烟草公司各捐 1 000 元[③]。其间，值得重视的一点是，在难侨救济过程中，政府对民间慈善团体的借重。时上海市政府曾代请该市地方团体对难侨设法给予救济。市政府专门向以仁济堂为代表的地方慈善团体发文，请设法救济、捐款等。除政府外，全球华侨总工会亦致函仁济堂，请其“以人道为怀，津贴难侨，资遣归国”。1934 年日本函馆市发生火灾，华侨损失严重，函馆中华会馆曾函请救济当地受灾侨民，为此上海市社会局亦曾致函上海慈善团体联合会，

① 上海华侨联合会筹备改选委员会：《华侨联合会过去历史、现在工作、将来计划报告书》，1933 年，第 21—22 页。

② 《全球华侨总工会会章和捐助难民问题的函》(1931—1933 年)，上海市档案馆藏档，卷宗号：Q1173-5-169；《上海市政府、全球华侨总工会关于墨西哥排华回国侨胞救济问题的函和上海市仁济堂雇佣请愿警问题的函》(1933—1945 年)，上海市档案馆藏档，卷宗号：Q115-16-53。

③ 《绍兴七县旅沪同乡会关于墨国排华党谋害华侨之经过的函》(1933 年)，上海市档案馆藏档，卷宗号：Q117-5-53。

请代劝募,救济侨民[①]。政府对民间善团的借重说明自身在社会救济方面力量有限,也表明民间善团在社会救济方面具有较强的社会动员能力,在历次的救济活动中的表现为政府和民间所认可。政府对民间社团的借重,首先是政府相关财政资源的短缺,同时也是基于民间社团在社会动员、社会救济方面成绩显著。

在归国难侨的救济方面,前期以上海社会局为主导,并配合公安局联合办理,中央侨务委员会成立后,亦有参与救济。1934 年 12 月后,形成以侨务局为主导,社会局、公安局联合救济的局面。但在归国难侨救济上基本以政府为主导实施救济,民间社会力量参与有限。这与社会局认为侨务局成立后,救侨事务应由侨务局全力负责,而社会局对受其监督管理的各类社会慈善机构、涉侨团体动员、利用愿望不强有关,而外来的侨务局明显对上海本地的慈善团体动员和利用的能力有限。海外难侨产生时,往往是南京中央相关部委重视程度较高时,上海各慈善机构、涉侨团体影响和作用发挥的也较大。

三、救济工作的成效及原因分析

难侨救济的成效与主持救济的机构施行的举措及实施的实际情况密切相关,与机构所在各口岸的政治、经济和社会的状况也有很大关联;同时,救济成效的大小也来自与其横向其他口岸的比较及纵向自身的比较。至于被救济对象难侨对其评价以及归侨回国后在语言、生活习惯、国家归属、民族认同、文化调试等诸多有意义的话题,因史料所限暂不能展开讨论。

自 1934 年 12 月成立以后,上海侨务局通过分类救济(实践表明这里的“分类”更多的是根据难民不同的籍贯,采取不同的遣送

---

① 《上海市社会局等关于侨务救济问题的训令、函》(1930—934 年),上海市档案馆藏档,卷宗号: Q114-1-12。

方式)、设立侨民问事处,与上海市社会局、公安局联合遣送等方式开展救济难侨行动。其间,上海口岸不仅活跃着以中央侨务委员会、上海侨务局、社会局及公安局为代表的官方难侨救济群体,上海自晚清以来发达的民间慈善团体、涉侨社团也是重要的参与群体,在数年的救侨实践中各群体之间形成了一定的分工和合作。各救侨群体的出现,在时间上有先后,救侨事务上有侧重,其间虽有掣肘和扯皮,但至 1937 年年底上海侨务局因全面抗战终止运行之前,基本完成其成立后设立的以遣送为第一救济原则的难侨救济目标。但与同期其他口岸的救侨相比,似乎能更清晰地透视该局所主持的救侨工作及其成效。

几乎处于同一时期的广东,处在陈济棠主政时期(1929—1936 年)。当时整个陈氏主政下的广东与南京中央政府若即若离,其治粤期间,治安良好、物价稳定、财政平衡。在难侨救济上,该省此期主要由省政府民政厅主导,在广州、汕头、海口等口岸进行的难侨救济活动,与上海口岸比较有诸多自身特色。根据广东省民政厅 1935 年所编《广东救济失业归国华侨纪实》和 1936 年所编的《广东省五年来民政概括》的相关统计看,1930 年 12 月—1936 年 6 月间,广东省上述三口岸,广州救侨办事处每月收容人数与遣送人数多不一致,而海口和汕头则多一致,即广州除遣送之外,还有部分暂时收留,或予以介绍工作,或送往贫民教养院、医院安置;而另外两口岸则随到随遣送。民政厅充分利用自身的政治资源为救济难侨作了大量卓有成效的工作,根据难侨的不同情况,分别以遣送、收容(留医、送贫教院等)、介绍职业(往警察局、盐警队充当学警,往铁路段筑路修路、筑桥,往煤矿公司、农场、石矿公司工作)、组织负贩团(民政厅联系数家报纸,准由 500 多位年老体弱而无疾病者成立负贩团,贩卖报纸、药丸)等开展救济归侨,使失业归侨得以安置。广东的救济特别是对归侨除遣送之外的各项安置活动,明显要比上海口岸的救济活动要丰实得多。这与其各自口岸在侨务工作中扮演的角色和地位密切相关。广州口岸对归侨在收容、职业介绍等方面的历史实践更为丰富，一定程度上与其所在的广东省是众多归侨的归国目的地相关，而同期的海口和汕头则主要是遣送，原因与其城市对失业人群的吸纳能力有限有关。反观上海口岸，其为当时国内工商都会，对失业归侨的吸纳能力应该较强，侨务局亦努力与沪上各工厂公司接洽，结果却不甚理想。

上海口岸在救济难侨时既具有普遍性，也具有强烈的地域特色。20 世纪 30 年代面对世界性的经济危机，华侨所在海外侨居国的苛律颁行，外部战争环境的影响，难侨的陆续归国，沿海各口岸均面临难侨救济的普遍现实问题。同时，上海口岸的地域特色又造就了上海侨务局难侨救济的特殊性，并深入影响其成效。上海口岸的地域特色，于难侨救济存在两个面向的涵义：

首先，上海口岸就侨务而言，它是侨民的中转站，而非目的地。1934—1937 年间，上海口岸以上海侨务局主导的难侨救济，以遣送为第一原则，是符合当时上海的口岸自身特点的。具体而言，即难侨直接遣返回籍的多，在沪收容、就业的极少。以后来为民国政府侨务机构津津乐道的侨乐村为例，其 1937 年之前主要吸纳的是厦门和上海两口岸的归侨。实际的状况是，时侨民申请入村垦殖者众多，而通过审核者仅占归国难侨的一小部分。这与侨委会设置的申请门槛过高有较大关系。难侨到达沪、厦等口岸后，若进村垦殖，需要先携带华侨登记证及其他相当证件，或海内外侨团及当地党部使馆负责介绍书，并填写《申请志愿书》《保证书》等，经侨委会审核合格后，颁发《入村许可证》，持《许可证》进村报到。难侨入村首先需要身份认定，其次是寻觅担保人(对难侨在侨乐村内的一切活动负完全责任)，并设法取得从上海或厦门赴村的川资。另，侨乐村所规定的三种开垦方式，即自费开垦、贷款开垦及劳资合作开垦，因多数难侨归国后身无长物，多采取劳资合作开垦形式，而相关规定采取该种开垦方式，不准携带家眷，有些归侨因在侨居地结婚生子拖家带口返国后,因这些规定不得不放弃申请。上述入村的规定和条件,无疑提高了侨民入村的门槛。从长远看,不利于入村侨民的生活稳定。侨乐村对入村归侨进行一定的甄别是必要的,但从一个侧面显示其救侨规模的有限,政府救侨经费的支绌及侨乐村对难侨吸纳能力的限制。总体而言,上海侨务局在为难侨职业介绍、收容等方面乏善可陈。

其次,上海口岸行政管辖的特殊性造成了侨务局自身力量的有限性与救济难侨工作的多面复杂性之间的矛盾。救济难侨工作涉及面广、相关的机构众多。从中央层面看,救济难侨涉及侨务委员会、交通部、财政部、实业部、外交部等众多部委,每次大的救侨活动,各部委均涉列其间。具体到上海市侨务局,因其为南京侨务委员会的直属机构,自身力量有限,必然借助先前从事侨民救济事务的地方社会局、公安局、两个租界当局(公共租界和法租界)、江海关等相关机构和部门。而在上海这个华洋杂处、事权不一的区域,侨务局在救济难侨过程中,制订的多种侨务计划,实践的效果往往大打折扣。以侨务局与社会局、公安局联合救侨方案为例,救济方案中并没有清晰界定最核心的救济费用问题,各方出资数额比例不明确。侨务局成立之前,难侨救济主要由社会局(临时救济)与公安局协同进行,侨务局成立后,社会局与公安局虽仍协助侨务局进行救侨,但后两者则认为难侨救济问题理应归侨务局办理(实际情况也应如此,侨务局成立后成为专职管理侨务的政府机构)。当出现部分难侨抵沪后向社会公安两局求助时,社会局直接将之推向侨务局办理①。再从隶属关系上看,侨务局隶属于中央侨务委员会,而社会、公安两局则属于上海市政府管辖,在救济难侨的事务中缺乏来自上一级行政机构的及时沟通和必要协调。联合救侨方案看似共同负责,实际情况是侨务局愿意负责,但自身力

① 《上海侨务局之过去工作及其检讨》,《侨务月报》1936 年第 4 期,第 164 页。

量有限，难以独自担当；社会局认为涉侨事务应是侨务局的天然职责，不情愿深入参与救济。是故，三者，尤其是侨务、社会两局，救侨时发生扯皮事件势所难免。此类事件还发生在其他涉侨机构中，如侨务局计划在江海关内设置"华侨问事处"，虽经侨务委员会商财政部并饬江海关，但最终因种种原因，不得不设置在江西路的局内。而广东省民政厅在办理救侨事务时，会同建设厅、工务局、铁路局等政府机构，在广东省政府的统一领导下进行，事权相对划一，其救济的成效明显比直接隶属于中央侨务委员会的上海侨务局开展的救济归国难侨明显。但在海外难侨救济方面，上海的社会慈善团体及涉侨社团成为难侨救济的主体，并成为中央及地方政府借重的对象。在善款募捐、赴京请愿、督促政府对难侨侨居地政府开展外交交涉等救济海外难侨方面成效显著，其对海外难侨救济活动参与的广度和深度远在归国难侨之上。但对于他们的发动和借重多来自与南京涉侨的中央机关、上海市政府、上海市社会局或公安局而非上海市侨务局（侨务局在救济过程中利用较好的是沪上各难侨籍贯地的旅沪同乡会）。这说明侨务局自身在上海区域内的政治资源的利用和动员能力较弱。

经费短缺是制约侨民救济成效重要因素。经费是侨民救济的重要保障，1934—1937年间，上海侨务局乃至国民政府整个涉侨管理系统经费均非常紧张，这与当时国内经济受整个世界经济不景气、政府面对的国内外军事行动及财政支绌有密切的关系。中央侨务委员会及后来成立的地方侨务局长期只有经常费（薪俸费、办公费等维持机构运转的经费），而无事业费（华侨救济费是其中之一）[①]。经费的短缺，使得其诸多救济难侨的计划被收缩或搁置。侨委会成立初期，职员薪俸不能按照当时文官官俸表所列数额发放、侨乐村吸纳归侨的有限性、救济失业华侨委员会的裁撤、

① 侨务委员会编：《侨务十三年总述》，侨务委员会发行，1945年，第8页。

上海侨务局难侨临时救济费的停发均是经费短缺的表现。后期，侨务的财政预算虽有所提高,但经费短缺仍为常态。

相较于以遣送为主的临时救济,实现失业华侨在国内的再就业成为当时政府必须面对的现实和紧迫问题。上海一口可以根据自身口岸特点将绝大多数难侨遣回原籍,但对于整个国家而言,这一流动的失业群体,关乎社会安定,关乎政府在海内外华侨群体中的形象,更关乎华侨对祖国的向心力和凝聚力的生成。故此,政府在此期救济归侨和侨民之初,即重视对他们的根本救济。中央层面,侨务委员会为彻底救济华侨,曾计划在上海成立华侨贸易公司[①];拟计划在沿海各地圈购土地,开办农场、牧场、工业场及水产事业,安置归侨就业[②]。国民政府赈务委员亦曾计划在沪成立“华侨失业救济院”专门救济南洋归国失业华侨,拟以开办实业,吸纳华侨就业,从而达到从根本上救济失业华侨的目的[③]。但因种种原因,以上机构均未能实施。上海口岸,虽在归侨的根本救济方面建树不多,但以侨务局为代表的官方救侨机构主观上是希望有所作为的。侨务局在救侨中曾联合社会公安两局设置失业归侨职业介绍所;除侨乐村外,该局曾派员赴江西察勘荒地,希望尽量安插难侨[④]。但从后期的救侨实践看,中央和地方对失业归侨的救济主要是采用给资回籍的临时救济,在根本救济方面,除侨乐村付诸实施稍有成效外,其他的救济方案和措施,成效不著。

(顾宇辉,复旦大学历史学系博士研究生,
上海中国航海博物馆研究部馆员)

① 《侨委会筹设华侨贸易公司》,《申报》1934 年 1 月 12 日、3 月 18 日。

② 《侨委会筹备救济失业华侨》,《申报》1934 年 7 月 29 日。

③ 《华侨失业救济院昨开成立大会》,《申报》1934 年 11 月 6 日。

④ 《沪侨务局长简琴石昨到京》,《申报》1935 年 4 月 14 日。

《社会学杂志》描述的1920—1930年代社会民生

邹千江

民生通常指民众实现生存的基本需求和获取发展的基本机会和权利。孙中山先生说,民生就是人民的生活,社会的生存,国民的生计,群众的生命,道出了民生含义和发展民生的意义。从19世纪末至20世纪中期,我国因遭受西方国家侵入,社会日益动荡不安,人民生活多舛。"中国国内的这些进程,是由一个更加强大的外来社会的入侵所推动的。她的庞大的传统结构被砸得粉碎——经过三代人的更替,旧秩序已经改变模样。"①国人所"感觉到的是生存上的危机,救亡图存",②以及"唯务求国之独立"③。清末以来社会处于新旧交替的过渡时代,旧的机构已然失效,新型组织尚未完全建立,李大钊先生指出:"中国人今日的生活全是矛盾生活,中国今日的现象全是矛盾现象。"④国家处于失范或革新的十字路口,民众生活困顿,社会进步缓慢。本文以民国时期出版的

---

① 费正清:《伟大的中国革命》,刘尊棋译,世界知识出版社2003年版,第75页。

② 参见李泽厚:《启蒙与救亡的双重变奏》,《中国现代思想史论》,天津社会科学院出版社2003年版,第19—36页。

③ 梁启超:《梁启超选集》,李兴华、吴嘉勋编,上海人民出版社1984年版,第114页。

④ 李大钊:《新的!旧的》,《新青年》1918年第4卷5号。

《社会学杂志》为中心，描述1920—1930年代社会民生情况。该杂志内容迄今未被学界重视，其资料尚未整理，故本文对此予以综述分析。

一、《社会学杂志》的内容与特点分析

《社会学杂志》是我国最早的以社会学命名的专业学术杂志，1922年创刊，上海商务印书馆出版发行，每年2—3期，出刊3年后停刊，1930年复刊至1932年。前后发行5卷，其中登载有价值的学术论文160余篇，若将时事介绍、书评、学术信息计算在内，共刊发文章近400篇。主编余天休(1896—1969)，广东台山人，留学美国的博士，我国本土第一代社会学志业家，早年教授于北京大学及各地其他高校，创办了我国第一个社会学学术团体机构——中国社会学会①，著有《社会学大纲》《经济学原理》等30多部著作②。《社会学杂志》所刊发论文大多为第一手资料，生动真实地记叙了民国1922—1924及1930—1932年间民众所处社会环境及基本生活状况。

《社会学杂志》文章内容丰富，大致分为社会理论分析、社会调查和时事选编、书评及学术信息等类。社会理论主要是社会学理论，也有一些与社会相关的理论，包括社会群治术治、社会和教育、政治阶层、文化、家庭、宗教、人口殖边等。余天休本人为这个杂志

① 时为正宗主流学院派的孙本文教授介绍民国社会学的发展情况，其中说到"中国社会学界之有组织团体，以民国十一年余天休氏在北方发起的'中国社会学会'为最早。"参见孙本文：《当代中国社会学》(1948年)，商务印书馆2011年，第241页。民国主要联络社会学者的学会机构名中国社会学社，其成立在1930年2月，当在"中国社会学会"9年之后。

② 关于余天休的生平及论著，参见邹千江：《余天休的群治术治观》，《西北师范大学学报(哲学社科版)》，2017年第2期。另，北京大学社会学教授谢立中编：《民族复兴与世界联邦：余天休社会科学论集》(北京大学出版社2008年版)。

撰写了不少文章，后来较有名的步济时、常道直、黄秉衡、应成一、许仕廉、陈青之、李景汉都在这个期刊上发表过论说。社会调查类更是涉及面广泛，包括宗教习俗、劳工、农民生活、黄赌毒现象、帮会、教育、妇女问题、兵匪；李景汉教授关于妙峰山香客、河北定县调查概况的文章都是在其上刊登的；编辑甘南引的青年婚姻家庭观调查也很详细，汇集文字近 300 页，保留了那一时期人们对待婚恋的原始问卷资料。调查论文一般通过作者亲身观察或访谈得来，具有现实价值，剔除其中一些论述笼统模糊的文章，本文囊括了该杂志调查和时事的主要内容。

关于《社会学杂志》调查类文章的特点，主要是秉承了社会学作为科学研究的学科宗旨，力求细致刻画民众的日常生活，使其区别于当时其他的报纸杂志。从整体内容来看，各类报纸期刊所铺设划分的社会生活范围类似，如宗教、灾患、赈济、社会病态、生活习俗等，但《社会学杂志》不报道时政或社会要闻，不是新闻报道关注那些社会每天发生的轰动事件，以标题的醒目来吸引公众，而是平实描摹解释平民的生活。研究者作为普通人的一员，以观察和实地考察的方式描述分析每天所发生的普通事件，通常篇幅较长，叙述全面客观。比如说明民众对于同一事件的不同看法，注明各自代表比例，不将具有差别的民意混为一致。多数报纸热衷采用小说式和现实相结合的塑造艺术典型的方式，以挑动读者的情绪，而《社会学杂志》则是理性地呈现，如同纪实片一样，挑选的是发生在周围普通人的实例，因而显得更为真实。具体而言，社会研究方法包括观察、溯源、演绎、归纳、推断、分类、统计等[①]。特别提倡个案的精密研究，即把社会中极小的现象作为研究单位，如一个人、一个小村庄、一个小组织，从简单的问题入手，不吝笔墨描写其特

① 谢立中主编：《民族复兴与世界联邦：余天休社会科学论集》，第 188—189 页。

征性质,力图得到和自然科学类似的结果①。余天休本人偏好个人自传式研究,即通过考究个人的历史来发现个人成功失败的原理,详细分析他的人生资料,探讨其人生际遇②。当然,以现在的角度看,这是第一份社会学调查期刊,其问卷、访谈、统计方法都不如现在先进,但在当时已是独树一帜,一扫我国自古以来写作概括或注重文学的特点,变得具体真实客观,为我们探究那一时期的社会提供了另一个视角。

二、从《社会学杂志》看当时的民生

民国虽已步入现代,但总体政治权力涣散,地方割据,国家为军阀土匪所祸。民众生活不安定,对外需防备有匪,还有江湖组织、兵警的侵扰;内有温饱之虞,遇到天灾人祸,就吃不上饭,没有衣服御寒。在此情境下,人们反迷恋毒品赌博,精神上寄意神灵,宗教迷信活动盛行。如余天休所言:"自辛亥革命以来我国社会外表焕然一新,以言政治,则废专制建共和,以言教育,则废科举兴学校,以言法制,则由人治步入法治。但环顾国内,不幸干戈扰攘,内乱迭起,江汉泛滥,灾患频仍,烽烟四起,匪盗如毛,悉索敝赋,捐税苛重,工商凋零,农村破产,强邻压迫,国土日削。凡事换汤不换药,而国贫民弱,民众于水深火热之中。"③从《社会学杂志》所示,民众确乎生活在这样的环境之中。

1. 匪兵警

首先,匪横行出乎现代人的想象。《社会学杂志》一篇综述土匪的资料显示,自民国11年以来,兵匪横行,尤以山东、河南为甚。

① 余天休:《实习的社会学》,《社会学杂志》1931年第3卷7期。

② 余天休:《传学》,《社会学杂志》1930年第3卷5期。

③ 余天休:《宦风》,《正风》1936年第3卷9期。

山东费县、临沂、昌邑、阳谷、鱼台、潍县等地,河南内黄、南阳、商水、汝南的匪徒聚众,人数达数百,乃至上千、万,到处烧杀抢掠,洗劫村庄人员财物,手段惨烈。村民对抗不过的只能弃家逃走,弄得农村十室九空,不能奔逃的也不敢安居室内,晚间携妇孺潜伏麦田深处,屏气敛息,勿敢稍动。乡村如此,城市也不安全。四方的逃民聚集起来,躲避到城邑一处,路上扶老携幼,背井离乡,牵牛负物,络绎不绝。为防止匪徒攻城,城邑三门紧闭,只留一门出入,街上商铺一律停止营业,萧条之状目不忍视。匪徒攻城方式多种,有假扮成商人或乞丐模样混进城里打探消息,趁城内警备空虚发出信号袭击城内。一旦攻进城池,即行放火,城内大街焚烧殆尽,连背街房屋被焚者也不少,商号住户几无片椽之地,关押的罪犯悉数放走,人票妇女财物掠去装置数车。公共场所同样不安全,特别在车站,匪徒盘踞在交通要道,驻扎于距火车站数十里外,山居露宿,夜出昼伏,袭击车站旅客,绑票勒索,无所不至。或公然在车站强行带走客人,到山寨逐一盘问家中贫富,责数取赎,如发现信口妄报者严惩。部队来了则藏匿山中,依靠有利地形,如青纱帐、深山处躲身,官兵亦无可奈何。匪徒队伍扩大,一些少壮农夫,甚至师范学校毕业的学生也从匪,跟随匪徒抢掠①。专门研究民国土匪的英国学者贝思飞论述土匪猖獗的情形:“所有富裕者都料到早晚会被绑架,所以总是存有一笔钱以备勒索。这是事实强盗也很清楚。被土匪绑架后,马上写一封信让家里人按照要求的数目付钱,事情很快就会解决。许多富人经过四五次绑架后,几乎败落为穷人。”②土匪公然抢劫,此时众所周知,人们对此已经习惯了。

---

① 《研究土匪问题之资料》,《社会学杂志》1922 年第 1 卷 3、4 合期。

② [英] 贝思飞(Phil Billingsley)著:《民国时期的土匪》,徐有威等译,上海人民出版社 2010 年版,第 199 页。

这份资料继续叙述：匪徒如此嚣张，与驻防军队剿匪不力有莫大关系。有的部队距离事发地点不过数里，故意匿迹不问，不肯越雷池一步。彼时有兵匪一家之说，一些匪帮本系散兵编炼而成，外表行止颇有纪律，出入分路数攻击，彼此声援，入则固其巢窝，不同于乌合之众。巡缉营和匪徒里应外合，打开城门，浑水摸鱼，抢夺居民财物。在车站发现年逾七旬的老妇人携带子弹若干发，原为匪徒运输枪弹，查枪弹从军营里购入。部队尚且如此，县里也不得力，匪徒若是看上某大户，就公然在城内发散传单写明需交纳多少大洋，否则将预备攻城云云。县知事为防连累其他人，督促该富户备齐银两交上，该富户只好变卖田产如数交付，县知事为求息事宁人，从某种意义协助了匪徒，可谓奇矣。县里沿街强迫商户勒捐洋元给匪徒，以解城里之围，商户生意愈难做。原因是县里军力不敌匪徒，县知事对匪徒攻击一筹莫展，遇到有人告知匪情，则遭知事辱骂而回，并说匪徒不是我带来的，与我何干等话。匪徒以治安卫民为名创立保安团，强迫民间交纳保护费，有敢违者威胁绑票。

当然并非全是这样，部队也有认真巡视、防范追击或对匪徒采取招安的。豫西宜阳、洛宁、嵩县数邑多山，素为土匪出没之所，匪徒聚集了五六杆(股)，合计上万人，声势浩大，本为部队残余，陕督刘镇华派人洽谈收编为正式军。在去陕西的路上，这路匪徒顺带劫掠陕州灵宝县城作为盘缠，掳走外国工程师和本国工程师几名。由于涉及洋人，吴佩孚、冯玉祥知此事干系重大，即命部队追击，并电令陕督会剿，刘督军表面敷衍，实为诱使匪徒从其他路入陕。如此河南匪徒顿减，大路变得安静，匪徒往陕西走了，声称到刘督军那里吃饭去接受招抚。此外，也有居民自发出来招抚调停，如部队和匪徒双方激战不下，附近的居民感到难以忍受，便出面提出调解，各提条件，划分区域互不侵入，三方签订协议，派代表到场签押了事。一些村庄小民自发组建民团抗击，有的和大刀会等江湖组织联合抵抗，被迫加入大刀会，有的村庄只能赤手空拳等等[1]。各类抗击或安抚匪徒的情形都有，匪徒侵扰令民众叫苦不迭。我国地少人多，农产品受到外国冲击，游民冗员甚众，这是土匪的基本来源，群山沟壑中，土匪成为日常生活的一部分，而且代代相传。"父绍其子，兄勉其弟，妇劝其夫。其不肯为匪者，妻室恨其懦，其乐为匪者，父老夸其能。"[2]由此看来，若不改变工农政策及殖边疏散过密人口，抗匪不能取得根本成效。

秘密结社组织在民国也广为存在，除上述大刀会外，另有青红帮、三点会、红枪会、致公堂、忠义堂，还有天门会、天皇会、长发会、孔明会、九仙会、清道会、黄沙会、月明会、哥老会、麻衣会、白头会、光蛋会等，人数众多，超出百万[3]。这些秘密组织名称各异，各地区都有，力量很强，在民间秘密聚集数量颇多的民众，以其整体的气势，在各地做聚赌、开烟馆妓院、绑票、抢劫、设立路卡收保护费，向商户收取保护费以及走私、逼人入会、迫害等滋扰社会治安的活动。帮会分为两类，一为行业帮会，目标在于垄断某些行业利益，不让其他竞争者进入；一是非法帮会，从事非法事业，争夺公共资源。帮会多由游民组成，成员以未有家室贫困青壮年男性居多，较少从事农业或手工业、商业正经行业。帮会的兴起与对抗匪徒有直接关系，但有的帮会和匪帮无异，比匪帮稍微正规点，性质类似，敢于冒险打斗。

其次，兵、警察武装力量。动荡社会为武力社会，社会中武力占优，文力不及，自愿参军的人员增多，军人渐居社会主流，其余阶层趋边缘化。参军者各有动机，其中因家里遭受灾害或被匪劫掠过的无法生活而参军的。《社会学杂志》登载了一些访谈文章。一

---

① 《研究土匪问题之资料》，《社会学杂志》1922 年第 1 卷 3、4 合号。

② 同①，第 64 页。

③ 余天休：《中国秘密结社的研究》，《社会学杂志》1930 年第 3 卷 5 期。

位研究者访谈了若干兵士，其中：

> 一位被访谈的吴某，经营生意本来颇有积蓄，后被土匪深扰，损失金五百余元，当时生意还可维持。次年由家赴县里买卖货物返回的途中又遭匪劫，货物尽失，本人受了轻伤，被路过人救了抬回家中。在医院治疗半年，囊中已尽，家徒四壁，无法生活。友人婉言劝导，后与友人共同投军，一晃数载①。

这位大兵受土匪骚扰当了兵，兵匪之间形成一个链条关系。兵抓匪→兵源于匪对社会秩序的侵犯→匪为了对付兵扩大队伍→兵因为匪不断增加，负担都加在民众身上，对社会造成了环环相因的循环后果。

有的参军者贪念部队能谋前途成大事，不像一般的职业琐碎，具有赌一把期冀未来飞黄腾达的心理。以另一位作者访谈一位残废兵为例：

> 这位士兵姓柴，山东德州人，22岁参军前结婚一年了。他从军的原因不是过不了生活，他父亲过去是推小车卖布的，给他留下了5、6亩地，4、5千吊钱，还算富裕。他参军是因为受到邻居的鼓励，邻居是个排长，奉命到家乡招兵。他们的规定是招到一连升连长，招到一营升营长，邻居许诺如果自己当了连长，就给他当排长。柴某听说能当排长，能发财，还可以到家乡耀武扬威受人尊敬，所以就立刻报名当了兵，家里人不愿意他去，也没有办法。他去当兵后家里没有男人，账目托他舅父管理，可是没过几年，这个舅父将他家的钱私入自己的囊包。柴某第二年果然升了排长，但作战各地流动不能回家，有时通信家里也收不到。他不能回去找他舅父算账，他妻子听说他在一次打仗中死了，遂改嫁他人，那个娶她的人是人贩子，把她拐卖了不知何处。柴某听到本乡人告诉他家里人的

① 赵子祥：《四十个兵的研究》，《社会学杂志》1932年第4卷7期。

这些消息，积气在心，慢慢地一只眼睛看不见了，后来鲁军败的时候，他双目失明，住进了残疾院①。

在作者访谈的41位士兵中，一半属于自愿参军，约20%是被抓当兵的，自愿参军的比例不在少数。这位柴某由于起初一念，导致家庭离散，实在是个悲剧，若是和平年代，兵员自然裁减。社会一度倡议裁兵废督，学者傅斯年、公刘都曾著文陈述“去兵废兵”之说，但应者寥寥，收效甚微。

部队属于专门的武装力量，与人民生活不直接相关，警察是专门武装，警察管辖范围和人民生活直接关系。警察机构成立于清末20世纪初，至20年代警察素质总体没有多少提高。“警察受专门教育不过十之二三，巡士多以社会上的地痞恶棍商民充其役，能数十之文字，即可入警察教练所，毕业之后尚不知警察之所以为警察，服务之时但知拿钱索要而已。”充斥警察队伍的人员良莠不齐，“遇到有争斗之事发生在街道，警察如非其责，不加顾问，甚至立视而笑”②。由于知识甚少，缺乏训练，这一时期的大部分警察不知道如何负责任，履行警察职责。

2. 平民日常生活和社会救济

因没有有效地发展工商业，不善于开发利源，故此生产缺乏，民众生活难以提高，民生凋敝。“一般的工人工资最多者每月十三元五角，最低九元，而在济南一个人的每天最低生活费用大洋两角五分。”③家庭收入抵不过支出，负债借贷生活。1922的一份加增京师小学教员工资的报告反映工薪人员的生计状况，工资低廉不及物价上涨，且经常被拖欠。“言京师小学教员被数月拖欠薪金，典当穷尽，公立学校限于破产之中。国民学校教员每月20—25元

① 李树秀：《四十一个残废兵的研究》，《社会学杂志》1931年第4卷1期。

② 郑韫三：《改良警察之商榷》，《社会学杂志》1922年第1卷1期。

③ 解敬业：《四十二个工人生活的研究》，《社会学杂志》1932年第4卷6期。

不等，高小学校每月28—35元不等，不足供日常所需。小学教员对于生计问题终日忧思，心理上实不能抱专职工作的希望。5年前尚可维持，但至欧战以来，百物胜贵，衣食住行价格已增至一倍有余。"①物价上涨不仅降低个人生活而且影响行业的正常工作。

这篇报告所说的欧战指第一次世界大战，这次战争规模宏大，使西方社会元气大伤。《社会学杂志》介绍同期西方情形。例如德国，"从15岁以上50岁以下的无论男女都须服务社会，柏林物价一天高似一天，小麦包计50格莱姆一枚，白小麦包竟无处可购"②。社会各阶层都受影响，中流社会最受打击。"1千马克缩至30、40马克，战前房价合墨银1万的现在值百元，中产阶级的储蓄缩水六分之五，前为社会名流，今为缝纫生活，私家汽车几已绝迹，著作家科学家以清水面包维持生命需要。德国职业界人的生活不如战前的工人生活。"③伦敦1914年普通四间房屋出租为10先令，战后1922年出租费15先令，柏林三间出租屋费用1914年15马克，1922年为25.5马克，食料费占工人生活费开支的60%④。西方国家民众的收入主要用于维持吃住基本生活，其余勿论。各国经济相互影响，西方的经济萧条传导过来，仿佛整个世界都陷入贫困中。

反观民国，一位大学生寒假放假去山东同学家游玩，路上经历真实地记录了当时社会的情形，不禁感叹出行一趟真不易。

> 这位作者坐汽车从烟潍路上经过要去潍县，先是人多票难买，后终于上了车，车上乘客挤得手都不能自由活动，如果不是棉衣隔着大家的皮肉，好像粘在一块似的。返程的时候

---

① 杨荫庆：《加增小学教员薪金之讨论》，《社会学杂志》1925年第1卷1期。杨荫庆，1917年美国Cornell大学毕业硕士，北京大学及北京其他高校教授。

② 《德人最近之生活》，《社会学杂志》1922年第1卷1期。

③ 《德国中流社会之窘蹙》，《社会学杂志》1922年第1卷3、4期。

④ 陈劭南：《伦敦及柏林劳动者生活费》，《社会学杂志》1923年第1卷5期。

也是人多票少，几个空位给豪绅们买去了，只好转道去张家口，在张家口住一夜，再一大早坐上开往潍县的车。所坐的车子非常破旧，刚开出二十里路，汽锅炸裂，幸好及早发现，免去祸患。到了黄山馆车站换车，左等右等不来，下午两点多钟才来了一辆破车，这辆车每行四、五里就坏一次，每坏一次需要灌水，乘客下车推行数十尺，约三十余次，傍晚抵达沙河。车停住再不能行了，沙河地多土匪，不敢住车站，只好扛着行李住沙河的小店。小店破旧，门缝外可以看见街上的堆雪，门缝之宽，猫狗可以出入。炕上破席三四领，积灰二、三寸厚，夜间点着小黄油灯，其光如豆，十三人共居一室，夜间大家吃半生水饺，面中的沙子，大如花生。夜间奇寒，手足都冻木了，烧秫秸取暖，屋内黑烟缭绕，看不见人。天亮以后又去车站坐车，等到九点以后司机缓步当车而来，原来是车内的油昨晚被偷了，直到十一点弄了新汽油灌上，车子才开动，两点多钟到了潍县①。

不仅车子破旧，交通工具落后延误时辰，路途不远花费数日备受煎熬，而且路途小店以北方冬天之寒冷入骨髓，竟无多少御寒设施，没有可吃食物，可谓用身体直接感受饥寒交迫。民众平时多不敢出门旅行，俗语云的“车船店赶牙”，都是旅途中可防备对象，即管车的、行船的、开店的、赶马的，还有牙纪中介人，都可能欺侮顾客，民众之间的交际较为贫乏②。

旅店入住南来北往的客人，旅店是社会的一扇窗口，余天休观察当时的旅馆饭店。旅店适应不同人群的需要，各有差别，分西洋式饭店、旅馆、客栈、公寓、客店、车店、闲人店等。各类饭店费用贵贱不等，西洋式饭店每日需 2—10 元，旅馆则每日租金数角至 1、2

① 玄默：《烟潍路上社会的一瞥》，《社会学杂志》1931 年第 3 卷 11、12 期。

② 余天休：《我国的旅行》，《社会学杂志》1930 年第 3 卷 3 期。

元,客店每月房租1元左右,公寓和客店差不多,客店较为简陋,每日二三角左右。车店也是客房,可供骡马饮食,更加简陋,一套牲口骡车每日需2角左右,两套牲口裸车需3角,车夫不另收费,车店比较危险,谋财害命的也有。闲人店是三教九流,乞丐、盗贼、贩夫流浪者所聚之处,每间房数十人,每晚收铜元数枚[①]。闲人店比较特殊,在城市都有,从外表能看出这类小店的特征。"城市设贫民小店收留游民,北京这种小店门口常挂一搂物的笆篱为招牌,天津用石灰作一球或葫芦挂在门口作为标记,也有写'留闲人''招待闲人'字样的,每日收铜元2大枚、3大枚,里面凌乱不堪。夏天留宿街头,人数少,冬天人多,2枚铜元的只能睡鸡窝被,无被盖,无开水。三铜元的有炕,一炕容数十人,中间备火炉,有开水。"[②]贫民小店设施相当简陋,与住沙河小店的体验类似。

民众生活在生存线以下,多数民众每天挨饿。妙峰山上的乞丐都讨不到钱,他们前面放的袋子里的多属制钱,铜元都不多见。[③] 如果遇到灾荒,如1920年的北五省旱灾,1932年的长江水灾,再蝗虫螟虫灾,更是没有食物,只能以树皮、观音土等无法消化的物品果腹。粮食匮乏就外出逃荒,大量的人群从受灾地奔往他处,逃往东三省和其他各地。"近十年来,从鲁地往东三省不下百万计,每逢开春即开手北上,深秋收割后返归。春日由鲁东北过大连而入南满人数最多的时候达万人。其余南过大江奔走岭南,西出潼关抵达陇秦的,也不乏人,有的沿路乞讨。"[④]逃荒考验人的身体承受力,身体羸弱不服水土的病倒在他乡也是有之。灾民所到之处,本来粮食充足的地方转变成灾区,新的灾民加入,直到有足

---

① 余天休:《旅店之类别》,《社会学杂志》1930年第3卷3期。

② 余天休:《中国之经济问题》,《新民声》1944年第1卷3期。

③ 李景汉:《妙峰山"朝顶进香"的调查》,《社会学杂志》,1925年第2卷第5、6号合刊,第6页。

④ 《逃荒》,《社会学杂志》1930年第3卷4期。

够余粮的地方或者赈济能够阻挡住他们。因灾荒妇女被贩卖，秦中素有贩卖人口之风，经营者多为山西客商。山西妇女不足，青年男子娶妻需从异地，有村组织娶妻促进会，会员付会费即可加入。大旱之年，人口竟赴市买卖，每晨一次集会，妇女价格一二元至十元不等，转手给他人认作媳妇，可得金一二百。也有人借施舍粥米为名将妇女骗到长安，实际没有施舍只能打住客店，因付不起住店吃喝费用，加以逼迫威胁，只能被贩卖，实际是人贩子与店主合伙经营的违法行径①。

由于贫民过多，救济机关应时而生。1922 年，北京设置了 382 处济善机关，其中北京市政公所及警察厅在天坛东界外的空地上建筑了两处乞丐教养局②，收留乞丐停驻。济善机关的功能不仅直接赈济，而且兼免费教育，内有养老院、育婴堂、贫民工厂、残废院、公私举办的大施粥厂，以及施舍钱米衣物的社团等。各种筹办公益活动者联合起来组成协会，其中有“公益联合会”。公益联合会的来历是 1922 年直奉交战，50 个社会团体的代表会集讨论倘若长辛店败军施行抢掠如何保护妇女儿童的办法，结果倡议成立公益联合会。前任总理汪大燮任会长，刘锡廉任干事，募款到 10 万元，筹备建立收容 2.5 万人的大收容所。收容所利用学校、官署、天主教、基督教会所、回教礼拜寺、佛教庙宇等处设建。直奉之战停止后，该款无所用途，后用于山海关长辛店附近家产农具被毁的农家，2 万元施与，8 万元借贷，来年秋收后，农民将借款归还。刘锡廉在北京筹建大规模的教养院，助数千贫民安然过冬，他的教养院不但规模大，而且采用新方法，组织分户调查登记，区别男子、妇女、小孩的不同所需，防止滥施。除施加粮食外，还相机辅助其他需求。又以工赈事，组织贫民修路开工，工施两益，规划筹边移

① 余天休：《秦中贩卖人口之现象》，《社会学杂志》1930 年第 3 卷 3 期。

② 《教养乞丐局之建设》，《社会学杂志》1922 年第 1 卷 1 期。

民,解决贫民问题[①]。

慈善借贷机构的功能在于对部分人救济一时,不可能永久解决贫困。1922年,北平市区总人口826 027人,根据北平dependents' relief board统计,贫困人口为72 580人,接近10%,而1917年警察登记了31 416位穷人[②]。到了1930年,北平社会局统计北平人口共计135万,其中最贫困和贫困人数总和占16.2%,贫困人数越来越多,令人咋舌。

民众十之八九不识字。根据李景汉1930年的调查,定县识字男女青年人数仅占26%,青年是接受教育的适龄人群,不包括老年人和幼童在内,不识字者尚占74%。所谓识字,基本入完小学就不再升学了,而且17%入学未满两年,18%入学未满3年,只能说认识一些字而已,不能说接受了真正的教育[③]。余天休去山东的一个距离火车点40多里地住百户人家的村庄调查,发现这个村庄只有1所学校,1个教员,学生16人,很多儿童不去上学。这个年龄段的小孩都要去山上耕种,还有私塾被取消了,念洋书太费时间,认不了多少字,以前有私塾4处,每处尚有学生20余人。另外一处距离济南城4华里的一个山区的村庄,住户二十五六家,竟无一人认识字,孩子要上山耕种取柴火[④]。试想填饱肚子尚且不暇,何尝有时间读书念字。

在此情形下,不正当的娱乐反见繁荣。一些闲散人员梦想发意外之财,迷恋起赌博。村镇的年轻人聚在茶馆酒肆里玩钱掷骰子,日夜不休,输了钱就做偷盗抢夺违法的事,意将输的钱捞回来。

① 步济时演讲,李安宅笔译:《中国社会服务工作之意义》,《社会学杂志》1925年第2卷5、6期。

② Y. L. Tong: Poverty in PeKing and Its Relief, The Chinese Journal of Sociology, 1923, Vol.1, No.5.

③ 李景汉:《定县社会概况调查》,《社会学杂志》,1932年第4卷11期。

④ 余天休:《几句民众教育的话》,《社会学杂志》,1931年第3卷8期。

还有在海上聚赌。当知晓太平洋上从美国旧金山回来的广东淘金人有积攒,为了骗这些“金山丁”人的钱,专业赌博公司在邮船上设赌局,包含骨牌、白鸽票(即彩票)、番摊、骰子等各种赌类,夏天甲板上满是赌客。此外,妓业发达,妓业存在合法,可正常编户。一项来自71城区遍及14行省的调查显示,妓户少至6 000,多至15万,有估算南京城市妓户与正常户平均数为1∶300,妓户为数不少。妓户不与正户混杂,西安专门划分出一个区域,出入有门,并设卫兵把守。专设妓户的目的自然为了抽税,一半妓户直接或间接纳税,税分五等,每人每月3—20元不等,平均在7元左右,歌妓一律列入头等纳税,政府允许其正常营业。与之往来者军人商人居多,不乏社会名流,有数据显示近一半人因此染上花柳病。从业者百分之八九十是因为经济贫困,贫家女先是被狠心的父母送给大户当丫鬟婢女,买主具有管理人身的权利,后被买主卖出①。步济时调查北京的妓舍,说明这种行业的不良影响,包括传播疾病、败坏人种、影响家庭等②。妓业向视为社会罪恶,遭到社会反对,有地方设立取缔调查会和教育感化院,劝谕妓户通过抽签分批迁移停业,各地团体兴起取缔潮,可收效甚微。

3. 婚姻家庭与女子教育

20世纪二三十年代,社会风俗整体仍比较保守。以妇女为例,青年妇女不可踏出闺阁,农村女性很早出嫁,普遍存在缠足的现象。“妇女十三岁之后就不能常出门,所过从之人弟妹娣嫂,外人除亲人不得见面。十五至十八岁为出嫁之年,十分八九的妇女是这四年里出嫁的,新媳妇不常离开家堂。遇到赶庙会,青年妇女不能参与,只有幼女和四十岁以上的女人才能享之。”③青年妇女

① 上海中华卫生教育会:《中国妓业之流毒》,《社会学杂志》1922年第1卷1期。

② J.S. Burgess. The problem of prostitution. The Chinese Journal of Sociology. 1925. Vol.2, No.4.

③ 玄默:《鲁东农村中妇女生活的状况》,《社会学杂志》1931年第4卷5期。

尚不得出门,不能见外人,从中侧映出社会进步的缓慢。《社会学杂志》甘南引在《晨报副刊》《北京京报》上海《觉悟周刊》等报纸上设题做社会调查,了解青年婚姻情况,结果发现城镇女性结婚年龄同样偏早。调查从1922年12月至1923年9月,陆续发放整理问卷,共计835份,填答问卷的已婚者395人,未订未婚313人,已订未婚127人。调查对象遍布直隶等26个省,为这26个省份大中学校的学生和机关人员,结果显示女性基本在二十二三岁就出嫁了。已婚人士以24岁的最多,共有55人,未订未婚的以21岁最多,有45人,21岁以前女性普遍还是单身生活。已订未婚的20岁最多,有21人,26岁以后就没有订婚的了①。社会不仅早婚,20年代还有妇女缠足,在总计397人填答的问卷中,有242人的妻子是小足,天足者96人,放足40人。早婚和缠足束缚下一代的教育,缠足禁锢妇女体力,使后一代的生长养育受到影响。

从结婚的程序看,定亲情况普遍,已婚的由父母或旁人定亲的341人(占86%),自己定的只有21人(5%左右),自己和家庭合定的33人;已订未婚由父母定的91人(70%),自己订的20人(15%)。但在观念上对于包办婚姻表示出较强的反感,愿自己订的273人(86%),愿父母和旁人订的27人(9%)。定亲的有40%的男女双方未曾见过面,只听人说过,见过面的有的仅两三次、半次的也有,还有的在10多年前见过,或者见过但未交谈,偶然撞见过,相片里见过,等等。定亲夫妻有感情不好的,陈述者说结婚20日即外出,结婚7年但同眠不过3个月,11年了还未共处过,结婚1年的在家不过1个月。有说自己结婚20年了,但结婚时自己还是一个不过周岁的小孩②。定亲而成的夫妻感情情况如下:感情

① 甘南引:《中国青年婚姻家庭问题调查》,《社会学杂志》1924年第2卷2、3期,第1—281页。

② 同①,第66页。

浓厚的137人(34%),有答前3年冷淡,后7年浓厚,或者忽然有点小爱情之类;关系平常的92人(23%),有答爱情只是常情,或者说没有感情也没有冷淡;冷淡的116人(30%),有答不知感情为何物,终年无欢,冷淡如冰①。吊诡的是,定亲者近半保持比较和谐的夫妇关系,与自由恋爱关系融洽的几率无异。

对于妻子的要求,答对容貌最满意的84人,满意性情温顺的330人,满意有学问智识的51人,满意她父兄有势力的6人,满意身体健康的154人,满意她聪明伶俐的143人,满意善于治家教子的17人。最不满意的,无学问智识的233人,不满意相貌的53人,性情不好不满意的73人。最满意的为性情温顺,最不满意的是无学问知识;其次最满意和最不满意的是身体是否健康,容貌聪明、父兄的势力最不足考虑。因此前三项是性情、学问、身体,其次容貌和聪明与否,还有操持家务。如果不满意,同她离婚的答有44人,另外纳妾的31人,冷淡待她的63人,盼她早死的28人,未回答者215人,可见尽管婚姻是他人订的,离婚的还是很少。离婚办不到,有回答说一丧人格,二不人道,三背天良,良心上过不去。喜欢与父母同住的529人(占63%),不喜欢与父母同住的184人(占22%),中立的59人(7%)。之所以和父母住,是因为父母掌握着经济权力。还有回答本人喜欢与父母同住,妻子喜欢不喜欢就不知道了,很多回答因为妻子不愿意与父母同住。80%的人没有发生婚外恋的现象,发生的多是精神上的恋爱,其中原因是社交不公开。女人一般在家不出门,但丈夫愿意其妻在社会中服务的有595人(占71%)②。这些回答可见,人们观念更新较快,符合新潮流,受到西风东渐的影响,但行动还是传统的,趋于保守。

---

① 甘南引:《中国青年婚姻家庭问题调查》,《社会学杂志》1924年第2卷2、3期,第68—74页。

② 同①,第97页。

女人接受较少教育。专门为女性设立的学校始于1844年英国到华的教会学校，政府没有宣布为女性提供教育。直到1907年政府宣布女子可获得教育文凭，但男女学生必须分开，初小和正规学校毕业的女生年限比男生少一年，女性不能接受中学教育。1918年北京办起女子大学，1923年有180 949名女学生在校读书，占学生总体的12%，学校遍布江苏、安徽、山西各地。一些女性争取到接受更高教育的机会，她们或多或少遇到了家庭的阻力，家里人不给交纳学费，认为这是前所未有的事情。接受教育的女性多数未婚，他们以读书为由逃离家庭婚姻的压力，对于女性教育前景普遍表示悲观①。

4．宗教迷信活动

人们将希望和未来寄托于宗教迷信活动中，迷信可谓广泛支配社会。不仅大刀会、白莲教等江湖组织藉以号召的是迷信符咒，而且市井无赖一般民众也相信星相卜筮算命堪舆等，各地庙宇林立。农村遍布宗教庙宇，以山东龙山镇为例，全镇人口446户，2 470人，遍布大小庙宇72座，有文昌阁、龙王、菩萨、太山、镜武、土地、观音、关帝、玉皇庙等，各处香火兴旺②。一个2 000多人的小镇，遍布庙宇70多座，香火可谓旺盛。学者李景汉调查北京妙峰山朝顶敬香客，每年达三四十万众，阴历四月初一至十五为朝香的日子，初六、七、八为最热闹的三天，这半个月香客可谓络绎不绝。晚上轿夫都忙个不停，执四五尺长的火把，扛着肩舆照着客人去朝香的路。有一个村叫涧口村，为香客集中之地，其拥挤程度比北京前门大栅栏有过之无不及，家家房屋成了客栈旅馆，壮丁做背子轿夫。往来的香客在这里最喜欢说“虔诚虔诚”，上山对下山的

---

① Yu-Hao、Djen, A. B. Some Family Problems of The Modern Chinese Publicists. The Chinese Journal of Sociology. 1923, Vol.1, No.6, p.6－7.

② 田维中：《山东龙山镇的调查》，《社会学杂志》1932年第5卷3期。

说“带福回家”，遇到不如意的事情，在这里说“虔诚虔诚”，就一切问题都解决了。“虔诚虔诚”在这里仿佛成了无上的权杖，就是皇帝主教的权力也比不上。香客们到这里来的主要活动是磕头作揖烧表进香，见庙就进，见像就拜，其中为家里亲人疾病还愿而来的占百分之二三十，为受灾难贫困求圣母解救的占百分之五六十。

磕头还愿是这样的，有的三步一磕头，有的两步一磕头，从山脚磕到金顶上，有穿红衣或戴手铐脚镣上来，有把自己打扮成牛马等形状上山，有到山上做工，有应许给庙里买应用之物。作者正看见一个穿红衣的少年，背着马鞍子爬进来，掌礼的给他引见到圣母天仙面前，叫他叩头烧香，为他念诵了不少的话，然后把他马鞍子拿下来，像马一样在地上打了几个滚，完事到旁边喝粥去了。据说此人因母亲重病许愿三年，如此每年上山还愿，上山前以牲口自居，总不说话，直到一切手续办完了才与人说话。还有还愿毁陇，山脚下有人故意到田陇上走，将麦田践踏的不成样子，原来这是田主许的愿，将麦田的一部分任人踩踏几陇以表虔诚，所以叫“还愿毁陇”①。

宗教组织的作用主要在于宗教文化，这种形式内在包含了精神信仰，吸引了民众，民众从信奉神灵中感受到超能力对现实的控制及心理安慰。范迪瑞调查流行鲁东农村的迷信禁忌，种类繁多，其中“在鲁东地区，如人们认为家里门窗对着屋山的，应在屋山上钉块‘福星高照’的木板，屋山上的尖头瓦，名字叫做猫耳朵，人们不愿见到它。农忙时农夫在田里工作，早上中午两餐都由家人送饭，农夫吃饭前将饭汤洒外，也是祭奠一下。”②宗教迷信活动适应了当时的社会需要，20 世纪 20 年代后期发生了大规模的破除封

① 李景汉：《妙峰山“朝顶进香”的调查》，《社会学杂志》1925 年第 2 卷 5、6 号合刊，第 6—10 页。

② 范迪瑞：《流行鲁东农村的迷信和禁忌》，《社会学杂志》1931 年第 3 卷 10 期。

建迷信的运动,大批的庙田收归村公所,真庙改造为学校。随着科学观念和新行为习惯的倡导流行,民间迷信活动相应减少和发生改变。

上述即为《社会学杂志》调查论文所揭示的主要内容,反映了社会民生。孙中山先生创设三民主义教义时,即充分考虑到中国的主要问题乃在于贫富不均。以这份杂志所示,此言可谓道中我国社会发展的关键。"中国之患在贫,贫则宜开发富源以富之,惟富而不均,则仍不免于争,故思患预防,宜以欧美为鉴,力谋社会经济之均等发展,及关于社会经济一切问题,同时适当之解决。及至人民程度高时,贫富阶级已成,然后图之,失之晚矣。"①据此,孙先生的三民主义实质介于资本主义和社会主义之间,以适应民俗国情。变革国家制度,以国家整体的力量规划发展经济,提高民生,就成为解决社会主要矛盾,完成历史赋予使命的重要策略之一。作为先行探索的社会学专业期刊,《社会学杂志》以社会学调查方法,"对事物作精密的观察,进行溯源、演绎、归纳,使探求事情真相,明晰事物原理,保持审慎怀疑的态度,明确事物之间的关系"②,从细节上刻画了民国特定时期的社会现象,揭示了民生是社会大众最关注的问题,启示我们只有提高民生水平,才能进而发展国家,使得这个杂志在民国历史上留下了较为鲜明的一页。

(邹千江,中国传媒大学副教授)

---

① 孙中山:《在南京同盟会饯别会的演说》,《孙中山选集》,中华书局1985年版,第93页。

② 余天休:《社会学大纲》,谢立中编,《民族复兴与世界联邦:余天休社会科学论集》,前引第4页。

社会责任与生意经：以刘鸿生与定海中学为例

姚清铁　公丽君*

从晚清洋务运动起，洋务派先后创办了京师同文馆、福州船政学堂等30多所洋务学堂，并根据教学目标与培养规格，形成了以外语学堂、科技学堂、军事学堂为主的洋务教育，标志着中国人自己举办的现代学校的诞生及中国教育早期现代化的开端。同期，以徽商、晋商、甬商等为代表的工商界人士亦对中国教育早期现代化作出了很大贡献。新兴的商人阶层在商业发达之余，也成为近代教育的一支重要新生力量，企业家创办学校的现象雨后春笋般出现，如：盛宣怀1897年创办的南洋公学，张謇1902年创办的通州师范学堂，荣德生1906年和1919先后开办公益小学、競化女子小学和公益工商中学等。在财力雄厚的宁波工商人士中，公益办校、倡导新学的表现同样明显，如：慈溪籍商人严信厚曾经在上海商业会议公所（最早的商会组织）担任第一届总理，1897年回乡创办"储才学堂"；镇海出生的叶澄衷，曾被称为沪上"五金大王"，1900年于病危中捐资在上海开办澄衷中学，此前他已经在上海开办了商务学堂、商务学馆，在家乡开办了中兴学堂；曾任上海总商

* 本文得到国家社科基金资助（14BJL015），作者感谢南京财经大学周方龙同学在资料整理中的协助工作。

会会长的镇海商人虞洽卿，1906年也回乡创办“龙山公学”；曾任上海钱业公会理事长的慈溪商人秦润卿，则在1915年集资数万，兴建“普迪学校”。如此等等，不一而足。商人兴学风气之浓郁，使“梓桑子弟，受惠匪浅”①。

在此背景下，宁波籍商人刘鸿生于1921年回乡，创办定海中学。这是一所兼有小学部、初中部和高中部的新式学校，初名为定海公学，后更名为私立定海中学。1935年与同为刘氏创办的“鸿贞女子中学”（在刘鸿生与其夫人叶素贞名字中各取一字命名，亦名“定海女子中学”）合并，更名为私立舟山中学，并延续至今②。

关于近代中国教育的研究从各个角度均已有较为广泛的展开，具有代表性的包括：法国巴斯蒂夫人的《中国二十世纪早期的教育改革》等③；对于近代商人办学现象，较早的研究源于丁钢等人④；此外，阎广芬还较为系统地分析了近代商人办学问题⑤。尽管学界研究刘鸿生经营企业和他的社会活动成果颇丰，但对刘氏创办定海中学的研究目前尚未见到，在上述研究近代商人办学问题的专著中也同样没有涉及到。作为近代中国具有影响力的企业家，刘鸿生创办定海中学是其社会活动的重要组成部分；同时，作为百年名校的浙江省舟山中学，其初期形态与活动目前尚无充分的基于一手史料的研究，殊为遗憾。有鉴于此，笔者不揣浅陋，对刘氏私人档案“刘鸿记账房档案”中的未刊史料进行梳理，试图勾勒刘氏创办定海中学的过程，并以刘氏创办定海中学这一事件为中心，分析定海中学在其初期的办学特色，继而进一步探析刘氏的

① 宁波市档案馆编：《〈申报〉宁波史料集（五）》，宁波出版社2013年版，第2492页。

② 该校即为今天“浙江省舟山中学”之前身。

③ Marianne Bastid, *Educational Reform in Early Twentieth-Century China*, Ann Arbor: The University of Michigan Press, 1988.

④ 丁钢主编：《近代中国经济生活与宗族教育》，上海教育出版社1996年版。

⑤ 阎广芬：《经商与办学——近代商人教育研究》，河北教育出版社2001年版。

办学意图及影响，以期引玉。

一、定海中学创办始末：1921—1935

近代宁波商人回乡兴学是一种较为普遍的现象，其中，定海中学的创设规模比较大，延续的时间也非常长。下面以时间为线索，简述 1935 年定海中学并校之前，刘氏的办学活动。

1. 筹设

从现有的资料看，定海中学创设的动议来自定海商人刘宝余和华东差会（American Baptist Mission）的教士郝培德（L. C. Hybert），而非刘鸿生，时间是 1921 年。这其中，旅沪甬商朱葆三也是重要的发起人。在一份建校的校务纪录中，我们看到，“学校之创设并非难，而基金无着”①的记载。当时，刘鸿生为之触动，慨然以“天来丝厂房产捐助之，计值银 20 余万元”②，从而玉成了这一办学盛举。在全部的“基金及建筑金共二十六万元”中，“刘鸿生独捐巨款二十二万③”，其比例大致如图所示：

可以看出，刘鸿生在定海中学创设基金中所占比例是最大的，而在随后的定海中学运作中，刘鸿生则一直扮演着重要角色。在 1921 年定海中学的校务纪要是这样写的：“定中于 1921 年 5 月成

① 上海社会科学院“中国企业史资料中心”刘鸿记账房档案：13-003-001-008。下文称刘鸿记账房档案。

② 刘鸿记账房档案：13-003-001-008。另据《定中校刊》：刘鸿生捐助“上海闸北天来大来两丝厂全部房产”见 1934 年第 5 卷 3—4 期，第 220 页。

③ 定海中学资金募集的分布为：“刘鸿生捐银二十三万两千五百元，美教会捐银两万八千八百元，朱葆三捐银两千元，王辅卿捐银二千元，徐李氏捐银一千二百八十元，刘宝余捐银一千二百元，陈箴□、方安圃、傅志鸿、王启宇、马友康、王日新、顾芳荣捐银五百元，武棣生、蒋昌林捐银二百元，袁爱棠捐银一百五十元，颜舜玉、朱琪祥、沈贤照、朱金水、陈歧桂捐银一百元，钱德润等共捐银六百二十四元。”刘鸿记账房档案：13-003-001-008。

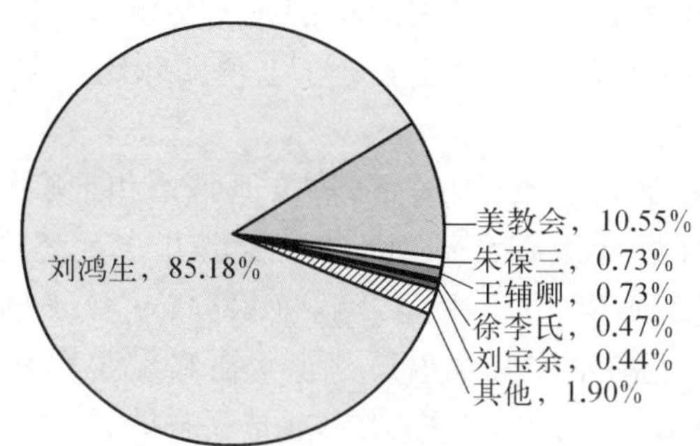

图 1　定海中学创校基金占比

资料来源：刘鸿记账房档案，卷号：13－003－002。

立校董会，6 月行奠基礼，10 月招考新生……在成立的校董会中，朱葆三任董事长，刘鸿生则以名誉董事长的角色出现。创办之初的定海中学，计聘教职员 31 人，学校由中学部四级、高小部三级、初小部四级构成，共四百五十五人，年开支约一万八千余银元。”

在资料中，我们还看到，1922 年 2 月 15 日，定海中学第二次招生，16 日开学，26 日即成立青年会（Young Men's Christian Association. Y.M.C.A.），并于 3 月 22 日进行青年会成立大会①。从这一点来说，定海中学从创办伊始，即与教会有着扯不清的瓜葛。

这里我们对创设定海中学的几个重要人物的关系逐一厘清。刘鸿生作为定海中学最大的出资人，虽然他的初始角色是名誉董事长，但从 1921 年定海中学创设，到后来合并成立“舟山中学”，刘鸿生的身影始终保持高度活跃，即使是到了 1948 年，在舟山中学的往来函件中，我们仍然能够看到，刘鸿生对该校补助资金，输血扶助的活动。而在定海中学的运作中，自始至终，刘氏与定海中学的校长、职教员、在读学生和毕业学生都保持着较为频繁的书信往来。而在诸如 1928 年定海中学“学潮”事件及其平复过程中，刘鸿

① 刘鸿记账房档案：13－003－001－008。

生则扮演了极为重要的斡旋角色。更进一步,在定海中学档案中,我们看到,其校董会的召开通常是在上海四川路6号8楼的刘鸿生宅邸进行的。

再来看校董刘宝余,同为定海人,他是怡和华顺栈买办,1920年初,李翼敬(裕甡锰矿公司经理)想要创办水泥公司,但财力不足,于是找到刘鸿生、刘吉生兄弟,于1920年9月创办了华商上海水泥公司[①]。上海水泥公司也是刘鸿生在煤炭业积累了第一桶金之后,涉足的第二项实业投资(第一项是火柴业,即1920年1月创办的华商鸿生火柴公司)。同为定海人的朱葆三也是上海水泥公司的重要股东,他的另一个身份是上海总商会会长,另外,朱氏本人则早在1902年即在定海发起创办"申义小学"。再从定海旅沪同乡会的角度看,则三人皆是这一同乡会的成员。

其余的人物,包括前文提到的教士郝培德则是美国浸礼会华东差会的成员,华东差会为了扩大其影响,于1900年开会议决在上海创办大学来扩大自身影响,并在上海杨树浦郊区购地兴建校舍,筹办学校,也就是1915年正式成立的沪江大学[②]。定海中学的第一任校长董景安来自沪江大学,第二任校长方同源则在卸任后的1947—1952年间,任职于沪江大学[③]。在同期的华商上海水泥公司资料中,我们又看到,工厂产品的实验室检测,则大多由沪江大学实验室完成。如是分析,这些看似不相干的人等实则联结于一个整齐的社会网络之上,分司不同节点。

再从资本金来说,22万元的投入,即使对于1921年刘氏企业

---

① 上海社会科学院经济研究所:《刘鸿生企业史料(上册)》,上海:上海人民出版社1981年版,第157页。

② 华东差会于1906年在上海设立了神学院"浸会道学书院",1908年正式成立了一般性的"浸会大学",由美国传教士柏高德(J.T.Proctor)任校长。1912年,神学院并入大学,由传教士魏馥兰(F.J.white)继任校长。1915年,更名为"沪江大学"。

③ http://www.ses.ecnu.edu.cn/s/148/t/499/7c/9b/info97435.htm

来说，也不是一笔小的数字。从表1我们可以看出这笔开支对于刘氏企业来说的分量。当然需要注意的是，表1中的1932年和1933年，受经济危机冲击，属于刘氏企业的非正常状态。而1921年则是刘鸿生1917年经商盈利崛起后的第四年。

表1　1931—1933年刘鸿生企业集团中各主要企业的盈亏状况

单位：万元

年份	上海水泥厂	合组公司	东京煤公司	中华煤球公司	中华码头公司
1931	48.3	40.0	1.9	3.8	
1932	43.8	25.7		－2.0	
1933	54.3	3.6		－4.9	

年份	章华毛纺公司	华东煤矿	大中华火柴公司	中国企业银行	合　计
1931	－1.8	－15.4	54.6	2.6	134
1932	－11.6	－2.1	41.5	10.0	105.3
1933	－6.4	12	6.2	11.5	76.3

说明："合组公司"是指刘鸿生与开滦矿务局合组的开滦上海售品处和开滦码头经理处的合称。该公司1931年的收益40.0万元是7—12月的盈利.

资料来源：朱荫贵：《金融与证券研究》,《近代中国》,上海人民出版社2012年版，第170页。

此外，还需要提到的是，定海中学最初名字为定海公学(Ting Hae Public School)，虽然后面改名为"私立定海中学"，它始终带有一定的公益性质。另外，1921年左右刘鸿生在定海创办的公益事业主要有三项，除了定海中学，另外两项分别是定海女中和定海医院。

2. 运转

在定海中学的运作中，尽管屡有波折，但一直保持着发展的态势。

以教员的资质为例，表2是私立定海初级中学附属小学1929

年春季的职教员一览表。表中分别从性别、籍贯、年龄、履历、入校年份及担当职务 6 个方面对定海中学附属小学的师资做具体的考察。从性别上看，男教师占大多数，在全体教员中占比 75%，除小学一、二、三年级主任及任课英语和音乐的老师外，其余均由男教师担任；在教员籍贯上，除一名来自上海和两名来自江苏的外，其余均来自定海及其周边县市，本省教员占比 75%；在教员年龄上，20—30 岁的占比 42%，30—40 岁的占比 50%，年龄结构整体较为年轻；而再从履历上看，12 名教员中，7 人具有大学及师范以上学历，占 58%，另有两名也有过教员经验。

表 2　1929 年春季定海中学职教员一览表

姓　名	性别	籍贯	年龄	履　历	入校年月	任　务	俸给（元）
方同源	男	吴兴	32	沪江大学文学士	1928.02	校长	120
戚德钧	男	鄞县	37	宁波斐迪旧制中学毕业	1928.08	小学部主任、珠算、公民	60
季钧培	男	上海	26	上海群治大学文学士、党义教师核定及格	1929.09	训育指导、地理、国语	60
陈慰祖	男	嘉兴	36	曾任北京高等法文学堂文史教员、京汉铁路机务处中文书记	1928.10	文牍、图书室主任、国语、历史	60
钮欣怡	男	吴兴	35	浙江第三中学毕业	1928.02	会计、庶务	42
朱继圣	男	镇江	27	金陵大学文理科毕业	1929.08	数理	60
刘树藩	男	江阴	28	中国体操学校毕业	1929.08	体育	45
张国华	男	杭县	26	上海美术专门学校毕业	1928.08	工艺、形绘	35

（续表）

姓 名	性别	籍贯	年龄	履 历	入校年月	任 务	俸给（元）
徐坚	女	嘉兴	32	嘉兴县立女子师范毕业	1930.02	小学三年级级任	30
周纫秋	女	杭县	31	上海圣玛利亚旧制中学毕业	1929.09	英语、唱歌	20
钟文钦	女	鄞县	21	甬江女子中学毕业	1928.08	小学一、二年级级任	28
虞位宾	男	镇海	46	曾任高小教员十二年	1923.02	书记	15

资料来源：刘鸿记账房档案：13-010-069。

表3是1933年定海中学的师资一览表，相较于1929年，此时定海中学教员数量扩大至18名，学历在中学以上的为12名，占67%，其中不乏沪江大学、东吴大学等名校毕业生。

表3　1932—1933年度定海中学教职员一览表

1932年度第二学期			1933年度第二学期		
姓 名	学 历	职 务	姓 名	学 历	职 务
方同源	沪江大学文学士	校长兼教务主任、英语教员	方同源	沪江大学文学士	校长兼教务主任、英语教员
丁学来	劳动大学毕业，党训教师审查合格	训导主任兼党义、史地教员	丁学来	劳动大学毕业，党训教师审查合格	训导主任兼党义、史地教员
钮欣怡	浙江第三中学毕业	事务主任兼会计	钮欣怡	浙江第三中学毕业	事务主任兼会计
戚德钧	斐迪中学毕业	小学部主任兼珠算、英语教员	戚德钧	斐迪中学毕业	小学部主任兼珠算、英语教员
张志轩	浙江第四中学毕业	图书室主任兼文书	裘也集	浙江省立第三师范肄业	庶务兼书记

（续表）

1932 年度第二学期			1933 年度第二学期		
姓名	学历	职务	姓名	学历	职务
章孟平	家塾肄业七年	庶务	廖懵趧	杭州中山职业学校毕业	史地教员
沈佩萱	湖南湖滨大学理学士	数学、英语教员	沈佩萱	湖南湖滨大学理学士	数学、英语教员
钟悌之	武昌师范大学中国文学系毕业	国史教员	钟悌之	武昌师范大学中国文学系毕业	国史教员
华恩熙	东吴大学理学士	自然科学、英语、数学教员	华恩熙	东吴大学理学士	自然科学、英语、数学教员
张国华	上海美术专门学校毕业	工作美术教员	张国华	上海美术专门学校毕业	工作美术教员
杨懿操	苏州中山体专肄业	体育教员	杨懿操	苏州中山体专肄业	体育教员
周纫秋	上海圣玛利亚中学毕业	英语、音乐教员	周纫秋	上海圣玛利亚中学毕业	英语、音乐教员
沈锦华	浙江省立高级中学师范科毕业	小学六年级级任兼中学国语教员	沈晓蝶	河南省立彰德高中毕业	小学六年级级任
沈晓蝶	河南省立彰德高中毕业	小学五年级级任	王纯卿	北京女子师范大学国文系毕业	小学五年级级任
朱帼铎	苏州女子中学高中师范科毕业	小学四年级级任	秦志学	杭州私立宏道女子中学毕业	小学四年级级任
秦志学	杭州私立宏道女子中学毕业	小学三年级级任	朱帼铎	苏州女子中学高中师范科毕业	小学三年级级任

(续表)

1932 年度第二学期			1933 年度第二学期		
姓名	学历	职务	姓名	学历	职务
冯初云	宁波女子师范肄业*	小学二年级级任	冯初云	宁波女子师范毕业*	小学二年级级任
陈玗午	景海幼稚师范毕业	小学一年级级任	陈玗午	景海幼稚师范毕业	小学一年级级任

* 一为肄业，一为毕业，原档如此，原因不明。

资料来源：刘鸿记账房档案：13-014-206，13-014-159。

在教员雇佣中，定海中学对有真才实学的教员聘用形式也是多样灵活的，例如，1926 年，刘鸿生到定海，经过定海明德女校，见所用国文课本"极其明朗简洁"，颇为推崇，而后得知课本编写者刘国辅已经离开明德女校，就任定海商会会计室。见贤思齐，刘鸿生发函给刘国辅，请他到定海中学做国文教员，并许以半日在商会办公，半日在学校教习国文的灵活条件①。

薪资一直是企业较为重要的激励手段，从 1929 年定海中学教员薪金水平看，最低的书记员月薪为 15 元，校长月薪 120 元，教员则从 20—60 元不等。其中女教师月薪较男教师明显为低；同时，薪资水平与学历及工作经历则呈现出较为明显的正相关。相比同期社会各业的薪资水平，定海中学教员的收入还是有相当的吸引力，其生活水平还是比较稳定的。以 1927—1929 年由上海社会调查所、南京市社会局金陵大学及学者对上海、南京、北京、合肥等地普通家庭消费情况的调查，以 5 口之家的生活为例，上海邮局职工的生活水平最高，每年大约消费 574 元；南京、上海的店员、工人家庭的消费则在 390—475 元之间②。上海，非工抚养 5 口之家每月

① 刘鸿记账房档案：13-005-032。

② 忻平等编：《民国社会大观》，福建人民出版社 1991 年版，第 528 页。

需费21.34元：生活水平稍高一些的工人家庭，即熟练的技术工人抚养5口之家，最低生活费用为35.85元（需2个人以上工作挣钱）[①]。据1928年对上海印刷、电力、机械、纺织、化工等30多个行业的工资调查，各业平均工资以印刷业最高，男工为44.75元，女工为29.06元；其余各业男工则在20元上下，女工普遍在15元以下。男工平均工资最低为毛织业的15.40元，女工平均工资最低火柴业的5.25元[②]。如果作这样的对比，定海中学教职员的薪资水平是比较高的，当然这也与其所拥有的学历与能力水平有关。

学生培养是学校发展的基础，关系着学校的发展，也影响着向社会提供人才的质量。定海中学旨在服务于定海地方，招生初衷也以定海地方为主，但随着学校的影响力日隆，外地投考定海中学的学生也日渐增加。为此，曾有人质疑定海中学招生大多属于本县以外学生，产生偏差。对此，1925年时任定海中学校长的董景安在对董事会报告中称：1925年春季学期定海中学共招生585人，其中地属定海县的有384人，占总学生人数的65.6％，仍属多数；同时，浙江省内生源占比则达到97.9％[③]。说明定海中学对本地的服务属性，而另外的34.4％非定海籍生源，也体现出定海中学对浙江学子的吸引力。

从学生总体数量来说，规模总体呈现增长态势。图1为从1929—1933年定海中学在校学生数量变化走势图。

毕业之后，定海中学的学生部分升入大学深造，另有部分则直接进入社会工作。当然，近水楼台先得月，有相当部分，且多为优秀毕业生获得推荐机会，得以进入刘氏企业工作。表4为对定海

① 慈鸿飞：《二三十年代教师、公务员工资及生活状况考》，《近代史研究》1994年第1期，第12页。

② 张秀丽：《近代上海女工收入研究》，见上海社会科学院性别与发展研究中心主编：《性别影响力》，上海社会科学院出版社2014年版，第439页。

③ 刘鸿记账房档案：13-004-126。

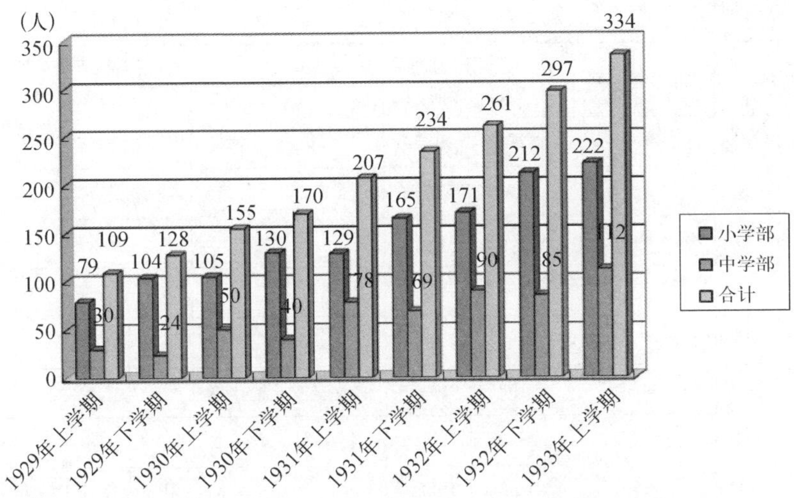

图 2　定海中学 1929—1933 年学生人数统计表

资料来源：刘鸿记账房档案：13-014-158。

中学档案整理中看到的，经定海中学校长们推荐到刘鸿生所属企业工作的部分学生名单。

表 4　历年定海中学校长介绍入职刘鸿生企业学生

姓　名	入职方向	入职时间	毕业时间	入厂前职务	学业分数	品行分数	入职年龄
张奏权	不详	1925	1923.7	英文教席及邮务员	乙等	乙等	22
苏云铨	从事商业	1925	1923.7	小学教席	丙等	乙等	23
张家坤	水泥公司练习商学	1925	1923.7	振新水鲜公司	丙等	丙等	21
张师曜	龙华水泥厂	1925	1924.6	助教宁波斐迪小学	甲等	乙等	20
徐厚植	上海水泥公司	1925	1924.6	上海牯岭路 55 号顾舜玉君处服务	甲等	乙等	19
许世良	从事商业	1925	1925.6		甲等	甲等	19

（续表）

姓 名	入职方向	入职时间	毕业时间	入厂前职务	学业分数	品行分数	入职年龄
孙开钧	从事商业	1925	1925.6		甲等	乙等	19
沈逵	不详	1925	1925.6		甲等	乙等	19
张守瑜	不详	1925	1925.6		甲等	甲等	19
王醴泉	不详	1925	1925.6		甲等	乙等	18
胡自新	不详	1925	1925.6		甲等	乙等	18
张师曜	龙华水泥厂	1925	1924.6	助教宁波斐迪小学	甲等	乙等	20
钱祖新	上海水泥公司	1925					
施德善	龙潭炼灰厂	1926	1925.6		甲等	甲等	19
徐光乾	水泥公司	1930	1928.6		乙等	乙等	22
胡世奎	水泥公司	1930					
苏读山	中国企业银行	1933	1933.6		乙等	乙等	19
汪松年	中国企业银行	1933	1932.6		甲等	乙等	17

资料来源：据刘鸿记账房档案：13－005至13－014整理。

定海中学毕业的学生中，不乏诸多后来成为社会栋梁之才的人物。例如，董氏航运集团创办人董浩云于1927年定海中学毕业后，考入金城银行航运业训练班，1928年担任天津航运公司当职员，抗战胜利后，董氏在上海创办中国航运公司，位列1970年代七大“世界船王”之一①；又比如，早期毕业于定海中学的袁仰安，后就读于东吴大学法学院，大学毕业后曾任上海律师公会负责人、华东基督教联合会中学校长，在30年代初出任上海良友图书出版公司董事长，成为当时著名图书出版企业家，抗战胜利后到香港，成

① 林吕建主编：《浙江民国人物大辞典》，浙江大学出版社2013年版，第591页。

立长城电影制片有限公司①。

3. 学潮

1919年五四运动之后，学生逐渐热衷于表达爱国热情与政治见解，激进而频繁的学生抗议行动，成为1920年代学界的特色。学生三天两头地要为去除恶政而奋斗、而牺牲。在此大背景下，这把学潮之火最终也烧到了定海中学。

1928年夏，校长方同源在给刘鸿生的信件中称，国文教员洪某因不愿签订新聘书而被除名，之后，被除名教员煽动部分学生闹事。在当年度毕业生借定海中学膳厅公宴教员时机，怂恿学生猜拳醉酒，大呼可无需校长。不几日，定海中学学生袁继良又受洪某指使，当面辱骂校长方同源，由此引发了驱赶校长之学潮②。事件一直进展，直到11月30日学生聚集大礼堂开拒绝校长的会议，学生公开发表"驱方宣言"及方同源的"十条劣迹"，并为当时的报章所刊载，促使学潮进一步激化。事件发生后，刘鸿生惊诧之余，委派校董刘宝余和定海女中校长江珊英从中调停，却不料事件愈演愈烈。1928年12月3日，刘江两人回天无力，只得电报刘鸿生，请其亲临定海中学安抚。安抚的过程如何，因资料缺失一时无法知晓，但事件有了一定程度的平息。事后，刘鸿生以为事件已经平息，即返回上海，却不料未过两日，风波再起。"学生捣毁桌椅，破坏课室，打碎玻璃，小学部强取成绩单，擅携童子军服装及党国旗等。"③

费心办学，却不期如此，刘鸿生萌生了退意，在告家长书中，刘鸿生称："鸿生幼时家境贫寒，深知求学之难。近年稍有积蓄，不惜捐资兴学。盖深愿吾乡弟妹与鸿生幼时之景况相若者，皆

① 政协浙江省定海县委员会文史资料研究委员会：《定海文史资料》（第1辑），1984年，第78页。

② 刘鸿生账房档案：13-007-074。

③ 刘鸿生账房档案：13-008-118。

可有求学之机会，而不至为天演所淘汰。区区苦心，当为吾乡父老可鉴许。不意定海中学自董前校长(指前校长董景安)时发生风潮后，近更以学生驱逐校长见告，校风日下，一至于此。"①而作为学潮运动缘由所谓方校长之宗宗劣迹，从定海中学教员的资料中看，或许并不成立。在一份 1928 年 12 月全校教员大会上，27 名教员中 23 人列席会议，也只 10 人主张更换方校长。而反观 1920 年代，以驱赶校长、教务长为特色的学潮与学运活动，学生所需要的也许只是一个运动的理由，而不是校长自身的真实品行如何。

灰心之余，定海中学董事会商议讨论，准备停办学校。最终，1929 年 3 月 1 日，浙江大学校长蒋梦麟签署文件，准许定海中学停办半年进行改组。但定海中学甫一停办，定海县中小学教育即现窘境。在 1929 年初定海县教育局一份公函中，官方称："本年二月二十四日，据定海县立第一高小校长王烈懋呈称，自寒假后开学，新生报名虽已截止，但本城学生因定海中学附小停办，求学无地，纷纷前来，请求收容者达百数十人。"②此后，家长更数次联名致函刘鸿生，呼吁复学。在言辞恳切的复校呼吁中，称"此后各学生自当负责约束"③。呼吁之下，董事会于是议决改组，并将改组方案呈报定海县政府与定海县教育局。批复之后，董事会于 5 月 24 日决定复校并报浙江大学备案，经筹备最终于 1929 年 9 月 2 日正式开学。至此，学潮事件的影响方才渐告消散。

4. 并校

定海中学的更名及并校主要源于 1933 年 8 月 3 日浙江省教

---

① 刘鸿记账房档案：13－008－027。

② 刘鸿记账房档案：13－009－074。

③ 刘鸿记账房档案：13－009－108。

育厅的训令，称按照“部颁布的《中学规程》第7条之规定，‘私立中学应采用专有名称，不得迳以地名为校名’，‘该校现有名称与规程不符者，自二十二年度（1933年）起应即改用专有名称，以符规程’”①。

1933年10月4日，定海中学校长方同源于是敦促董事会尽快召开会议，决定更改校名一事。10月20日在上海四川路33号召开的私立定海初级中学董事会会议上，最终通过了以“私立舟山初级中学”作为新校名的决议。学校于1933年12月27日，正式启用新名“私立舟山初级中学”。而此时正是大萧条波及上海，市面紧张之时。

实际上，早在萧条初现的1932年6月8日，定海中学的董事会常会中，刘鸿生就提出“男女两校合并，以资节省经费而增效率”的提案，但因各董事意见相左而不了了之。最终，对两校合并问题暂行保留，并采取男女两校部分学生合班授课的折中办法以缓解经费困难。对于经费不足问题，则采用增加学费及募捐的方法，力图使两校正常运转。及至1934年，舟山中学增加学费的议案未能得到浙江省教育厅的核准，而1934年秋季学期学生人数较上年又有所增加，进一步加剧了舟山中学经费困难。此时，舟山中学恃以支撑的天来丝厂租金已跌至极低，经费即将无着落，只能依赖公债勉强维持。面对资金不足，终于1935年5月15日的私立舟山初级中学及私立鸿贞女子中学两校校董联席会议上，全体董事讨论后通过了两校合并的建议，并决定解散女校校董会。

自此，定海中学从最初的“定海公学”到“私立定海中学”，再到“私立初级舟山中学”，及至“舟山中学”，已走过了15个年头。而同期的刘氏企业虽然从煤炭、火柴和水泥产业，扩张至银行、毛纺

① 刘鸿记账房档案：13-014-144。

等行业，只不过，1935 年也是刘氏企业受大萧条涉及后债务缠身，最为困顿的一年。

二、定海中学的重商烙印

定海中学在创办之初，即呈现出其重商特色。《申报》称："闻该校……注重国文英文以及商业各课……"[①]而综观学校的诸多规则细节，无不透露着刘氏自身的教育经历对办学方针的影响。

1. 重视英文

西学东渐的背景下，新兴的商人阶层对英文教育的重视是前所未有的。1922 年，定海中学创设初始，刘鸿生在给同期创办定海女中的郝培德夫人的信中直抒了自己的看法："对于男孩，英语已成为一个重要的问题，因为他们未来将不得不接触商业世界。"[②]

学校从入学即注重英文的基础。在 1922 年《定海中学招生简章》中明确："（入学）考试科目为国文、英文、数学、常识四科，有证书者得免试常识。"[③]而 1922 年教育部"新学制"改革中对于小学课程设置中还未提到英文科的设置；在 1928 年，方同源提交的报告中，也明确提到，根据浙江大学小学组编制之规定，小学无需教授英文。

但是，从表 5 和图 3 中可以看出，定海中学在小学课程的安排上，从小学四年级就开始设置了英文，并且在总课程中的占比仅次于国语，另外还开设了珠算课程。

---

① 宁波市档案馆编：《〈申报〉宁波史料集（五）》，宁波出版社 2013 年版，第 2243 页。

② 刘鸿记账房档案：13－001－004，原件英文。

③ 刘鸿记账房档案：13－007－062（《私立定海中学简章》第 5—6 页）。

表 5　1927 年定海中学小学课程表

学　科	学　分	百分比(%)
国　语	3 310	37.49
公　民	120	1.36
历　史	180	2.04
地　理	180	2.04
卫　生	120	1.36
自　然	540	6.12
数　学	1140	12.91
图　书	400	4.53
手　工	120	1.36
英　文	680	7.70
珠　算	120	1.36
音　乐	400	4.53
体　操	390	4.42
国　音	320	3.62
社　会	315	3.57
谈　话	200	2.27
级　会	160	1.81
政　训	135	1.53
总　计	8830	100

资料来源：刘鸿记账房档案：13－007－197。

至于为何强调英文的重要性，在1929年学潮改组之后，校长方同源呈报的改组细则中称："小学部暨初中部课程编制，悉依照浙江大学颁布初等暨中等教育暂行课程之标准，惟英文科因定邑学生往申习商者十居八九。在申经商，英文尚为重要之技能。本校为适应大多数家庭需要起见，不得不酌量加增英文学科之量。"①

而在1928年，方同源在向刘鸿生汇报定海中学图书馆改良计划时，提到"又(增加)英文评论报一份，因该报有汉文对照，便于高(年)级同学阅览"②。与之相适应，图书馆藏亦以国文和英文两种语言购置。从1933年春季学期开始，定海中学在学期末分别举行中文演讲竞赛会和英文演讲竞赛会，第一、二、三名均给以奖品，以激励学生的英文学习。

2. 商业教育

虽然定位为中学，但设立商学这一做法，使得定海中学的办学显得颇具特色。20世纪20年代初，刘鸿生创办的火柴厂和水泥厂相继成立，随着企业的发展，对人才的需求也变得越来越强烈。1925年秋季学期，定海中学开始加开商科，刘鸿生为此还特地向定海中学推荐了顾宝衡做商科教员。顾宝衡出生于浙江海门，1924年毕业于日本广岛大学经济科。与此同时，定海中学也与一名张姓应届毕业生(金陵大学初级商科修业，后转入上海商科大学)接触，招聘为商科教员之事，所开列的薪俸达每月75元，这在当时是一个不低的薪俸水准。

除此之外，1928年定海中学的初中部课程表中，共设选修课五门：英文、珠算、簿记、应用文和商业常识③，注重以应用、实用为

① 刘鸿记账房档案：13-009-029。
② 刘鸿记账房档案：13-007-215。
③ 刘鸿记账房档案：13-009-047。

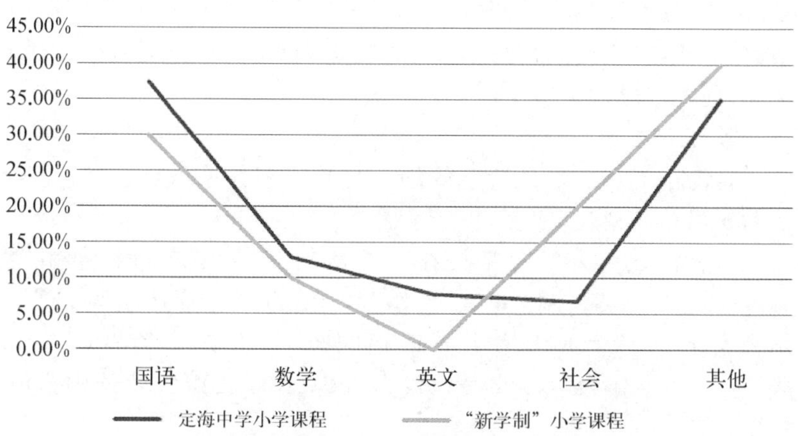

图 3　定海中学与"新学制"小学课程百分比比较

说明：为了与"新学制"的课程设置相统一而有利于两者的比较，图将定海中学小学课程中的公民、历史、地理和卫生四科统称为社会。

导向，皆与商业有关。在 1933 年初中部课程设置提案中记载，校董会对"刘董事长亦曾面示，本校下年度新课程中应添设商业科目和航务科目，以宏造就，藉广学生出路"，而"本校历届毕业生升学者人数甚少，大半入商就业"，于是在具体课程设置方案中，"依照学生之志愿任意选择，选习商业科目者，算学科注重商业算学；选习航务科目者，注重球面三角等"①。

1930 年，刘鸿生致函校长方同源，认为"定海中学学生毕业后大多在商界上服务，故珠算及中文两者甚关重要，而吾校毕业生于此两门殊形薄弱"②。作为响应，方同源于是决定书法每日学习一节，珠算自小学四年级起即行教学，每周两个小时，同时筹办书法珠算研究会③。1930 年度刘鸿生特设书法珠算奖励金，以奖励书、

① 刘鸿记账房档案：13－014－208－213。

② 刘鸿记账房档案：13－010－006。

③ 刘鸿记账房档案：13－010－003。

算人才。这一颇具特色的做法此后一直延续,在 1932 年度定海中学《校务概况》里提到:“每于学年终时,举行书法珠算竞赛会,以别优劣,而资鼓励。”①

3. 组织控制

定海中学另一颇具特色的地方是其组织体系设计,尤其是其前后的沿革与变化。

近代浙江商人所办学校在管理体制上,大多实行校董事会领导下的校长负责制。董事会作为学校的最高管理机构,通常由社会上有名望或学术上有造诣的政界、商界与学界人士组成②。校董会作为学校的最高权力机构,在学校组织管理中扮演重要角色。

近代浙江省教育厅颁布的《私立学校规程》规定:私立学校的最高权力机构是校董会,它是设立者的代表。校董事会职权则包括两项:其一,在学校财务方面,负责经费筹划、预算及决算的审核、财务的保管和监督,及其他财务事项;其二,在学校行政方面,校董事会有权选择校长,但应征得主管教育行政机关的认可,若校长失职,董事会可随时改选,校长对学校行政负完全责任,校董事会不得直接参与学校行政。③

1928—1929 年前后,定海中学的组织结构的变化或许较为清晰地说明了校董会,或者说刘鸿生的一些意图。图 4 为 1928 年定海中学行政组织结构图,是较为明确的董事会管理下的校长负责制:校长负责行政、经济和教职员管理,而教务、事务和辅导则由教职员联席会议负责。

1928 年定海中学因学潮停办并改组。在翌年 4 月 17 日召开

① 刘鸿记账房档案:13-014-199-207。

② 尹铁:《商人与杭州早期现代化研究》,浙江大学出版社 2014 年版,第 212 页。

③ 于述胜:《中国教育制度通史(第 7 卷)〈民国时期〉》,山东教育出版社 2004 年版,第 254 页。

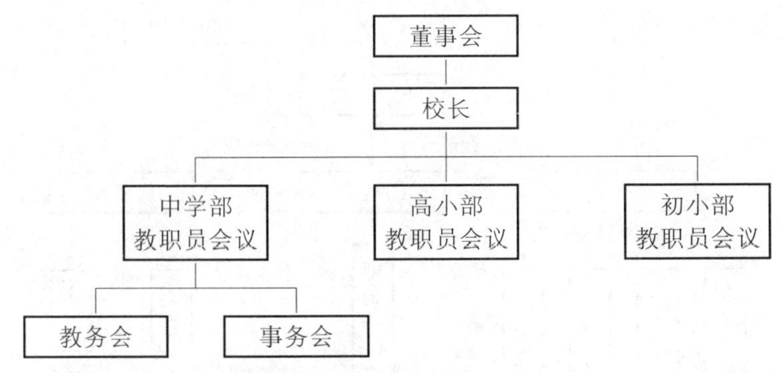

图 4　1928 年定海中学行政组织结构图

资料来源：刘鸿记账房档案：13－007－225。

私立定海中学董事会议上，提议对定海中学组织系统更改。在最终的改组细则中称：行政之组织避免时下学校之巧立名目，务求事实之简单而能实行，并冀达到教职员共任管理学生之目的起见[①]，进行改组。在细节上，新的组织规则将学校行政分为三股：教务股、训导股和事务股。教务股下设招生委员会、教务研究会和成绩保管委员会等；训导股设惩戒委员会和自治指导委员会；事务股设卫生委员会、图书室委员会和经济委员会，其具体组织安排如图 5 所示。

定海中学经 1929 年改组后依然实行的是校董事会领导下的校长负责制，董事会是学校最高的管理机构。但对比图 4 和图 5 可以看出，改组后定海中学组织系统由扁平化组织结构变为直线型结构，由分权管理转回集权管理的模式，组织层级变多，校长的集权程度也相应地提高了[②]。

通常认为，扁平化的组织结构，其组织效率会更高，而定海中

① 刘鸿记账房档案：13－009－058。

② 刘鸿记账房档案：13－009－042,058。

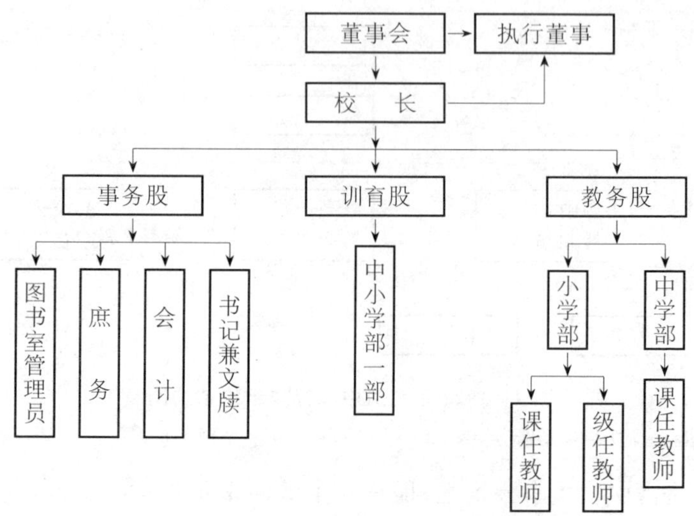

图 5　1929 年定海中学行政组织结构图

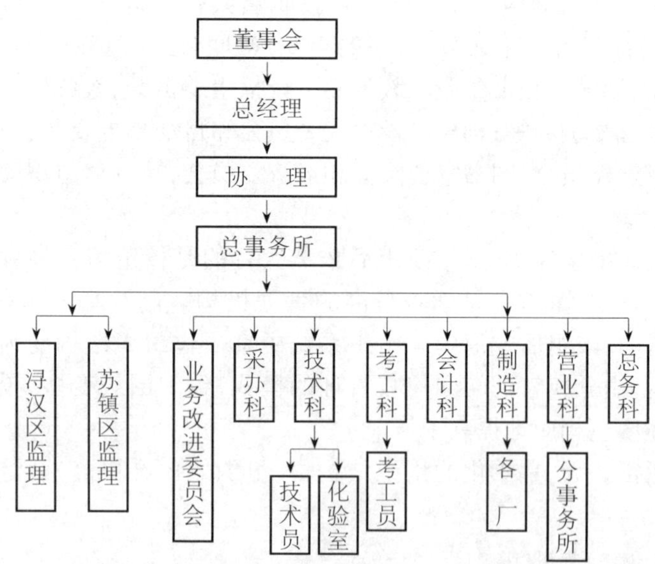

图 6　1932 年大中华火柴公司总事务所组织结构

学改组后，却逆其道而行之，对这一改组方式的一个可能解释是，校董会有意加强对学校管理的集中程度。当然，这种做法对于教职员工数量并不算多的定海中学来说，或许并不会导致太多组织效率的损失。对比同期的大中华火柴公司，我们会发现，1932 年的大中华火柴公司也同样采用这种层级较多的直线型组织结构。

三、对刘鸿生创办定海中学的进一步讨论

转型社会中的近代商人，他们的办学行为往往既有社会公益性质，如“五金大王”叶澄衷的澄衷蒙学堂，开中国班级授课制学校之先河；又带有为企业培养劳动力的个人用意，如无锡荣氏创办的公益工商中学。反观刘氏所创设的定海中学，是惠及桑梓的义举？还是考虑私利的一本生意经？

1. 社会责任？

毫无疑问，刘鸿生办学事件本身，从经济学角度讨论，是一种具有正的外部性的行为。这一点单从定海中学创办若干年，为社会输送的人才即可窥探一二。并且，定海中学在创办过程中，虽然称私立学校，但一直呈现着强烈的公益性质，表现在其主要经费来源长期依赖刘鸿生的助款。以 1928 年秋季为例（见表 6），从这份经金宗城会计师稽核过的财务报告看，学校所收取的学生学费仅占总收入的 14.58%，且远不及所相应的教员薪水开支，而学校经费的 53%均来自刘氏天来丝厂的助款。

表 6　1928 年秋季私立定海中学收支表　　单位：元

收入项		支出项	
助款（天来丝厂）	7 200.000	教育费	6 234.410
特别助款	642.676	中学部教员薪水	2 986.144
学费	1 982.000	小学部教员薪水	2 521.044

（续表）

收 入 项		支 出 项	
中学部	944.000		
小学部	1 038.000	行政费	2 234.416
体育费	196.000	设备	304.350
学生膳费	2 277.000	维持费	589.823
学生寄宿费	632.500	补助费(免费学生)	98.000
学生书款	8.592	寄宿费	2 684.843
操衣费	138.000	伙食	2 319.590
预存损失费	466.800	电灯	208.760
杂项	39.340	洗衣理发	64.033
		杂费	92.460
		普通费	1 187.707
		学生书款	13.311
		操衣费	138.000
		杂费	1 036.396
		余存	249.459
共计	13 582.908	共计	13 582.908

资料来源：刘鸿记账房档案：13－009－015。

但如果把它归入企业社会责任，却又与社会责任的规范定义不甚相符合。因为企业社会责任强调的是企业作为企业公民，对利益相关人的责任；而刘氏的企业在上海，定海中学却是在他的家乡定海创办，两者并不相干。然而这种事业成功之后，反哺故土的故事在近代企业家群体里却比比皆是。

但无论是在他乡，还是故乡创办教育，应当说，如果没有近代企业家群体的崛起，便不会有这种普遍的办学行为。而办学义举的规模，则往往与企业家在经济层面的成功程度呈正相关。同时，家族企业与企业家的界限之模糊，则更令两者之间的界限难以清晰地划分。在这个意义上，家族企业越成功，则家族企业家越成功。因此，经常地，企业社会责任可以与企业家社会责任联结起来。而企业社会责任往往认为，企业社会责任的大小与其社会权力的大小是联系在一起的。从这一点看，企业社会责任越大，则企业家社会责任越大，更进一步，其社会权力也越大。这实际上暗示一个现象，近代的企业家(往往是家族企业家)，其社会权力，或者说社会地位是比较尊崇的。而传统的士农工商的排列，到了近代，或者是前近代，已经发生了悖反。这一悖反已足以解释各大商帮的崛起，无论是晋商、徽商还是宁波商人。近代企业家大量回乡创办社会事业，尤其是公益性质的学校，既是其社会活动的一部分，同时这种社会责任的提高也反衬其社会地位的提高，与各商帮自身的崛起遥相呼应。

《定海县志》载，该邑在中外通商以前，俗尚朴素，鱼盐耕读，各安其业。中外接触以后，人民沾染西习。开始重商，群想趋沪经商。于是风俗丕变，不重儒，应科试者少，士子多志在通晓英算，俾他日可得商界高位。光绪定编以来，侨外人数达 10 万家，赀财累巨万者亦有之[①]。如果把时间再往前拔，则早在明清之际，则商人在观念上就已经慢慢地从末业，变成了“商贾大于农工，士又大于商贾，圣贤大于士”[②]的新排序。在这个意义上，近代企业家办学实际上是社会地位提高的商人回馈社会，匹配其社会地位的一种方式。

与此相关的另一个问题是，为什么作为企业家会乐意回乡办学，回馈乡里，而不是就地在其企业所在地行此举呢？尤其对于刘鸿生来说，他已经是父辈移居上海，自己出生长大在上海的一名企业家，而只是祖籍定海而已。在刘氏档案里，我们看到，刘鸿生商

---

① 陈训正、马瀛等纂修：《定海县志》，(台湾)成文重印本，第 2 册，第 551—552、590—593 页。

② 《何心隐集》卷三，《答作主》。

业发达之后，善举多多，有在上海的，也有不在上海的，而回乡办学则可能是中国人怎么绕也绕不开的“地缘”情结。

按照差序理论，传统的中国社会是一个内外有别的社会，熟人与生人分得清楚，家人与旁人也分得清楚。在这一社会网络中，血缘是一个基础，同乡的地缘关系同样是另外一个基础。网络是其成功的原因，而致富成功后，回馈这一网络则是题中应有之义。从这一点看，生在上海的刘鸿生以宁波商人自居并回馈宁波乡里的行为并不奇怪。而创办教育则是回馈、加固这一网络的有效方法。这一点在后来刘鸿生支持定海中学毕业生创办定海中学校友会上得到了印证。这一做法与之前，或者是同期经商发达的晋商、徽商回乡创办家学、族学、义学的行为并无二致。

刘鸿生作为买办出生的新式商人，在前文所陈述的诸多细节中，重视英文教育、珠算等细微地方虽然说明其不同之处。但在内里，并没有摆脱儒家宗法的约束。或者说，他穿着西服会讲英语，而骨子里仍绕不开儒家的影响。

如果把刘鸿生的办学行为归入企业社会责任，那么在近代中国，这是一种有指向的企业社会责任，受惠者往往因地缘关系，作为非直接利益相关者而莫名受惠。

2. 生意经

讨论刘氏办学行为是不是生意经本身可能是一个伪命题。作为精明的商人，在义举中夹带私货是再平常不过的现象，尤其是刘鸿生这样非常重视社会资本的商人①。如果非要加以列举，我们可以写出若干条刘氏的小九九：

诸多被推荐到刘氏企业工作的定海中学毕业生，从资料看，大多学业较为出众的，在这个意义上，定海中学可以视作刘氏企业的

---

① 姚清铁：《社会资本与近代家族企业家政治关联活动——以刘鸿生为中心的讨论》，《南京财经大学学报》2015 年第 6 期。

一个人才储备基地。

参与定海筹备及运作的诸多校董，大多是宁波旅沪同乡会中的实力人物，定海中学的创办为刘鸿生编织他的关系网提供了一个天然的平台。

在资料中，我们还看到，刘鸿生还推荐了若干亲眷、朋友的孩子到定海中学就读，包括鸿生火柴厂的经理蕢敏伯的公子等。

另外有意思的一点是，不只是亲朋好友的孩子，刘鸿生自己的孩子，有好几个也依次就读于定海中学。1932 年 3 月，方同源给刘鸿生的函件显示，刘念忠（7 子）、刘念信（10 子）和刘念廉（11 子）转入定海中学就读，分别就读于中三、小五和小三年级[①]。而资料中同时有刘念介 1932 年毕业于定海中学的成绩单，按推测，这应当是刘鸿生弟弟刘吉生的儿子。

总结起来，刘鸿生创办定海中学的过程，中间无论是 1928 年严重的学潮、1929 年的停办，还是 1935 年刘氏家族企业濒临危机，却始终没有停摆，而是有序地走了下去，单单用狭隘的生意经是不足以解释的。或者，我们更多地应当把它看作是刘鸿生这一披着西式外衣而内法儒家的家族企业家的社会责任的一种表现，只是这种社会责任是有所指向的而已。

1925 年 9 月，学校初建时，时任校长董景安将新校舍的照片寄给刘鸿生。刘氏在回信中，欣然建议："择木栽植，非但风景更佳，亦十年树木，百年树人，功益可观矣。"[②]不觉中，沧桑百年而斯人已逝，物是人非，唯舟山中学"思刘堂"仍在。

（姚清铁，南京财经大学经济学院副教授；
公丽君，南京财经大学经济学院硕士研究生）

① 刘鸿记账房档案：13－012－102。
② 刘鸿记账房档案：13－004－025。

考证与述评

李鸿章致王必达信函时务考

李 彬

辽宁省图书馆藏有一批李鸿章致霞轩(王必达)的信函。这批信函共有26封,后来经王清原先生点校整理,2004年发表于《历史文献》第7期,之后又收录于安徽教育出版社2008年版《李鸿章全集》中,为学界研究李鸿章以及太平天国等做出了重要的资料性贡献。只可惜这批信函没有完整的具体日期[①]。笔者查看这批信函后,发现其对于研究李鸿章幕府生涯以及湘淮军史等具有重要意义,故翻阅相关资料,相互对校,以期尽可能明确这27封信函的准确日期,而后根据其具体日期与内容,进一步探究当时湘淮军队背后的人事演变。

一、日期考辨

王必达,字质夫,号霞轩,道光元年生,广西临桂人。他在太平天国战争时期,于咸丰五年任江西建昌知县,因守卫有功,受到胡林翼、曾国藩等人的赏识,咸丰十年摄建昌知府,总理江西粮台,咸丰十一年改摄南昌府,兼理江西粮台,同治元年改授饶州知府,长

---

① 顾廷龙、戴逸主编:《李鸿章全集》第29册《信函一》,安徽教育出版社2008年版,第32—42页。

期为湘军筹办粮饷，较有官声，宦赣十多年，光绪三年后转任甘肃安肃兵备道、广东惠潮嘉兵备道，光绪七年卒，年61岁，著有《养拙斋诗》，是清末著名文人王鹏运之父①。李鸿章道光三年生，安徽合肥人，小王必达2岁，故李在信函中称王为"仁兄"，而自称"愚弟"②。两人在信函中主要通报的是"师门"曾国藩祁门大营前后的战事消息，并商讨如何筹备湘军粮饷，时间当在咸丰十年至咸丰十一年，但另有四封是与同治年间淮军有关的。

本文考证的信函序号定为第一至第二十六，对应安徽教育出版社所编序次X10－12－004至X10－12－029。

第一封 X10－12－004 致霞轩 ×年×月初九日

该信关键句："昨接师门二十九日利步口行营来函，附呈台览。所有札、信、奏稿三件，尚未索观。不知尊处已接移营札及附片稿否。"可见二十九日曾国藩给李鸿章写过信函。而曾国藩移营利步口，发生在咸丰十一年三月二十九日③。

查曾国藩咸丰十一年三月二十九日记："至利步口住宿……写毓中丞信、胡宫保信、沅弟信、李少荃信。"④

查曾国藩书信，咸丰十一年三月二十九日曾国藩复李鸿章："二十九日接二十二、三日两次惠缄……二十三日定移营，救援安庆之计……二十九日至利步口，春霆亦来会晤。议定霆军暂在下

① 端木埰：《皇清诰授资政大夫甘肃安肃兵备道调补广东惠潮嘉兵备道临2008年桂王公神道碑》，见王必达：《养拙斋诗》附录，光绪十九年刻本。朱存红：《王鹏运研究》，广西师范大学2008年博士学位论文，第8—14页。

② 窦宗仪：《李鸿章年(日)谱》，国家图书馆出版社2011年影印版，第1页。刘忆江：《李鸿章年谱长编》，河北大学出版社2015年版，第1页。

③ 咸丰十一年咸丰十一年三月二十九日《复毓科》《致官文》《复胡林翼》，曾国藩撰：《曾国藩全集·书信三》，岳麓书社1992年版，第2010—2012页。当时毓贤为江西巡抚，坐镇南昌。

④ 曾国藩撰：《曾国藩全集·日记一》，岳麓书社1987年版，第606页。

隅阪休息二三日，怀急则援怀，浔急则援浔。所有祁、休、黟、渔等处布置，祥于二十三日移营札稿；近时军情，详于二十四日附片奏稿；出江后之调度，详于二十九日寄毓中丞信稿。阁下至抚署索阅三件，自悉其概，兹不具述。”

联系上下史实，可知曾信所言，与李信“昨接师门二十九日利步口行营来函，附呈台览。所有札、信、奏稿三件，尚未索观”语句完全吻合。从曾信来看，曾信抵达南昌最快需要 4 天，慢则 10 天左右。所以毓、李及时接到曾信乃是在四月初。故曾信到达李时为咸丰十一年四月初八日，用时约 9 天。故李致王的第一封信时间明确为咸丰十一年四月初九日。

第二封　X10－12－005　致霞轩　×年×月初九日

该信关键语句：“手示并师门来函敬悉。东北事势如此，鲍军勿庸援江，自无疑义。日不得祁门初一以后军情，人人惶恐……前解之饷，倘能速到，亦可救急。”这说明，一是曾给过王或江西官场信函；二是鲍超霆军因东北战事紧急不能援助江西，而江西亦有警但似不太急，且似有求曾援助之举；三是祁门初一后似紧急，缺粮少饷，曾尚在祁门；四王有解饷之事。李不在曾祁门大营的时间为咸丰十年九月下旬至咸丰十一年五月底。曾于咸丰十一年三月二十六日，离开祁门，转向东流，之后无所谓祁门大营与祁门大警也[①]。

该信目前尚无直接吻合之信，只能左右参考。景德镇和安庆均在南昌东北方。而从曾国藩家书来看，咸丰十年十一、十二月安庆并无大战，处境尚平稳。那么只有被围的景德镇，对应“东北事

---

① 窦宗仪：《李鸿章年(日)谱》，国家图书馆出版社 2011 年影印版，第 33—34 页。李鸿章首次负气离营，乃是因为曾国藩薄情弹劾李元度。董蔡时：《略论曾国藩与李鸿章的关系》，《近代史研究》1990 年第 1 期。

势如此”。咸丰十年至十一年,景德镇被围两次。第一次是咸丰十年十一月至十二月,十一月十二日浮梁被围,旋即被左宗棠克复,而后太平军定南主将黄文金围攻景德镇,祁门告警①。第二次是咸丰十一年二月末,侍王李世贤率军攻占景德镇,且传令东攻祁门,祁门粮道被断,致使祁门大营三月危机,迫使曾移营。② 可见第一次景德镇被围和祁门告警,主要发生在十一月中旬后,与“日不得祁门初一以后军情”似相矛盾。

再者,曾于咸丰十年十一月二十九日、十二月初八日、十二月二十一日分致毓科、李瀚章、李鸿章、王必达信函,告知他们鲍超已经驰援景德镇,局势已有所缓和,饷道渐通,“人心始定”,与“人人惶恐”似相背③。

而查咸丰十一年二月二十六日曾致王信函,请毓科参商鲍超援剿方向,但之后到二月三十日景德镇被陷,曾却十几天不与江西通信,致使江西军政不解景德镇被克后的祁门军情,方与原信内容较合。

三月末曾已从祁门移营东流,四月初九后李已知曾不在祁门,故李不可能是四月初九或以后写此信,当在三月至四月写此信,再考虑曾、王、李的长途路程,李当在咸丰十一年三月初收到王手书及二月二十六日曾致王的信函。所以第二封信的时间当为咸丰十一年三月初九日。

第三封 X10-12-006 致霞轩 ×年×月十一日

该信关键句:“弟处得沅丈初七日来书,亦云师门决计不移营,

① 咸丰十年十一月二十七日《复左宗棠》,《书信三》第1772页;二月二十七日《复胡林翼》,《书信三》第1773页。

② 郭廷以:《太平天国史事日志》下册,上海书店1986年阴影版,第761页。

③ 咸丰十年十一月二十九日《复毓科》,《书信三》第1777—1778页;十二月初八日《复李瀚章李鸿章》,《书信三》第1790—1791页;十二月二十一日《复王必达》,《书信三》第1803页。

惟景镇未必遽复。”沅丈乃是曾国荃。可见,一是沅似致信劝说曾国藩移营;二是曾决计不移营,似有多人劝移;三是景德镇已失,祁门空虚;四是李沅书信日期初七、十一前后相接,当为同月所发。

三处综合考虑,可知此事发生于咸丰十一年二三月间景德镇被李世贤攻占前后,与“景镇未必遽复”相应。三月初四日致江长贵信中“惟闻景德镇失守,祁门老营空虚”语句,亦与“景镇未必遽复”相应①。

查家书,涤(曾国藩号涤生,又被亲朋下属称为涤丈或涤帅)于十一年二月二十九日致沅家书言:“弟欲余移住江滨,余久有此意。此时伪侍王大股十馀万麇集于乐平、饶州,不特祁门之粮路接济已断,即景镇亦无粮路,余与左公俱在危困之中。祁、休等处军心方欲动摇,余岂可出岭独处乐地?”可知沅之前有劝涤移营,但涤暂不同意。涤沅通信往来时间,由安庆至祁门由快马则三、四天,极快两天②。而沅李通信时程,亦在 4 天左右。因此涤接二十九日家书当在三月初一至初三日。李致信沅询问涤处情形,按日期推算当在初三前后。上下联系可见,此处与“弟处得沅丈初七日来书,亦云师门决计不移营”语句相合。

再则十一年二月末至三月初,由于“祁门空虚,人人劝仆至休宁一行”,但涤担心移营江滨后,会导致祁、黟、休三地军心慌乱,故暂未移动。此处证据可见涤致杨岳斌、江长贵、彭玉麟等人书信。③ 这些史实亦与“师门决计不移营”相对。故该信日期明确为

---

① 咸丰十一年三月初四日《致江长贵》,《书信三》第 1944 页。

② 咸丰十一年二月初九日《致沅弟》,曾国藩撰:《曾国藩全集·家书一》,岳麓书社 1985 年版,第 643 页(以下《家书》略出版社);三月十一日夜《致沅弟》,《家书一》,第 660—661 页、第 641—663 页。沅致涤的信速最快,但涤也一般需要三四天才能及时看到,看涤接复沅信日期可知。曾对二天信速称赞“神速”,亦曾专门赏银信使。

③ 咸丰十一年二月二十四日《复杨岳斌》,《书信三》,第 1922—1923 页;二月二十七日《复鲍超》,《书信三》,第 1935 页;二月三十日《致张运兰》,《书信三》,第 1938—1939 页。三月初一日申刻《复彭玉麟》,《书信三》,第 1939 页。

咸丰十一年三月十一日。

第四封　X10－12－007　致霞轩　×年×月十三日

该信关键处:“吴城采办之米……当能设法运往湖口、彭泽,沿路皆可赴祁(米粮断不能行,饷银当可轻赍以进)。若必待景、饶通而后运饷银,则无日矣……帅纛攻打徽,鲍、左攻景,各军忍饥为背城之战,或逼贼徽婺源,庶有生机耳。”可见,一是景德镇、饶州与祁门粮道已断;二是曾率军攻打徽州,鲍超、左宗棠合击景德镇,意图解围。

查咸丰十一年二月三十日,侍王李世贤攻占景德镇,祁门粮道再断,曾拟以攻徽自救,另命鲍超火速驰援左宗棠,与此信所述相应[①]。

查曾国藩书信,咸丰十一年三月初五日复左宗棠:“初四日饬各军攻徽州……若能克徽郡,则浙江可通米粮、子药之路。”[②]同日,又令张运兰、朱品隆、李榕攻徽,并增强守备[③]。初六,即令鲍超进兵景德镇,驰援左宗棠。初七八,再三催鲍超进剿景德镇,并告知左宗棠、胡林翼、毓科等人鲍左攻徽击景保祁计划[④]。

故该信与咸丰十一年三月初旬祁门战情,完全吻合。再从信中可知,当时李尚不知曾营移动,而四月初李已知曾移营消息,故当三月份写此信。所以该信明确时间为咸丰十一年三月十三日。

---

① 郭廷以:《太平天国史事日志》下册,第761—763页。

② 咸丰十一年三月初五日《复左宗棠》,《书信三》,第1948—1949页。

③ 咸丰十一年三月初五日《与朱品隆李榕》《与朱品隆》《复唐义训》《致张运兰》,《书信三》,第1949—1951页。

④ 咸丰十一年三月初六日《致鲍超》,《书信三》,第1955页。三月初七日《复左宗棠》《致鲍超》《复朱品隆李榕》《复胡林翼》,《书信三》,第1955—1958页。三月初八日《复鲍超》《复毓科》《左宗棠》,《书信三》,第1958—1961页。

第五封　X10－12－007　致霞轩　×年×月十三日夜

该信关键句:"敝处顷得沅丈初九日来书,中有抄示师门初四日自休宁所发家信,言欲打通徽州,以接严河运米之路。若徽不克,则四面被围,旦夕可虞云云……鄙意米粮军火,必须俟饶、景路通阅,乃能运进,饷银可随时由湖、彭探行。鲍军既进鄱、景,其后路当易通耳。"可知,该信与第四封信相应。

查曾国藩家书,咸丰十一年三月初四日涤致澄弟沅弟季弟家信:"余于初二日自祁门起行至渔亭,初三日至休宁。初四日派各营进攻徽州……若能打开徽州,尚可通浙江米粮之路;若不能打开徽州,则四面被围,军心必涣,殊为恐难支。"可见,此处与关键句完全吻合。故该信明确日期为咸丰十一年三月十三日夜。

第六封　X10－12－009　致霞轩　×年×月十六日

该信关键句:"尊兄如得祁、徽确讯,务恳传示一阅……黄梅、广济有贼,则安庆、太湖后路又梗,奈何。"可知,祁徽有警,该信与上两封信相应。

黄梅广济二地属于湖北黄州府,临近黄州、黄安等县。十一年二月八日,英王陈玉成攻占湖北黄州府。二月十八日,陈玉成部将马融、范立川等攻占湖北黄安,十九日陈部又攻占湖北德安府,湖北二月下旬告急①。查曾国藩书信,三月初九日曾致官文胡林翼:"贼之本意则专在解安庆之围……现在黄州一城已被贼距。鄂中目下兵力自不能兼顾浔郡,但鄂垣城守事宜,虽黄州已克,犹不可稍微松懈。"②此与"黄梅、广济有贼,则安庆、太湖后路又梗"一语相对。

从李信言语可知其尚不知祁门大营转移,联系祁、徽、湖北有

① 郭廷以:《太平天国史事日志》下册,前引第752—757页。

② 咸丰十一年三月初九日《致官文胡林翼》,《书信三》,第1963页。

警,可知该信确与以上两信吻合。故该信的明确日期为咸丰十一年三月十六日。

第七封 X10－12－010 致霞轩 ×年×月二十二日

该信关键句:“昨得程尚斋初八所发书,云上溪口之贼渐次蔓延,祁□无兵抵御云云……祁营初□□急,连次解款无阻,大局商可保。”可见一程李发接书信当在同月;二李知祁门虽急,但形势已缓解,饷道已通,与咸丰十一年三月间紧急状况相背,而与十年冬季祁门先急后松情形较合;三江西有向祁营解饷之举。

查书信,曾于咸丰十年十一月初五、初八日致信鲍超张运兰,令其提防上溪口逃窜之贼,以防威胁祁门[①]。

当时左军缺饷,曾于十一月十二日致信毓科,急求速解军饷[②]。又见十一月十九日复毓科信:“十八日早接十三日惠书……本月以来,初一日婺源失守,初三日东流失守,初四日建德失守,初五日浮梁失守,十三日饶州失守,十五日岭外之贼破禾戍岭而入,休宁之贼攻陷上溪口营盘,实属风波迭起,应接不暇。幸左军于初三日克复……大局稍定,人心稍安。”可见,祁门曾确有求饷之举,且向南昌毓通信调饷大体无碍,中旬之后形势渐缓。曾毓信行程一般快则四五天,曾求饷急信快则十六七日抵达南昌毓。而当时鸿章之兄李瀚章在江西筹办督运湘军粮饷,必然知道曾致毓求饷信函,然后解运粮饷。鸿章得知解饷令及运行无碍的消息,当得自毓科或其兄。

再十二月初八日致李氏兄弟信:“此间十一月一日内,风波大作,危险迭见,几无可以自全之理。幸雪琴守住湖口,贼不得西渡

---

① 咸丰十年十一月初五日《致鲍超》,《书信三》,第 1735 页;十一月初八日《致张运兰》,《书信三》,第 1738—1739 页。

② 咸丰十年十一月十二日夜《加毓科片》,《书信三》,第 1745 页。

九江、南康等处;左季翁守住景镇,贼不得内犯乐平、安仁等处;鲍镇于二十八日驰抵景镇,祁门之饷道,梗塞二十余日,至是始通,人心始定。"[①]可见十一、二月之交,祁门饷道已通。

几处信函核对联通,与关键句较合,可知该信的日期当为咸丰十年十一月二十二日。

第八封　X10－12－011　致霞轩　×年×月二十三日

该信关键句:"昨闻荣权首郡,烦剧得人,至为忻贺。史士翁送来一函,属荐记室蒋君,奉呈察夺。"清代江西首郡乃是南昌府。可知一王必达刚任职南昌首郡,地位上升;二史士翁推荐蒋君,希望王任用。王于咸丰十年任建昌知府,十一年才摄南昌府,同治元年改任饶州知府,故李信必写于咸丰十一年[②]。

查曾国藩咸丰十一年三月八日复毓科信:"省城防守事宜……惟无人一力主持……鄙意以王守必达署理南昌府事,其心思周到而精神强固,于军务亦尚熟悉。弟以四路交警,专为省会守城起见,非有所不足于许守也。"[③]可见三月八日,曾以省城防守乏力,建议毓科改换南昌太守,以应紧急。

三月二十一日曾复毓科,再荐王必达"署首府",于粮饷守城联络几处方便,而"许守不谙军务,饬司另委一缺可也[④]"。毓科回信似有不愿王担当首府,曾于四月初六日去信施压再荐王:"至来示

---

① 咸丰十年十二月初八日《复李瀚章李鸿章》,《书信三》,第1790—1791页。

② 端木埰:《皇清诰授资政大夫甘肃安肃兵备道调补广东惠潮嘉兵备道临桂王公神道碑》,见王必达:《养拙斋诗》附录,光绪十九年刻本。[清]邵子彝等修,鲁琪光等纂:《江西省建昌府志》(三),同治十一年刊本,成文出版社1967年版,第858—859页。[清]许应鑅等修,曾作舟等纂:《江西南昌府志》(五),同治十二年刊本,成文出版社1989年影印版,卷21,第2389—2391页。王必达前后南昌太守任均为湖北人许本镛。曾所言"许守"即许本镛也。

③ 咸丰十一年三月初八日《复毓科》,《书信三》,第1960—1961页。

④ 咸丰十一年三月二十一日《复毓科》,《书信三》,第1990—1992页。

所谓种种不宜者,似指王守霞轩言之。王守致长处短处,弟皆深知。即外间之訾议,弟亦略有所闻。人才难得,如王守之才,若稍加以凝静,必可练成好手。弟欲令其署任一次后,仍调来大营,俾尝艰苦。"之后曾致毓信不再提及署理首府之事,当是毓科经曾催促已经任命王署首府,否则毓科几次不理不从上司两江总督曾国藩人事命令,不合情理。况且四五月间江西军情紧急,南昌太守若久无强力镇守,不合军情[①]。又见李鸿章五月六日致曾信:"淮扬各营在省借领军火,霞轩颇有微词,故不得不备文请示。"[②]淮扬舟师借领军火,还需请示霞轩同意,暗示王在南昌似已有管理军火职责。

经查找,笔者终于在时任赣臬的李桓(即李辅堂)信中找到确凿证据,证实了笔者推断。查李桓咸丰十一年四月廿九日致曾信:"职道现署臬司,一切稽查弹压巡防事宜,实属精力不及。幸得王守署理南昌,尚可相助……王守粮台事件,办理精熟,首府事亦无多,尽可照旧兼顾。惟将局面太长,自应添派干员帮办,以备提调之选。"[③]可见,四月二十九日,王已成为太守。五月初十日,曾致信李桓提及王助守省城防务,亦对王改掉自夸缺点变成大器寄予厚望[④]。

故可确定王当上太守是在四月。该信日期明确为咸丰十一年四月二十三日。

---

① 咸丰十一年四月十六日、二十五日《复毓又坪》,左宗棠撰:《左宗棠全集》第十册,岳麓书社 2009 年版,第 405—407 页。四月中下旬,南昌几次闻警戒严,毓科有商借左军之举,但左以兵少难分,加以拒绝。依情论理,南昌须自我增强守备方可应对。

② 咸丰十一年五月六日《致曾国藩》,《李鸿章全集》第 29 册《信函一》,第 48—49 页。

③ 咸丰十一年四月廿九日《致曾涤生制军》,见[清] 李桓著:《宝韦斋类稿》,卷 58,文海出版社 1969 年影印版,第 2435—2436 页。

④ 咸丰十一年五月初十日《复李桓》,《书信三》,第 2112—2113 页。

第九封　X10－12－012　致霞轩　×年×月二十三日

该信关键句:"奉还示,蒙允邀蒋君记室,大庇寒颜,不独身受者感,士翁亦纫厚谊……日内当冒雨走贺,勿迓其迟。"所言为感谢蒋君记室之事,可知该信与第八封相应,年份确为咸丰十一年。王因督办粮饷,也常在南昌活动,日内可见李。此处证据可见咸丰十一年三月二十九日李致曾信[①]。"日内当冒雨走贺"一语,说明二者距离不远。再者从李致王必达之后的书信来看,二人信程增加之后,李一般会在信中说明初几接信。但是从第一封至第十封,李鸿章在南昌时期基本不写几日接信,再证两人信程不长。因此两人若同城不同地点,一天内接复书信是完全可能的。故该信的日期似为咸丰十一年四月二十三日。但此虽合理推测,终究孤证,还需进一步搜寻材料。

第十封　X10－12－013　致霞轩　×年×月十(初)六日

该信关键句:"浮梁系大营后路,左军当力捍之。闻已调鲍军一半至祁,似可援剿。浮、景盐粮二款,执事宜设法商催。"可见,一浮景虽警,但无大碍,饷道仍通,祁门大营有惊无险;二左军捍卫浮梁,鲍军一半援左助剿。

此番语句对应咸丰十年冬季江皖军事。查曾国藩日记书信,咸丰十年十一月十三日知浮梁失守,感到"大营粮路已断绝",急调鲍超回剿浮景,十五日鲍超到祁门,十五日晚得知景德镇文报路通,略微放心,但仍调鲍军七营前去助剿,留五营防羊栈岭[②]。十六日曾接左信说浮梁已复,"老营平安,为之一慰",但为保险,仍令鲍超半数驰援,后于十九日、二十九日两次致信毓科,告知浮景有

① 咸丰十一年三月二十九日《致曾国藩》,《李鸿章全集》第29册《信函一》,第46页。该信有语"早间晤霞轩太守",可知两人是可以日内见面的。

② 《曾国藩全集·日记一》,前引第552—553页。咸丰十年十一月十五日《致左宗棠》《致杨岳斌彭玉麟》《致鲍超》,《书信三》,第1749—1750页。

惊无险,鲍超半数援左。①

由于浮景告急发生在十一月中旬,鲍到祁门乃是十五日,曾最早告知左调鲍援剿是十六日,而李远在南昌,曾李有较远信程,故李是不可能在十一月初中期得知军机的。南昌至祁门大约四五天信程,故南昌官场最快得知曾信约在二十四日及十二月初四前后。再者,曾于十二月初八致信李瀚章李鸿章兄弟已经声明浮景已经脱险,粮道已通,按信程推算,李最迟一个月内即可获知。故该信不是写于十年十一月和十一年正月,而应写于十年十二月。但十六日或初六日,似均与南昌得知曾信的最快日期不相违,笔者目前亦无他证,姑且保留十(初)六日形式,留待以后。该信日期当为咸丰十年十二月十(初)六日。

第十一封　X10－12－014　致霞轩　×年六月十一日

该信关键句:"弟初六行抵东流,业将中丞所属各事婉回……鲍军为胡宫保调往上游北岸,拟请希庵中丞由鄂入江。"可见,李六月初六到东流见曾,且得知鲍军北移及李续宜军情。

曾国藩移营东流,乃是咸丰十一年四月事。而李六月初六到达东流见曾,在曾十一年六月初六日记有明确记载:"初六日……申刻,李少荃自江西来,与之久谈……夜与少荃谈至二更末。"②两者完全吻合。李此番再回曾幕,乃是曾再三催促而成③。再查书信,曾因五月初"鄂之上游、下游、南安、北岸同时吃紧",湖北告急求援,命鲍超五月中下旬北调守鄂,二十八日又函复李续宜(希庵)商量江皖进军事宜,与"鲍军为胡宫保调往上游北岸,拟请希庵中

---

①　咸丰十年十一月十九日《复毓科》,《书信三》,第1759—1760页;十一月二十九日《复毓科》,《书信三》,第1777—1778页。

②　《日记一》,前引第629页。

③　咸丰十一年五月十八日《复李鸿章》,《书信三》,第2126—2128页。

丞由鄂入江”相应。[1] 两处核对，可见该信日期明确为咸丰十一年六月十六日。

第十二封　X10－12－015　致霞轩　×年六月二十九日巳刻

该信关键句：“春霆军门受润帅重托，又与沅公至好，恐杨逆再扰安庆，又欲图克城大勋，乃不候帅示，蔽江而来。经师门严饬，弟复从旁力劝，又于二十七日带全军折回上游……淮扬子药，前求执事并恳黼翁转催石樵，允即报解一批各一万，迄今未据解报道……务祈即日饬解各一万，径交华阳镇淮扬粮台魏县丞验收。”

查书信，曾咸丰十一年六月二十六日致胡林翼信，批评鲍超“二十五日竟不援江而率全部下行，顺风顺水，一日已抵东流矣。闻已昨夜已到，尚未见。渠因接阁下十九日一缄……遂舍江来皖。实属不知缓急”[2]。

二十七日曾再致胡信：“春霆以昨夜到东流，备言不剿江西而赴下游，系奉尊函令扎集贤之故，又与舍沅弟情谊深笃，不忍令其吃亏……侍因怀、桐无事，已令掉舵回浔，今日全部行矣。”[3]曾六月二十六至二十七日记，亦有明证[4]。

两处相对，可知鲍超背曾奉胡于咸丰十一年六月二十五日到东流，受曾斥责后，于六月二十七日奉曾命折回，与该信关键句完全吻合。可见该信的明确日期为咸丰十一年六月二十九日。

第十三封　X10－12－016　致霞轩　×年七月初五日巳刻

该信关键句：“鲍军折回援□……初四日申刻奉到二十八日手

① 咸丰十一年五月十七日《致左宗棠》，《书信三》，第 2126 页；

② 咸丰十一年六月二十六日《复胡林翼》，《书信三》，第 2170—2171 页。

③ 咸丰十一年六月二十七日未刻《致胡林翼》，《书信三》，第 2171—2172 页。

④ 《日记一》，前引第 635—636 页。二十六日，曾因鲍违命故意不见，而令李应叙劝说，以示不满。二十七日，见鲍久谈，令其当日速回九江驰援。

书,尚虑此军南辕北辙。帅府顾根本之计,固无游移也……淮扬水师子药各一万……由台中径札华阳镇淮扬支应粮台委员候选县丞魏承樾……验收为感。”该信与第十二封相应。鲍超奉曾命折回援江,但省城仍有怀疑。李致信安抚,催解淮扬水师之华阳镇厘金。可知该信明确时间为咸丰十一年七月初五日巳刻。再根据史实来看,“鲍军折回援□”所缺字似为“江”。

第十四封 X10-12-017 致霞轩 ×年七月初七日

该信关键句:“鲍军初六日尚未能由浔拨队,恐省垣危机,师已函准吴竹庄兄带所部劲旅五百,兼程赴省……再催鲍军由驿路前进,专剿奉、靖一带掠野距城之贼,望转回各处为幸……咏帅病益加沈重,前请假两月,近拟疏请开缺,交希公接署抚篆。此公于东征全局,煞有关系,天不见祐,帅意殊凄然。”

查书信,曾六月二十九日致信李续宜,对“润帅病势未愈,至为系念”[①]。七月初四日致左宗棠:“鲍军奉润帅令下援集贤,弟因江省紧急,面嘱由东流折回,初三已抵浔矣。润帅病日危殆……斯人关系极大……设有不虞,吾党为之气短。”[②]七月初六、七,得知生米、万寿宫等处有贼,省城告急求援,曾两次致速函吴坤修(即吴竹庄)带领劲旅,快速入省城救援[③]。七月初六、七日,曾致速函毓王,告知鲍军先剿生米,次攻奉、靖。[④]

几处证据相通,与该信吻合,可知该信明确日期为咸丰十一年七月初七日。

---

① 咸丰十一年六月二十九日《复李续宜》,《书信三》,第2172页。

② 咸丰十一年七月初四日《复左宗棠》,《书信三》,第2174页。

③ 咸丰十一年七月初六日《复吴坤修》,《书信三》,第2177—2178页;七月初七日《致吴坤修》,《书信三》,第2180页。

④ 咸丰十一年七月初六日《复毓科》、七月初七日《加王必达片》,《书信三》,第2178—2179页。

第十五封　X10－12－018　致霞轩　×年×月十八日戌刻

该信关键句："师门疥癣增剧，前数日未阅文书，近始稍稍清理……鄂省咸、蒲、通城、武昌距匪已退，并与国成镇大吉、蒋观察凝学各军蹙之，计比全股退入江境。春霆万人，目下陆续抵浔……刘养翁、丁恬生及生米千人，力皆寡弱，务令各守城垒，鲠其窜路，不必逐利贪功，致有以外之变。"

此信言及生米省城有警，春霆抵浔援江，鄂省形势已缓，当发生在咸丰十一年七月间事。查日记，曾于七月十五日至十七日因天热心烦疥癣发作，耽搁清阅文件，十八日才清理文件，与关键句相应①。查家书，七月十四日致澄弟言及江西省城戒严，"余派鲍军往救"，"湖北之南岸已无一贼，北岸德安、随州等处有金、刘与成大吉三军，必可日有起色"。而李所言湖北咸宁、蒲圻及武昌恰在湖北长江南岸，与关键句相应②。几处史实相对，与该信关键句吻合，且与第十三、四封信相联。故该信明确日期为咸丰十一年七月十八日。

第十六封　X10－12－019　致霞轩　×年×月二十九日夜

该信关键句："鲍军之援江也，师意及鸿章陈说，皆欲肃清西岸，追贼东出抚州而至河口……不料狗辅章甘朱五股援贼，连日聚集贤关内外，猛扑官军后濠。沅二十二日夜之战，歼贼至数千，而不少退却……援贼不击不退，则安庆不得遽复……乃请左帅率师由进集贤、东乡截击忠逆一股……而檄春霆军门兼程回援皖省，章垣各上台当深谅之矣。"

此信言及太平军英王陈玉成、辅王杨辅清、章王林绍章等齐驻集贤关，猛扑曾国荃部大营后濠，援助安庆，而鲍弃江援安庆，左亦

---

① 《日记一》，前引第641—643页。

② 咸丰十一年七月十四日《致澄弟》，《家书一》，第756页。

驰援安庆,乃属咸丰十一年七月下旬史实[①]。查曾七月二十四至三十日,致鲍超、毓科、胡林翼、左宗棠等人书信处,皆有明证,在复毓科信中尤其强调二十二日虽打退来犯,但安庆战事紧急,关系甚大,必须调鲍速援,望其见谅。[②] 而曾日记家书亦有佐证[③]。由于安庆于八月初一克复,故该信必写于七月[④]。几处证据相联,可见该信明确日期为咸丰十一年七月二十九日夜。

第十七封 X10-12-020 致霞轩 ×年×月初六日申刻

该信亦是言及生米省城有警,鲍军初六拔营"由驿路援省",可知与七月间鲍超援江有关,且与李致王七月初七日信函相对。南昌王致东流李,信程快则四五天,李一般即收即复,且在信中写明几号收到王信。信中所指"二十九、初五日两书交来差赍",根据前后联系当指六月二十九日和七月初五日两信,即第十二、十三封信函。三信前后相连无背,皆是有关调鲍往援生米省城及催饷事宜,与史实亦是吻合。故该信明确日期为咸丰十一年七月初六日申刻。

第十八封 X10-12-021 致霞轩 ×年九月二十九日

该信关键句:"别后九月二十四日行抵皖省……无为州、运漕镇均经沅丈会督水师攻克,下游渐有转机。"沅克复无为运漕事,在咸丰十一年九月下旬。[⑤]

---

① 《太平天国史事日志》下册,前引第804—806页。

② 咸丰十一年七月二十四、三十日日《复鲍超》,二十五日《复毓科》《复胡林翼》,二十六、二十八日《复左宗棠》,《书信三》,第2191—2199页。

③ 《日记一》,前引第644—646页;咸丰十一年七月二十四日、二十八日《致沅弟》《致季弟》,《家书一》,第762—765页。

④ 咸丰十一年八月初一《致沅弟》,《家书一》,第767页。曾得知曾国荃攻克安庆:"接喜信,知本日卯刻克复安庆。"

⑤ 《太平天国史事日志》下册,前引第818—819页。

查书信，曾九月二十二日、二十六日致多隆阿两信有明证，先后提及沅二十二日克复无为及二十六日克复运漕，与关键句吻合①。曾九月二十三至二十六日记家书，亦有明证。② 再李八月失原配周氏后，入南昌料理丧事，后九月中途将幼妹及女儿送安徽，而后旋归曾幕直至同治改元③。几处证据相合，可见该信明确日期乃是咸丰十一年九月二十九日。

第十九封　X10－12－022　致霞轩　×年十月十七日夜

该信关键句："春霆至此，更索六万之饷，方能趋宁。沅丈回湘募勇。希帅欲提军入庐、六，无如鄂抚篆不能脱手，大约年内外乃分路并进耳。浙耗甚噩，绍兴陷则杭难孤立，湖亦危矣。"查太平军攻克浙江绍兴在咸丰十一年九月末，十月初攻及杭州等地，与关键句后半段相合④。曾十月十六日记亦有明证："江苏上海庞宝生派户部主事钱鼎铭来请兵……书辞……大略……有仅完之地，而不能持久者三：曰镇江，曰湖州，曰上海是也……是日闻浙江萧山、诸暨、绍兴皆已失守，为之愤慨，杭州殆亦可危。"⑤曾十九日致李桓信、十一月初二日复李瀚章信亦有佐证。⑥

咸丰十一年十月三日，曾令鲍超赴皖南，进驻宁国⑦。初九

---

① 咸丰十一年九月二十二日《致多隆阿》，《书信三》，第 2252 页；九月二十七日《复多隆阿》，《书信三》，第 2256—2257 页。如"舍弟与水师克复无为州后，又于二十三日申刻克复运漕镇"。

② 《日记一》，第 665—666 页；《家书一》，第 785—790 页。

③ 刘忆江：《李鸿章年谱长编》，河北大学出版社 2015 年版，第 45—49 页。

④ 《太平天国史事日志》下册，前引第 823—825 页。

⑤ 《日记一》，第 674 页。

⑥ 咸丰十一年十月十九日《复李桓》，《书信三》，第 2266—2267 页；十一月初二日《复李瀚章》，《书信三》，第 2279—2280 页。言及"浙事日棘，萧山、绍兴俱陷，杭垣危在旦夕"。

⑦ 同⑥。

日,鲍至曾营,之后呆了10多天,十一月初离营[①]。其间,鲍超要饷,据曾十月初二日致鲍信有语"兹先解饷银四万,前往查收,其馀二万亦即日续解也",可见曾答应鲍6万饷银,与关键句前半段相合[②]。沅克复安庆后,经涤同意十一年十月初六回湘募勇,与关键句相合[③]。再者,曾十月初三日致官文信,提及并支持催促李续宜提兵进驻安徽六安,方便多隆阿攻剿庐州,平苗救寿州,初七日再催官李速救六安庐州,十六日三催李"速履皖抚",以便克复庐州,亦与关键句吻合[④]。

几处证据相合,可见该信明确日期为咸丰十一年十月十九日。

第二十封 X10-12-023 致霞轩 ×年十一月初二日

该信关键句:"皖省虽设子药局,因无经费,湖北所调牛碾、工匠、式样,均未到齐,湖南提硝仅到三万斤,年内恐难开工。"安庆子药局设立于咸丰十一年,已有学者论证[⑤]。曾九月初九复王信有句"现于安庆设立子药、枪炮等局,仿照江西规模,今冬当有头绪。明春以后,江西专解银钱,不解子药,则豫章之力少纾矣",与此信相对[⑥]。由李信可见,安徽子药局尚未开工运作,时在咸丰十一年。故该信明确日期为咸丰十一年十一月初二日。

---

① 《日记一》,第671—675页。鲍十九日还与曾久谈。

② 咸丰十一年十一月初二日《致鲍超》,《书信三》,第2277页。

③ 咸丰十一年十月初七日《致官文李续宜》,《书信三》,第2260—2261页。

④ 咸丰十一年十月初三日《复官文》,《书信三》,第2258—2260页;十月初七日《致官文李续宜》,《书信三》,第2260—2261页;十月十六日《复李续宜》,《书信三》,第2263—2264页。

⑤ 秦政齐:《安庆内军械所——中国近代兵器工业的开端》,《安徽史学》1992年第4期;郑国良:《安庆内军械所的产品及与安庆子弹、火药、枪炮三局的关系》,《安徽史学》1994年第3期;郑国良:《安庆内军械所究竟设立于哪一年》,《安徽史学》1998年第4期。

⑥ 咸丰十一年九月初九日《复王必达》,《书信三》,第2235—2236页。

第二十一封　X10－12－024　致霞轩　×年十一月二十三日夜

该信言及辛酉政变,系咸丰十一年史实[①]。其中"张仲达同年来信云,两宫懿旨,业将载端赐死,肃斩决,穆发军台,景、杜、匡、焦褫职,恭邸议政,桂、周两相,宝佩珩郎入赞枢垣,曹琢如同年亦在军机大臣上行走"语句,与曾十一年十一月廿二日记有关辛酉政变的记载相合[②]。广西提督张玉良咸丰十一年十月十九日被李秀成部击毙于杭州城外,与该信"顷探报张军门玉良在杭州城外中炮伤亡"一语吻合[③]。再曾保举有功于安庆徽州战役的奏折,时间为咸丰十一年十一月十六日,其中王必达名列其中:"江西补用知府王必达,请记名,遇有江西知府缺出,请旨简放。"此折与"安庆、徽州保案于十六日缮进,阁下荣膺剡牍,即拜真除,至为欣贺"语句吻合[④]。

几处证据相合,可知该信明确日期为咸丰十一年十一月二十三日夜。

第二十二封　X10－12－025　致霞轩　×年十二月二十九日

该信关键句:"昨奉枢寄知会,冬月十六日保案,谕旨均经照准。春初部行即到,荣拜恩纶……徽园经月不解,张樨园守御甚坚,米药均可支持。左帅已至婺源……现商调鲍军往援。"可知,该信与第二十一封相连。再咸丰十一年十二月初,辅王杨辅清围攻

---

① 任恒俊:《论辛酉政变》,《近代史研究》1986 年第 1 期;卢伯炜:《论清朝辛酉政变的过程》,《苏州大学学报》2004 年第 6 期。

② 《日记一》,第 687 页。

③ 《太平天国史事日志》下册,前引第 827 页。

④ 咸丰十一年十一月十六日《官军攻克赤岗岭菱湖贼垒及克复安庆请奖摺》《克复休宁黟县及徽州府城三岸并保摺》,见《曾国藩全集·奏稿三》,岳麓书社 1987 年版,第 1673—1753 页。王必达保举案在徽州保摺内。

徽州,张运桂(张樨园)坚守拒敌,初八、十六、十七日老湘营挫杀杨部①。曾中旬调左驰援,二十六日再致信左有语"徽城之米足支月馀,阁下督同朱军稳慎图之,或可保徽",与关键句相合②。至月底两军相持将近一月,但杨仍不退,曾二十八日致信鲍令其救援徽州,与关键句相合。③

几处证据相合,可知该信明确日期为咸丰十一年十二月二十九日。

第二十三封　X10－12－026　致霞轩　×年正月十四日

该信言及李即将统带水路驰援镇江上海,但是军队尚未编练成熟,制度及粮饷未俱,与曾商定于二月开拔东行,与李鸿章同治元年一二月筹办淮军,驰援镇江上海攻打太平军史实相合④。故该信明确日期为同治元年正月十四日。

第二十四封　X10－12－027　致霞轩　×年十月初一日

该信关键句:"昨接幼丹中丞来咨,已具题交卸请开缺……顷忠、侍两酋挟众十数万,与我军搏战于苏、锡之交,如能即退,或有起色。"幼丹即沈葆桢也。该信涉及沈葆桢与曾国藩决裂史实。一是从李信可知沈辞职信日期在秋末;二是淮军正与忠、侍相战于苏州无锡处。

沈首次因曾国藩辞职发生在同治二年八九月份⑤。而同治二

---

① 咸丰十一年十二月二十六日《复史致谔》,《书信三》,第2411页;十二月二十六日《复毓科》,《书信三》,第2412—2413页。

② 咸丰十一年十二月二十六日《复左宗棠》,《书信三》,第2410页。

③ 咸丰十一年十二月二十八日《致鲍超》,《书信三》,第2418—2419页。

④ 《太平天国史事日志》下册,前引第862页。刘忆江:《李鸿章年谱长编》,前引第49页。

⑤ 同治二年八月二十日《恳请开缺摺》、九月二十四日《恭谢天恩摺》,[清]吴元炳辑:《沈文肃公(沈葆桢)政书》,台北文海出版社1967年影印版,第359—362页。

年九月末,李鸿章正率领淮军与忠侍二王激战于无锡大桥角,忠王后又约侍王驰援苏州①。两处均与关键句吻合。故该信明确日期乃是同治二年十月初一日。

第二十五封　X10-12-028　致霞轩　×年十二月初五日

该信关键句:"常、昭距贼投诚,惟忠贼昨已回苏。"可见该信写于常州、昭文太平军降清不久。查常昭太平军降清,发生在同治元年十一月二十七日②。李同治元年十二月初十日致曾信亦有明证:"惟自秋后,常、昭……屡求人转恳投诚……适忠贼于前月二十二日回苏,召钱去。钱恇惧无措,竞往苏城。骆、周等恐时机败露,遂于二十七夜举事……福山、许浦、徐六泾各口皆降……每月所需仍近五万,关税大减,奈何。"③此处与关键句相合,亦与李在该信中求粮饷于王相合。故该信日期明确为同治元年十二月初五日。

第二十六封　X10-12-029　致霞轩　×年二月二十九日

该信关键句:"嘉兴经敝部程军门攻克,杭城随以俱下。现调各军并攻常州,冀与金陵先后得手。"可见,当时嘉兴已下,程学启尚在,常州未得。查程学启攻克嘉兴时间为同治三年二月,但是亦受重伤,不久于三月十日伤卒④。此信明确日期是同治三年二月二十九日。

---

① 《太平天国史事日志》下册,前引第1028页。

② 同①,第958页。

③ 同治元年十二月初十日《上曾中堂》,《李鸿章全集》第29册《信函一》,前引第184页。

④ 《太平天国史事日志》下册,前引第1056、1062页。[清]朱孔彰撰,向新阳校:《中兴将帅别传》卷24上《程忠烈公学启》,岳麓书社2008年版,第261页。

二、余　论

这批信函反映了李鸿章在南昌、东流和江苏三个时期的部分人际史实。首先,李鸿章负气离开祁门大营后,来到南昌,一时陷入人际困境,仍然关注战局和曾国藩的安危兴衰,并没有安静等待,而是积极通过向曾国藩亲友幕僚探听消息,以显示自己对曾国藩的情谊和关心,想重建曾李师生关系。在这其中,除了其兄李瀚章外,曾国荃、王必达乃是李鸿章了解曾国藩机密动态的重要信息源。在江西办解湘军粮饷中,李鸿章对王必达既扮演督促员的角色,又当伙伴的角色。为了向曾显示自己在筹办粮饷的作用,李经常在致曾的信函中显示这种双重作用。而为了获得王的信任合作,李也及时通报自己从曾本人或其亲友处获得的机密,作为交换。两人在南昌长期合作,变成了一时的朋友。可以说,王必达在李鸿章困难初期重新打通、修复曾、李关系中起到了中间人的作用,是李鸿章南昌初期求教依仗的角色,可算是进入李的核心利益圈。比如,王升任南昌知府后,李还走后门请王安插"蒋君",口颂"大老爷[①]"。

不过随着曾、李通信频率的增加,曾、李关系日益修复,王必达的中间作用下降,反而很多机密信息是李告知王的。李面对曾、李关系的良好趋向,趁热打铁,发信频率增加,且越发维护曾的决策,想尽各种办法去贯彻,以示能力和忠诚。在这过程中,王既是李利用的对象,又是其比较的对象。两人同办粮饷,难免会有比较争执之事。王暂摄南昌太守后,有守城之责,对淮扬水师领武器削弱南昌武备存有微词是可以理解的。但李五月六日致曾的信中,却有

① 咸丰十一年四月二十三日《致霞轩》。

显示自己尽责而王必达微词阻挠的言语[①]。李鸿章背地打小报告有损曾、王良好关系，是一种不光彩的争宠行为，也反映了王、李关系竞争的一面。由此可以窥见李鸿章在南昌后期，由于曾、李关系的重建，开始摆脱初期被动的姿态，站在曾国藩的立场，与王必达亦帮亦争。两人关系发生变化，不像以前那样密切了。不过两者虽有不快，但当时王必达受曾赏识推用，且同为筹饷，还是同门，故总体尚属和谐。

李鸿章重回曾营后，完成了曾、李关系的修复，再次受到曾的赏识重用。而王必达在其中的作用进一步下降。此时李、王关系开始出现逆转。李转而成为王获取曾处机密信息的重要源头，而王则降为李疏通江西人事、贯彻曾决策、显示自己能力的中间人之一。而曾因为李、王之间的关系，常令李代为催饷，使李俨然成为王的上司。可以说李鸿章既是王必达维系王、曾关系的重要纽带，也是减少王、曾直接对话的障碍。此刻的王必达不得不仰仗李鸿章而在曾面前说好话了。

后来李鸿章受曾保举，起练淮军，自立门户，转赴江苏平乱、兴办洋务后，更是受到各方倚重，人际关系发生质的飞跃，与王必达的距离越来越大。而王必达辗转江西地方，始终没有大的升迁，同治三年向李诉苦[②]。但总体而言，王对于李的帮扶作用进一步缩减，已由李最初的核心利益圈后退到外围朋僚了，李对于王的暗示请求多是听而不帮。同治十一年期间，李鸿章已是战功赫赫、中外交往中权势煊赫的重臣，成为官绅争相巴结的对象。此时王必达将以前的李、王信函隆重装裱，特送李鸿章，乃是希望故友念情有所帮扶。

---

① 咸丰十一年五月六日《致曾国藩》，《李鸿章全集》第29册《信函一》，前引第48—49页。

② 同治三年而月二十九日《致霞轩》。李鸿章对于王必达不满升迁之慢，只是表示同情：“执事糈台积劳，今尚领郡，能无慨然。”

王必达之所以长期“不达”,有很多原因。首先,王必达性格的缺陷,抵消了才华的光芒以及战时崛起的机会。据曾国藩观察:王必达“学识俱优,才能肆应”,但是“语言稍烦,未免自矜自炫”①。王必达恃才自傲,当时就不为江西官场所喜。故曾向毓科推荐王当南昌知府时,毓科就不大愿意,后在曾屡次施压后才勉强同意。但待军情缓和,王必达还是离开了南昌知府要缺,而被“老成谨厚”的前任知府许本镛续任②。同治元年后王虽转任饶州知府实缺,继续筹饷,但失去了领兵守城、捞取兵权的宝贵机会。长时间内远离兵权,再无凭借军功迅速突破上位的机会了,只能挤在众多筹饷人员中分一杯羹。而对于王必达性格上的缺点以及机会,李鸿章虽看在眼里,却也不愿出面忠告规劝点破,始终示以谦卑,不能算作知己诤友。只有曾国藩在战时给王机会,甚至还专门写信给江西抚臬,希望他们能给王指点帮扶,让其历练成好手。但是王的运气比李差了许多。咸丰十一年后,太平天国已经进入末期。金陵渐次合围,太平军颓势日显。江西虽时有警戒,但大战几无,让王想立战功也难。

其次,王必达夹在湘军与江西地方权势的矛盾中间。江西有供应湘军之责,但也有自卫之需。粮饷有限,两下相争乃是必然。曾国藩调派湘军,常着眼战略要地,对于江西的小警小战往往不加照顾。如此吃着江西粮饷,却又不为江西分忧,自然引起江西官绅民众的愤恨③。如果两者冲突,江西官场一般拿位高权重的曾国藩没辙,但拿位卑权小的筹饷得力人员曾氏门生王必达出气是难

① 同治四年正月二十一日《年终密考折》,曾国藩撰:《曾国藩全集》第 8 册,岳麓书社 2011 年版,第 202 页。

② 同治四年正月二十一日《年终密考折》,《曾国藩全集》第 8 册,前引第 202 页。

③ 咸丰十一年五月十二日《复鲍超》、五月二十五日《复毓科》、六月十八日《复胡林翼》、六月二十三日《复毓科》,《书信三》,第 2118—2119 页、第 2138—2139 页、第 2163 页、第 2168 页。江西官场对于曾国藩屡次救援江西失信,颇有怨言。

免的。尤其是沈葆桢任江西巡抚,与曾国藩关系恶化后,身为下属的王是很难会有大作为的。此外,王必达官场站队意识不如李鸿章强。当李重新接到曾信邀请时,马上抓住机会,身在南昌但言行立场却坚定地站在曾方;而王却有游移,有时为了个人或江西利益而对两大势力的要求有所回避,没有坚定站队。

再次,王必达长期蜗居江西官场,从事矛盾重重的财政工作,不利于打开人际局面。身后的强援曾国藩在战后不断受到清廷疑忌,权力声望不断下降,早已明哲保身,逐渐让位于李鸿章[①]。王必达强援渐失后,却并未淡泊名利,而是见风使舵,转移靠山,后期着重交结李鸿章、左宗棠等权力新贵。曾国藩去世后,李鸿章光绪年间也伸手帮过王。自感不得志的王必达后因协助左宗棠平定西北有功,历尽西北苦寒,升为甘肃安肃、广东惠嘉潮兵备道,离兵权越来越近,有望奋斗成督抚时,可惜天不假年,光绪七年末病逝赶赴广东的途中[②]。而他的仁弟李鸿章则在晚清政坛继续活跃了约20年,历尽荣辱。前后的人际远近,人情冷暖,世事颠倒变化,人物辗转求生,令人感慨。

(李彬,中山大学历史系博士研究生)

① 朱东安:《太平天国与咸同政局》,《近代史研究》1999年第2期。

② 端木埰:《皇清诰授资政大夫甘肃安肃兵备道调补广东惠潮嘉兵备道临桂王公神道碑》,见王必达:《养拙斋诗》附录,光绪十九年刻本。

“孙中山的理想与中国梦”国际学术研讨会述评

沈祖炜

为纪念孙中山先生诞辰150周年，民革上海市委、上海市孙宋文物管委会和上海中山学社联合主办以“孙中山的理想与中国梦”为主题的国际学术研讨会。会议于11月9—10日在上海举行，海内外专家学者踊跃赴会，莅会者达80余位，提交论文54篇。本次研讨会名家云集，议题广泛，发言精彩。这次盛会是对伟大的民族英雄、伟大的爱国主义者、中国民主革命的先驱孙中山先生的深切缅怀，是近年来孙中山学术研究成果的一次检阅，也是当代人对于孙中山学说的呼应和再认识，体现了孙中山学说的当代价值。由于本次研讨会内容涉及的范围非常之广，各位论文作者的谦恭严谨态度令人感动，笔者不揣浅陋，承担了综述的任务，当然不忍忽略任何一位作者，所以述评力求面面俱到。无奈笔者不敏，难免挂一漏万，或有遗漏所述论文的精彩论点，或有评述不当之处，恭请鉴谅。

一、振兴中华的理想

振兴中华是孙中山毕生追求的伟大理想。作为一个爱国主义者,他的情怀向为世人所钦佩。如何更贴切地理解这一理想,则是一个学术性的课题了。

熊月之《孙中山振兴中华思想的三个世界》认为,孙中山振兴中华理想的确立,有个由粗而精,渐次发展、逐步完善的过程。其民族、民权、民生思想从酝酿、产生到成熟,是其理想渐臻完善的体现。这就是说,孙中山的理想,不是一句简单的口号,而是一个系统的思想体系,一个伟大的事业。按熊月之的分析,在孙中山那里,一直存在三个世界,一是实处的世界,二是理想的世界,三是过渡的世界。“由于对实处世界的强烈不满,他才起而抗争,愈挫愈勇,奋斗的最终目标就是理想的世界。所谓过渡的世界,是他实现最终目标过渡阶段所呈现的世界,有时也是权宜的世界。”孙中山是个理想主义者,同时又是脚踏实地、讲究实效的政治家,所以在为理想的奋斗过程中“既要在刀光剑影中与敌人拼搏,也要在各色人等中折冲樽俎,需要时常调整斗争策略,甚至做出一些让自己的战友也不能理解与接受的举动。”孙中山与一般政客的根本区别在于,他的所有举动都是达成振兴中华理想的“过渡之舟或临时驿站”。这是我们认识孙中山的关键所在,由此入手,孙中山的伟大形象就会凸显在我们眼前。

李志英《孙中山对民族复兴之路的探讨及其当代启示》认为,这一探讨包括三个方面:一是国家独立,二是民主建政,三是振兴经济。其实这也就是三民主义的全部内涵。李志英指出,实现国家独立和建立民族国家,是中华民族复兴的首要前提;民主建政,为国家的强盛和长治久安提供制度保障;而发展实业,振兴经济,则为国家的兴盛和强大奠立基础。由此而论,三民主义的当代价值也是不言而喻的。

廖大伟、侯坍楠《传统与现实:论孙中山民族复兴之路的探索》,强调孙中山从中国传统文化中汲取营养,用以服务中国革命和建设。孙中山极其重视民族精神的作用,并主张用传统文化中的道德教育来培育这种精神。他将儒家的“三达德”，即智、仁、勇融入革命军队的培养中，用“至诚”来塑造革命的宣传队伍；用忠孝、仁爱、信义、和平，所谓“八德”，来塑造新的国民；用古代志士的精神气节去激励革命同志。孙中山对传统的概念都有新的诠释，让传统助益现实。同样，在社会政治架构方面，孙中山将“大同”“仁义”“民本”以及儒家个人修为的理念一一采纳，并赋予新的时代内涵。

孙中山振兴中华的理想，特别是他的“理想国”的构想，既有中国传统文化的渊源，又有西方近代各种先进思想的影响，论者多有共识。张磊、张苹的《孙中山的“振兴中华”和“理想国”》从“规抚欧洲之学说”和“竭力从欧美吸收解放思想”的文化取向的角度，论述孙中山振兴中华理想的形成。认为他在向西方学习上达到了前所未有的深度和广度，在吸纳民主主义的同时，社会主义思潮的影响也是显而易见的。孙中山的民生主义既包含社会主义的重要内容和优长特色，又有主观和空想的成分。

孙中山为振兴中华的理想奋斗一生。不少学者就特定的时段或特定的事例，作了具体的研究。

陈芳《从辛亥革命战争角度来看孙中山的理想与奋斗》指出，孙中山为组织武装起义，特别注重联盟，包括与洪门秘密组织的联盟、吸纳学生知识分子进入革命军队、动员新军加盟革命和发挥华侨支持革命的作用，在军事战略和革命宣传方面都一再作出不懈的努力。

1912 年 4 月孙中山辞去了临时大总统职务到 1913 年宋教仁遇刺，这一年中的孙中山行状，常遭一些论者的诟病。对此，张华腾《从民元辞职到宋案前孙中山研究新论》认为，孙中山对于袁世凯并没有附和和妥协，只有策略上的应对。这个时期，孙中山仍然坚持自己的三民主义，主要做了两件大事：一是深化、细化了民生主义理论，并为其付诸实施而制定了一系列的政策；二是与袁世凯在北京举行多次见面和会谈,为争取维护民主共和体制竭尽努力。所以不能苛求前人,如以“宽阔的视野、非凡的胆略、勇往直前的精神以及无限的智慧和灵活多变的斗争艺术”来衡量,那么孙中山追求理想的执著与坚毅精神值得我们仰视。

与此相似的事例,还有1924年孙中山为谋求“民族独立统一富强”,抱病北上,与段祺瑞等开展斗争。戴鞍钢《孙中山与民族独立富强》就对此举作了高度的评价,认为孙中山为崇高的理想“始终不懈地战斗,直至生命的最后一刻”。

美国学者普莱斯《孙逸仙振兴中华之梦及其对外国控制的威胁:对日本的警告》是从国际关系的角度来评价孙中山振兴中华理想的。孙中山对中国未来的构想包含吸引外资和采纳外国建议的内容,但是民族发展之路与外国对中国资源、商业、交通,甚至对中国政府的控制,必然是相悖而行的。革命党人不断抵制外国的经济控制,然而日本则在支持中国的革命和谋求统治亚洲两面下注,所以孙中山在此夹缝中斡旋。直至1919年孙中山认清了中国的“半殖民地”状态,遂要求将外资置于中国强政府的掌控之下。显然这样的理想在当时还是难于实现的,直至20世纪80年代,孙中山的理想才得以实现。

邵宗海《孙中山的实业计划是否与中国大陆改善交通政策有相似之处?》,直接对孙中山的实业计划与中国大陆改革开放之后的交通建设作了对照,他认为《实业计划》在中国改革开放后被贯彻实行了,足见中山思想的精深而伟大。

陆文浩《孙中山海权思想与中国强国梦》是将孙中山的思想与新中国历届领导人的强国举措联系起来进行论述的。百年前孙中山上李鸿章陈救国大计,以及在《香港兴中会宣言》和《求学在立志救国》的演讲中,都提到“富国强兵”的构想。中山先生早在百年前就看出国际未来海权的争夺与21世纪世界重心在亚洲—太平洋的问题,他把对海权的认识上升到国家战略的层次,把它与国家民族兴衰联系在一起。陈认为“21 世纪以来中国对海权的重视与海军建设的再现,均有中山先生海权思想的影子”。

俞慰刚《百年中国梦的历史足迹》将《建国方略》与国家“十三五”规划纲要中公共基础设施建设和国土规划部分作了比较研究。认为《建国方略》“共享共襄盛世的观念”“国家经营的理念”和“宏大的国家基础设施建设蓝图”至今具有重要的现实意义。今天中国的建设成就已在多方面超越了百年前的《建国方略》,100 年的民族筑梦历程告诉我们,只要我们不忘初心,同心协力,中华民族的伟大复兴是一定能够实现的。

孙中山振兴中华的理想与当代人的中国梦在历史时空上是紧密相连的,今天中华儿女取得的所有成就,都会让我们联想到革命先驱为中华民族开创的理想前景,由此而生深深的感佩之情。

二、对民国政治制度的设想

孙中山曾经制定了指导革命的重要文件《中国同盟会革命方略》,将革命的进程分为军法之治、约法之治和宪法之治三个阶段。那么在革命实践中,这个方略执行得如何呢?

李志茗关注南京临时政府的组建,他指出:“武昌起义后,孙中山及其领导的同盟会具有崇高的威望,他所制定的《革命方略》不仅权威,而且可操作性强,成为辛亥独立各省的行动指南,为他们所奉行不悖。”尽管孙中山没有直接领导武昌起义,但大家公认他是首创中国革命之人,希望由他来组织和领导新的共和政府。于是,孙中山回国后顺利当选临时大总统,可是革命党内部关于总统制还是内阁制的争议非常激烈,当他按《革命方略》的构想,以“军法之治”的原则组建政府时,却遭到诸多反对,即使是其党内同志都持有异议,“这意味着孙中山的军法之治不可能令出必行”。在现实中,军法之治遭到广泛的反对和抵制,除了颁布系列政令规章外，孙中山并无什么实际的作为。尽管如果由临时政府来实施军法，集中权力办事，可以提高行政效率，可惜形势比人强，这次军法之治是失败的。

马铭德《故家乔木关兴废　城郭人民有是非》对孙中山就任临时大总统前三天，在上海出席宸虹园聚会并发表演说的史迹做了整理，以探讨旅沪粤商与孙中山的政治互动。旅沪粤商对于革命事业多有支持，孙中山在政务如此繁忙之时出席聚会，其真正目的是答谢同乡的鼎力相助，并争取更多的支持。旅沪粤商希望积极参与到新政府中，甚至以广肇公所、潮州会馆暂不支付借款为要挟，要让其领袖人物伍廷芳、温宗尧出任要职。在新旧势力的博弈中，孙中山的坚持与妥协都反映出政治上的时代局限性。

孙中山对新政权的建设，是有完整和长远设想的。濮灵《孙中山政治制度设计评说》认为孙中山主张权能分立，实行以法治国，他“在借鉴、输入欧美国家的立法、司法、行政三权分立之余，也注意积极继承和弘扬中国优秀传统文化。他认为政治体制设计仍应保留中国自古就有的‘良法’——考试权和监察权”。然而“五权分立”还不是孙中山政治设计的重点，“宪政时期”的“权能分立”才是其理想中的政治体制。濮灵认为孙中山“太过理想主义”，他的政治制度设计在理论上和实践上都具有局限性。

总体上讲，孙中山是主张中央集权的。但是在中央与地方的关系上，他曾有种种思考。李振武《论清末中央集权的是是非非》重心在于分析中央集权对清朝统治迅速覆亡的影响。论文指出：“孙中山指斥清廷的预备立宪是‘假立宪之美名，以实行中央集权’。”孙中山利用满清亲贵的集权之举所激化的满汉矛盾，要求革命党乘机策动新军起事。那时，他认为政治上不宜采用中央集权，而觉得北美联邦制度最相宜。可是在就任临时大总统后他又反对联邦制，继而提倡联省自治，不久又对地方军阀以联省自治之名行地方割据之实感到不满，进而主张中央与地方之权限采均权主义。

该时期孙中山在中央集权问题上的犹豫，应当说，这是革命实践过程中的探索。

华强《孙中山与近代中国政党政治》认为“具有浓厚封建意识的中国知识精英面对西方五光十色的政党政治，实在是有点晕头转向”。尽管他们研究了有关政党政治的种种问题，但是争论不息，却无法做出选择。如关于“军起党消”的争论、关于政党与结社的争论，以及内阁制与总统制的争论。在这些争论中，孙中山旗帜鲜明，他多次批评“军起党消”，坚持同盟会是革命党的定性，力主民国应采取总统制。这为后来中国政党政治的发展留下了宝贵的经验教训。

1912 年八九月间解除了临时大总统职务的孙中山为调停南北党争，毅然北上会晤袁世凯。在京期间，孙中山提出了迁都的意见，随即引发了各大报刊的论战。高翔宇《民元孙中山北上晤袁与迁都之争》对这段历史做了还原与分析。论文认为，“迁都之争的背后，体现的是诸报所代表的利益诉求”，以及“党派势力的较量、革命党人同袁世凯政府的博弈、南北关系的整合与变动”。从中我们也可以体会到，在政治制度的具体安排上，孙中山不仅有理想的设计，也要考虑政治斗争的需要。

赵立彬《辛亥革命后孙中山对革命参与者的抚恤与安置》认为，民国元年孙中山在临时大总统任上及辞职在野后，发起和参与了许多对革命参与者祭奠、追悼、题词、慰问、捐恤、稽勋、安置等活动，其意义在于在创建民国的过程中，烈士牺牲无数，孙中山对先烈情感至深，为了树立革命党人的政治荣誉而亲做表率，并迫使袁世凯政府承认革命的正当性。如果将这些“小事”同为了钳制袁世凯而制定《中华民国临时约法》那样的“大事”联系起来观察，孙中山在政治制度安排上的苦心孤诣，可见一斑。

彭华《孙中山领导的中华革命党在上海的主要活动》对 1916 年中华革命党本部事务所迁至上海环龙路 44 号的具体史实作了

考证，介绍了当时的机构设置以及迄至 1919 年 10 月改名为中国国民党期间的活动。文章以厘清史实为主，从中可看到孙中山进行理论建设和政党建设的情况。

汪志星《环龙路 44 号》也是一篇考证性的论文，对第一次国共合作时期国民党上海执行部旧址的史料作了梳理，有助于了解从中华革命党到中国国民党在环龙路 44 号机关办公时的种种活动，

近代以来，政治制度是社会变革绕不开的话题，如何根据中国国情改革政治制度？如何借鉴世界各国的经验推进民主？孙中山的革命实践就是一个不断的探索过程，对于当代中国而言，他的经验和教训仍然弥足珍贵。

三、民生主义与家国情怀

民生是亿万平民百姓的生计，在近代中国，这是一个异常突出的社会问题。许多仁人志士提出变革的方案，往往从关注民生入手。孙中山伟大思想的重要组成部分——民生主义，就是其振兴中华理想的出发点和落脚点。

丁凤麟《简论中山先生的民生情结》认为，中山先生的救国生涯，是从关切民生起步的。从早期的《致郑藻如书》《上李鸿章书》到《香港兴中会章程》等文献，都可以看到他对民生问题的关切。1905 年成立同盟会时，更将民生问题提高到一个新的高度。在中山先生而后的革命生涯中，始终将民生两字视为革命的“最终目标”。他的革命政纲的内在关系是：“争取民族独立的民族主义，是革命的首要目标”，“实现民主共和，使广大民众享有自由平等的民权主义”是随同民族主义思想的重要目标，而“真正实现民生主义，使广大民众过上安乐的生活，才是中山先生领导并献身革命的‘最后之目的’”。“那么浓烈又锲而不舍的民生情结”，当是我们理解和认识中山先生伟大精神的切入点。

林家有《论孙中山的家国情怀》强调,“孙中山一生将个人的成长、家庭的命运与国家、民族的命运和发展联系在一起,将个人的爱家、强国理想与社会的建设目标相一致”。文章分析了孙中山的家庭意识,他对家庭、家族成员的情怀,认为对今天的社会建设仍有借鉴和启迪的意义。孙中山提倡对家族、宗族的改造,将其扩充为国族,不是要废除家庭,更加不是反对中国传统的宗族,而是将其导引,使其走向正确的发展道路。

周秋光、李华文《孙中山的慈善博爱情怀》则认为,“慈善博爱情怀是孙中山社会民生思想的内在体现”,这种情怀的产生,源于当时的社会环境、西方文明、幼时境遇等诸多因素的影响。慈善博爱可以归结为人道主义的精神,但是就孙中山的政治倾向而论,“为四万万人谋幸福”“实业乃救贫之药剂”等民生主义思想和方针政策的提出,我们看到的是比人道主义更加宽阔的社会革命视野。

民生主义的理论体系是如何形成的?其性质究竟如何?这是一个论者众多却又众说纷纭的话题。

沈祖炜《民生、民生史观和民生主义》认为,重视民生是中国文化的优秀传统,孙中山把传统的民生思想提升到了历史观的高度,进而创立了系统的民生主义理论。文章指出,“我们强调民生主义的历史文化渊源,但是绝对不是说传统的民生思想会自然衍生出民生主义理论”,民生主义是传统民生思想同近代社会主义思潮相结合的产物。孙中山从中华文明的道统出发,阐释“信仰人民,为了人民”的社会主义精髓,他所设计的民生主义治国方略,特别是“平均地权,节制资本”等政策,符合中国国情,具有可贵的当代价值。

左玉河《孙中山民生主义本质的再认识》在资本主义、民粹主义和社会主义三种性质的社会思想和社会制度的区别中解读民生主义的本质。论文认为,民生主义在较长时间里不为国民党普遍理解和接受,所以孙中山用了很大精力解释自己倡导民生主义的原因。孙中山批判资本主义,用民生主义来预防资本主义的弊端,将社会主义视为民生主义的归宿;可是论文又说民生主义是“探寻走国家资本主义的新道路”,国家资本主义“实际上就是国家社会主义”,还说“民生主义带有明显的民粹主义倾向”。这一连串的主义之争,是否能够厘清民生主义的性质,也是值得我们思考的。

韩和元《从亨利·乔治论走向马克思主义观》阐述了孙中山社会主义思想的发展与嬗变,认为他对社会主义的认识,从前期吸取亨利·乔治思想到后期接近马克思主义理论,其思想中科学社会主义的成分越来越多。论文还认为孙中山的社会主义思想也充满矛盾,“如他激励谋划非资本主义的发展道路,却又设身处地设计发展资本主义的政策措施;又如他真心同情劳工阶级,又反对无产阶级成为未来社会主义国家的领导阶级”。这样的论述,已经远远超出了讨论民生主义的范围。尽管孙中山一再说,民生主义就是社会主义,但是他毕竟选择民生主义来替代社会主义一词,从这一点似乎可以明白孙中山自己所说,他是“参酌了社会主义各派的理论,汲取它们的精华,并顾及中国的实际情况,才创立了三民主义”。所以,单向度地用社会主义思想还不足以解释孙中山的理论。

郭绪印《评孙中山和共产党改善民生主张的一致性》说,民生主义有中国传统思想中的“民本”思想的传承,有西方先进思想包括马克思主义的借鉴,也有他自己的独创。中国共产党改善民生的政策同孙中山关于发展经济是实现民生主义的物质基础等思想,是一脉相通的。这说明中国共产党是孙中山事业的真正继承者。“中国共产党超越了孙中山的民生主义梦想”,这是关于民生主义研究必然得出的一个结论。

研究孙中山的民生主义还会涉及许多具体的经济政策。戴建兵《一个时代货币思想的进步》对孙中山货币思想及政策实践做了详细的评议,论述了近代中国金本位、银本位、金汇兑本位等各种货币思想。从中可以看到,孙中山从新政府财政困难的实际情况出发,主张发行纸币,实行货币革命。尽管后来的施政者完全将货币发行当成财政手段,导致国民经济的崩溃,已成为历史的教训,然而当初孙中山提出的货币革命,具有摆脱国际资本控制,谋求中国经济独立,纾解资本匮乏之困等积极的作用。按照前述熊月之的观点,孙中山的理想是实现中华之振兴,那么在其达成理想世界的过程中,身处"过渡世界"时的种种权宜之计、策略性的应对和临时性的举措,我们以历史唯物主义的态度进行分析,就很容易理解了。

四、哲学思想和意识形态

为实现中华振兴,孙中山提出了一系列的理论和蓝图。所有的理论和蓝图都基于他的哲学思想和意识形态倾向。

黄明同《"孙文学说"的中国元素及其对传统知行观的创新》对孙中山撰写的《建国方略》首篇《心理建设》(又称《孙文学说》)的丰富内涵做了剖析,从哲学层面分析了它同中国传统文化的关系。孙中山在《孙文学说》中阐述了心理建设在社会建设中的重要地位和作用。孙中山除了参阅大量 19 世纪末西方人文主义和非理性主义的著作,从中吸取了思想养分,他还阅读了王阳明的著作,受到王阳明心学的深刻影响,体现出他的儒学情结。黄明同认为,孙中山提出的心为建国之基,具有儒家心学的色调;提出互助进化原则,具有儒家重德的色调;他的"知难行易"说,则是创新了儒家的传统知行观。他指出,孙中山"在谋划心理建设时,特别关注人的认知方法","他力图以'知难行易'取代'知易行难',从理论的深处改变中国人的思维方式"。在极"左"思潮泛滥时期,《孙文学说》受到过激烈的批评,被戴上"二元论""唯心论""形而上学"等帽子。那么今天,我们能够理性务实地重新理解其中蕴含的真理性,确实称得上是孙中山研究的一个进步。

刘青莉《阳明心学对孙中山哲学思想的影响》也是以《孙文学说》为例来分析孙中山“知难行易”哲学思想的。“知”与“行”的关系,就是认知与实践的关系。阳明心学主张“知行合一”,孙中山研习过这一理论,并用以勉励同志实行。他“强调心的重要作用,通过夸大心的作用来呼唤个体的觉醒、意志的自由,鼓励大无畏的革命精神”。但是在革命实践中,发现革命同志多有对其主张的不理解,以致发生“知”与“行”的矛盾。于是孙中山超越阳明心学,提出“知难行易”的观点。他将人类进化的历史划分为行而不知、行而后知、知而后行三个时期。在革命尚未成功,建设还未开展的时代,孙中山改倡“知难行易”,舍弃王阳明的“知行合一”,既是其哲学思想的改变,也是出于用以凝聚人心,体现革命领袖主导作用的现实需要。

商孝才《唤起民众　振兴中华》梳理了孙中山“有益的政治思想”,其中对“知难行易”说,也做了肯定的评价。论文指出:“‘知难行易’是强调‘行’,强调‘实践’,强调‘唤起群众起来干’。”孙中山将社会上有劳动能力的人分为先知先觉者、后知后觉者和不知不觉者三类,主张把不知不觉者动员起来,跟着先知先觉者走,革命和建设事业定会成功。

李玉《意识形态拱卫政治权力:孙中山创建中华革命党的心路历程探析》涉及了孙中山思想意识中的缺陷。孙中山在“二次革命”失败后创建中华革命党的动因,主要是在纯洁革命队伍的基础上,确立他在党内的绝对领导权。为此,该党规定了效忠于孙中山个人和按手印等颇为“专制”的入党程式。孙中山“为革命而专制”的办党思想遭到不少国民党人的抵制,并最终造成了革命派阵营的分化。孙中山所实行的革命专制“是他力求将奉行的知行哲学思想运用于革命实践的尝试”。本来,非常时期采取的非常举措,也是情有可原的,但“自由民权”与“知难行易”哲学观的冲突在这里也是显而易见的。

胡波《香山文化与孙中山的思想选择》从香山地域文化对孙中山影响的角度，讨论孙中山从改良到革命、从倡导西学到主张中西结合、从物质文明到心性文明的三次思想转型。认为孙中山的选择“表现出强烈的实用性和务实性”，“表现出了香山人的务实、包容、开放”。论文说：“香山文化哺育了孙中山，影响了他的思想和人格，孙中山也在自己的思想选择中自觉或不自觉地弘扬了香山文化。”应该说，香山地近港澳，风气开化较早，地域文化多务实与开放精神，确是事实。孙中山早期故乡经历和故乡的人脉关系都是影响其思想走向的重要因素。但是香山文化的具体内涵，及其在哪些具体环节上促成孙中山的三次思想转型，却是还需深入探讨的问题。

五、民族主义立场与对外交往

孙中山是个伟大的爱国者，他以振兴中华为毕生奋斗的目标。所以，他在对外交往中始终秉持坚定的民族主义立场，积极寻求对中国革命的支持。

孙中山曾经于 1896 年、1904 年、1909 年和 1911 年四次访问美国。陈昌福《1904 年孙中山美国之行》说，孙中山选择在美国华侨中活动，寻求对于中国革命的支持，“是出于对美国民主共和的理解和信仰”。十月革命前，他一直“把美国的国家模式作为‘创立民国’的最好参照”。在 1904 年的访美，孙中山“复苏了洪门革命意识，促进了华侨思想的重大变化”，“充分展现了作为一个政治家在争取华侨支持国内革命中的政治才华和艺术”。孙中山对美国人民说，“我们要仿照你们的政府而缔造我们的新政府”，呼吁美国人民对中国革命给予道义和物质上的同情和支持。

杭堃《20 世纪 20 年代的孙中山与美国亚太外交：国际史视野

下的国民革命》认为，孙中山是民国创立者中与美国关系最为密切的政治家，他的政治观念、所提出的建国方略都深受美国影响，而且多次获得美国华侨和传教士的帮助。广州政府成立后他就积极拓展与美国政府的关系。但是，“随着华盛顿体系成为列强维持亚太国际关系的基石，华盛顿方案也成为列强从整体上解决中国问题的政策指导，美国对华政策随之做出重大调整并从根本上改变了对待孙中山及其广州政府的态度，在外交支持和第三次关余危机中站在了孙中山的对立面”。孙中山视美国为友邦，可是美国却对孙中山及其革命事业持有反对和压制的态度，于是出于民族利益，孙中山不得不向苏联寻求援助。

邵雍《孙中山对美国记者两次重要谈话的历史解读》告诉我们，孙中山对于美国“愿以善意待之”，可是美国政府一直拒绝承认南京临时政府，直到袁世凯主政北京政府后才宣布承认中华民国政府，这种刺激强化了他的反帝意识。孙中山还呼吁各国尊重中国的独立和主权完整，“不反对外国在中国采矿，但是外国不能控制我们的煤矿”，坚决维护中国的国家利益。

日本是中国的近邻，孙中山一生至少 16 次东渡日本，总共有近 10 年时间是在日本度过的。日本仿佛是他革命活动的海外基地。匡成鸣《也说孙中山先生的日本情结》分析了孙中山同日本人士的交往，他的出发点是为了中国的革命事业。对于当时寻求救国之道的革命志士而言，日本乃是取经之地，而日本的“大东亚共荣圈”也有很强的迷惑性。孙中山结交的日本友人对于孙中山的事业是有帮助的，可是他们不是国家政策的决策者，日本奉行的“大亚西亚主义”的图谋同中国的民族独立目标也相去甚远，所以孙中山对日本抱有的幻想是不可能实现的。

蒋海波《孙中山与神户的交流佳话》，以日本留存的图像资料和当时的媒体报道为线索，再现了 1913 年二三月和 1913 年 8 月孙中山到访神户的历史。前一次到访，孙中山受到“准国宾待遇”，而后一次到访,则是“二次革命”失败后不得不开始流亡生活。两次到访神户的史迹固然值得后人景仰,而孙中山在日本寻求对中国革命的支持,则是我们在其日本情结背后不可忽略的动机。

十月革命以后,孙中山开始接受来自苏俄的援助。与苏俄的合作,是孙中山政治生涯的转折点,也深刻地影响了整个 20 世纪中国历史发展的道路。沙青青《对苏俄交往时孙中山的民族主义立场》认为,“在与北洋政府交往碰壁后,苏俄政权决定开始与孙中山为首的南方势力进行接触”,而孙中山则提出“准备在中国和苏维埃国家之间建立起深刻的国际主义的友好关系”。孙中山多次表达了坚定的民族主义立场,他的方针是既争取革命合作,同时又努力坚守国家权益不遭侵害。论文指出,在探究苏俄与孙中山早期接触的过程中,不难发现苏俄在远东及中国采取了一种较为实用主义的外交策略;而在与苏俄交涉过程中,孙中山却从未放弃过国家大义和民族主义立场。

吴云翔《共产国际与国民革命的反帝联合阵线在评述》也涉及孙中山民族主义与反帝立场的关系。文章指出,在共产国际的策划与组织下,孙中山领导的中国国民党接受了国共党内合作的方针政策,促进了大革命高潮的到来。然而,在反帝联合阵线的外表下,莫斯科和孙中山各有不同的动机和策略,国共双方围绕革命领导权问题展开了斗争。孙中山寻找同盟者,当然有自己的政见,也有一定的权宜之计,而民族主义与反帝始终是他的主要考虑。

谢俊美《孙中山废除不平等条约和收回失地活动述略》从另一个侧面叙述了孙中山维护国家统一、领土完整的民族主义和爱国主义精神。孙中山反对沙俄扶植蒙古傀儡政权和强占中国的唐努乌梁海地区;反对英国侵占云南片马和香港,力主收回香港、澳门;对日本侵占的我国台湾也给予极大的关注,同盟会曾为台湾摆脱日本的殖民统治进行了英勇的斗争。直至 1925 年,他在去世之时,仍然念念不忘废除不平等条约,并将它写入自己的遗嘱。

孙中山一生致力于民族、国家的复兴，同时也对世界民族主义的发展作出了贡献。王健《孙中山的“犹太观”以及与在华犹太人的交往》说，对于近 2 000 年没有国土而流散全世界的犹太民族的悲惨遭遇，孙中山深表同情，对犹太民族和犹太文明非常关注，当世界范围的犹太民族锡安主义运动兴起并寻求中国政府和人民支持时，孙中山立即给予有力的鼓励和回应，同时孙中山也从在华犹太友人那里得到了大力的支持和帮助。

在华犹太人中，哈同是个很有代表性的人物，苏智良、张虹的《孙中山与哈同》为我们描述了革命伟人人际交往的另一种图景。作为著名的犹太富商，哈同在辛亥革命风云变幻的政治时局中，曾为孙中山的革命事业给予过资助。孙中山与哈同的结交，双方都从各自的利益出发。哈同与各方政治势力均有交往，结交革命领袖有为自己寻找政治代言的一面，而孙中山则看重“哈同的身份及其在租界的影响”，谋求对革命事业的帮助。客观上，这样的交往对双方都有利。我们从这一案例中也可以体会孙中山寻求国际支持的良苦用心。

六、孙中山的广泛影响

一代伟人孙中山，他的思想、他的行动深刻地改变了历史的进程。无论他在世，还是身后，他的魅力、他的威望赢得了中国人民和世界人们对他的爱戴。

王晓秋《孙中山的崇高威望和国际影响》列举孙中山生前身后，国内外人士和舆论对他的评价和怀念的具体史料。如 1924 年北大的民意调查，对于“你心目中国内或世界的伟大人物”的问卷，孙中山的得票以绝对优势遥遥领先于其他人物。孙中山逝世后，据台湾民众追悼纪事报道，“台湾岛人无不暗暗洒泪”，不顾日本殖民当局的破坏和打压，参加追悼会的有 5 000 人之多。从当时外国和外文报刊评论中可以看出,“无论东西方、欧美或亚洲国家的报刊舆论,均承认和赞扬孙中山的历史功绩、历史地位”。印度尼西亚首任总统苏加诺更是多次谈到他如何深受孙中山及其三民主义思想的影响,认为孙中山不但是中国的领袖,也是整个亚洲的领袖。

陈海懿《他者眼中的“中山”》分析当时日文和英文报纸对孙中山北上至病逝这段时间的关注,论述外文报纸对孙中山逝世前的政治活动、病情变化,以及孙中山逝世影响的认知。挖掘这些史料,意在揭示当时的外国人是如何看待孙中山的。中山先生的历史功绩为中国人民所铭记。当年外媒的舆论也能说明从事伟大革命事业,又有博大精深思想的孙中山,无论其生前或去世都产生了巨大的社会影响。

陈蕴茜《孙中山符号与台湾中华文化复兴运动》论述了 20 世纪 60 年代国民党在孙中山诞辰百年纪念时推行的文化运动,“主观上带有政治功利性,但客观上挖掘并丰富了孙中山符号的文化意义,对于促进中华文化在台湾及海外的传播,强化台湾民众及海外华人的民族认同,起了积极作用”。例如,宣传孙中山思想是中华传统文化道统的延续,将三民主义与传统的孔孟儒学对接,等等,蒋介石主观上是为了用孙中山的符号对抗大陆,但是原本一个政治性符号变成政治文化复合型的符号,对于促进中华民族文化认同还是有益的。

日本学者村田省一《孙中山晚年期日本的孙中山观》一文,主要以《东京朝日新闻》为线索,阐述日本媒体对孙中山革命活动的关注与评价。辛亥革命以后,日本正处于大正民本主义运动时期,《朝日新闻》恰是该时期代表性的言论机关。站在日本的角度关注孙中山,日本记者有各自的价值观,且孙中山当时的具体政策,如对于联省自治的主张,也处于变化之中,所以日本记者抱守自己的观点评论孙中山,难免各说各话,时贬时褒。但是日本媒体的关注,至少说明孙中山广大的社会影响和国际影响。

在辛亥革命时期,以绅商为主体的商会曾经支持、资助和拥护孙中山。王昌范《试论孙中山与商会及其“民权初步”之影响》叙说了孙中山的人格魅力和三民主义思想的深邃,对商会和整个商界的感召力。商会除了在经济上、财力上支持革命,对孙中山的提议总能积极响应,如提议设立上海交易所、召开国民会议等,商会都给予响应。孙中山的《民权初步》所提出的章程、规则,成了制订《上海商业总会暂行章程》和《商会法》时的主要依据。孙中山对中国商会的影响,至今仍能得到体现。

李学功、祝玉芳《孙中山与张静江关系考述》考察了张静江与孙中山的传奇式关系。张静江是个富可敌国的富家公子,自从他结识孙中山后,可谓一见如故,一生追随。张静江加入了同盟会,直接参与重要的革命活动,在许多重大问题上都坚定地站在孙中山的一边。张静江倾其所营资产并动员亲属大力支持孙中山领导的革命事业。孙中山对于他“毁家襄助革命”深受感动,称他为“革命奇人”“革命圣人”。张静江,一个富商,他的皈依革命也凸显孙中山革命事业的伟大感召力。

宋庆龄是孙中山的爱妻、亲密战友。朱玖琳《从公开发表文献看宋庆龄在不同时期论孙中山》,是从宋庆龄的角度展现孙中山的思想和事业的巨大影响。因为孙中山的崇高地位,国共两党都十分重视这面旗帜。宋庆龄始终坚持以孙中山的遗教指引中国革命,并一再阐述三民主义思想和三大政策,认为只有共产党才能实现孙中山的三民主义。宋庆龄在不同的历史阶段对孙中山思想和事业的论述,弘扬了孙中山的精神。

陈挥《一个媒体人笔下的孙中山》论述了著名新闻工作者邹韬奋主持《生活》周刊期间对孙中山生平事迹的介绍,尤其是对三民主义理论的深入解读,既代表了共产党人对于孙中山思想的认识,也体现了共产党对孙中山革命事业的继承。邹韬奋在《生活》周刊上对孙中山思想的推介，扩大了孙中山在人民群众中的影响。

段炼《缅怀与记忆——上海地区孙中山相关纪念地钩沉》说："上海是孙中山长期居住的城市，也是从事革命工作的主要据点。与中山先生相关的纪念地，如今已成为上海城市文脉传承的重要组成部分。"上海以中山先生名字命名的马路、桥梁、医院、公园等社会公共设施众多，对此作认真的梳理和研究，当能更深入地理解中山先生在中国人民心目中的崇高地位和在中华文化中的深远影响。

徐涛《逝世后的孙中山与上海》认为上海是孙中山名副其实的第二故乡，但是在他生前，无法对上海施加影响，而在他逝世以后，由于各派政治势力都要争夺他的政治遗产，因而孙中山对上海的影响越来越大，并在一定程度上改变了城市的格局。然而，相比于北京、南京、广州，上海却是其身后遗迹较少的城市，这种落差也与上海独特的城市个性相关。

以上论述，从各个侧面说明一代伟人孙中山在中国历史中的崇高地位，以及对中国社会的深刻影响。孙中山已是中华文明永不磨灭的一部分。纪念孙中山既是为了继承革命传统，也是为了弘扬中华文明，孙中山的理想与今天所说的中国梦，可谓一脉相承。我们将在以习近平同志为核心的党中央领导下，迎来中华民族的伟大复兴。

（沈祖炜，上海市文史研究馆研究员，前馆长）

学者园地

中国近代史的“会通型”学者

——忆沈渭滨教授

张　剑

沈渭滨教授，上海七宝镇人，生于1937年6月23日。从小酷爱读书，常流连于旧书报摊，更喜好绘画，理想是做美术家。1944年，入七宝明强国民学校读小学。1950年，考入七宝农业职业学校普通科读初中。1953年初中毕业，报考行知音乐艺术师范学校美术专业未成。同年11月，参军成为志愿兵，先后任龙岩福建军区干部文化学校见习教员、福州福建军区干部队档案员、工程兵司令部设计科绘图员等。其间，曾因工作积极，荣立三等功，也曾任军区报社驻军区首届体育文化大会特约记者。1956年7月，在《福州日报》发表处女作《民间艺术的广阔前途》。业余时间写生，喜欢速写、素描、水彩、水粉和油画等。

1957年5月复员，报考中央美术学院华东分院，体检色弱，画家理想彻底破灭。立意研究美术史；7月，以调干生考入上海第一师范学院历史系。因历史系无美术史专业，曾想转系或转学校，都未果，只得安心于历史系。初立志研究唐史，后认识到中国近代史更接近现实，现实生活中的许多因素都可以从中探寻到源头，转而立意研究近代史。在魏建猷先生指导下，以辛亥革命史为研究方向，大学四年级在《学术月刊》发表第一篇学术论文《试论辛亥革命时期的社会主要矛盾——与夏东元先生商榷》。

1961年7月，大学毕业，任七宝中学高中政治教师。教学之余,致力于历史研究,下“狠功夫”,每天看书笔记到晚上 12 点,发表《论同盟会中部总会的成立》等论文,深得陈旭麓先生赏识。也曾与同事共同编导独幕话剧《补课》,激起强烈反响。“文化大革命”期间,曾受迫害,调任华漕中学政治教师。1975 年 12 月,经陈旭麓先生推荐,调入复旦大学历史系,从事中国近代史、晚清史的教学与研究。1979 年晋升讲师,1985 年升副教授(1987 年补评),1996 年升教授,翌年退休。退休后学术热情更为发抒,笔耕不辍,主持并完成“国家清史工程 · 传记 · 光绪朝(上)”项目。曾任中国会党史研究会理事、中国太平天国史研究会常务理事、上海市太平天国史研究会副会长、上海中山学社理事兼《近代中国》编委等。

自 1961 年发表第一篇学术论文,到 2015 年 3 月发表《当代上海学研究的三点希望》,在半个多世纪的学术生涯中,作为一个“会通型”学者,沈渭滨教授并不固守一域,在辛亥革命、太平天国、鸦片战争等领域有精深研究,在中国近代军事史、民族资产阶级研究上有开创之功,在会党史、区域文化与社会史、人物研究与地方史志等方面也卓有成就。在不断拓展研究领域的同时,他积极思考中国近代史的研究范式,并突破革命史藩篱,成为近代化研究范式的拥护者与实践者。

沈渭滨教授以辛亥革命研究起步,并逐渐聚焦于“孙中山与辛亥革命”这个专题,先后发表《一八九四年孙中山谒见李鸿章一事新资料》《中国近代知识分子的形成及其政治觉醒》等,1993 年出版专著《孙中山与辛亥革命》。退休之后,继续深入思考,认为孙中山“三民主义”作为一个理论体系,在中华文化的发展史上具有非常重要的意义,但其内部也存在自我矛盾之处,先后发表《论“三民主义”理论中国家与社会的关系》《“民生主义”研究的历史回顾——孙中山“民生主义”再研究之一》《平均地权本议的由来与演变——“民生主义”再研究之二》等,并提出“孙中山是推进中华文化转型的第一人”的论断。《孙中山与辛亥革命》一书曾多次重版,被誉为“一部跨世纪的、意蕴常新的著作”。

1965年,沈渭滨教授与人合作在《历史研究》发表《论“防鬼反为先”——驳李秀成问题讨论中的几种论调》,开始涉足太平天国研究。他独辟蹊径,先后发表《太平军水营述论》《太平军二破江南大营战役研究》《太平军水营“岳州成立说”质疑》等,从军事史角度对太平天国运动中的一些疑难问题提出新看法。由此引发了他对中国近代军事史研究的巨大兴趣与热情,在历史系本科生中组织军事史研究兴趣小组,指导他们从事海军史、军制史等专题研究,自己则力图从总体上把握中国近代军事史的研究对象与研究方向,先后发表《论中国近代军事史的研究对象与分期》《中国近代军事思想概论》等论文,从宏观上对中国近代军事史的研究现状及未来发展方向做出前瞻,开创了中国近代军事史研究的新局面。

他从思想文化与知识分子角度介入鸦片战争研究,先后发表《论鸦片战争前后林则徐的经世思想》《睡眼方开与昏昏睡去——鸦片战争与中国士大夫散论》《〈南京条约〉与中国士大夫散论》等论文,对鸦片战争期间及战后中国士大夫对西方势力与西方文化的认识态度做了极为精当与细密的分析。后以年代学的方法,专注于以往语焉不详的鸦片战争前中外关系及英国发动侵华战争的原因,推出专著《道光十九年——从禁烟到战争》。

他从研究资产阶级在辛亥革命中的作用出发,上溯资产阶级的诞生、下延资产阶级的发展演化,先后与人合作或独立发表《上海商团与辛亥革命》《略论辛亥革命时期中国民族资产阶级的性格》《论五四运动前近代中国的时代中心》《再论近代中国的时代中心》等,提出并严密论证了“民族资产阶级是近代中国的‘时代中心’”,重新评估资产阶级在近代中国的历史地位,引发了学界对中国民族资产阶级研究的新热潮。

秘密会社是维系中国社会的一股非常重要的力量,在历次运动与革命中都扮演着极为重要的角色。沈渭滨教授注意到会党在辛亥革命中作用，由此关注会党史的研究，先后发表《国内有关天地会起源与性质研究述评》《论辛亥革命时期的会党》《会党与政党》等论文，对会党的历史演化及在辛亥革命的作用作出了重新评估，认为会党在辛亥革命中是革命派联系下层社会的纽带，会党与政党虽是两种不同性质的组织，但近代中国的政党中有会党的因素与影子，会党与政党也会相互利用以达到各自目标。

自 20 世纪 80 年代后期，沈渭滨教授开始关注区域文化史与区域社会史研究，与姜鸣合著《阿拉上海人——一种文化社会学的视察》，先后发表《海派文化散论》《海派文化生成的社会环境论纲》《上海城市民众与上海小刀会起义》《论辛亥革命与东南地区社会结构的变迁》等论文。

正是在前此较为贯通的中国近代史研究基础上，沈渭滨教授对中国近代历史的发展有总体性把握，形成了一系列独到的见解。他认为，1840 年作为中国近代史的开端并不具备界标意义，因此后的中国政治上仍是王朝统治，经济上依然是小农经济的汪洋大海，社会心态上向西方学习社会影响也极小；而辛亥革命促成了中国政治结构的真正转型，冲破了传统的等级制度和尊卑有序观念，促使社会经济与社会结构产生转变。因此，中国近代史的开端应该是 1911 年的辛亥革命。

人物研究在沈渭滨教授学术生涯占据非常重要的地位，也取得了极为重要的成就。他总是能抓住人物的独特个性及其人物在历史变动中发生改变的社会历史因素，并辩证地看待历史人物的命运。他既反对神话孙中山，也不同意恣意贬低孙中山。他以为慈禧太后"做了许多误国害民乃至妥协卖国的勾当，但也做了不少顺应潮流、有利于社会进步的好事"。近 5 万言的《蒋廷黻著〈中国近代史〉导读》已经成为"人物与作品"研究的典范。《论陈宝琛与"前清流"》一文，以陈宝琛为个案，指出清流作为权力争斗的调节器和社会矛盾的平衡器，虽具有准集团化倾向，但作为"言官"，手中既无实权，自身又短于实践，一当权力争斗调节器作用消失，其消失也就不言而喻。

沈渭滨教授十分热爱家乡，“文化大革命”被关禁闭期间，克服困难在香烟盒大小的草纸上撰写5万余字的《七宝沧桑》二卷。晚年，对七宝古镇的修复和修建也建言不少，为蒲汇塘桥和老街修复撰写碑文，并撰有《七宝古镇巨变》《重刊〈蒲溪小志〉前言》《保护古镇就是保护历史文脉》等，提出古镇是中国历史文脉的聚合地，保护古镇就是保护文脉、保护历史遗产。由此，他深入地方史志研究，先后发表《乡镇志是研究上海人文历史的重要文献——〈蒲溪小志〉为例》《晚清村镇志纂修的成熟及其人文历史价值——以江南名镇志〈诸翟村志〉为中心的分析》等论文，提出晚清村镇志的修撰深受章学诚志学理论影响，已经越过明末清初村镇志纂修的草创阶段而趋于成熟。

沈渭滨教授勇于对已有定论做出颠覆，先后发表《洪秀全创立“上帝教”质疑》《洪秀全与基督教论纲》等，对洪秀全创办“上帝教”这一陈说提出了疑问；后来还发表《“太平天国农民战争”说质疑》等，对太平天国运动的战争性质提出看法；也曾发表《历史学科必需面对现实拓展研究领域》《史学三议》等，对历史学科面临的问题进行思考。

除致力于学术研究之外，沈渭滨教授在历史资料的整理、工具书的编撰和史学传播与普及方面也着力甚多，先后参与整理、编撰《张謇存稿》《上海总商会组织史资料汇编》等，主编《中国历史大事年表·近代卷》《天国寻踪——太平天国一百问》等，参与策划《北洋军阀》《大辛亥》《科举》等电视纪录片，并亲自上电视台主讲《慈禧真相》等。

沈渭滨教授为人刚正不阿，对后辈青年提携有加，不少学者的第一篇论文都是他亲手修改并推荐发表的。因此，虽自己招收的研究生不多，自称他学生的私淑弟子不少。他常常以陈旭麓先生为榜样教诲学生,曾致力于陈先生的年谱编撰与传记写作,终因资料等原因,未能最终完成,成为他一生的遗憾。

自20世纪80年代后期,疾病就开始缠绕于他。晚年,更是糖尿病、高血压等缠身。但他并不以病魔为意,而是将学术视为生命,生命不息,思考不止。2015年4月18日,因病医治无效,病逝于上海中山医院。

(张剑,上海社会科学院历史研究所研究员)

刘学照先生学术传略

孙邦华

刘学照(1935—2016),男,汉族,号“细流斋主”,江苏省盐城市建湖县人。教授、博士生导师,中国近代史研究领域的著名学者。1960 年,毕业于华东师范大学历史系,后留系任教,相继讲授中国近代史、中国近代思想史、中国近代史史料学、中国近代史专题研究、中国近代思想史专题研究等本科生、研究生课程,先后兼任中国近代史教研室主任、中国近代史研究室主任、中国中日关系史学会理事、上海中山学社理事等。在 40 余年的教学学术研究生涯中,尤着力于洋务运动史、中国近代思想史、近代中日关系史等领域,撰有《洋务思潮与近代中国》①、《话语与观念:近代中国思想文化的演进》②等著作,合作主编《日本帝国主义侵华史略》③,在《历史研究》《中国社会科学》(英文版)《近代史研究》《学术月刊》《社会科学战线》《华东师范大学学报(社科版)》等知名学术刊物发表论文百余篇,发人之所未发,新论频出,颇多创见,在海内外具有广泛的学术影响。

众所周知的原因,先生的学术研究是在改革开放之后正式起

① 山西高校联合出版社 1994 年版。

② 商务印书馆 2016 年版。

③ 华东师范大学出版社 1984 年版。

步的,并以“洋务运动史”作为研究的切入点、突破点。在对前人研究的成果进行系统梳理和整体把握以及对相关史料进行深入研读的基础上,关注到了洋务运动中的思想文化问题,并抓住王韬、郑观应、李鸿章、张之洞等关键人物的思想,于 1982 年撰文《论洋务政论家王韬》①,首次提出“洋务思潮”概念,1984 年著文《早期维新派的重民思想》②;在此两篇有相当学术份量的论文基础上,于 1985 年撰著论文《论洋务思潮》③,系统论述了洋务思潮立名的依据、产生的历史动因、洋务论者的共同认识、洋务思潮的歧异和分解等思想内容。学界较长时期未能区分洋务派与早期维新派(旧称改良派)之间的关系,并影响到对洋务运动的评价问题。先生将文本与史实有机结合,经过严密的分析,厘清了洋务思潮的源头及其之后的分化、转化的思想嬗变轨迹,透析出这一思潮的多层次的复杂的性质。文章创造性地提出:当权的洋务派官僚纵论于上,构成洋务思潮的右翼;不当权的爱国分子横议于下,构成洋务思潮的左翼。左右两翼在“古今之变局论”“借法自强论”“工商立国论”“中体西用论”等思想上大体上形成了比较共同的认识,但是,在重民还是重官、以政治改革为本还是以练兵制器为本等问题上存有根本的歧义。中日甲午战争以降,来自左翼的维新思想开始升华,形成为维新思潮。论文既深入剖析了洋务思潮内部复杂的两重性特色,又揭示了它上承接和发展鸦片战争时期的“更法”“筹海”思想、下启迪继之而起的戊戌维新思潮的三个时代思潮之间的内在逻辑联系。论文一经发表,立即在近代史学界产生了非常大的学术影响,“洋务思潮”概念很快被学界接受。该文是先生学术研究前期的代表作,并且为随后的洋务运动史暨中国近代思想史的深

---

① 《华东师范大学学报(社科版)》,1983 年第 1 期。

② 同①,1984 年第 4 期。

③ 《历史研究》1986 年第 3 期。

入研究奠定了思想、方法、文献等坚实的基础。此后,先生继续对洋务派的核心人物李鸿章、张之洞、丁日昌、刘铭传进行研究,尤以对洋务派主要首领李鸿章的研究用力最著。李鸿章曾言,"内须变法,外须和戎"是他推行洋务"新政"的总纲。先生对李鸿章的"内须变法,外须和戎"思想进行了阐释,相继发表了《论李鸿章的"内须变法"主张》①《略论李鸿章的对日观》②《论李鸿章和伊藤博文——19世纪中日近代化轨迹的投影》③《论李鸿章同伊藤博文的三次会晤》④《李鸿章与伊藤博文:中日近代化的比较和象征》⑤《李鸿章家书辨伪》⑥等系列论文,对李鸿章的洋务思想与活动进行精深研究。三篇有关李鸿章与伊藤博文比较的文章,对于两人的政治识见、行事才干、客观处境等进行比较,不仅诠释梁启超在《李鸿章》一书中提出所谓"吾敬李之才,惜李之识,而悲李之遇"的观点,而且认为这"是19世纪日本近代化潮流的成功与折变和中国近代化潮流的曲折与失败这两条历史轨迹撞合成的一种两重性投影",从一个新的视角论析了中日近代化运动的成败得失。

文献考据是一件颇费精力、彰显学术功底的基础性学术事业。《李鸿章家书》(或名《李鸿章尺牍》)曾经被研究李鸿章的学者广泛引用,先生利用中国传统的古籍辨伪学方法,结合相关史实,深入细致地一一分析了李鸿章家书中的时间地点人物错讹、虚构人物与事实、颠倒事实,从而认定李鸿章家书90通全是伪作。这项研究无疑对于李鸿章研究中的补偏救弊功莫大焉。

孙中山领导的辛亥革命是中国近代史上最有历史意义的大事

---

① 《学术月刊》1988年第7期。

② 《历史研究》1990年第3期。

③ 《近代史研究》1994年第3期。

④ 《近代中国》第5辑,上海中山学社。

⑤ 《贵州大学学报》1998年第6期。

⑥ 《历史研究》1996年第2期,《中国社会科学》(英文版)1998年第4期再刊。

变,先生对之倾注心力最多、研究成果亦最为丰富。先生延续自己的思想文化史研究的路径,剖析以孙中山为代表的资产阶级革命党人的“共和革命”思潮,首先撰著《论孙中山学习西方思想的演变》一文①,把孙中山置于中国近代社会思潮涌动,特别是近代中西文化关系思想演变之中,综论孙中山学习西方思想演变的历史进程与思想内涵。在《略论“共和革命”及其主要特征》②一文中,先生指出孙中山、邹容、章太炎等清末革命党人无不是“以共和主义为号召”,以“建立共和政府”为革命的根本目标。因此,辛亥革命的性质是资产阶级民主革命,但就其主要内容和主要特征来说,是一次实践“民主共和国方案”的“共和革命”,从思潮上说来,称之为“共和革命思潮”。与此前倡说“洋务思潮”的思路一样,先生主张依据其主要内容和时代特征为时代思潮命名,而不是以其外在形式命名。同年,在《清末革命党人民生主义思想新议》③一文中,针对学界既往把孙中山等人的民生主义等同于“平均地权”思想,提出“振兴实业”始终是孙中山和清末革命党人提倡民生主义的一个根本目的,与此同时,他们又不时表达“防止资本主义弊端”的“防于未然”的思想。“振兴实业”与“防于未然”既是孙中山民生主义的两个方面的思想内涵,又构成了一种历史悖论:既要“吸取”西方文明,又要“防止”它已出现的弊端,既要“追随”世界资本主义一体化,又要“超越”中国的“卡夫丁峡谷”;既“同情”欧洲现实的社会主义运动,又“担心”中国未来的社会主义革命。这种悖论,是中国进入 20 世纪后的一种“时代差”的折射。在《重议孙中山的民生史观》④一文中,针对学界长期纠结或争论孙中山的民生史观究竟

① 1986 年“孙中山研究国际学术讨论会论文”,收入会议论文集《孙中山和他的时代》,下册,中华书局 1989 年版。

② 《华东师范大学学报(社科版)》,1992 年第 1 期。

③ 《学术月刊》,1992 年第 4 期。

④ 《学术研究》,2002 年第 1 期。

是唯物论还是唯心论的问题，先生认为由于以往论者往往是从一种单一的视角去衡定“民生”一词的内涵，未能把握孙中山对民生和民生史观的表述具有一种复杂性的特点，其根据孙中山的“民生”一词的使用及其具体解释，全当属于“社会经济”的范畴。孙中山的“民生”论和民生史观，言近旨远，表现出一种自觉地“在有关的时代的经济学中去寻找”“社会变迁和政治变革”“终极原因”的真诚的努力。并且强调民生主义作为孙中山民生主义学说的政策和“办法”，包括发展近代生产力和“预防”资本主义生产关系“弊端”的两个方面的含义。在这一时期，先生还撰写了系列论文，论述了孙中山的近代“新中国运动”、世界理念、开放主义、近代国家等思想，多角度地分析孙中山思想的内容及其特色。尤其是在《孙中山与新中国运动》①《论孙中山建设新中国思想》②等论文中，对孙中山的“新中国运动”思想的挖掘，独具慧眼，阐发其中的微言大义。先生认为“建设新中国”是20世纪初年的时代最强音，而孙中山是“新中国运动”的开创者；他从创立兴中会起就有了建立新中国思想，20世纪初年所倡导的共和革命更发展成一场“建设新中国”的历史运动；孙中山的“建设新中国”思想具有构建中华民族“共和民国”、走“实业发达，民生畅遂”的道路、“作成一中西合璧的中国”等政治、经济、文化三个层面的目标，具有深刻的现时代意义。先生对以孙中山为代表的革命党人的民生主义思想、民生史观和“新中国运动”的阐发，标志着先生的学术研究进入到了一个新时期。《清末革命党人民生主义思想新议》《重议孙中山的民生史观》等则是这一时期的扛鼎之作。

先生还对清末民初中国人的对日观、庚子事变后的“东南意识”、近代中国的民族觉醒思想、清史编纂体裁体例等进行了探索，

① 《史林》2003年第3期。

② 《历史教学问题》2007年第5期。

并且从清季诗史中去透析时人对林则徐、戊戌维新、义和团运动等重要人物、重大事件的咏怀与评析。

先生学术研究带有鲜明的特色，既有丰富的文献基础，又有独到见解，从而让冷冰冰的史料顿时变得鲜活、灵动起来；既高屋建瓴，富有整体观、宏观性，又从细微处着手，探幽索隐；既以史学方法、史学观为本，又注重借鉴社会学、哲学、政治学、经济学等学科的理论和方法，使研究和分析带有明显哲理性或思辨色彩。史料丰富但不冗繁，文字优美而不华丽，识见独到但不空发议论。先生在学术生涯后期非常重视理论思考，总结出了“循常”（“从同”）与“超越”等历史悖论，并且将之运用于对以孙中山为代表的清末革命党人的民生主义思想、民生史观、近代化思想的论述中①，既体现了先生的世界历史整体观与中国情怀的结合，更显示了先生这一时期学术研究思辨性的特色。

先生之学山高水长，“仰之弥高，钻之弥坚，瞻之在前，忽焉在后”。先生虽已驾鹤西游，但先生对学术真理不懈探究的精神，与所取得的丰硕成果当泽及后学，嘉惠学林。

（孙邦华，北京师范大学教育学部
教育历史与文化研究院教授）

① 《“从同”和“超越”：孙中山近代化思想的特色》，《社会科学战线》1997年第5期。

书　讯

日本学者著作《孙中山与“科学的时代”》出版

易惠莉

日本学者武上真理子的著作《孙中山与“科学的时代”》于2015年11月由社会科学文献出版社(北京)出版了。该书是作者2014年在日本劲草书房出版的《科学的人·孙文——思想史的考察》的汉译本①。而《科学的人·孙文——思想史的考察》则是作者在2012年向京都大学大学院提交的博士论文的基础上修订而成,此书的各章,几乎全部在日本出版的学术著作或刊物,尤其是京都大学出版的学术著作和刊物中刊登过,刊出最早的时间是在2007年。对于中国的孙中山研究者,尤其是上海的研究者而言,武上真理子其人其事并不会感到陌生。比如,《孙中山与“科学的时代”》中的第一章《孙中山的科学观——出发点与高度》中的部分内容,作者曾以《孙中山的科学哲学——以〈孙文学说〉中的“生元”说为中心》为题,在2008年8月中山学社举办的“‘孙中山的《建国方略》’国际学术研讨会”上发表过。此后,该论文被选刊于2009年12月中山学社主办的辑刊《近代中国》第19辑;又如,该书的第四章《孙中山与工程学——“太平洋时代”的上海港》中的部分内

① 上海中山学社主办的辑刊《近代中国》第25辑,发表过易惠莉撰写的《最新研究孙中山力作——〈科学の人·孙文思想史的考察〉》一文,对该书内容作了大略介绍。

容，作者曾以《孙中山“东方大港”计划的历史地位》为题，在 2011 年 10 月中山学社为纪念辛亥革命 100 周年举办的“‘辛亥革命与上海’国际研讨会”上发表过，并被选刊于当年 12 月出版的《近代中国》第 21 辑；该书第三章《孙中山的〈实业计划〉——中国经济开发计划的背景与工程师》中的部分内容，作者曾以《全球史中的〈实业计划〉——孙中山的中国经济发展计划与工程学》为题，在 2014 年 11 月中山学社举办的“‘纪念孙中山：全球视野与中华振兴’国际学术研讨会”上发表过，并被选刊于《近代中国》第 24 辑。

读日文版的《科学的人 · 孙文——思想史的考察》，可以从该书后记中看到，作者从有志于孙中山的研究开始，到博士论文的提交，以致在论文基础上形成此书，历经了十多年的岁月。从一个专题研究而言，或从一本著作的撰写来说，作者花费的时间不可谓不长。而我们又可以从《孙中山与“科学的时代”》一书中看到，此书正文内容有 252 页，而作为参考文献的史料、著作和研究论文目录则有 33 页，其中除大量的中文、日文文献外，英文文献就有 7 页之多。由此大体可见，《孙中山与“科学的时代”》一书所蕴涵史料的多样性，所参考吸收前面研究者的研究精华内容的丰富性，以及作者用功之专和用力之深。尽管如此，作者在《孙中山与“科学的时代”》后记中写道：“原著出版时，笔者曾甚为忐忑。把著名的革命家孙中山称作‘科学人’(man of science)，并试图描述受同时代大众科学熏陶的孙中山的科学哲学，这一尝试会得到怎样的评价？”以此可以体会，作者从一开始就为自己的孙中山研究设计了一个前人未曾涉及过的新题目。作者在日文版的《科学的人 · 孙文——思想史的考察》后记中亦提起，在回答他人的提问自己的研究题目是“孙文的科学思想”时，一般的人都会露出讶异的表情，再接着问：“你是理科出身的吗？”可知将孙中山视作为专业的革命家，无论国内外，毫无例外。要将孙中山视作为“科学人”，并研究其“科学思想”，其题目不但是新，亦很难吧！不过，令作者“没有想到的是,原著出版后竟在学术界得到较为热烈的反响。……而神户的孙中山纪念会授予笔者以日本孙文研究史著名学者山口一郎先生命名的‘山口一郎纪念奖’。”日本的历史学研究期刊《东洋史研究》《史林》《科学史研究》《孙文研究》等学术刊物都分别发表了学者们的书评。这是对作者研究最好的肯定。就此而言,作者的“尝试”获得了成功。

对于自己的研究获得日本学术界好评以及中译本将在中国出版之事,作者在《孙中山与“科学的时代”》后记中指出:“日本学术界的书评的着眼点在于拙著的崭新视角,即为已有深厚积累的孙中山研究开拓了新领域,为今后的研究拓展了进一步发展的可能性。不过,汉译本在孙中山为之毕生奉献的中国出版后,读者的观点自然又会有所不同。本书内容及研究方向,与将孙中山视作‘伟大的革命先行者’(毛泽东)并试图构建其政治哲学的‘正统’研究不尽相同。唯其如此,笔者愿意并期待得到中国学者的严厉指正。……若本书能对21世纪的中国孙中山研究多少有所启发,笔者将深感荣幸。”

(易惠莉,华东师范大学历史系教授)

史 料 辑 录

叶贞甫先生家训

（第一、二卷）

徐　鹏　标　点

叶尔安(1834—1877)，字贞甫，号补藤，附贡生，浙江仁和(今杭州)人。

《叶贞甫先生家训》共有 87 通，其中前 84 通是写给弟弟尔宝和长子叶济同览的，系尔安于同治十二年(1873)至光绪二年(1876)单身在河南游幕游宦时所写；后三通是专写给长子叶济的，此际尔安已归寓杭州家中，而叶济正赴北闱。1943 年，尔安长孙，即叶济之子叶景葵将这些信件全部用毛笔抄写，成一册四卷，总约 6.4 万字左右，命名为《叶贞甫先生家训》，珍藏于当时的合众图书馆。目前，读者可从上海图书馆查阅到全部《叶贞甫先生家训》的电子文本。《叶贞甫先生家训》内容是很私密性的，正是由于其私密性，故足见其真实性。这是一份反映同光年间下层官员的工作和经济状况、大家庭的生活、子侄的科举教育、官场及亲属之间的人际关系的实录。对研究晚清史而言，史料价值很高。自本辑起，将陆续登载，以飨读者。

第一卷

二弟率龄儿同览：前日回城与竹孙、右泉均尚不十分嫌累否？念念。兄十七(　)间外[①]，十八宿双桥，十九至石门湾，

① (　)中为抄写本中字体辨认不清字，后文同。

今日未刻抵嘉兴，计廿二方得至苏。船中宽展，甚是适意。高老翁及忠甫晨夕晤谈，亦不寂寞。家中想均安好，每月无事发一信，有事发两信，吾弟与龄儿可各写总寄。此月廿五六即可发信，兄到汴便得接到矣。俞妈做家常菜极好，每餐柿子碗两满碗，昨午溜江鱼颇嫩，又添半碗，看来出门饭量可要比在家好了。左翁姑岳可为挽留多住几日，想不嫌简慢也。廉史先生别来益觉依依，先为致声，途次再布。十五会艺，想已缴至太平桥孔检翁处，廿五课可送至林筠翁处讬缴吴柬伯处。尚有小匾一块，不必再糊，可取回存厅楼上。此间安好。葭、新两儿切勿抱到轿厅上，可随时嘱咐之。二十日贞甫字。

二弟率龄儿同览：嘉兴寄一槭，到苏又由唐云泉文处寄一函，附关宅租约等件，送至子桢兄信，想均次第早达矣。家中谅各平安？媳妇归宁，想必回来过节？葆怡之病能渐有起色否？廉史先生午节曾否渡江？阿龄用功切须自己上紧，睡眠不必过迟，晨起却须极早，趁这几年尚无须分心家事，要想成就功名正在此时。进乡场须先考遗才、策问，式样不晓得亦须先试一二次，以免违式。闻今年仍恐人多不能全取，勿大意也。[①] 你不必看别人样，就看廉史先生除教书改文外，那一刻不自己抱着本头口诵心维，无怪社课中大家考他不过，闱中决胜亦即此可见。"皇天不负苦心人"非虚语也。长生内侄务要格外驯谨，听受先生教训不可违拗，亦所至嘱。葭官儿粥饭不可多吃，吃过粥饭后不可就吃乳。假山上、风头里，可告知老齐们勿抱去，轿厅上及门口尤不可去，若有小毛病，万不可乱请医生，儿科中不介堂即前此请过者王端堂大家皆说他不好者。新官儿近来大便可否通利，犀黄服后如何？此却不可常

① 此为原夹在抄写本文中之小字，后文亦同。

吃者。竹孙喜事未知林筠翁已拣出日子否？严宅亲家母年庚，前讬七老太太去问，可嘱竹孙往询问明寄来，以便兄托人择明年秋冬间喜期预先通知。新郎年庚今年是否廿一岁？兄偶记不清楚，亦可托竹孙一问，来信一併写及为要。少鹤想已从上海回来？渠处用兄二百元曾与少鹤说明，今年正月为始，按月一分起息，嘱立一摺子，可交静姑收存。兄曾用其二百元也，此摺少鹤如未交来，可托义伯向其促取，至息洋或半年一取，或按季支取均可。郑畹九兄有信否？其黄疸病是否已愈？颇为念之，渠存胜和行之款如不来取利，到五月底可持此五个月利钱，存入折内作为收款，此折在阿嫂处可向取，亲交兰仪昆仲面问注明，带回收存。渠尚有百五十元係银子换者，与胜和行无涉，係兄今年不敷凑用下去，曾告畹九四月为始，八厘起息，此款大约七月底兄可寄回为之另存。渠若来问，不必向其明言，只须云八月间可以取息，盖与之明言兄用，畹九必不肯收利钱故也。缦卿兄回堪中有信来否？托廉访为之荐馆，曾答应两三月内可得，不知有无消息？如三两月无动静，恐其事多忘却，兄曾托过孔检翁便中一促。①

二弟率龄儿同览：袁浦寄一书，计日内当到杭矣。兄于月之十八日安抵大梁，在南门大街梅卿兄公馆中卸车暂寓，一路贪眠健饭，毫无风尘之苦，炒鸡蛋捲单饼，喝糊涂嚼蒸馍，到口都觉香甜，看来是命该还要吃几年北方灰土也。旱道天气屡经雨势而未下，大是老年了，晨间开车尚须穿两件棉衣，中午只宜单袷，毕竟节气迟，尚不热耳。陈贵尚好，俞娘亦极得用，此间须添用跟班一人，刻尚未定好。在梅卿公馆中还是李贵，杜外，小陶，均可随便使唤，里面老妈儿，老方，老崔亦都在

① 此函无日期。

此作客，如在家一般。近体亦甚舒适，可告知阿嫂勿念。廿三日拟缴咨禀，到有好多日忙碌。六月初旬约可请假渡河小住，石老翁精神闻健旺如常，老九秋间完婚，三小姐许字朱老四，闻今年也拟过门。上之分彰德，景况颇好，每年可有千余金出息，补署却尚无消息，亦正可不必急急。百甫尚未通信，拟亦约其至辉晤叙。夏章九月间嫁女，前日甫经回去。嗣堂处一切均好，琴妹近来毫无病痛，居家颇井井有条，极能省俭，每年连旅脩房钱在内，不过用四百余千已能敷衍，男女下人连在局中者亦有六人，小小公馆恰尚自成气局。熊儿做四韵诗虽不能好句子联贯，不失平仄，惟瘦弱似更胜于前。桂儿结实之至，读书质地远逊于乃兄。梅兄山西之行须俟信阳交案定要后，才可打算起来。芝兄欲至宋营未果，刻尚无事，甚是着急。兄劝其且再赴北闱一试，尚不知其意如何。七老相公下月定见入都，七太太、梅夫人、小保、小毛均好，可告嫂氏一声。廉史先生节间曾否回去，想回去亦必已到馆？随后另布，与亲友见面时均多多致念，言我初到不及写信也。兰仪即专人去苏翁处，合署安好，但缺苦想调尚无机会耳。匆匆泐报平安，余再续言，即问合家都好。五月二十日，补藤手寄。

二弟率龄儿同览：清江之信及到豫后由需局马递一械想均次第可到。五月廿八日得第一号邮寄家言，知嘉、苏两书达到，合家平安，甚慰远念。廉史夫人之病可能见愈，先生何日到馆？抑已邀人庖代？照厅有日光射入，师生宜暂移正厅上读书，前已告及，想必照办。阿嫂及弟妇谅均健适？夏来乳尚够吃否？葭儿、新侄想日知嬉笑，定是可人，饮食寒暖及顽耍一切，可告知阿嫂切勿大意。龄儿场期伊迩，自当加意用功，诸凡亦宜自己节慎保重。媳妇想归宁歇夏？葆怡之病如何？其太夫人尚康健否？亲家太太旧时老病能不发否？葆怡所要地黄、党参，得人便即为寄去，晤可告及并告以陆吾山改派办理陕西转运局，故尚未得晤兄也。兰仪、姚太亲翁处合署安好，送件已交柳堂附便带去，尚未得复。小苏已引见，即日可到河工以通判候补，现在河工同通已在百外人数，只有七个缺，不知要补到何年月日才是补期，此举亦不过闹热衔门耳。石老太爷有信来，言近时精神略逊。朱宅换门亲，秋冬间以次成礼。上之在彰闻颇得意，传闻行止亦渐老成，此恰可喜。百甫忙不可言，一日都离不开。兄想约其或来省或到辉一谈，看光景竟做不到，此种朋友亦可谓肯出心力者。嗣堂公馆省俭从容，大是难得，近来嗣堂亦竟无半点嗜好矣。梅卿又患脚气，出毒不能行走，口味渐渐见好。芝圃欲图一事，迄未有成，运气殊不为佳，近欲劝其再试北闱，渠亦了无意兴。七老相公馆李宅，早晚回家一转。此间寓中亦均平善，可告阿嫂勿念。兄廿五缴咨，各宪均已谒见，想待光景尚好，院署文案恐不能免，已讬人婉陈少缓再定主见。过十五后拟渡河至辉一转，日来往还酬酢，刻不得闲。廉史先生及石农表叔已去，诸弟、子桢、典玉、义伯、琪园、典三诸君均为兄一一致意，少暇再布。竹孙、长生想都好？并念。余俟廿前有汇件信去，续罄。手此即问合宅安好。六月初五日午后，贞甫自汴梁南门大街行宫角口马寓泐。

二弟率龄儿同览：到后两发家言，一递仁和，一递臬署托送。此间已接得第一号信，日来颇盼得二号续讯也。合家想都平安？葭、新两儿乳食能否充足？天气暑热，切勿抱到太阳晒过处坐立及到门口顽耍，望切嘱之。廉史先生何日回馆？师母病能瘉否？场期将近，万不可有拂意事，良为念及。阿龄须将一切下场规矩及应备考具等物，请过来人；经文策本及窗稿，义伯处所有者可早向借定；润二先生下场本头及窗稿算来未曾遗失，便中或请汝岳母一找亦可。诗稿目录乃补刻一首，已刻好否？场前或有人刷卖最好，曾与典三兄谈过也。石门缦兄馆事，士翁处曾为推荐否？若无消息，或托检翁一询，濒行时兄亦与之谈过。竹孙亲事，筠翁处择吉何日？百甫有寄银三十两，届时兄亦送仪洋十元。林宅添箱礼却不能太轻，或四包或六包，可斟酌而行，渠送我们题幛，约总在八九千文光景，我们配礼亦总须约值此数。石农表叔常见否？己生、西奏、少鹤想均好？少鹤处二百元折子已交来否？如未交来，可向催取或告知义伯索之。屈墙门内舒垕斋如来问信，可告以豫中甘局捐输恐不可靠，已托人在甘肃总局去查矣，查到再寄信告之。兄现拟十七日请假赴辉一转，来去不能过十日，须赶在二十六回来，因出月即须搬入院署办理章奏稿件。外边本无公馆，亦省却许多琐碎事，薪水所入除喂养零用应酬外，尚可盈余，毕竟胜于赋闲也。百甫处此番不能迂道相见，渠亦竟不能走开五七日，相距咫尺，晤觌有如此之难，亦非始愿所及。兰仪时有信来，合署皆好。小苏日内当可到工，王霞丁兄亦赴京引见。季姑太太精神意兴仍如旧，如此公馆亦难为他替人撑持，殊不值得耳。匠课、会文自先生回绍后能否照常举行？蓉孙能常与课否？嫁事能否自己回来，只好明春再行定见矣。茧紬俟有妥便即寄。葆怡病体如何？党参、地黄已购存等便，药材非妥人不敢带也。兹有汇交成裕转送银洋各款，另单逐一注明，可交阿嫂查收，分别存交。余续，即问合家好。六月十六日，贞甫手寄。

二弟率龄儿同览：到汴后迭发三信，想次第可到。此间自得四月廿八日家信后，五旬未得续讯，甚为悬念。昨甫递到第二号安报，良以为慰。阿嫂过江月底回来，想此时必已到家月余，身子谅亦健好？葭儿无乳吃，雇觅乳媪自不可少，回来时想必找寻妥当？乳水能充足否？葭儿食量太大，不可过于吃饱，粥是谷食，亦仍宜参喂少许，但心里仍切须留意，望告阿嫂咸为要。新官大便须七八日一解，自是大肠燥结，万应散亦非可常吃之药，医药儿不可乱投；为时已多月，别无毛病，似只宜频频以金银花等平和清凉之品随时服之。乃母亦不可多吃，恐乳中或有火毒故也。先生想已到馆？师母病已全瘉否？老虎读书不在贪多，总以熟为主，此子悟性尚好，经书便迟几年读完到也无妨。长生想亦同阿嫂来杭，转晌又要到县考，切须自已加功。芝圃定于月之十八日同七先生赴京乡试，日来梅卿脚气尚未愈也。兄于六月廿八日奉钱中丞札委综司文案章奏，每月薪水五十五两。于闰月初二到院，十一日移榻署中西花厅敬事堂内，屋宇尚属宽大，惟近日热甚，且因初秋雨多，湿气薰蒸颇觉难受。公事较从前简少，不过中丞时常要来商量各事宜，却到不大走得开耳。少珊处定来之油，其价可即凑出交还之，此人只有兄在家时尚可与之来往，遇事须留心及之。蓉孙处母子年庚可嘱竹孙即去问明寄来，以便选合吉期。明年办理此事，兄之能否回来，正不可知，须赶早预为部署故也。阿龄进场应用考具纸本各物，一切可问先生及石老叔照办，遗才想不久即考，能不至遗出否？池子现已过梅天，可托王慎翁去叫朱匠来修，此係包做，漏了总是他的事，不过修好后，或请慎翁酌量给贴酒资若干亦可。翦过之树曾否抽芽？藤花是否发叶？桂树及里院橘树如何？应补栽之树便中亦可告王慎翁见老如时，嘱其冬间来补也。各处访信四包，本托车老八带回，因渠至今未动身，故又要回另寄，住址均另签注出，到后即令庖厨分送。又各信并葆怡所要党参、地黄也即交去为要。郑畹九信内由西兴杨姓行中寄党山，却不是席贵行，一时记不起字号，其病不知究竟如何？係为念之。缦卿兄馆事，兄当再致廉访傔之。兰仪尚无信交来，想因天热之故，收到物件则已有复，兄之函无误也。老九及三小姐掉门亲，均在八月间同日完婚，届时拟请往贺，因前未赴辉耳。此问合家均好，信须勤发为至要。兄安沥于大梁使署，闰月六月十四日。

二弟率龄儿同览：十四日货客冯惠政之便托携一信又各处函，及葆怡所要之怀地潞党，不知何日达到？十五日晋豫交来六月十一日家书，知嫂氏归来乳媪雇就，家中大小均好，良慰远念。廉史先生已到馆，阿龄须格外用功，遗才想等新学院来考，大约要在七月半后矣。进场虽不过学习规矩，但也要三万文章词达理顺，出来才对得住人。头场文诗题目望于初十日发一封马递信寄来，勿忘。樵舅处代购之件此时可以不必购寄，兄八月间拟去贺婚嫁之喜，尚不知走得成否？兰仪日前有信，送腐乳、小菜来，信中言复吾弟书已交晋豫，可曾收到否？嗣堂处均好，渠亦有一信另托冯惠政带去也。严处姑婿年庚，可嘱竹孙即去一问寄来，以便请人细合。绍兴米钱账已看过不错，便中可告知齐老官一声。日记单以后照寄，尚宜详细，譬如分课卷便须有文、诗题；蔡宅做寿便须写出送何物、收何物，诸如此类，愈详愈好。信封后面补藤书屋“藤”字误作“籐”，以竹代草，抑何粗心乃尔！岂竟尚不知藤花之藤从“艹”耶？百甫又发心摇病，且生疖子，其岳母已自扬州到滑去矣。芝圃同七老相公十八日动身进京乡试。长生所写家信言及三元先生为阿嫂诊脉，说是又坐喜，到底近来味口一切如何，即盼寄知。兄日居院署酬应，颇懒，不过隔五六日出门一次，所有公事均在兄处归总，故亦不大走得开也。昨买茧紬四疋，为静姑做嫁衣之用，出月有孙吉生兄家眷回南，讬其带去。新儿生疮已好，大便渐利否？葭儿不雇乳媪尚能充足否？新妇歇夏已回来否？闻杭州颇旱，近已得雨否？豫中合境平安，可勿念。此问合家好，余俟孙处家眷行时再寄。闰六月廿五日安言。

二弟率龄儿同览：闰月十四交冯惠政兄带去一函，廿五又马递臬署一函。廿七晋豫送到第四号家书，藉知合家平安，深慰远念。阿嫂坐喜，一切须嘱其格外保重，保产无忧方可照从前服法，按月递增，切勿间断。葭儿食量太大，吃乳及粥饭不可尽量与之，总以半饱为率，粥饭前后不可吃乳，恐乳妪不能留心，须嘱阿嫂时时自己照管也。新儿多病，却是可虑，但孩子太小，日日吃药断非所宜，近来亦无好儿科，万不可杂药乱授为要。阿龄寄来文章四篇，却都有道著处，但布局总不知蓄势，出题又多老实，直致弄得题目全成呆相，此即一篇文章血脉交关处，切须加意。原文寄还，改本可时时揣摩，慎毋改后便尔藏搁，负却先生苦心，总要将自己原作所以不好处，先生改本所以好处，将其中道理两两推勘，方能得益，且见功最快也。以后寄来之文必须自己录一稿子出来，恐往来或有寄失之时，不能不虑。阿龄此番信中何以无日记零星事，诸如此类，笔墨之事总不可厌烦，人而无恒，南人所戒，慎之。信中"籐"字再悮，而"朱"字又悮作"珠"，美人"茶"悮"查"，尤奇，可算得一个白字秀才，能而无愧煞耶？朱藤到后年便须搭木架子方长得开，美人茶要看冬天开花如何，两桂有花否？里边小院之桂甦否？绿萼梅要叫如三多补种，另外买他硃砂千叶红梅一株种两山缝间即原种有梅处如已发，则不必再种，牡丹何以植两株，是哪两株未写明白。将来拟有黄河船，便带几盆回去补栽，紫与白皆杭中所难得故耳。书籍字画，晾过后想已各归原处，无论何人概勿借之，并勿轻与人看为要。兄住在院上，隔五六日出门一次，饭量到比在家时好，想是应该辛苦劳碌的命。此间公事亦比从前少些，到来就办，每日尚觉清闲，有同事事可谈，亦不寂寞。竹孙风诊愈后，此时想已进馆，筠翁嫁女可送裙花挽袖等，针黹一緞盒，佐以烛碗酒腿，是赘姻不送碗，亦可送壁灯，我们收过他一个幛子，总要他收得重些也。元官十岁可送他( )仪两元。记得葆怡要山药粉，俟新的出来再带去。严处年庚即请钱七老太太询之。兹托孙吉生兄家眷带回春丝绸四疋，内有一疋未湅本色，可叫湅坊去湅。兄因此间绿色不好，以无月白色，湅后可合成料子去染也，即湅白之一疋要染也可染得，此绸即留为静姑做中小袄裤等料之用，价值甚昂，要二百余文一尺，不过比棉紬似耐看耳。静姑也不可少应做之衣裳，可嘱阿嫂斟酌开出一个单子寄来，等兄斟酌后寄回，以便明春动手，好做旧存之前头，阿嫂家常衣衫在静姑处者，可令捡出一看，可抵用即抵用，或尺寸短者可为另做。短者可与媳妇穿也。钱小筠叔岳处千五百元之款一时不能张罗寄回，原係八月底期票，可将利洋四十八元即前此寄回各款单内所嘱留起者，同信一并呈交小筠亲自查收取，复信未封口，阅看自悉，看过仍须封完。此款本算我替他经手，不必说破。石门一函即加封交局寄为妥。余续布，即问合家好。七月朔日，兄安自中州节署寄外马信件付。

二弟率龄儿同览：冯惠政带去一函，并潞党怀地又一函递廉访处托送，又一函交孙吉生兄家眷回南之便，附春丝茧四疋，并托其到清江买千文白面带杭，想次第可到也。日来颇盼第五号家言，尚未得接，想合家定都平安？遗才场日内计须开考，阿龄不至遗出否？阿嫂身子健否？切嘱格外小心。葭儿乳食已足，想较前好看，总不准抱到轿厅上及大门口为要。新儿一切毛病都已好否？幼孩不宜时常服药，况无好儿科，倒总把他摆治坏了，有命者自然长成，亦不必过于愁虑，但须饥饱寒暖刻刻留意，便是保赤之道。阿龄初次进场，尝此滋味，这九日辛苦下来，尚不十分困乏否？场后宜加意养息，前信已嘱将头场题目初十寄马递信来。此信到时，计三场已完毕，正场三文一诗即抄好寄到。廉史先生昆仲首艺亦录一稿子来，韵泉之文如何？有抄出者也寄其为盼。两主试皆时手，闱墨未必甚高。宗宝公处不知眼光如何耳。春暘先生想来送考，为我请安。吴融诸公不知以何人场作为最，想春暘先生必谈及也。兄眠食仍适，公事亦皆顺手，可以勿念。何雨林去，琴妹有挂面一篓两匣可两处分之，又苌乡柿霜两匣乘便带去，外致辛翁及叔粟兄两信到即送投。余续寄，即问大家好。七月十五日，兄安手泐。

二弟率龄儿同览：月之望日何雨林回南，寄一信并托带挂面，想中秋前必可到杭。前寄各函件，谅次第亦可达及矣？兄自接闰月朔日来信后，至今又将两月未得家言，甚以为念。阿嫂身子想必安好，胃口是否照常？葭儿乳想够吃，呀呀学语当是可人？新儿近无毛病否？阿龄场尚不觉十分辛苦否？今年本不能作痴想，明岁又有恩科，係都门信息，当必确切。场后须好好用功，有此一年光阴，只须步步长进，理气清楚而局面畅满，便是可中之文。是非难到之境地，但非努力不可耳。媳妇歇夏，谅已回来？葆怡之病毕竟如何？老太太康健否？亲家母旧病不常发否？元官读书如何？竹孙患风疹后谅已早愈，喜事办后是否即同筠翁至常州盐局？严宅年庚已问明否？明年有乡场，似諏吉亦宜在冬三月，至早则九月也。辉县时有信来，老九喜期八月十八，三小姐亦是月廿日出嫁。樵舅定要兄去做冰人，但恐此间走不脱身，尚未能定。小苏已引见回来到工，闻此番在都门又极荒唐，老翁睡在鼓当中，可怜可恨！兄眠食俱好，全家可勿念，此问各好，廉史先生前请安，晤见亲友均致意。兄安，七月廿五日灯下。

二弟率龄儿同览：七月下旬寄递蒯廉访转交一函，日来计亦可到。七月廿八日得第五号信，八月十二日得第六号，均由晋豫来，尚为快速，藉知合家平安，慰我远念。阿龄出场尚不疲乏否？题目文章想已寄出，廉史先生场作得意否？吴融诸君日内均将渡江矣。子桢处交去汇件，知已照收无误。严家八字收到，俟请人选择吉日，定见后再为寄知。衣服单均已看过，应添做之家常所穿者，亦皆不可少之件。前已托孙吉生兄家眷之便，带回茧紬四疋，刻下又托车八兄带去本色茧紬二疋，因玫瑰紫颜色亦不好，故买本色到家染色，总当较此间为胜，且可合成料子，随便剪开去染，大约品红、品蓝等色亦皆可染也；本色棉紬三疋，月白与绿亦南边染得好；外又布与木底辫子等各色。各绸料均贴有箳条，因恐关卡盘查之故，其实皆自己之物。车老八到后自能交代清楚，渠到时可留其便饭，只须略添两三样菜耳，将来出来时也托其到杭取信，大约总在明春矣。又山药粉系怀庆道地者，记得是葆怡所要，非葆怡即是高老翁，可先问葆怡一声。徐老太太病有转机否？倘或不测，则殁后须即送被褥四事，并杭州树灯四种，时送幛子挽对四事，别无女儿，则六七须送供席去开荤也。杭地近得透雨否？河道可能通畅，绍兴田收成约有几分？想受旱亦复不轻。中元送礼单办理极是，吴冠云开香送二斤，大约绛香四事，称呼係姻愚弟。一谔嗣母去世，应送楮仪一元，亦俟其开香时送之，称呼係姻愚侄。此种事但能留心，皆可类推。竹孙往无锡就赘，此间省却许多浮费，想此后不复再来进馆。先生榜后若中，可与之商请一人庖代。我们仍送陆先生关书，不中亦可于十月初间送。明年关书写式样附去。向来无聘，但须吾弟衣冠亲至其房作揖面送，年年兄皆如此，此绍中规矩之最重者。所欠义伯床架洋，兄竟一时忘却，晤时可告以随后寄还。复泉钱十千告知子桢由彼处付还，俟兄与之统算。八月间不敷零用，同前用阿嫂洋款，今冬皆可寄回，嘱其放心。扇子已请姑太太去画，后有妥便再寄。馆中明年少一竹孙，兄曾与先生说过，请其自找附膳学生一人，膳金亦归先生以资贴补，便谈时可再告之。静徵婚事，兄能抽身，必回家一转，但一切事断不能等兄归后办理，且俟日子拣定，当将大概应备之物，酌开一单寄回，明春次第动手，今年亦无此款也。家中亦可商量酌开一单寄来，彼此斟核，因恐兄有想不到者故耳。家常衣服，如茧紬、棉绸、冬夏布者似不值得叫裁缝做，或托绍兴雇一女裁缝来，似为合算，可告阿嫂酌之。天旱想池内无水，池子已否修好？桂花开否？其余各树如何？橘树到冬天须用稻草扎根上，以厚为妙，此树最易冻坏。晤张寅伯世叔时可告以其本家献廷先生现任考城县训导，带来之信早经寄去，回书未见交来，或渠处业已另寄亦未可知。寅伯如不常见，便中即专往告之。阿嫂身子近想安好？胃口如何？临月已届严冬，房中窗隙须早糊严密，切勿大意。生化汤方子开去，一经胎前产后，务嘱小心为要。葭儿食量过大，必须随时留意，小孩子总不可吃得太饱。谚云：若要小儿安，常带三分饥与寒。古话自然不错也。兄眠食均适。辉寓喜事，因中丞入闱，署中诸事均嘱照料，以故仍不能去。此问合家好。八月廿日，兄安泐。

二弟率龄儿同览：廿日车景山去，携信并茧紬等物。廿五日又有耿少楼大令之便，托带衣物布疋附信一件，计九月中旬次第可到也。日来颇盼浙闱题目，前信曾嘱于初十日发马递，算来月杪月初总该可到。廉史兄场作未识，就正春暘先生能许可否？此间头题“信以成之”，二题“夫政也者蒲蘆也”，三题“尧舜之道孝弟而已矣”；诗题“兰叶霞光秋月上得‘光’字”。已定重阳日放榜矣。吾杭究于何日得透雨？昨见绍兴信，言秋收尚不到减色，果否？近来米价能较平否？耿少楼如尚未行，望于画箱中检寻兄之《繁阳振粟图》，及润生亲家记文，各人题詠诗句，均係横帧，约有六七幅望检齐包札完好，交託少楼带来，或少楼已走，闻车景山十月内亦必动身，过杭时如来讨信，即以交託。此信无要言，故马递仁和，饬送看其迟速如何。此问合家好。八月廿九日，兄安手寄。

二弟率龄儿同览：车景山回南，携信并茧紬等物；耿少楼赴杭，又托带衣包线盉布疋各件想可一一收到，续又邮寄数行，拟托少楼来豫带《繁阳振粟图》及题咏各幅，不知能赶及否？此间自收得七月廿一所发来信后，至今尚无续到之函。阿龄出场，想弟必有信寄出，不知何以迟迟未到，深为系念。场中谅必平安？题目早在方伯处得信，头题似廉史兄尚对手，场作想甚得意，亦甚盼之。绍田收成如何？米价近日渐平否？河道已否通畅？葆怡处病，人毕竟如何？媳妇近已回来否？阿嫂起居切嘱格外小心，近来饭量能好否？严冬坐产最怕风寒所侵，房户窗缝均须用双层细白皮纸糊之，临产及产后亦不可不用火盆，保产无忧方月分已近更宜多服也。静徵要画扇两把，皆小姑太太所送，鸭脚扇已托席君镜泉写小楷，折扇或请廉史先生一写可耳，兹乘秦果严先生以目疾赴杭就医托其带回。余容续寄，即问合家好。兄安手寄①。

二弟率龄儿同览：十七得八月廿一寄第八号信，知合家平安为慰。初十所发第七号臬署马递一函竟尚未到，再迟则恐浮沉，不審别有要言否？车景山、耿少楼、秦果严三君先后赴杭，均托带函件想亦次第可到矣。阿龄咳嗽已愈否？不可听其自然。宜清理之场作，先生来信言较平日大减，我亦甚不

① 此信末，未署日期。

愿看,此信若不到亦好。此次观场原无可望,但科名一事,全在进学后几年一往锐气,刻苦用功,恰到好处,便可破壁飞去。若场数下得太多,场中无论何题到手,未经动笔,全是一脉,得失心往往求深反晦,此所谓老头中气,读书人最易犯此。是以乡会得意者,总是英俊少年居多。光阴眴忽,努力为之,文章夺命,其说可信。廉史先生自己之作,亦言甚不得意,却是可中之文,而非必中之文。韵泉作入手及出落颇出色,大不似其平日笔路,或是中机,然后亦有衰竭之病,恐能荐而未必能中,其患恙想亦痊好?唔时念之。此题之眼全在一"观"字,处处觑定,便觉全题灵动,不可呆说,迂中有仁,铺排包罗,总隔一针。不知出场后春暘先生论题见解与此合否,请质之。廉史先生以为何如?二三场工夫,下科亦须讲究。今年河南榜第一第二,两人同胞,兄年廿二,弟年十九,皆因二场经文饱满出色,遂冠通场,从前懋哉!润生昆仲中时,亦得二场之力,不可不知。八韵试贴更是由秀才到词林受用不尽的,且晚加功,千万要紧。徐老太太竟弃尔弃世,后事一切想义伯、韵泉必帮同料理?近来葆怡之病究竟是何模样,能望起色否?病势难好,将来亲家太太同元官非住典三处,即住我处,亦须早打主意。送殓之物均不错,回报时想已送幛子輓对,兄有另送奠分十六元,唁信一函即可交去。张荣漪大令砺修乃润生在夏邑书院时门生,前来询及近况,有寄元官十金可交亲家太太查收。钱小筠叔岳处千五百元一款,今年断不及张罗还他。兄已作一信告以兄处暂时转移,约定明年三月底归楚,可将九月至腊底利洋同信面交义伯,代付床价,老典处元青披风料价均论明交还,此次寄由徐老典处送家中平银一百六十七两,或即托老典去换洋钱也可。应付各款另有清单,可照行也。子贞处油钱及新借之二十元暂且不归,告以入来往帐上总算,兄随后亦发函致渠,必不来要矣。外边应酬亦大,张罗钱又不容易,呆规矩的薪水开销、喂养及红白分子所余无几，殊觉摆布不开，家用可省则省，过日子不能不力求节俭耳。赘婿吉期已请人择得明年九月初四日卯时，尚须托人细酌后方可定见。一切应办之件，须明正才有款项。至家常衣服动手先做极是，应买零星各物随买随做，或暂借关宅房租项下存洋用之，明春划还，须记清楚。阿嫂切嘱自己保重，保产无忧方每月多服几帖亦好。葭儿来春拟到绍种花亦好，花后万万不能短乳，总要吃到八月为要。此儿嬉笑，想更可人！新侄亦渐壮实否？园中两桂冬至后每株各将根边扒开上粪，须搅匀上之。新种之梅不知今冬有花否？房外院中之桂及橘树如何？池子已否修好？花厅楼上有客住过后，字画箱一切是否照旧摆好，须时常开楼门上去拭扫照看为要。绍田收成毕竟如何？此时河道想可通畅？吴融有人中否？芝圃文章颇好，但今日尚不得北榜消息，却亦甚奇，恐又是康了也。兄另有致石农表叔一信，为宋大令托办起复事，吾弟可先将信交去，告以银须迟几天汇到。如张博堂答应办理，再送银至石老处，其银係日升昌汇票七十两，可交子桢往取，取来即嘱其平出五十两作宋君起复费，余廿两暂为存起另有别用。倘石农先生说不能办，即将宋君呈稿取回封在石老信中交子桢托同房友人去办可耳。兄眠食均好，公事亦尚顺手，月底月初拟赴辉一行。此问合家好，余事续寄。九月廿日，补藤手自中州节署手沥。

二弟率龄儿同览：耿少楼兄想已早抵杭垣，八月廿日复所接第六号来信，交车景山附有物件。九月廿日复所接第八号来信，交严茂之带至上海云成栈房。凌颖峰附有现银汇票由沪上寄老典处，当可陆续收到。第九号臬署官封所递之信，昨晚始到，不知何以此次独迟，向来邮缄总不逾月也。榜信尚未得见，亲友中者几人？廉史先生如已获售，即请其代延权馆之师且俟春闱后再说，否则即可送关订，定来年之局。阿龄场作真是胡乱完卷，工夫原不能勉强，切须努力用功，下科若再悠忽过去，皇不可惜。场后咳嗽现已愈否？倘尚未止，须为调理。葭儿近来少吃粥饭，是否乳多可以够吃？阿嫂起居切嘱保重，无忧方想按月照服，月分已近，不妨间数日服一剂，此最有效。筠屏处之事真出意外，竹孙想亦难受，然总不怕没老师也。竹孙若就馆，亦无补于家累。可告知七老太太，明年仍叫竹孙在我处读书，且俟来年或与筠翁函商。此时少筠既得上海盐局，或可为之位置，乾修馆地胜于教蒙金多矣。筠屏是否仍回家乡，抑往上海或暂厲杭州？下次函中望及之。长生情性乖张，阿龄切不可与之一般见识，无论他说什么，总做不听得，便不会争吵起来。处事之道皆然，即此可觇人气度，而福命亦因之。所谓“忍”字有多少便宜，“让”字有多少学问，阿龄须切记之。葆怡之病如何？能否有起色？明年元官读书如何定见？此事想须典三兄为之作主。亲家太太近来尚健否？媳妇想时须来去，以免过于寂寞，此亦揆情度理，必应如此者。各处秋坟想分均往拜扫，新茔仓库宅基均无坍损否？徐宅半山坟上新立墓碑、界牌想均看过？渡头船溪外临河之王宝生家荒地约数亩，永龄来时可叫他留心，如在十千或十元即为买定，须邀韵泉或陈五兄约之一量立契。王宝生乃韵泉故亲，否则托韵泉与宝生之子在有意无意间与之一谈，此地大有用处，必须我们归回才好。见马荣椿时，可告以徐悭斋观察托为转陈，务将徐宅坟墓为之照料周妥，悭翁将来必有以谢之。绍田收成毕竟如何？缦卿兄处常通信否？馆事竟如此之难，想亦运气使然。石农叔处折已送来，只须如此，到年底可向少鹤收取半年之息，俟来年则按季取之。嗣堂处房钱近来尚无麻缠否？吾弟便红之恙已好多时，何以忽又复发？曾否服药，近来如何？甚以为念。老虎想渐结实，读书求熟却不在多。新儿诸恙既愈，小孩子亦不怕单薄。兰仪合署平安。兄眠食均适，现定于初八日赴辉一行，不过十日耽阁耳。此问合家好，余再续及。小春小雪后三日，兄安自中州节署寄。

二弟率龄儿同览：月之初旬交马幼芳带去一信，想冬月望前可到。兄赴辉一行，来去十有二日。归后得九月十七局寄第九号家言，具悉种切。马递之信日来则尚未到也。车、耿、秦三君计已先后到杭，托严茂之从上海转寄之件，本月底当亦可收到矣。阿嫂服珊园先生方后，一切想已如常？隔江不便换方，保产无忧方偬可常吃，临月尤宜多服，产时正值天气严寒，一切务嘱格外保重为要。葭儿已将周岁，谅必更知嬉笑，切勿任令乳妪时常抱出外边。明年静姑嫁事总须开春部署，前有信以应备各物，恐兄想不到者嘱为开寄，以便酌定，不知已经开出寄来否？赘婿喜期讬人细合，九月初四日子甚好，兹将原单寄回。可用红大单双行写“八月初五日喜时行聘吉，九月初四日卯时赘姻吉”，装红封套，俟明正讬高老翁转送新府，并嘱为致意，概从省俭，我处并无妆奁及种种铺排门面事件，渠处光景彼此皆知，亦不必费事张罗矣。兄随自当另有信致高老翁也。诹吉原单不必送严宅看，因当时草八字係写乙卯(1855)，将来行聘时八字亦应写乙卯，而赘姻则由我处择期，故用甲寅实年(1854)合更觉放心。女家向来杭州不做披风，但恐严家竟不预备，则我们须择要用者做两三件，此事只可讬钱七老太太不著痕迹，便中探问及之。廉史先生果登贤者，可见皇天不负苦心人。阿龄当益自勉，只要有可中之文字，自然有得中之时候，窗下休言命，言命者即是暴弃推讬之谈，无志上进者之所为也。明年先生廉史若不联捷，总想请他教两三年，兄已致函婉商，仍将关书送廉翁，请其访延可靠之代庖者，想能见允此事，兄甚悬之，定见后即专函寄知为要。

顺天闱墨今科所取之文却不十分出色，寄去一本，可看而不可学也。石老太翁中时，文章真是夺命之作，在辉抄得一首，此却可以揣摩，今特寄去。老翁精神大不如前数年，恐不能久，家事却安排井井，但守成正未易言耳。百甫亦到辉想晤，小住四日，心恙尚有时欲发，似亦不甚要紧，馆况尚好，总算得意。嗣堂大约可补嵩县省城巡检缺，分中之到任须在明春。小姑太太及两甥均安好，熊甥拟与陆角湖之幼女订姻，彼此似已相允矣。明年恩科之说都中人来去亦有此议论，但究未得确实消息，总须明正有明文才可算准。张仁甫老太太去年已过六十，有便时当由兄处酬送食物，可告阿嫂知之。兰仪合署平安，时亦通讯也。梅卿昆季均好，七老相公已指发长芦盐大使，约年底回汴一转。余容续布，即问合家好。十月廿日灯下，兄安自中州节署寄。

正封函间，得九月廿六臬署邮封递到之信，此函系廿五日，较之初五所接八月初十寄场作之信，几及两月乃到，迟速大相悬殊，惟榜后第八号马递之书，今尚未到也。得廉翁来信，知冬间月初即拟来汴，则前信到时恐已无及，未知明年关书是否仍送廉师？所请代庖者何人？改本望随时寄来，仍自行录出底本，以防遗失。阿龄场作三首皆犯一“平”字病，岂独三四艺为然？此次堂备真是万分徼倖，切莫看得容易。须知不中正是祖宗芘佑，否则少年无知，窃取科名，即使入词林、秉使节，也是一个不懂文章之试官，害已害人，何可胜言！如今教你好好用功，但得工夫纯熟，自然有破壁飞去之时，却须乘此锐气，细心虚心，切实钻求。每作一艺，理法要认得清，题眼要看得真，布局要灵紧，用笔要跳脱，立意要新切，琢句要简炼，前八行尤要力争上游，精悍夺目，得此制胜诸诀，投之所向无不如意。万不可自以为是，大言不惭，妄肆讥评，流入浮薄轻狂一路，纵或将来滥博一第，亦是没福泽的贱相，不成材的子弟也！阿龄其思之勉之，凡见在学庠的前辈及比你早进一两年之人，皆须格外谦谨，遇事请教，万不可睥睨，一切须切记之。兰言社课得义伯、韵泉诸君提携切磋，自是有益，但不准滥邀多人，彼此来往尽成无益应酬，此我所最恨者，可以此信与义伯、韵泉一观，预定成约，以免紊乱。蓉孙必须邀他入社，可教竹孙转陈，其余约定几人，即须寄知。春暘外公处当为函恳月校一课，或尚可商耳。种牛痘既有好先生靠得住者，明年阿葭定见点种牛痘，后年再种一次，便可放心。将来新毛头亦可同种牛痘，最好是初生三五个月内点种也。二叔处可请其自己斟酌，据我意见亦种牛痘为最妥。子修处可先托其约定，必须说明要好新浆，不可含糊，此层却极要紧，谢仪加些亦无不可。明年日用之费，仍托子桢处按月照送，随后我另有寄子桢函，详细分布一切。柴米油盐之需，年下云成有二百四十元即作明岁此项用度，可托老典存于可靠钱铺，主折随时支用，不无稍见余息，俟致老典信时当告之。廿二日灯下又寄。

二弟再览，今年绍田定必减色，吾弟用度不敷，年内难得妥便可将寄去。宋君起复余存之廿金先行挪用，渠係留作来年有应用款，可稍缓为之补寄。房中零用总须格外省俭才好，居家是久长道理，妇孺辈纵不能尽晓此义，亦须使知物力之艰难也。兄时常想起做店伙、坐馆之人，一家衣食不过取资于数十千文之辛脩，他也可免冻饿，难道他别有过日子的妙法，不过省而过矣！宋君起复，石农表叔已否托博堂妥办？念念。渠续送来到以藉稿一件，乘便附寄可交石老，并先为请安。余再续寄。兄安手泐，廿二。

二弟率龄儿同览：前月下旬由晋豫寄一函，计到杭亦当不远矣。此间得九月廿六第拾号信后，尚未续接家言，甚以为念。阿嫂近体想健旺？临产在即，天气严寒，切嘱格外小心，并于此月内多发几信，以免记念。廉史究于何日动身？先生权馆者何人？改笔教法如何？可将改本寄数篇来看。以后阿龄寄日记纸，每课诗文题及书院题，做几本？是某院出？案后考在何处？如作会课，则会课题目及出案后名次均一一详细开明，不得遗漏。兄眠食均好可以勿念。嗣堂补缺，尚未到班，前说错误也。兰仪有信并银三十两，包一个，刻有敬臣明府之便，坚不肯带银，只好先托将布包携去，其银不知年内尚能有妥便否，容觅之。此问合家好。余事廿内晋豫子恙走，再当详布。兄安手泐①。

二弟率龄儿同览：望前有浙江大令蒋敬翁之便匆匆作数行，托携兰仪所寄布包一件，大约年内可到。十八日少楼兄交来小春六日家言，并篾包、小包、绸件、花布包、丝棉等件照收无误。九月廿六臬垣邮函亦早到也。家中大小平安，良以为慰。阿嫂临产不远，务嘱格外保重，天气正值严寒，产后亦须加意。葭儿渐能说话，自然更觉可人，明春定见种牛痘，即新生小孩亦可同种。二月半后，天气晴暖即可点种。阿葭断乳至早须过端阳，总以周半后为度，或吃到秋间亦好，届时酌之可耳。师席代庖究定何人？此兄所日夕悬念。阿龄切须自己努力用功，权馆先生到后，改本每次信内封两篇，先将底子录存以免遗失；以后日记纸上，每课文、诗题均注明，不得错漏。八韵诗亟宜讲究，楷字尤要紧要紧。此次阿龄来禀无一个写得成字者，是何缘故？可恨已极！即使匆促握管，亦不应如此写卷子字。自岁科考以迄朝殿，总要光方圆润，全在分行布白，停匀而有规矩，要秀而不要老，平而不要矫。应试人不要轻易写行草书，盖防得写惯了，到手便油滑歪扭，所以翰林馆

① 此函，未署日期。

中往往随便写个条子，总是楷字。每日必得匀出数刻工夫写小楷一二百字，不可间断。应自明年为始，动笔便须屏除破体，将来得一步功名，便知道此中好处，切记切记。为人在世，一日三餐，肚里有得饱了，便是福分，不可不知足，尤不可件件要想适意。吾弟书来总觉到万分，兄真不解，且总说在杭闲居不了，不知若出游四方，毕竟有何本领可以赚钱耶？房户用度得省便省，亦一无底止之事。总要善于譬想那做伙计的，月得薪俸不过三千五千；便是坐馆的，酌中不过六十元，他们都有老婆儿女，全指这一点进项养活也，要穿衣吃饭，试问他如何安排，其道在节俭而已！兰仪所寄之银，闻年内杨春芳尚要回绍，或可托带，但未识是否可靠，还须打听。前已有廿金可以应用，此银似稍迟寄亦无妨，须探明稳妥方可。此次托老典所办绸缎，係遵周开单定购者。若问此间销场，肯赊帐者大家都要穿破了未必还钱，要售现钱则难逢主顾，无论生熟，货一概如此。绍田收成今年究竟如何？朱墅计已往收？吴融租折亦议定后有信来过，均所念及，明年用项另开一纸，逐款注明，并有致子桢、典玉信，阅之自悉。两信仍封好，分交典玉处。尚有此次绸价余银俟其送来，可交阿嫂收存，以备明年柴米节需等项下不敷之用。今年年下尚给元官束脩十元，勿忘。明年赘婿喜期，月前交晋豫信内带去，开春后便须部署一切，前嘱开单来商定各事，容收到后酌议，寄去以便备办。兄总想设法抽身暂归，但得能启行，亦总在七月间，不过回去做主人翁，不能等我办各事也。近来葆怡之恙如何？石门缦兄常得信否？均为我寄声外各函即交。兰言社已定见接课否？阿龄以后写信总要详细，不得草率为要。手此泐报平安，即问合家好。十一月十九日，灯下补藤寄，新取别号即用斋名也。

二弟率龄儿同览：廿三日交晋豫局一缄想可达到。廉翁不知何日北来？闻少楼云：丹徒、丹阳内河无水，须走外江，长至前后风雪骤寒，黄河冻合，恐一路打冰而行，亦殊费事也。阿嫂临月，切嘱小心，产后起居大宜加意，须多发几信来，以慰悬念。石老翁有寄郭宅老姨娘银五两，裴大嫂五两。震官完娶，言不另帮，此银现交嗣堂公馆留用，可在其租洋内照杭九七平换价合付，因原来辉平故也。家中所要大头菜、绿布及兰仪寄存朱提，恐年内无人可带矣。成裕送钱想皆钟大爷来，年底应给其帑金，可与子桢兄商之，至少似亦须两元，酌定后可交子桢付给为妥。渡船口临河之王宝森家荒地，年边如何买得？即十元略开外亦说不得，施永龄来城时可探问之，若有成说须往丈明立契为要。此数事皆前函所未及者，特由邮递告知，余不复赘。吴融田共收租谷若干，可叫老齐先开一总数来。此问合家年好。兄安自大梁寄①。

二弟率龄儿同览：前月交晋豫寄一缄，续又作数行，邮递仁署托送，年内想皆可到也。嘉平二日，秦果翁处家人到汴次日，冯惠政又来信件，一一照收。初八日从上海严茂兄处又递到家言，徐信同冯带陈信亦均照收，悉家中平安，慰我远念。阿嫂计已分娩，胎前产后谅都顺适？一切须嘱格外小心为要。葭儿定见明春种牛痘，前信已言之，届时照办。陈拔者先生既係王籴翁至好，品学必可称信，冬月朔到馆以后，所改课文想已有寄来者？此后寄信内每次封两篇来看，日记纸照前信所说详细登注，不得遗漏。阿龄切须潜心向学，循谨善问，少年轻狂恶习丝毫不可沾染，小楷亦要认真讲究。试帖从未入门，儿宜锐志为之，岁考能争一前列亦是进步，慎勿草草作老生还债计。廉翁究定由何路入都？何日启程？盘费如何？绍属县

① 此函，未署日期。

试正当开考,长生回去应试,名次如何?阿龄《左传》何时可以读完?四子及经书温习不可间断。《左氏》读完后,或可选读《古文》,或可读《周礼》,应请先生酌定。陈师前先为请安,随即当致函寄去。静女嫁妆应用之衣箱,兄意拟买上海之中大单锁黄牛皮软底盖箱四只,配以家中描金台洋箱两只,须( )洗后重漆殊红贴金,再买杭州轿上用描金衣褶箱两只,以图适用。纯黄牛皮箱即可用双道金漆,此却与杭地通行风俗略异,不知吾弟及阿嫂之意以为如何?如以为可,上海箱子可托老典写信去,须三月以前买,寄到杭趁梅天漆也。绍兴所做圆件各样,亦可嘱老齐妥寄。箱橱四架俟箱子……,……①次得雪,汴城泥泞难行,日来却颇晴暖也,兄隔数日一出署,拜客之便至梅卿、嗣堂两家小座,无事则寂处衙斋。近日公牍亦极清简,眠食均好,大家都说到汴以来又胖些,大约心静之故。家中新栽之梅可能盛开?牡丹发芽否?余树如何?山茶想正大放?便中可及之,信须勤发,以免悬念,写时更不可太略为要。兰仪之银开年方有便可带,并以附布。手此即问合家都吉。新春日,兄安自中州节署寄。

二弟率龄儿同览:嘉平十八日由晋豫寄一信,灯宵后当可到杭。年前廿六及除夕得车景山、何雨林带来信件;新正三日又得腊月三局寄之书,藉知合家平安为慰。托由彦翘邮递及孙姓货客所携两函,则尚未到也。阿嫂计已分娩,产后宜格外保重。葭儿既定见到绍种花亦好,新侄亦宜今春种花为是。寄来课文二篇,改本笔极开展,相题谋篇均有见解,惟词意之细腻熨贴及出落之灵动警策,则似廉师胜之。以后每月局寄之信总须附来课作两首并诗同寄,逐课文、诗题照前信所说,

① 两处"……"为标点者加,疑这里有漏句。

写入日记纸中,同书院会课题目及考列名次一一竖注,务宜详细勿漏。恩榜之说尚有传言者,如确则元旦有旨,月内总得明文。不求窗下工夫,但想场中儌幸,殊亦徒劳无功之事。古人云:闭门造车,出而合辙。所当专心致志,揣摩纯熟,总要平时所作,篇篇皆可中之文,功名纵有迟早,毕竟不患不破壁飞去耳。长生县府试考运如何?竹孙是否仍在馆中?来信未见提及。虎侄读书总在熟而不在多,上书时可请陈师讲解,是此时第一要紧事。嫁事应需各物均托子桢兄购买,或有成件衣料则托老典。苏镶固然通行,但行之必不能久,所做衣物不必镶得太宽,不古不时,适中最好,或有不值用缎镶者亦可斟酌。诸事以格外省俭为主,朝盘本来不用,况是赘姻。送人针绣,亦不必多备首饰,有金玉鐲、金簪珠、翘珠、耳环,只须再买碧玉簪一枝,珠花则我家三四代来向所未有,断不能置,届时或借或赁用之。翠花当托人到京中买一对带回,其余零星小件似已足用。女人妆饰无穷无尽,书香旧家不能学新发户,夸多门靡也。木花单已寄去一,纸锡必须添者计亦无几。碗箱中记得尚有百子图,茶碗如凑得四个或两个亦好,用以取口号,此外茶缸茶碗另买可也。日前买得估衣灰鼠统一个,价银七两五钱,却颇下得去,当再购出风,遇妥便寄去,以备做披风之用。如探后彼处一概未备,家存实地纱料可做一件,再添夹披风一件,连珠皮共成四件,棉与单皆可省,有实纱则用单时亦穿得省,珠皮则棉时也穿得也,此外亦不能再添衣服,盖限于力也。秋间得抽身一行,必作南旋之计,但亦不能自主。即回来亦不过做主人翁,诸事皆不能等兄料理。赘姻新房只好在正厅楼上,坐楼里间房无须动,吾弟外间之铺届时暂挪坐楼楼上,亦好夜间照管各件,好在至多一月,总要回门。细细想过,别外竟无可安顿,故不能不暂时一用迎新郎,行人只须绿呢官轿一乘,执事数对。子孙朝灯等件将来亦可托子桢酌量去定,此外有须商量各事，兄或想不起，随时写信来问，以免临时局促。荐桥房租，子桢已在用账内开销，此时既经取来，随后当再划还。徐利因忘却，闰月少算八千，可在典翁交还衣料洋款内合明补付。左田姑岳所商，可告以今年我处又办嫁事，万分竭蹷，不能如命，早早婉复，以便渠另作打算。老嘉做亲时，送以喜敬六元，勿忘。所要蓝茧绸无一疋颜色稍鲜明者，故前此即未买去。不知家中染过否？现时茧紬要二百文一尺，今年绸价已跌，大约杭纱亦不过二百余文可买，殊不值得，不复买寄。马褂即不必售去，留与阿龄穿，想不曾短，亦即无须添配矣。米价日长，不知吴融租折如何？深以为念，朱墅想更减色，除钱济外当亦所余无几。石门缦兄有信否？其妇君有孕，可能生子。葆怡病体能否起色？元官读书今年从何师？润生亲母近来健否？雨香夫人中风后是否痊愈？义伯昆仲运气亦殊太坏。夔仲之病曾否除根？韵泉是否仍馆吴宅？兰言社课是否接做？良友切磋未为不可，但不得因此徵逐，长少年浮动恶习，至要至要！梅卿、嗣堂处各各安好。七老相公已出京，大约三四月间赴两淮候补，鹾场甚多，恐亦难溷。芝圃尚无机会，可见近来谋事之不易。百甫在滑，宾主甚得。樵舅亦时有信来，自言老景日甚。上之昏謬如故，得缺断然难望，若自己声名稍好，亦早握符，真是可惜！兄眠食均适，客中度岁，却尚未十分寂寞，斗室中以凌波仙子周围环绕，又有红绿盆梅见贻者寒香扑鼻，得静中趣。近复获研图精拓，展对可以终日，因附及之。手此问合家好。甲戌履端四日，兄安自中州节署泐寄。

第二卷

二弟率龄儿同览：新正初六日由晋豫发寄第一号家言，元宵得孙货客所携冬月廿六书，次日又得臬垣邮寄腊月十八安报。初七驿筒及廉史十一托递之缄，则至今未到也。家中知均平安，阿嫂举一女，大小皆好，慰我远念。产后宜格外保重，乳水充足否？葭儿种花何时起身赴绍？必须天气晴暖方可下苗。拔斋师何日进馆？教法如何？前致一信，封面似记得误作"陈"字，想必改正矣？廉史先生何日北行？长生府试名次如何？院考想在二月间，不知能获售否？竹孙既仍在我处读书，自当潜心切磋，不可时常出馆，可转告之，近作亦嘱其寄我一看。以后日记纸上课期文、诗题均应写明，记得前信已说过，何以此次寄来者尚只书院题而无馆课题耶？岁考已在不远，总须争得前列才好，寄课文时诗当同寄，此道亦窗下所亟宜讲究者。此次写信之字又复甚散且不平正，凡作楷，无论写几个字，总要结构紧严而圆秀，到考试时方能一律匀整，否则略一匆忙，便不成字。破体尤宜留心，点通须悉遵《字学举隅》，此中便宜不小。从前润生亲家字不甚佳，所以能选庶常并留馆者皆由于此。此非平时练成细细讲求不可，有志上进者宜勉之。《左传》曾否读完？每日必须轮流温诵四子经书，讲解其文义文法、《周仪礼》、《古文》、《国策》必读之书。从前默记《尔雅》，后来近场期想必间断，此时仍宜照旧，以毕其事。恩科并无明文，有此两年闲空，全在专心致志，不可有丝毫纷杂念头，逐日功课切须排定，精神愈用而愈出，切勿怠惰不振，虚抛岁月。少年不努力，老大徒伤悲，良足惧也。汴中各亲戚家都好，熊甥已与陆角湖之女订姻，嗣堂得县丞用蓝翎保举，其补缺则再等三五年亦难说。三角旧租铺淘神费气，诚所不免，然弟不为之管理，尚有何人可托？事关至亲，无可推诿。全垒曾否回来？只好婉言催取，此时与之破脸亦不值得。兄出门后，所有渠处房租项下收付各款可寄一账来，以便转交，即照簿子上誊出一纸可耳。苏翁日来正在省城拜年，精神甚好，绝无老态，来信当即交去，闻尚有几日耽阁，想调优缺恐未必能。王宝生家之地，将来或托韵泉上坟时于有意无意与之一谈。孔检翁家信并汇专帐十六贯，今日已送去，俟取到回信再寄复。缦兄得教读馆甚便。少筠昨有嘉平所发函言，竹墅已允为位置盐务一席，恐靠不住，万一能成，盐务中大约是乾馆亦可兼而有之。姚宅银三十两，又宋君银不足十两，灰鼠统同出风两个、绿布一疋，计一布包，统托春芳兄带杭，大头菜只好觅便友再寄。此问合家好。竹孙堂妹出阁，送以仪洋一元可耳。正月二十日，兄安甲字二号。

廿日做第二号家书，交杨春芳兄带杭，并兰仪及宋君银一总封皮统布包一个，而春芳至今日尚未动身，且由水路行走，恐不能速，顷有徐储卿兄回南，因将前信取回托携。惟徐君係初次出门，银信及布包故俟春芳携去。嗣堂处送来木匣一个，内係木底，又一包係老虎鞋子，即乘徐君便寄回，余再续言。正月廿四日辰刻，又泐。

二弟率龄儿同览：第二号家书于昨晨改托徐君储师携寄，并附嗣堂处交来包匣两件，渠由清江陆路坐舟，想月余总可达到。年前初七及十二两函至今未到，或恐邮递浮沉，不知廉史十二寄书中有无要语？其入都盘费如何？不知其意欲兄处及伊岳翁接济几何也？程师开馆后尚不作辍否？葭儿何日赴绍种花？新侄今春必须种花，已访得稳当痘医否？念念。阿嫂产后身子想必健旺？乳水充足否？葭儿种花后切不可即行断乳，至要至要！成裕两年结账想在新正，子桢兄当必照我信中分别存交矣。钱小云叔岳处之款准于二月内交日升昌汇去，三月底计可赶到，万一迟到数日，届期可先往告之。此间惊蛰节日雷电交作，颇为应时而动，近两日又复见雪，甚冷，此则与南边天气不同。兄眠食仍好，可以勿念。顷因春芳言廿七准走，因银封布包仍托带回，故又作数行。余无别言，容再续寄，即问合家好。廿五日，补藤主人泐于中州节署。

二弟率龄儿同览：新年第一号信初七日交局寄，第二号信廿四日托徐储卿带，第三号信廿六日托杨春芳带，想可次第收到？月之十三日得甲字元号局寄家言，藉悉合家平安为慰。阿嫂乳间之核，睡时为毛头吹风凝结，虽不红肿，日久不徹恐成乳痈。梅卿言吴融向有膏药，方评芝先生当知之，又闻有试验偏方两个：一用最旧木梳烘热，以其背梳其核处；一用尿单片不洗者烘热操之，不知均已有人说过否？葭儿到绍种花何日渡江？阿嫂曾否同往？新侄今年必应种花，未知何日下苗，念念。程拔师何日进馆？作辍多否？改本按月附局信寄，勿忘。日记纸亦须将所出题目一一写上，各事均须详载，亦于局信内附来。每月总须发局信一封，余事随时讬人邮递，但邮递虽有时甚快，而总靠不住。上腊月初七及廉史十二之书至今未见到来，必然浮沉。以后凡马封信中有一二要语，仍须于发局信时再写一遍，不怕重复，或即在日记纸上写某日发马递信，回某事如何，云云亦可。嘉平初七书中如记得尚有他语，仍再写寄。渡船口临河之地，购归极为相宜，其价亦真是甚廉。将溪以内地上种松两行，溪以外地上种柳杉两行，柳杉外面再种白杨数棵，局势便觉雄壮，临溪架一小石桥，在龙首开出墓道一条，进路亦顺当矣。此须俟兄回杭时再请人看后定见。惟两边种李树处亦尚有余地，可嘱永龄接桃树几十棵种之，春便得桃李争芳，此不必拘定何时。李树是永龄弟兄出息，栽桃须择成他乡间，接桃亦不费事了。绍郡院试约在何时？长生如得进学，我们可送他旗仪四元。杭州岁考想须五月间，三院甄别能取几卷？竹孙闻不能常在馆中，到底所弊何事？何以如此不要好！自兄出门后也无片纸只字寄我，既讲外场应酬，又何以如此之不懂事！日记纸上可将竹孙某日某时出馆,某日某时进馆,逐一注明,不可遗漏。高老翁已从扬州回杭否?赘姻喜期应即送去,如未回来,即交少珊代送亦可。秋初兄能脱身,总想暂作南行,但此时尚不能定。一切应办之事有便商量者,均先寄知为要。蓉孙今年是否尚有局中薪水?曾否坐馆?现仍住马所巷否?兰言续读社已否举行?蓉孙照前与课否?今年义伯能否稍理旧业?其太夫人起居行动渐能照常否?葆怡之病交春能不增剧或也尚有转机也!宋君起复文书已否寄出?后信托办之朱君昆仲其费须三月初才有,见石老先为致及。手此报平安,即问合家均好。二月十七日,补藤自中州节垣寄。

钱小云处一款去年信中约期三月底归还,现只张罗得苏曹平足纹八百两,由日升昌汇杭,此信到日可托子桢往取,兑换本洋开一千零三十六元钱庄票一张。先将兄致小云信令阿龄送去,面约日子请其检出兄亲笔借据一纸,两次展期作为票据之信两件,到家中看明即将洋票同五百元借据换给所有,此款余洋存入家中柴米项详折内,每月送交小云处本洋四元作为五百元之息,大约下半年或可了结。家中用度亦不能再省,然总须力求樽节也。即夕又书。

二弟率龄儿同览:二月十九发四号信附日升昌汇券,不审晋豫局何日交到?念念。二十七日局来第二号家言,知合家平安慰甚。吾弟便红之恙近已愈否?凡事切不可自为烦恼,此即养生要决,切须退一步想,世间不如我的人多了,心境自然便开。试问终日愁柴忧米者,难道便不过日子么?阿嫂乳核渐消,总须消尽才好。葭儿到吴融种花想必顺手?当俟满月后方可回来。长生院试已获售否?新侄牛痘点后出几对?南方皆说第二年须再种方可放心,此亦有益无损,来春不妨复点也。新生之女可名婉徵,乳间既有病根,切须提防乳时睡熟吹风，最好做落规矩，夜间不令吃乳。阿龄书院得取几卷？岁考在迹，须加意用功。会课八人，好手展其半，虚心切磋，定能得益。人多则杂，不必再添。以后会课名次，自一至八写于日记纸中，题目亦须写来，切勿遗漏。来信之字起笔有之者，此不可学，卷上有此极难看也。竹孙近来能常在馆中否？拔者先生作辍不多否？花木未发者皆须补种，朱藤尤要紧，此是追念旧泽之意，故以补藤花馆颜厅额，兄且以补藤为号，将来假山后总须成一架藤花，春来縩綷以为吾庖之爱。牡丹尚有活者否？芍药可能开花？两桂想可滋长？或当为他日佳丽，此亦痴心之期望，阿龄勉之。钱中丞奉命阅兵，定于十五日启程，兄须随行，由南阳、光州、汝宁、陈州、归德回省，大约总须五十日。途次尚可发信，唯彰、怀、卫、河、陕、汝六处，恐须过夏巡阅。兄既承见信，且幕府中别无同行之人，秋闲假料理婚事，其势必不能脱身，倘或机缘凑合，冬春之交能得一地，则再作接眷北来之计，否则或明春无事，借差回杭一转，此时亦尚不能预定。秋间赘姻诸务，可托子桢诸君与吾弟商酌而行，总之一切全从省俭办法，俗例贴筵等项概不要。严府简送行聘衣饰，有无悉听。我们亦屏去一切外面排场，件件樽节才是旧家门第嫁娶样子，不落时下铺张习气。辛翁想已回杭？道口后须请其转陈，兄当另有函达也。新房不做在正厅楼上，何处尚有空屋可以暂作新房！吾弟既以为不便，则暂请弟夫人移居楼上，即以坐楼下做新房。好在多则一月，新婿家只一母，为之妇者断不能不归侍也，须早日商量定见。花厅楼上小有讲究，故不可用，因併及之。成衣想已开工，所有应添之物，即为斟酌陆续购备。百甫有送来湖绉衣料两副硃红药绿，品红翠月白，同紫茧紬一疋，已托葆豫楼齐兄觅便寄杭回。此次葆豫伙友岳先生恐关上与之麻缠，故不托带，以后妥便当亦不迟。石门缦兄得子可喜可贺，雇觅乳媪此时渠之光景自是力有不及，兄寄以廿番应此要需，可即在柴米等项下存折内取用妥寄。小云叔丈信已收到，既经汇回千金想渠必已收去，万一执意不肯取回，此千金只好托老典或子桢存可靠钱庄生息矣。年前初七及十一两信竟为邮封所误，至今不到。蒯希起初间已到汴矣；孔检翁终养，部复尚未回来。兄出省后已托陆春晖先生留意，俟到院时办给本员赍回本省咨文当为相留，由晋豫寄往，见检翁即告之。石农表叔所办宋君起复文书不知何日寄出？甚以为盼，后来托办之佐杂两人其费尚未交来，不至有误，亦即转陈，匆匆均不及致书，容再续寄。外大头菜十斤可查收。此问均好。三月初十，兄自大梁节署缄寄。

二弟率龄儿同览：十一日乘葆豫岳先生便详寄一函并附大头菜十觔，清和望间当可到杭。中丞本定十五启节，又改订十九，天气渐热，久旱多风，随行殊苦事也。宋君盼咨文甚急，不知何日寄出？朱氏昆仲起复咨文，未审石农表叔已为转托代办否？朱君费银同前应汇还宋公存款，已另信留托下臣兄俟其银折得併开汇票交晋豫寄杭，此项信银到杭后，可取存廿两交阿嫂收起，係宋君存款。将来渠有南中用项，凭兄信再付银八十两兑换英洋，以百元送石老处，转交张博堂为两朱起复费，计尚可剩十四五番。恐博堂要增添，即与石老酌量给之，如无此意，则不必说破，吾弟可留作零用之需，毋须归朱矣。余见前信不赘，即问合家好。十二日，兄安手泐。

二弟率龄儿同览：三月十九日随节出省，以前发至第七号信函，此时想陆续可到。途次冗甚，故未寄书。两得省中寄到三月初五及二月廿三畹九处人便带来家言，得悉吾弟以次仍各安好。葭儿、新侄种痘平顺，媳妇妊喜在六七月之间，天气正热，胎前产后一切须格外小心保重。阿嫂右边手、足时作酸痛近已愈否？总是气血未能圆贯或湿气侵注亦未可定，不妨请人诊脉辨之，最好用鸡血藤膏冲黄酒临睡服之。此药乃云南所产，真者极难得，不知子脩处有旧存者否？可一问及或再托人向李兰舟丈处询之，滇人宦浙当亦不多，有可托人（）（）处亦宜留意。葭儿谅已自绍回来？目前曾否断乳？粥饭想如常肯吃？此子嬉戏必然淘气，自己会走更须步步照管为要。杭州岁考想在节间，寄来文章两篇气体不清，字句不稳，殊少长进，工夫韵语更不知说些什么，切须加功，此亦别无他法，全在多读多作而已。会榜已得题名，王、陆两公名下无虚，毕竟文章有价。廉史先生未得联捷，想来分就日以前总可回杭。曾有信托西路厅邹德云亲家就近于榜后探知下第，即为諄促南还，应需川资一切即为询明垫付，由兄寄还。知其到京以后，已借吴子望年丈各寄银两接济矣。廉翁归后，拔师庖局即可中止，论本头亦是作手，不过究逊于廉史之灵警、绵密耳。良师正不易得，趁此一两年中专心致志，力图成就为盼。二月信内“冒籍”误作“冒藉”，落笔粗心，此亦最忌。随时抄文作字须刻刻讲究，不使破体字写惯了，将来便宜不少也。高老翁想已回杭，赘姻喜期当早送去，制备一切成衣工，谅亦大致齐楚？度时势难分身南旋，只好托诸亲友代为料理，卯时拜堂，执事一切尽可简而又简，可先与严府说明。衔牌不过酌用数对，似尚须用严府官衔三两对，不知杭地向来如何？问子桢诸君便知。明瓦篷可看天气，九月大率晴燥，不搭亦可，繁文缛节概从删减，然竟不可与男家争论，蹈杭人恶习，至要至要！正日下午新郎新妇即可回去行庙见礼，我们三庙只须请新郎，外客概不惊动，如有哄餪局者千万辞却，喜期过后早早收拾，何日接回去听新府亲家太太酌定可也。仁寿山坟打洞处必须填补，此外毋庸修理。徐全垒现经復租，应即催其出屋后交还押租。押租铺又如嗣堂处现存，所收租洋不敷，即告阿嫂代为凑足，随时收来，须可归款。此屋招租未知已有赁主否？若日久空闲亦非计，可托韵泉诸君随时留意及之。兄因中丞到南阳、光州、汝宁等处阅兵，奉派随行诸务纷杂，忙不可言。月前十三日在正阳道中忽然翻车，腿受微伤，随时医治，现已全愈，因在汝宁尚有事件，大约须廿边方能回省，行次匆促，各处皆不及致函，可一一道及。子桢兄及徐典翁所寄信件，石农表叔来函并咨文均各收到，可先为致及，俟到省稍暇再为布复，此时实不及握管作书故耳。兄眠食均安好胜往常，勿念。吴融租谷何时出糶？合式可嘱老齐斟酌，糶来之洋归入柴米用折内并存，余俟返大梁后再行详布，来信总以多发为要。手此即问合家好。五月朔日，补藤自汝阳行次泐寄。

二弟率龄儿同览：汝阳旅次作第捌号家书，由汴垣交晋豫寄杭，月内当可达到。兄于十二日回省，是日适得四月七日所发六号信，知家中均各安好，深慰远念。唯立夏前一日局寄之函至今未到，晋豫尽无遗失，已嘱其至苏局查询，杭中交何局转寄，必得令其与晋豫、苏局对明。至此信中有何事何语可约略记出否？有无他人附寄之信？均于下次信内写来勿忘。廉史先生南归后，想须渡江一行方来接馆，先为道念，随后寄讯。竹贻已来杭否？从此彼此切磋，躁释矜平，交相受益，能将来联翩得第，亦如此数年中采芹之顺利，方不负期望我心。竹孙弟来信收到，作辍果非无因，此后自必常在馆中，以境遇论渠更须早博科名，上慰重闱。其近期课文能可寄观一二？容照前作复，先转陈之。每期会课看出后，与会各人名次即写入日记纸中，不得再漏。岁试想已开考？韵泉、容孙能得前列否？九月间喜期执事只须用数对，已于前函述及，行聘可告新府不须张罗仪物，偬可一切从实，既经说开决不挑剔，可请高老翁再向一说。至于亲家太太之意，既说行聘日子要改迟亦无不可，即请由彼处选择，好在此种日子无关紧要也。新房做在三厅楼上，原无不可，但媳妇娠喜若六月分娩，则满月后自可移房，倘在七月，恐届时满月未久，且万万不可产前移房。不如用正厅楼上，只须打扫擦抹，不必油刷，亦无须裱糊，扶梯暂移后轩边间，此却极是，于房子并无关碍，尽可叫木匠改装，此亦容易。且看媳妇何月临产，再行定见。送礼者补请帖仍照上年办理，写法可请教石农先生同大家一酌，一符通行款式。锡花中必不可少者即行添配，亦但须取其适用，纱只可购料做一件。嫁事用项，子桢来信言典中架本甚旺，恐尚抽提不出，兄俟七月间当再措凑汇寄，此时有需用者仍向子桢去取，渠必易张罗。应用总以诸求樽节为要，我不在家，客必无多，酒席毋须照上年数目，临时可商之子桢诸君酌定。新婿上贺大概不过袍套料靴、帽，倘可腾挪，拟为折仪，以贺贴补，且俟七月间信去时再定。近来阿葭想已断乳？粥饭能否照常？阿嫂手足酸痛之患已否痊好？寄去虎骨膏四张贴之如效，信来可再购寄。弟妇病后想已复元，吾弟切不可遇事焦急，以致饭量又减，便红自是内痔，倒可不必乱投药剂，胃口则却要紧，心中不自寻烦恼，何在不形恬适。以兄之劳禄辛苦甚于弟十倍，耗费心力又不止十倍，而到口便放量吃，合眼便安神眠，皆由一切能看得开，故气体自然充足耳。徐全垒现订四月归还房租，只好将就另觅赁主，亦不知能否胜于此公？不如仍旧为宜，但不知约期果能不爽否？嗣堂处已告知矣。所要净丝烟、大头菜俟下月车老八回南，当可托带。梅卿北上，一时尚未能成行，七老相公已于前月挈眷赴扬州鹾尹，需次恐亦不易。兰仪署中均好，辉县石老太爷也康健。百甫及嗣堂两处大小都平安，熊甥开笔虚字明顺，作四韵诗平仄皆清楚，湖州童师教法尚好，当易成就。兄腿患已愈，眠食如常，可以勿念。手此即问合家好。五月二十二日，兄安自中州寄。

二弟率龄儿同览：五月廿二日局寄第九号信想望后可到，此间自前月十二得四月七日所发家言，今已两月未见复信，甚为系念。不知台湾之事杭州谣言如何？大家尚不惊皇否？媳妇分娩在即，胎前产后须格外小心，亲家太太能来照料否？葭儿断乳后粥饭胜常否？弟妇病后想可复元？阿嫂手足酸痛已愈否？廉史先生昨尚得其自京来书，知榜后疟作，疲惫不能成行，现须待七月间考中书后再定南归。代庖之师知又与公车中约定，史宝卿孝廉言六月廿外可以到馆，不知拔者先生是否端节后即不复来馆，课旷及两月，不知虎侄仍按日上书否？阿龄逢课期仍作文否？兰言续社是否按期分卷？每次缴者几人？文宗何日下马？此时想已考过，名次如何？韵泉、竹孙、蓉孙皆能前列否？闻吾杭初夏又见旱象，近想已得透雨，绍兴如何？去年之米不知老齐已粜否？共可得钱若干？竹贻何时来杭？曾刻纸单否？九月间喜事应需各件，想已次第预备？成衣当可先上，新房究竟定何处？行聘改在何日？兹由日升昌汇去贰百两，因恐典中存息抽提不出，故寄此应用，可交子桢往取。外又二百五十两，其百两係芝圃处寄家用者，可嘱子桢兑极光绍洋，一面信致吴融，叫人来取；其百五十金，则金夫先生寄顺之作坟地用项，取银来可嘱暂存，先将信确寄临安，俟随后顺之来取。再付前信所说上贺一节，七月内如有款可筹，当再汇寄，倘来不及，则即以家中所存宁紬袍褂料配靴、帽用之。翠花已托人买来，式样不好，花亦不细巧，近甫有人进去，又往换矣，不知将来赶及应用否？珠花一切如借用费事，不如届时一概出钱租赁之为便耳。外至蒯臬台及各处信可封好，分别送交，余再续寄。即问合家好。家信千万勤发，勿忘。六月十二日，兄安手泐。

二弟率龄儿同览：五月初在汝阳发一信，由芝甫自省转寄。兄回省后于是月廿二发一信，六月十二又发一信，并附会票均由晋豫寄杭。约计汝阳之信，省中系初六发出，极迟则六月望前总可收到，家中得此信当可放心。若非廉访饶舌，则再迟十天半月即有人传说，吾弟亦可不至吃惊矣。月之十三幼芳带到四月十七阿龄来禀，并衣包内各件照收。写信纵然匆忙，何至信内点去“初”字，改“十”字，及封面复又写作初七，如此粗心呈文，人所宜耶？廿二日早晨专足刘顺抵汴，得吾弟来书，知此番发急不小，幸而合家未令知晓，否则吓做一团矣。八十老翁抑何尚不解事至此。自四月十七至此次子恙计时已四旬有余，中间想必发过信，不知从何处寄？何以至今并未收到？子桢信中言四月十二曾有一函附寄者，此函究于何日发出？子桢之信时有典中报帐，万万不可马递，总要从晋豫寄，切记切记！由杭局转寄晋豫，先取杭局收票，约定迟几日往换晋豫收票，信到晋豫从无错误，杭局图吞二百钱或竟吃没，故必须要杭局取晋豫信票为凭也。臬署马递甚靠不住，恐是交去后，竟有遗忘搁起不发者。即有时或偶发官封信，则下次发局信时仍须再行写及，以防前信不到之故，他人附寄信，则俱可留归局寄耳。兄行动近已如常，眠食均极安适，因天气炎热，梅卿昆仲均嘱再为静养，避过长夏炎暑再进署中，俟天气稍凉，便须照旧趋公，此时身上实无一点毛病矣。惟想到翻车之时，性命在呼吸间，仅受足伤，又遇良医，真是万幸万幸。一经回忆觉得世上坦途无非险境，劳劳车马，亦复何为！明年得一署事，决计南归，逍逸里门，不作出山想矣。陶渊明所谓“云无心以出岫，鸟倦飞而知远”也。吾弟近能加餐否？老虎久未发病，何以忽然发作？将到( )( )( )上，到要去此病根才好，然药亦不可乱吃，记得前经云从治过，或仍与之商酌，丸方能常服者更好。弟夫人病后复元否？阿嫂想必安好？葭儿断乳后粥饭可能多吃，也不可任其过饱。媳妇是否六月分娩，抑在七月？须嘱加意保重。杭州岁考想已考过。史宝卿先生何日到馆？都门来信有纷纷传说明年万寿恩科者，虽未知是否的确，阿龄切须格外用功，否则秋风闱一战，徒受九日辛苦，亦复何益？赘婿喜期已近，诸事想都安排，七月望前兄当再汇二百金回去，可易洋式百元新上贺一挽，不另摆衣饰，余洋仍作添补喜事用项可耳。此间闻台湾有用兵之说，毕竟近日消息如何？吾杭有无风鹤之警？大家尚不惊慌否？吾弟所要净丝烟，交来人带去五包可查收，大头菜仍俟车老八行时托携，家中来信千万勤发为要。手此即问合家好。六月廿三日，补藤自中州寄第十一号。

二弟率龄儿同览：子恙回杭带去信件后，续得六月初五日由晋豫来函，一切具悉。后信所托杨春芳所带者今尚未到，至五月间由臬署邮递之信，则竟付浮沉矣。此间六月十二日交晋豫寄去汇票信函，想本月望间亦可收到。史孝廉已到馆否？阿龄岁考文章坏到极处，便考四等也是应该。随众落海要算便宜，若不虚心讲求，于此道终是隔靴搔痒，光阴容易，切不可悠忽过之。廉史处兄又寄以药资十金，尚无回信，亦不知中书能考取否？此间传言闽省又有另股匪警，杭垣一带人心惊惶，却未见有明文，但愿不确为妙，然两地悬心，殊为系念也。九月喜期，诸凡格外从简为是。楼齐源兄廿外动身回南，托带会券二百金，即作上贺及添补喜事需用之需。惟近日徐州一路又不好走，渠从亳州下船，算来八月底总可到杭，万一届时或尚未到，上贺一项可托子桢暂挪，或顺之处尚未来取寄存之款移拨一用，亦无不可。媳妇想已分娩？日来甚盼喜音。阿嫂及弟夫人想都安好。葭儿断乳后粥饭一切照常否？老虎旧病尚不常发否？家信切须勤发，至要至要！外小姑太太买物单一纸，得便为之购寄，余俟齐源走时再布。兄眠食仍好，并以此附及。此问合家好。七月十六日，兄安自汴寄第十二号。

二弟率龄儿同览：前月杪子恙去，想廿边可到杭矣？十六日邮递臬署转去一函未知何日达及？有时官封亦甚快也。昨得老翁廉访信，五月廿日家言幸未遗失，不过到的太迟耳。福建台湾有日本国人闹事，杭中人心尚不惊慌否？吾弟便红近已愈否？有人传一偏方以黍粟须焙干研末，每服二钱，粥饮汤送下数服即愈，此似无碍，可以试之。但恐此信到杭时黍粟已非其时，须却难得也。嫂氏与弟妇想都安好？媳妇分娩喜信尚未得接，甚以为念。产后大小谅皆平安？亲家太太来住几时？葆怡之病如何？葭儿黄水疮现已好未？此是皮里湿热，虽无大碍，亦复讨厌。有方以升药底之三黄丹和蜡油涂敷，芝圃曾经试过，其效如神。三黄丹却有两种，此即外科家常用之升药底也。老虎旧病近不复发否？史宝卿孝廉何日到馆？教法如何？今年功课作辍可知。廉史考中书后亦无消息，若不取，则八月间似当到杭，渠或不至如一谔之所为，然亦不能不虑及耳。少珊处塾师如何？此时想一谔当有信相告矣。喜事一切想安排已定，删去繁文，总归简省，我们书香人家必该如此。楼齐源兄回去托携二百两会券一纸，到后可请子桢往取，以二百元作上贺，余洋归开销喜事零用之需。外南阳湖绉两疋乃友人自宛送来，留此无用，也托带回。被想已做，不则大红者可抵用也。《六朝唐赋》两部乃七老相公所注，京中诸翰林分手写刻者，此是初印，以后不能再得，不可随便借人。其一部则芝圃寄长生者，馆阁时遵字亦开揣摩风气，须与阿龄同爱惜之。家中用度总须格外樽节，今年无钱寄回，柴米束脩等用项下存款如或不敷，即以吴融租谷钱贴补，计亦有盈无绌，季息须到下半年方能划付，我们月用钱洋自五月起，则皆系子桢挪借应用矣。葆怡处恐亦待用，未知此时成裕已能提付否？三角荡房子实价非七千串不可，晤子修时可告之。前途如合意，则付定后，嗣堂自行回杭立契收价交产可耳。绍田收成不识今岁如何？闻过江米价并不甚贵，何杭地尚不能贱耶？存谷至五月后糶卖，就这两年论价钱，倒不如收租后即卖合算。今年可告老齐酌量情形，不必拘定第二年出售，倘收租时米不值钱，则不能不等几时，想他看涨也。三黄丹已向他处讨来一包，可研细末调敷，三几日便能结痂。吾弟所要之大头菜，齐源言俟装车时能装得下再买，倘带回可照收，如不能携带仍俟车老八去时奉寄。春芳尚未到来，并及此问合家好，家信常发勿忘。七月廿日，兄安泐甲字第十三号。

二弟率龄儿同览：七月初五马递臬署一缄，齐源于廿五日甫行，托携家言会票并紬物各件。渠走亳州又到苏，略有耽搁，大约此月底当可至杭也。三十日得初四局寄之函，知第十号信两旬即到，甚是快速。凡会票信不写出在信面者，盖恐脚子有同行识字人或非正路设被看见，防起他念，此间付局时所以告知并加给信资。今其余信票上注明，至于苏局现由晋豫交代极多，亦不过格外给钱二百文，索至四元之多，可谓不讲情理，听之可耳。此后如再有票据信件，即在此间与晋豫讲明，到苏包送则更妥当矣。媳妇计当分娩？颇盼喜音，亲家太太来住几时否？阿嫂足患如尚未脱体，膏药不妨试贴，必有效验。阿葭黄水疮已愈否？爱侄年年要发，真是讨厌。三黄丹一方，芝圃说可断根，何妨亦试之。史先生何日到馆？改本有便即多寄几篇来，看教法一切如何？闻为人更胜于廉史，笔下亦越中之卓卓者。廉史取中书引见，未得记名。想来渠尚要等考学正、学录，若能用，则科场年分可得五六百金出息，廉史必不出京,明年先生只好另订,故急欲得宝卿改笔一观,但不知此公能在杭常坐馆否?可于有意无意探之。春暘先生有致梅卿昆仲信,言会课远不如廉史在馆时之整齐。义伯何以如此之忙?蓉孙将来可嘱其常做不要间断,大约社中唯韵泉最认真,故春暘先生案与讨论也。明年订定四五人或能仍作面课,似较有益。老虎近不发病否?此子何以如此之多痰,消导药却亦不宜常吃,记得有一个偏方,用海蜇头须伙同白荠煮到海蜇渐化,连汤吃尽,此则能化痰而不伤本原者,日用小礶煮好,随时可吃,亦不算十分费事,试之何如?赘姻喜事一切从简,料理尚易,新房做在里边楼上亦无不可。行聘日期究竟改否?蓉孙处到满月后自然总要回去,亲家太太只有一人,断无讨了媳妇嫁了儿子之理。台湾信息此间竟不知实在如何?看局势亦无甚妨碍,不过海上恐从此多事,防兵不能遽撤,饷需坐耗正亦国家大患。中州极为安静,归德及卫辉所属近有蝗灾,闻共城为尤甚。石老翁今夏小病缠绵,闻近来尚觉肝胃不和,未曾断药,老健春寒殊为可虑。老九开笔做半篇文章甚是不凡,天假老翁以数年,此子到可成就。然自课亦正不惮烦,每题就料改顺后还要另作一二,教他各样法门,天下哪有此等尽心竭力的先生!自己出笔又不笨重,所论定能日进,即就此时而论,若敷衍完篇,回家应试必掇芹香,大约总可胜于西奏矣。熊甥尚是做起讲,无甚思路,逊于老九远甚,先生亦不及老翁万分之一也。七十以外人,其文尚如时花美女簇簇生新,如此看来又是大寿之征。阿龄可将自己窗课中检近作之尚可者,端楷用批格纸抄两篇来寄去尚可请改,须是著墨不多,开发心思,正已无穷,真可谓时文圣手。兰仪时有人来,信已寄去,苏翁健好,闻得老大买一娼,老牛勤苦,竟尚全然不知此种子弟见之可恨。滑县百甫处不时有信,今夏疟后又痢,前言痢已渐止,尚不知此时已得复元否?体气太弱,此亦先天使然。

绍田年景如何？园中桂花能盛开否？芍药、牡丹冬至后仍须以猪大肠肥之。玉兰已令老如补种否？红、绿梅不知冬来可能发叶？房外橘曾结实否？闲时可一一写来，兄眠食佳善，勿以为念。手此即问合家好。八月初四日，补藤自中州寄甲字十四号。

二弟率龄儿同览：八月初四乘项遐轩处人便寄第十四号家言，重阳前后计可到杭。初十日接得六月十七臬署邮递之信。家中七月四日发信后，想后函必交春芳带来，其人今尚未到也。媳妇何日分娩？甚以为念，合家谅都平安？史宝卿先生何日到馆？改课作多寄几首来看，廉史中书未用，想来又要考教习及学正、学录，明年之局大约须要另订居多。至于恩科之说恐未必确，盖四五月间纷纷传说，今又寂然矣。此信到日，计已早过赘姻喜期。蓉孙笔下略显薄弱，年来想又可长进，至其笔路清挺，书理明亮，断非阿龄所能及，时常相聚可得切磋之益。近来蓉孙身体渐能结壮否？入赘后诹于何日搬回？姑娘人尚明白，其执拗性情切须自己琢磨。亲家太太大家风范，又只此一房媳妇，必然格外钟爱，但总须随事随时用心仰体，以得堂上欢心，不比在家做女儿悉由自便也，可告姑娘知之。老虎因伤食发旧病，服煎药亦不宜太多，小孩们过于剋伐，总伤元气，不如与云从斟酌一丸方试用。冬令合膏滋常服两三个月亦好，小孩们既有食多伤脾之病，以后吃东西更要留心。大约家常粥饭总是吃不坏脾胃的，零碎闲食及甜点最是夹杂害人，甜食尤易生痰。如老虎者既有病根，断不可吃，故附及之。嗣堂附入禹州保案，得蓝翎及补缺后县丞用。角荡之屋究竟吴云叔观察有意要否？全垒处租钱如此麻缠，吾弟亦真大作难，想来全斋光景实在下不去。如果欠到五十千，则归租无几，只好托人与之婉言覆租，代人管事亦值不得伤情破面也。台湾事近来信息如何？此间得李制军信，言日本人到台湾后瘟疫大行，颇有悔意，不知确否？绍田年岁未识如何？百甫要买丝棉五斤，又顶小眉毛刷两三个，两头忙的剔箒儿二三个，有便人时可为带来。买丝棉仍用嗣堂房租存款可耳。成裕今年按季之息不知此时已抽得出否？葆怡处恐须待用，其病体近复如何？新进诸生冒籍既经公揭，能否认真一办？此风却不可不整顿耳。竹孙近不常常出馆否？其近作何以总不见寄？有人为之说媒否？其姑丈现已得缺，想来总可帮助，不如趁此时定头亲事完婚最好，年轻人太活动者有家室便可管住，此意恐七老太太见不到也。兄眠食甚好，可以勿念，手此即问合家平安。八月十七日，安寄甲字十五号。

二弟率龄儿同览：月之二十日车景山八先生回南，托寄一函并茧绸等件，到日自必交明也。今日又有耿少楼兄赴杭提饷，带回布四疋亦可染蓝，每尺合六十五文光景，此禹州布，身分更好。又小姑太太给静徵大裥绿裙一条、连裙花大红罗裤一条、珠翘一个、朱痕做钞袋一对、香袋一个、槟榔盒一对，到日可一一检收。扇因尚未画好，随后遇便再寄。又小姑太太说给老虎做鞋尚未成，亦交后便带去。嗣堂有信划付其本家景文十金可照付，时价合洋即在渠房租项下取用，见景文则说嗣堂托人汇到苏州，由苏友兑洋寄来，不必说房租存款，以免别想生法。望帐同信一并送去。小姑太太要买丝棉一觔，梅卿要买每支三四十文羊毫三十支，书房写仿格用者加香阁如已好，可至清和坊万隆腊肫店拣买尖带肋条一大整方，总在二十斤左右，约一洋有零，不可割碎，用蒲包裹后篦好，均托少楼兄回豫带来为要。外至徐典翁函如有复件，亦望少楼携来。余详廿日信内，即望合家保重，不罄缕缕。八月廿四日，灯下兄安手泐。

自得七月初四日所发信后，今已足两月未见来书，甚为悬系，不知媳妇究于何日分娩？在豫各亲戚亦大家望信也。楼齐源、何雨林两次带回之信想均可到？今日正是喜期，此间却值阴雨，不知杭地晴霁否？畹九处宛缎袿料两件无人肯带，兹托钱中丞令侄回家转寄上海带杭，此信也复耽搁，故不详述一切。初十前幼芳回南再寄信去，可到在先也。兄眠食佳善，勿念，此间合家平安。九月初四日，第十六号。

二弟率龄儿同览：钱中丞令侄回南，有信数行并畹九处宛缎袍料两件托寄由上海云成庄附便带杭，想到则尚早也。月之七日接到八月朔家言，知此信之前尚有交畹九带来一函。畹九今尚未到，不知审其因何回汴？特以为念。七月间知已得一孙，甚为喜慰。媳妇产后小恙，服药即愈，满月后想必健适如常，乳水不足须雇乳娘，此亦无法之事，但产母之乳仍宜常吃为是。带去初印《六朝唐赋》三部，可送韵泉、竹孙、蓉孙各一部，亦可见馆阁时尚风气，惟中有过于板滞者，作楷亦不可学。又选各家试贴诗一本，即分别转交。此次幼芳走洪湖耽搁日子必多，一切详细之信二十前晋豫局另寄，外附挂面一匣、大头菜十斤，到可查收。山药粉两包送葆怡。此间合家好。九月初十日，补藤沕甲字十七号。

二弟率龄儿同览：得八月朔家书后，适幼芳过汴垣，由洪泽湖回南，到不能速，故先复数行并托携挂面、大头菜等件，大约总须冬月至杭也。畹九竟尚未到，其忽然回汴而中途迟滞，颇以为念。媳妇产后小恙想已大愈？乳水不足只得添用乳妪，不知已雇觅妥当否？自己之乳最好常吃，免得乳娘刁难淘气耳。吾弟便红已好否？胃口可能复元？虎侄旧恙不再发否？若吃药切须检点，万勿乱投。阿嫂手足酸痛近来如何？带去膏药可曾试贴？葭儿粥饭能常吃否？来年已算四岁，每日可认几个方块字，五岁便须上学矣。蓉孙入赘后定于何日搬去？喜事时酒席零用一切花费若干？明岁蓉孙坐馆否？抑自己用功？无论坐馆与否，极须按课作文从师批改，断不可悠忽自误，可转告之。其体近弱，究竟如何？人家必得能耐苦日子，然后渐渐甜来。静姑执拗性情，切须自己琢磨。贫乃士之常，不足为忧，善处困约方为贤妇，妇道以柔顺为主，嘱其切记勿忘。阿龄课作久未寄来，以后发局信每次必得附寄一两篇，并日记纸上一切应载之事不许遗漏。廉史先生意在留京，已与相约至十月底为期，若届时不能还杭，明年师席只好另订史先生。仅见老家改本两篇，理法似颇讲究，文心亦细，但嫌不肯用心改削，或是代庖客气，亦不知其能否座就？已函至春畼先生代为酌定，信到时春翁如未在杭，赶紧寄去为要。读书求名全在自己发愤，心粗气浮，必然到老无成。转眴正科又到，现在顺天学政奏请随机录遗，以定人数限制，各房必有不取者，若再同今年岁考文章一般，恐怕做了秀才进不得乡场，试问有何面目忝然列于士林乎？若不专心致志，虽得名师亦复何益？自己业已抱丈夫子，不从书本寻出路，何事可以自立？窗下埋头这个好时光有去无来，少小不努力，老大徒伤悲，古人岂欺我者！思之思之！此时家务原不要分心管理，然其中甘苦也须晓得，教训你、说你、骂你的都是为好，莫当耳边风听过去。媳妇年纪尚轻，日用事件自然不甚讲习也，须跟阿婆学随时留心；应该教导者，亦请汝母不可客气。家道要兴旺，全在内里勤俭，此是一定之理。我已归思甚切，不想在宦途发财，只此入不敷出之一点来源，巴巴结结有得一碗苦饭吃，将上不足比下有余，全靠樽节经理，事事谨守，断不可看得外边容易，还想我趁钱置产业。为丰裕计，我的主意侭这一两年内能将些须之累清偿于人，归装略得千金左右，便决计不作风尘仆仆。人还乡以后，布衣菜饭，展谢酬酢，幼子童孙可以自课，此倦游之一乐也，且看机会如何，得可抽身，断不作痴汉报金取宝，将来留与儿孙，都养成不肖浪子。今日世家通病，一经冷眼看透可为寒心。昨以陶起泽“鸟倦飞而知还”句嘱嗣堂，后即可以见志，得早便早毫无留恋矣。严亲家太太处可嘱竹孙去说，以后逢年与节，彼此不送盒子，以省无益之费，便说是我的不通世故之制度，偶有食物要给静姑，随时可与他，何必年节？此种陋习向所深恨，蓉孙来时以此信与看亦可。明年阿嫂渡江归宁自然该去，但亦不能多住，须知家中事务必得有人料理我才放心。二女及孙子种花，家中自行斟酌可耳。汇去朱提二百内有百金乃菊洲寄宝叔购葬地者，可取银存俟妥便送交，取后余百金即嘱子桢兄兑换英洋百元同公文至石农表叔处，下余之洋取交阿嫂存作雇用乳妪之费。高老翁多年相处，极相投洽，典三诸君为之料理定事，必当赙助。俟典三兄信来再为筹划，年内恐不及寄，见典三时先致及。孙子弥月及赘姻喜事送礼者，可抄单寄来，以便与人通信时致谢。季姑太太托打听吴复三之夫人现在何处，君子名号并寓址，望询明子脩开寄。葆怡病体近复如何？元官读何书？先生能认真否？樵舅夏间抱恙，比来已好，精神渐不如前，而操劳如故。老九作文半篇，笔致思路均甚灵敏，老翁旨已为之改削，再得一两年当可成就。上之近又代理武安，其子大龙楷字颇秀。百甫病后胃口大佳，常有信来。嗣堂补缺尚早。熊甥作起讲，渐知反正，四韵诗竟有通首明稳者，老桂则其笨如故。梅卿拟于十月间入都，尚不知能够张罗成行否？好在其都中家有先为通融者，大约总可引见，赴晋家眷则须明年再接矣。芝圃暂就道口盐局事，薪水无多，其所办选缺保案若能成，则选到尚易。及第已赴都中学贴写，但恐不能吃苦，若自已安好，一无外务耐守十年，到可成家立业。小保弟兄皆尚聪明，今年所从之师年高不善督责，又算抛荒一年。中州四院安静，月来多雨，麦田均已普种，黄河屡出险工，今日已是霜降，此后当平稳无虞矣。兄眠食胜常。兄足伤愈之后，每遇阴雨亦不酸痛，真是大幸。节幕究有关防，轻易亦不出去，同事半属浙人，晤聚尚不寂寞也。手此即问合家好。九月十五日，补藤中州院署泐寄丑字第十八号。

（未完待续）

征稿启事

本刊为CSSCI来源集刊,设有“孙中山研究”“经济社会”“政治外交”“思想文化”“人物研究”“学术评述”等涉及近代中国社会的专题专栏,欢迎上述范围内有新意的学术论文投稿。具体要求如下:

一、论文篇首应有对学界以往相关研究成果的扼要概述。

二、论文引文注释凡例,请参照《近代史研究》的规定。

三、来稿篇幅宜在一万五千字以内。

四、来稿请分别寄送电子版和打印稿。

前者发送:jdzg2016@126.com

后者邮寄:上海市陕西北路128号13楼　上海中山学社(邮政编码200041)

图书在版编目(CIP)数据

近代中国.第二十六辑/上海中山学社编.—上海:上海社会科学院出版社,2017

ISBN 978-7-5520-1971-1

Ⅰ.①近… Ⅱ.①上… Ⅲ.①中国历史—近代史—文集 Ⅳ.①K250.7-53

中国版本图书馆CIP数据核字(2017)第235051号

近代中国(第二十六辑)

编　　者:上海中山学社
责任编辑:杨　国
封面设计:黄婧昉
出版发行:上海社会科学院出版社
上海顺昌路622号　邮编200025
电话总机021-63315900　销售热线021-53063735
http://www.sassp.org.cn　E-mail:sassp@sass.org.cn
排　　版:南京展望文化发展有限公司
印　　刷:上海景条印刷有限公司
开　　本:850×1168毫米　1/32开
印　　张:14.5
插　　页:2
字　　数:364千字
版　　次:2017年7月第1版　　2017年7月第1次印刷

ISBN 978-7-5520-1971-1/K·414　　定价:48.00元
